国家社科基金
GUOJIA SHEKE JIJIN HOUQI ZIZHU XIANGMU
后期资助项目

"合道而行"
明遗民的人生定位与价值追寻

Follow the Dao to Practice:
The Life Orientation and Value Pursuit of Ming Adherents

吴增礼 著

社会科学文献出版社
SOCIAL SCIENCES ACADEMIC PRESS (CHINA)

国家社科基金后期资助项目
出版说明

后期资助项目是国家社科基金设立的一类重要项目，旨在鼓励广大社科研究者潜心治学，支持基础研究多出优秀成果。它是经过严格评审，从接近完成的科研成果中遴选立项的。为扩大后期资助项目的影响，更好地推动学术发展，促进成果转化，全国哲学社会科学工作办公室按照"统一设计、统一标识、统一版式、形成系列"的总体要求，组织出版国家社科基金后期资助项目成果。

全国哲学社会科学工作办公室

目　　录

第一章

出或处：明遗民与清廷近半个
世纪的政治较量

崇祯十七年（1644）甲申之变后，明朝士大夫被迫发生了身份转换，成了明遗民。对这样一个特殊的群体，早有学者发有深论，如梁启超在《中国近三百年学术史》中说："从顺治元年到康熙二十年约三四十年间，完全是前明遗老支配学界。"[①] 钱穆先生也认为："然明末遗民，他们虽含茶茹蘖，赍恨没世，而他们坚贞之志节，笃实之学风，已足以深入于有清一代数百年来士大夫之内心，而隐然支配其风气。"[②] 清末民初，因"鼓吹革命"之需要，又有孙静庵、陈去病的同名专著《明遗民录》相继问世。追溯到更早的清初，私人修史蔚然成风，其中也多有专注于明季忠臣、志士事迹的钩稽。如邵廷采的《思复堂文集·明遗民所知录》、黄容的《明遗民录》等。基于不同的政治立场，明遗民和清初统治者的矛盾非常尖锐。由于明遗民在清初具有很大的影响力，因而清初统治者非常重视对遗民的征服，特别是顺治和康熙两位君主统治时期，他们相继与明遗民打了一场近五十年的"拉锯战"。

第一节　"清初" 时间界域与"明遗民" 概念厘定

对研究范围进行有效界定，有利于对研究视角的确定和对研究内容的

---

① 梁启超：《中国近三百年学术史》，上海古籍出版社，2013，第 16 页。
② 钱穆：《国史大纲》，商务印书馆，1996，第 852 页。

圈定，因而在对研究主题展开论述之前，有必要对"清初"的时间界域与"明遗民"概念进行厘定。

一 "清初"时间界域

对于明遗民的生活时间，《清史稿》载："天命既定，遗臣逸士犹不惜九死一生以图再造，及事不成，虽浮海入山，而回天之志终不少衰。迄于国亡已数十年，呼号奔走，逐坠日以终其身，至老死不变，何其壮欤！"① 这里提及"数十年"。明朝亡于崇祯十七年（1644），同年即顺治元年，"清初"应该从此算起。此点学界基本无异议，但"清初"的下限应止于何年，则未形成一致的看法。很多学者对这一时期的主题进行研究时，大都根据各自研究的需要，自有其论断的标准，因此并没有严格统一的界定。如林存阳《清初三礼学》就将"清初"界定为顺治康熙两朝八十年这一段历史时期，甚至下延至雍正朝。② 徐海松《清初士人与西学》将"清初"的界定为康熙以前的一段时间。③ 赵雪沛《明末清初女词人研究》所说的明末清初，则是以甲申年（1644）为中点，向上下各延展四十年，共八十年的时间。④ 台湾学者林庆彰《清初的群经辨伪学》把"清初"界定为顺治、康熙、雍正三朝，共计九十二年。⑤ 简恩定《清初杜诗学研究》对"清初"则没有细致的界定，只是交代该时段止于康熙年间。⑥

为了确定研究对象的时间范围，在此有必要对"清初"的时间界域进行说明。明遗民是一个巨大的群体，笔者就目前所掌握的资料，无法断定谢世最晚的遗民，因此只能大致圈定一个他们生活的时间段。这个时间段就成了笔者研究的时间范围。本书研究的时间段，是从顺治元年（1644）开始，至康熙四十年（1701）前后，大约六十年的时间。之所以

① 赵尔巽等：《列传二百八十七·遗逸》，《清史稿》卷五〇〇，中华书局，1977，第13816 页。
② 林存阳：《清初三礼学》，社会科学文献出版社，2002，第 5 页。
③ 徐海松：《清初士人与西学》，东方出版社，2000，第 19 页。
④ 赵雪沛：《明末清初女词人研究》，首都师范大学出版社，2008，第 12 页。
⑤ 林庆彰：《清初的群经辨伪学》，文津出版社，1990，第 4 页。
⑥ 简恩定：《清初杜诗学研究》，文史哲出版社，1990，第 1 页。

如此界定，是因为至康熙四十年前后，著名的明遗民基本上已经谢世，如以"清初三大家"为例，黄宗羲于 1695 年逝世，顾炎武在 1681 年西游，王夫之则于 1692 年作古，这应该可以作为明遗民时代结束的标志。易代引发的社会政治动荡，特别是统治者对汉族士人政策的不断调整，明遗民群体的分化以及他们心态的变化，在这半个多世纪的时间里都得到了充分的展现。因此在这段时期内来考察这些动态变化过程，对分析明遗民群体是很合适的，也是很关键的。

二 "明遗民"概念厘定

"遗民"的界定问题，向来是学术界一个重要的议题，就如同对"江南"的界定一样，学界对"遗民"的界定也一直未达成一致。如谢正光《明遗民传记索引·叙例》中所谓的"明遗民"，是指生于明朝而拒绝出仕于清朝，"凡著仕籍或未著仕籍、曾应试或未及应试于明，无论僧道、闺阁，或以事功，或以学术，或以文艺，或以家世，其有一事足以记而能直接或间接表现其政治原则与立场者"。① 谢正光先生在此强调遗民的政治态度。台湾学者何冠彪将"遗民"定义为"易代后不仕新朝的人"，并指出："明亡后不再干谒禄位的人，且只要一日未仕清，仍当作遗民看待。"② 谢正光、何冠彪等对遗民的定义主要是强调"易代"和"不仕"这两个基本要素。然而，这样界定过于简单和宽泛。它不但使很多个案不易被归类，而且没有显示士人选择不仕的多种考量。进一步来说，如妇女、商人以及普通的贩夫走卒，他们本来就没有出仕的可能，那以"不仕"来做衡量，就无法显示他们在易代之后的选择。

赵园是对明清之际士大夫颇有研究的学者。她指出，对"遗民"一词的界定，应该包含价值立场、政治态度、情感状态、生活方式和时空知觉等；③ 同时，对"遗民的身份确认，应该还系于视角，也关系到论者所处的位置与论旨"。④ 笔者对此观点非常赞同。在界定"遗民"时，确实不

① 谢正光：《明遗民传记索引·叙例》，上海古籍出版社，1992，第 10 页。
② 何冠彪：《明末清初学术思想研究》，台湾学生书局，1991，第 105 页。
③ 赵园：《明清之际士大夫研究》，北京大学出版社，1999，第 289 页。
④ 赵园：《明清之际士大夫研究》，第 220 页。

能仅仅以"易代"和"出仕"为标准来简单化处理，否则，就会遇到很多困难。判断"明遗民"与非"明遗民"，笔者认为应该依据以下四点。

其一，"明遗民"必须是生于明朝而明亡后不仕于清朝的士人，不管他们是否应试于明朝，是否取得功名。《汉语大词典》共有六个义项来解释"遗民"：一是指亡国之民，即前朝留下的老百姓；二是指改朝换代后不仕新朝的人；三是指劫后余留的人民；四是指后裔、后代；五是指隐士；六是泛指老百姓。① 一般而言，我们主要采用第二个义项，如谢正光先生就认为"明遗民者，殆其生于明而拒仕于清"②。台湾学者何冠彪指出："明遗民，就广义指明亡后不再干谒禄位的人，而不狭义指因忠于前朝而隐退者。"③ 可以说，改朝换代后不仕新朝，生于明而拒仕于清，这是士人能够成为"明遗民"的前提条件，也是学界的共识。

其二，以其自我认定和当时人们对其认可程度作为判断的重要标准。④ 判断士人是不是"明遗民"，应该把他们的行为方式和精神实质结合起来进行综合认识。每逢易代，总会出现一批不仕新朝的士人。简单地把行为上不仕新朝的士人都划分到遗民之列，是不合适的。如有些士人在国亡前就无从仕之志，只有隐逸之心。⑤ 因此应该对不仕之人加以分类，而不能笼统地都冠以遗民之名。判断士人是否能够称为"遗民"，必须把他们的行为方式和精神实质结合起来进行综合判断，要以其自我认定和当时人们对其认可程度作为判断的重要标准。一些学者也有类似观点，如方勇教授在界定南宋"遗民"这一概念时就认为，是否遗民，主要看士人

① 汉语大词典编辑委员会：《汉语大词典》，汉语大词典出版社，2001，第1191页。
② 谢正光：《明遗民传记索引·叙例》，第10页。
③ 何冠彪：《明末清初学术思想研究》，第105页。
④ 李瑄：《明遗民群体心态与文学思想研究》，博士学位论文，南开大学，2004，第3页。（此论文已于2009年由巴蜀书社出版）
⑤ 《后汉书·逸民列传序》记载："或隐居以求其志，或回避以全其道，或静己以镇其躁，或去危以图其安，或垢俗以动其概，或疵物以激其清。"即隐者的动机各不相同，或是思想性格使然；或是以退为进，借隐居来抬高自己的声誉，以实现自己经国济世的抱负；或是对世俗不满；或只是为了全身避害而隐逸林泉丘壑。牟复礼（Frederick W. Mote）教授认为，隐逸士人可以分类，其分野端就是看此类士人的动机。他还用两个名词来分别这两类遗民：一为"义务隐逸"（compulsory eremitism），一为"自愿隐逸"（voluntary eremitism）。Frederick W. Mote, "Confucian eremitism the Yuan period," in Arthur F. Wright（ed.）, *The Confucian Persuasion*, Stanford University Press, 1960, pp. 202–240.

在内心深处是否怀有强烈的遗民意识而定。① 台北中研院中国文哲研究所的王瑷玲教授在探讨清初"遗民"定义时，就采取了这个原则，即以身处易代之际的知识分子对自身遗民身份之认定来判断；她认为，清初"遗民"大致应指凡自觉为"遗民"，或自觉对于前代有一种"效忠"之情操者，不论其是否为后代学者定义为"遗民"，皆属其内。② 根据这个原则，就可以把一些游走在遗民边缘的士人纳入其间，使很多人物个案归入遗民类，如一些在清建立不久就去世但有遗民情绪表现的士大夫也可以划为遗民之列。如祁彪佳（1602~1645 年）在明亡后谨守遗民之道，于顺治二年（1645）自杀殉国，虽然祁彪佳在新朝生活的时间很短，但依然可以把他视为明遗民；以遗民自居的北方大儒傅山，不能因为其被朝廷授予了"中书舍人"的头衔，就不把他视为遗民；参加抗清复明斗争至死方休的一些官员如瞿式耜、张煌言等，都可以纳入遗民之列。再如一些士大夫以遗民自视，如屈大均，他就曾自我感叹"半生游侠误，一代遗民真"。此外，还有些士大夫用"遗老"来自称遗民，如《皋堂诗钞》卷六《偶作》："遗老共论耆旧传，诸公遍和散怀诗。"所以学者张兵就指出，判断是否为遗民，"首先，身为遗民必须是生活于新旧王朝交替之际，身历两朝乃至两朝以上的士人，不论他们在故国出仕与否、是否有功名，但在新朝必不应科举，更不能出仕，其中如宋遗民入元后曾出任学官、明遗民入清后曾入幕者当不予计较。其次，作为遗民，其内心深处必须怀有较强烈的遗民意识"。③ 可以这样说，以其"心迹"为参照，以其自我认定和当时人们对其认可程度为依据来把他们划入遗民之列，这既尊重他们的生命体验，也符合历史事实。

其三，对一些人生历程比较曲折的士人的判断不能搞"一刀切"，判断他们是不是遗民，应该对其划分不同的人生阶段来做动态分析。④ 有些学者如周焕卿在其《清初遗民词人群体研究》中，就把曾经或坚守遗民

---

① 方勇：《南宋遗民诗人群体研究》，人民出版社，2000，第 8 页。
② 王瑷玲：《记忆与叙事：清初剧作家之前朝意识与其易代感怀之戏剧转化》，（台北）《中国文哲研究集刊》第 24 期，2004，第 40 页。
③ 张兵：《遗民与遗民诗之流变》，《西北师大学报》1998 年第 4 期。
④ 李瑄：《明遗民群体心态与文学思想研究》，第 3 页。

立场，或参加过抗清斗争，后来变节投降朝廷的士人，排除在遗民范畴之外。① 此类划分还是有待商榷的。戴名世在《温荣家传》中云："明之亡也，诸生自引退，誓不出者多矣，久之，变其初志十七八。"② 明亡后，由于大部分士大夫在清的生活时间比较长，有的甚至生活了近五十年。士大夫中的一些"贰臣"，也并非明朝一灭亡就投靠新朝，其间有一定的时间间隔，特别是一些士大夫，如朱彝尊、施闰章等，直至康熙十八年（1679）之"博学鸿儒科"才出仕新朝，此时他们坚守遗民身份已经有三十多年。因此，笔者更愿意认为，只要士大夫还没有出仕新朝，在一定时间范围内仍可以把他们视为"明遗民"。他们的"明遗民"身份在他们出仕那一刻才戛然而止。台湾学者何冠彪在谈到"明遗民"的出处问题时，也坚持这一观点。③ 当然，笔者在行文过程中，会尽量少用或不用这类士大夫的材料进行论证，以免引起诸多误会。

其四，应该把因拒不与清廷合作，不愿意放弃故国之思而流亡海外的明朝士人，视为"明遗民"。孔子曾谓"道不行，乘桴浮于海"，明清鼎革之际，遗民之中的一些人，效仿鲁仲连"义不帝秦"的壮举，辗转海外，怀抱家国之痛，终老异邦。中与日、朝同处于东亚，来往较为频繁，唐朝时，日本和朝鲜就向中国派遣使者，学习中华文明。然而，历史的吊诡之处即在于，约千年之后的明清之际，日本和朝鲜竟然成为明王朝忠诚遗民的守节之地。在这些遗民之中，尤以儒者朱舜水和佛家隐元最为重要，最为知名。朱舜水（1600～1682年），名之瑜，字楚屿，又作鲁屿，号舜水，浙江余姚人，明末贡生。天资聪颖，勤奋好学，世谓"文武全才第一人"。因在明末和南明曾二次奉诏特征，未就，人称"征君"。清兵入关后，他流亡在外参加抗清复明活动，曾多次赴日"乞师"。南明亡后，他于1659年"归化"日本。从此在长崎、江户授徒讲学，传播儒家思想。④ 隐元（1592～1673年），俗姓林，名隆琦，字曾曩，号子房，福建福清人。1620年，投福清黄檗山万福寺剃度出家，法号隐元。后周游

---

① 周焕卿：《清初遗民词人群体研究》，上海古籍出版社，2008，第10页。
② 戴名世撰、王树民编《温荣家传》，《戴名世集》卷七，中华书局，1986，第201页。
③ 何冠彪：《明末清初学术思想研究》，第105页。
④ 韩东育：《朱舜水在日活动新考》，《历史研究》2008年第3期，第94页。

各地，遍访名师。1635 年正式成为临济宗传法者，两年后成为黄檗山万福寺住持。随后四处募化，扩建寺院，使万福寺成为东南名刹。1654 年，隐元从厦门起航赴日本长崎。1659 年，日本皇室赐京都宇治醍醐山麓一万坪地给隐元建新寺。寺院规制悉按中国旧例，亦名"黄檗山万福寺"，隐元遂成日本黄檗山万福寺的开山鼻祖。①

中、日之外，同处于东亚的还有朝鲜。朝鲜奉明王朝正朔，对儒家文化推崇备至，也是明清之际遗民东去的一个目的地。这以"九义士"为代表。清初，朝鲜的"凤林大君为人质，质居沈阳，而他有大志，不甘于臣服清朝，所以回归之际，就带去九位壮士，后人称'九义士'"。凤林大君后来即位，成为孝宗大王，积极谋划北伐大计，"九义士"亦积极参与其中。②"九义士"即王美承、冯三仕、黄功、郑先甲、杨福吉、裴三生、王文祥、王以文和柳溪山九人。他们都有很高的民族气节，试图协助孝宗大王成就北伐大业，但迫于时势，难以遂愿，最终定居朝鲜，并享受到朝鲜王朝极高的礼遇。然而，需要说明的是，朝鲜虽然礼遇明朝遗民，但随着清朝政权的不断巩固，迫于现实的压力，朝鲜王朝也不得不将漂流至济州岛的台湾郑氏官商九十五人，悉数交由清朝办理，致使他们全部遇害。这就是在朝鲜历史上影响重大的"丁未漂流人事件"。③ 不过，朝鲜在文化上始终存着"尊明贬清"的心态。

由于地理和文化的关系，日本、朝鲜是明清之际明遗民在海外的主要居住地，具有重要影响力的海外明遗民几乎都聚集于这两国；而两国之中，又以居日本者为众。至于东南亚的安南等国，近年来也有学者通过对当地汉语碑铭的研究，试图考察明清之际流入南海诸国的明代士人踪迹。如果继续有资料被发现的话，那么明代海外遗民的范围，或许还可以进一步扩大。④ 但是，无论具体人数多少，只要这些士人流亡海外是因为拒不与

---

① 可非：《清初东渡明遗民研究》，博士学位论文，中央民族大学，2012，第 6 页。
② 孙卫国：《试论明遗民之东去朝鲜及其后裔世代对明朝之思怀》，北京大学韩国学研究中心编《韩国学论文集》第十辑，辽宁民族出版社，2003，第 150 页。
③ 孙卫国：《义理与现实的冲突——从丁未漂流人事件看朝鲜王朝之尊明贬清文化心态》，（台北）《汉学研究》第 25 卷第 2 期，2007。
④ 详见苏尔梦《碑铭所见南海诸国之明代遗民》，李庆新主编《海洋史研究》第四辑，社会科学文献出版社，2012。

清廷合作，在国外依然坚守故国之思，那么就都可以将其视为"明遗民"。

综上，对"明遗民"的划分，应该综合考量上述四个基本原则，唯其如此，才能尽可能地接近他们的真实状况。

第二节 "决不轻贷"：从强硬征服到怀柔笼络

顺治元年（1644），清朝入主中原，然而其统治并不稳固：一是明朝忠臣坚持复明之志，相继组建了鲁王、唐王等南明政权；二是深受儒家思想影响的士大夫在清初期也很难彻底地放弃"亡国之恨"和"夷夏之防"，向清廷屈服。为了尽快一统中国，迫使前朝士大夫接受统治，清统治者采取了多项措施。如顺治元年五月谕兵部曰："山泽遗贤所在官司从实报名，当遣人征聘，委以重任。"① 清统治者希望用高官厚禄且委以重任来笼络故明官僚士大夫，以期望他们不再反对清廷入主中原。

一 顺治年间朝廷对明遗民的强硬征服

清初统治者一方面用征召的方法笼络遗民士大夫，另一方面则以严厉手段如武力和高压政策迫使他们屈服，使其承认清朝的政治统治。从顺治朝开始，到康熙朝四大臣辅政时期为止，清统治者对待明遗民基本上以打击为主，这主要体现四个方面。

其一，威胁明遗民，迫使其投降。甲申之变后，清廷虽然入主北京，但并没有一统中国。在征服江南的过程中，清廷遭到了故明士大夫的激烈反抗，于是统治者希望通过威胁、引诱，迫使他们放弃反抗。如顺治二年（1645），摄政睿亲王多尔衮致书扬州守城将领史可法，劝其归降，曰："此闻道途纷纷，多谓金陵有自立者，夫君父之仇，不共戴天。《春秋》之义，有贼不讨，则故君不得书葬，新君不得书即位；所以防乱臣贼子，法至严也。闯贼李自成称兵犯阙，手毒君亲；中国臣民不闻加遗一矢。……国家之抚定燕都，乃得之于闯贼，非取之于明朝也。……今若拥

---

① 王先谦：《东华录》，顺治元年六月，《续修四库全书》第 369 册，上海古籍出版社，2002，第 207~208 页；以下所引《东华录》文均出自此册，故省略，只留页码。

号称尊，便是天有二日，俨为劲敌。"① 他宣称清廷取得燕京，乃得自李自成，非得自大明帝国，并威胁南方不得另立君主，清、明不能并立。同年六月十九日，清初统治者对江南下了一道特别赦令。该赦令写道：

> 尔南方诸臣，当明国崇祯皇帝遭流贼之难，陵阙焚毁，国破家亡，不遣一兵，不发一矢，如鼠藏穴，其罪一。
>
> 及我兵进剿，流贼西奔，尔南方尚未知京师确信，又无遗诏，擅立福王，其罪二。
>
> 流贼为尔大仇，不思征讨，而诸将又各自拥众扰害良民，自生反侧，以启兵端，其罪三。
>
> 惟此三罪，天下所共愤，王法所不赦。用是恭承天命，爰整六师，问罪征讨。凡各处文武官员率先以城池地方投顺者，论功大小各升一级。抗命不服者，本身受戮，妻子为俘。若福王悔悟前非，自投军前，当释其前罪，与明国诸王一体优待。其福王亲信诸臣，早知改过归诚，亦论班次大小，仍与禄养。②

赦令罗列了南明忠君遗民的三大罪状，即不遣兵救君、未确定崇祯之死就擅立福王、不伐贼复君仇却拥兵害民。并声称犯此三罪，"天下所共愤，王法所不赦"。清统治者希望通过这种毋庸置疑的坚定口吻，使明遗民相信此时清朝欲统治全中国的决心，进而希望他们能够"审时度势"，放弃抵抗。对于此举的效果，美国著名中国史专家魏斐德曾指出："晚明社会复杂混乱，政局动荡不定，派系变幻，观念歧异，慌乱犹豫原是这一时代的特色，但正是清朝这类赦令文告中表现出的那种君临天下的口吻，大大消解了那种慌乱犹豫，尽管对南明施加了高压措施，这种声明中充分的自信却使许多人为之折服了。"③ 事实确如魏斐德所言，清朝这种咄咄逼人的气势对故明士大夫形成了很大的压力。

---

① 王先谦：《东华录》，顺治二年七月，第 214 页。
② 文秉：《甲乙事案》，《四库禁毁书丛刊》史部第 72 册，北京出版社，2004，第 181 页。
③ 〔美〕魏斐德：《洪业——清朝开国史》，陈苏镇、薄小莹等译，江苏人民出版社，2003，第 201~202 页。

其二，推行易服、剃发令，强迫明遗民臣服。清廷入主关内后，为了区别顺逆，推行"易服令"，从服装、发型上迫使明遗民臣服。清统治者谕令曰："一代冠服，自有定制，……（汉）衣带服色以及袖口宽大，均不如制，夫满州冠服岂难仿效，总因汉人狃于习尚，因而滞濡，以后务照满式，不得异同。"① 强迫遗民必须弃汉服，穿满服。

同时，统治者又强迫剃发。顺治元年四月，清朝颁布了"剃发令"："尽令剃发，遵依者为我国之民；迟疑者同逆命之寇，必置重罪。若规避惜发，巧辞争辩，决不轻贷。"② 清廷推行的"剃发令"，引起了江南士大夫的激烈反抗。清统治者对不易服、不剃发、"不随本朝制度者杀无赦"，毫不留情地进行残暴镇压，"乡绅谢世者颇多，……衣冠士庶，俱遭不幸，真非常之大厄运也"。③ 王家祯的《研堂见闻杂记》也对此有详细记载："各遣缇骑捕之，以银铛镴去，如缚羊豕，而间连染于列邑缙绅，举室俘囚，游魂旦暮。"④ 可见，为了迫使明遗民易服、剃发，清统治者对他们的打击、镇压可谓毫不手软。

其三，屡兴案狱，迫害"逆清"遗民。为了打击多出"逆清"言论的明遗民，清初统治者屡兴案狱。下面通过"哭庙案"和"奏销案"来分析清初统治者对江南遗民士大夫的残酷打压。

顺治十八年（1661）正月，顺治帝驾崩，二月哀诏传至苏州，地方官员在"府堂设幕，哭临三日"。生员倪用宾、金圣叹等百余人至文庙哭灵，然后又至府堂击鼓鸣钟，揭帖《哭庙文》控告吴县县令任维初贪污钱粮，逼死乡民，并将矛头指向包庇部下的巡抚朱国治。《哭庙文》写道：

> 顺治十八年二月初四，江南生员为吴充任维初，胆大包天，欺世灭祖，公然破千百年来之规矩，置圣朝仁政于不顾，潜赴常平乏，伙同部曹吴之行，鼠窝狗盗，偷卖公粮。罪行发指，民情沸腾。读书之

---

① 陈登原：《国史旧闻》第三册，中华书局，1958，第424页。
② 王先谦：《东华录》，顺治元年六月，第198页。
③ 顾公燮：《丹午笔记·吴城日记·五石脂》，江苏古籍出版社，1985，第219页。
④ 转引自陈寅恪《柳如是别传》（下），三联书店，2015，第1217页。

人，食国家之廪饩，当以四维八德为仪范。不料竟出衣冠禽兽，如任维初之辈，生员愧色，宗师无光，遂往文庙以哭之。

巡抚朱国治大为震怒，逮捕了倪用宾、沈玥、顾伟业、张韩、来献琪、丁观生、朱时若、朱章培、周江、徐介、叶琪、金圣叹、丁子伟等人，于七月十三日，在南京将他们杀害，故明士大夫遭到了残酷打击。①

然而，巡抚朱国治对故明士大夫的打击并未就此罢休。他在"哭庙案"的奏疏中恨恨地说："吴县钱粮历年逋欠，尚成旧例，稍加严比，便肆毒螫，若不显示大法，窃恐诸邑效尤，有司丧气，催征无心，甘受参罚，苟全身家而已，断不敢再行追比，樱（撄）此恶锋，以性命为尝试也。"② 于是抗粮哭庙事件扩大到了苏、松、常、镇四府及溧阳县的"奏销案"。

当是时，绅衿、衙役者欠者固有，要不及民欠十分之一。况法令之初，官役造册者，俱未知儆，只照当日尾欠，草草申报，章下所司，部议不问不僚，不分多寡，在籍绅衿，按名黜革，现在缙绅，概行降调，于是乡绅张玉治等二千一百七十一名，生员史顺哲等一万一千三百四十六名，俱在降革之列。③

"奏销案"涉及一万三千多名江南士大夫，它将上年奏销的未完成钱粮的江南苏州、松江、常州、镇江四府并溧阳县的官绅士子全部黜革，这沉重伤害了他们的尊严，降低了他们的社会地位。对此，叶梦珠有详尽记载："前辈两榜乡绅，出入必乘大轿，有门下皂隶跟随，轿伞夫五名俱穿红背心，首戴红毡笠，一如现任官体统。乙榜未仕者，则乘肩舆。贡、

---

① 对此状况，屈大均《辛丑纪闻》有详细记载："至辰刻，狱卒于狱中取出罪人，反接，背插招旗，口塞栗木，挟走如飞。亲人观者稍近，则披甲者枪柄刀背乱打。俄尔炮声一震，一百二十一人皆毙命。披甲者乱驰，群官皆散。法场之上，惟血腥触鼻，身首异处而已。"屈大均：《辛丑纪闻》卷一，《丛书集成续编》史部第25册，上海书店出版社，1994，第155页。
② 吴趼人：《哭庙纪略》，《痛史》，福建人民出版社，1981，第3页。
③ 叶梦珠：《赋税》，《阅世编》卷六，上海古籍出版社，1981，第135~137页。

监、生员新贵拜客亦然，平日则否，惟遇雨天暑日，则必有从者为张盖，盖用锡顶，异于平民也。今则缙绅、举、贡概用肩舆，士子暑不张盖，雨则自擎，在贫儒可免仆从之费，较昔似便，然而体统则荡然矣。"① 叶梦珠亲身经历了明末清初松江士绅的沦落过程，因此能够如此生动地描述士绅生活在遭受打击前后的天壤之别。可以说，"哭庙案""奏销案"等案狱沉重打击了明遗民，使他们不仅在政治上遭到降革，而且在经济上遭受处罚，正如有的学者所言，这"实质上宣布了士绅阶层的整体性沦落"。②

其四，禁止遗民结社，削弱反清力量。明亡后，遗民常常结社。吴翌凤《镫窗丛录》卷一载："南都新立，有秀水姚瀚北若者，英年乐于取友，尽收质库所有私钱，载酒征歌，大会复社同人于秦淮河上，几二千人。"③ 对此状况，杨凤苞指出："明社既屋，士之憔悴失职高蹈而能文者，相率结为诗社，以抒写其旧国旧君之感。大江以南无地无之。"④ 他们常常结社，不仅抒写其旧国旧君之感，表达反清之论，而且明遗民还常常借结社之机密谋反清。如全祖望《族祖苇翁先生墓志》载，全美闲"国难后，自以明室世臣，不仕异姓，集亲表巨室子弟为弃繻社。……武进王忠烈公之子之杕，以忠烈曾知鄞，故来侨寓，亦愿入社。谢昌元闻而恶之曰：'此辈不复求死所耶？'顺治丙戌，之杕以部曹为金华朱阁部所招，守义乌死。戊子，二杨（文琦、文瓒）兄弟、献宸（屠献宸）、德钦（董德钦）、邦玠（施邦玠）五人谋以城应海上，不克，俱死"。⑤

清统治者严厉禁止遗民结社，防止他们团结反清力量。周谷城先生指出，"上流社会的民族意识，尤其是文人的故国情绪，多寄在诗文之中。于是一向没有政治意味的文人集团，几乎全都变成了民族意识的结晶体。文社诗社充满了民族愤慨。如东越诸社、三吴诸社；西湖八子、西湖七子、南湖九子、南湖五子诸社；及全美闲的弃繻社，沈光文的福台新咏社

① 叶梦珠：《士风》，《阅世编》卷四，第85~86页。
② 徐茂明：《士绅与江南社会》，商务印书馆，2004，第90页。
③ 吴翌凤：《镫窗丛录》卷一，《续修四库全书》第1139册，第579页。
④ 杨凤苞：《书南山草堂遗集后》，《秋室集》卷一，《丛书集成续编》集部第157册，台北，新文丰出版印行，1989，第664~665页。
⑤ 全祖望撰、朱铸禹汇校集注《族祖苇翁先生墓志》，《鲒埼亭集外编》卷八，《全祖望集汇校集注》（上），上海古籍出版社，2000，第895~896页。

等都是民族意识结晶之处。"① 文社因有如此民族意识存乎其间，逐渐成为反清势力中不可忽视的力量，因此引起了清统治者的高度关注。魏斐德指出："政府对江南这些文人的活动是反对的。顺治虽然赞赏南方学者在文化上的造诣，但别的官员也向他提出，中国南方文人的言行特别易于标新立异。"② 其实不仅是南方文人的言行"特别易于标新立异"，对政局有重要影响，包括南方文人在内的古代士大夫也都是如此，他们往往集体参与政治争论，左右公众舆论，对政府施加影响。于是，一些官员多次上奏朝廷请求禁止结社。如巡按李时茂上《恶棍结党立社地方受害难堪疏》，称至德、北林、西蓝等地区文社"结众敛金，横行城市，寻非启衅"；礼科给事中杨雍建上《严禁社盟疏》，云："社盟之习，所在多有，而江南之苏松，浙江之杭嘉湖为尤甚。……又有不肖之徒，饰其虚声，结交有司，把持衙门，关说公事，此士风所以日坏，而人心由之不正也。"③他们从维护清朝统治的目的出发，指出遗民士大夫结社所具有的极大危害性。朝廷采纳了禁结党社的建议，从顺治九年（1652）开始，多次明令禁止文人结社。俞正燮《癸巳存稿》载，"顺治九年礼部颁天下学校卧碑第八条云：禁立盟结社"。④ 顺治十七年（1660）给事中杨雍建又言："禁妄立社名，及投刺称同社同盟。……十六年例则：士习不端，结社订盟者黜革。"⑤ 清统治者希望通过禁结党社，限制明遗民反清力量的壮大。

综上所述，清廷入主中原后，为稳定统治秩序，消除明遗民的复明之志，一方面，采取怀柔政策，通过复科举、征召等手段笼络士大夫；另一方面，且是主要的，则以威胁、引诱、案狱、禁结党社和武力镇压等手段，毫不手软地打击明遗民，迫使他们臣服。

---

① 周谷城：《中国通史》，上海人民出版社，2004，第318~319页。
② 〔美〕魏斐德：《洪业——清朝开国史》，陈苏镇、薄小莹等译，第333页。
③ 樊树志：《晚明大变局》，中华书局，2015，第508页。
④ 1652年，顺治皇帝采纳御史的建议，颁布了禁止党社的敕令："生员不许纠党多人，立盟结社，把持官府，武断乡曲。所作文字，不许妄行刊刻。违者听提调官治罪。"转引自谢国桢《明清之际党社运动考》，上海书店出版社，2004，第252页。
⑤ 《东华录》载，顺治十七年，清朝给事中杨雍建奏："今之妄立社名，纠集盟誓者所在多有。江南之苏、松，浙江之杭、嘉、湖为尤甚。其始由于好名，其后因之植党。相习成风，渐不可长。请敕部严饬学臣实心奉行，约束士子，不得妄立社名，纠众盟会。其投刺往来，亦不许用同社同盟字样。"朝廷准奏，令治违法乱纪者罪。

二 "干戈载戢，文教放兴"：康熙年间朝廷怀柔笼络

余英时先生认为，无组织的社会"自由流动资源"，虽然游离于国家秩序和体制之外，但作为一股潜在的社会离心力量和政治异己势力，非常不利于统一政治权威的确立和巩固。一般来说，一个政权的统治要想长期有效，必须经常调节"自由流动资源"，将之纳入共同的政治结构与组织之中。① 明清之际的遗民群体就是余先生所言的"自由流动资源"。明遗民不仅数量极大，而且其中的许多人，如北方的傅山、李颙，江南的黄宗羲、王夫之、顾炎武，广东的屈大均，等等，在士林和民间社会中具有举足轻重的地位，即具有深广的人格感召力和政治影响力。他们所从事的反清复明事业被清廷镇压后，没有真心臣服，而是充满仇恨，并且这种仇恨随着民族压迫的日趋加重而愈加强烈。他们决不屈服于清廷的残暴高压政策，采取"不合作""冷反抗"之行为方式：或穴处窑洞，与世相忘；或栖身林泉，悲鸣浩叹；或卜居土室，杜门谢客；或隐遁伽蓝，待观时局；等等，无形中形成了一股清朝体制外的社会离心力。

学者孔定芳指出："康熙初叶以降，满洲贵族入关以来所遭遇的最严峻的政治、军事问题都先后解决：南明政权覆亡，地方抗清武装衰歇，大规模抗清运动结束。这样，那些对新朝依然持不合作甚至敌视抵抗态度的汉族士人中的遗民士群，就自然成为清初政治舞台上最显眼，也最活跃的政治异己力量。……作为一种'体制外存在'、一种'自由流动资源'，遗民势力的存在及其影响，无疑会对清廷的统治及其合法性构成潜在威胁。"② 事实确如，康熙时期，清朝虽然依靠兵强马壮基本统一全国，然而却没有征服天下遗民之心，更没有消除明遗民"夷夏大防"的民族观念和对"故国旧君"的思念之情。对此，梁启超也有精辟见解："满洲人虽仅用四十日工夫便奠定北京，却须用四十年工夫才得有全中国。他们觉得用武力制服那降将悍卒没有多大困难，最难缠的是一班'念书人'——尤其是少数有学问的学者。因为他们是民众的指导人，统治前

---

① 余英时：《士与中国文化》，上海人民出版社，1987，第 80 页。
② 孔定芳：《论康熙"博学鸿儒科"之旨在笼络明遗民》，《唐都学刊》2006 年第 3 期。

途暗礁，都在他们身上。满洲政府用全副精神对付这问题。"① 康熙帝亲政后，"用全副精神"对付明遗民问题。本节主要通过对以下三个手段的阐述来展示康熙皇帝是如何征服明遗民的。

（一）迎合遗民心理，抚慰其心灵

（1）保护、修缮明皇陵。虽然国破家亡，但是明遗民在新朝依然有强烈的故国之思，这种故国之思在民族压迫下显得更加突出，其中一个重要表现就是，明遗民大都或亲拜或遥祭明孝陵。在故明"孤臣孽子"的眼里，明孝陵俨然是"故国旧君"的化身，因此纷纷拜谒和遥祭，如钱塘人潘问奇"北之往大梁拜信陵墓，南泛洞庭吊屈原，溯流入蜀达成都，悼诸葛亮，还客京师，哭十三帝，登西山作怀古诗"。② 顾炎武曾七谒明孝陵。他有诗云："旧识中官及老僧，相看多怪往来曾。问君何事三千里，春谒长陵秋孝陵。"③ 方以智"入市求食，必北面再拜而祭，祭必哭"。④ 由此可见，明孝陵虽然残败，但它是明朝宗庙的象征，也是明王朝的象征，还是漂流无主的明遗民心灵皈依的家园。⑤

清统治者为迎合遗民思念故国之情，对故明皇陵严加保护。明遗民把故国之思寄托于对朱明王陵的祭奠上，统治者何尝不洞然于胸。康熙帝紧紧抓住明遗民的这一心理，极力保护故明陵墓，以宽慰明遗民对先朝难以释怀的眷恋之情，从而争取明遗民对清朝的好感，减少他们对新朝的敌视，如康熙十四年（1675）谕礼部：

> 往代帝王陵寝所在地方，现应守护以安神灵。朕近行幸汤泉道经昌平，见明朝诸陵殿宗虽存，户牖损坏，附近树木亦被摧残，朕心深为悯恻。尔部即严加申斥守陵人户，令其敬谨防护，仍责令该地方官

① 梁启超：《中国近三百年学术史》，上海古籍出版社，2013，第14页。
② 谢正光、范金民编《明遗民录汇辑》（下），南京大学出版社，1995，第1088页。
③ 顾炎武：《重谒孝陵》，《亭林诗集》卷三，《顾亭林诗文集》，中华书局，1959，第354页。
④ 谢正光、范金民编《明遗民录汇辑》（下），第1057页。
⑤ 陈珊珊：《明遗民群体的心态嬗变和启蒙思想的生成》，硕士学位论文，浙江大学，2007，第18页。

不时稽查，勿致仍前怠玩，以副朕优礼前代之意。①

康熙令有司各官致祭明孝陵，严禁采樵，并设守陵户朝夕巡视。康熙十五年（1676）十月，康熙第一次南巡，前往明孝陵祭拜，亲行三跪九叩大礼，并责令地方官尽心保护。二十三年（1684），康熙第二次南巡时，又诣明太祖陵。王士禛的《池北偶谈》对当时情形和民众的反应进行了详细记载：

> 亲谒明太祖孝陵。上由甬道旁行，谕扈从诸臣皆于门外下马。上行三跪九叩头礼，诣宝城前行三献礼；出，复由甬道旁行。赏赉守陵内监及陵户人等有差。谕禁樵采，令督抚地方官严加巡察。父老从者数万人，皆感泣。总督两江兵部侍郎王新命刻石纪事。己巳春，南巡，再谒孝陵。古今未有之盛举也。②

并谕江南、江西总督和江苏巡抚等要用心防护，勿致附近居民毁坏，并强调要按时举行春秋二祭，以示崇重古帝王陵寝之意。

康熙以虔诚的姿态对明帝王陵保护和祭奠的举动，其影响是非常明显的。这极大迎合了明遗民的故国之思，抚慰了其失落痛苦的思念之情，使他们的反清情绪得到缓解。③

（2）尊孔崇儒。明遗民以研习孔孟圣学为"职志"，至圣先师与儒学在他们心目中占有极其重要的地位。有鉴于此，康熙非常重视以尊孔崇儒来笼络明遗民。康熙帝亲政后，亲自到太学祀孔，还率诸臣前去国子监视学，举行临雍大典，对孔子行三跪六叩首之礼，以示自己尊孔崇儒之决心。并且，他恢复了顺治朝所定的孔子、曾子、颜回、子思、孟子等圣人后代送监读书的"圣裔监生例"，甚至在宫中特建传心殿，专祀孔子。康熙二十三年，康熙至曲阜孔庙，书"万世师表"匾额，并亲自撰写孔子、

---

① 中国第一历史档案馆标点、整理《康熙起居注》，中华书局，1984，第 224~225 页。
② 王士禛撰、靳斯仁点校《亲谒孝陵》，《池北偶谈》卷四，中华书局，1982，第 74 页。
③ 杨淑艳：《论康熙如何消除汉族士大夫的反抗心理》，《学术交流》1999 年第 2 期，第 196 页。

孟子、周公庙的碑文，以及孔子、曾子、颜回、子思、孟子的赞文，表达他对孔孟圣贤的仰慕之情，这就迎合了明遗民强烈的尊孔崇儒之感情。

康熙充分肯定孔子及其学说的政治地位，这已经不仅是皇帝个人的兴趣爱好问题了，而是具有更深远的政治意图。学者费劢指出，康熙尊孔崇儒的至诚态度，使明遗民备感亲切，其目的在于利用孔孟之道，笼络广大汉族士人，加强其封建专制统治。① 康熙的这一系列尊孔活动，对于进一步拉拢和利用明遗民无疑是十分迫切而必要的，在一定程度上缩短了他们之间的心理距离，冲淡了明遗民对清朝的反抗意识。② 故鲁迅先生在论及这一历史现象时说："只要（朝廷）尊孔崇儒，（汉族的士人）便不妨向任何新朝俯首。"③

（3）宽松文禁。"文字狱"在我国古代社会中早已有之，至清代发展到了登峰造极的地步。由于清代大兴"文字狱"，知识分子人人自危，"避席畏闻文字狱，著书都为稻粱谋"，不敢再涉及政治。

康熙朝也曾发生过数次"文字狱"。其中规模最大的"文字狱"是庄廷龙之"明史案"。该案直接导致数百人被杀、充军和流放，然而此案发生在康熙元年，此时圣祖皇帝年幼，无法主政，故此案实际上反映的是四大辅臣的文禁政策。

实际上，康熙帝对待明遗民的文禁态度比较宽松。如康熙七年（1668）发生的"《启祯集》案"。《启祯集》即明遗民陈济生所编的《启祯两朝遗诗》，归庄曾为其作序，称其："首录忠义诸公，如罹奄祸死者；与于甲申、乙酉之难，及前乎此、后乎此之殉国者；次则硕德名贤立朝者；次则高士幽人，足羽仪一世者。"④ 清朝怂恿告密，一些心术不良之徒专挑别人著作中的纰漏，指为"逆书"，漫天索赂。康熙七年，《启祯集》被举报，并牵连到著名遗民顾炎武。事情上达康熙帝，他下旨曰："沈天甫等所指，茫无确据，编诗之陈济生，久经物故，带诗之施明，又

① 费劢：《试论康熙的文化政策》，《江汉论坛》1998 年第 2 期，第 45 页。
② 杨淑艳：《论康熙如何消除汉族士大夫的反抗心理》，《学术交流》1999 年第 2 期，第 195 页。
③ 鲁迅：《鲁迅全集》卷五，人民文学出版社，1981，第 45 页。
④ 归庄：《天启崇祯两朝遗诗序》，《归庄集》卷三，上海古籍出版社，1984，第 181~182 页。

经逃遁，显系奸徒挟诈。沈天甫、吕中、夏麟奇着俱处斩，被诬者悉不问。"① 不问书中是否真有禁语，只以编者"久经物故"敷衍过去，并重惩告讦者，以挟诈之罪处以极刑。康熙帝处理此"文字之祸"的用意非常明显，即安抚士人，对他们的故国情怀并不深究。② 然而，如若将此与四大臣辅政时的"明史案"，以及其后雍正、乾隆时期的"文字狱"相比，则可以看出康熙所主张的文禁政策更加宽松。对此，许多学者都持相同观点，如李华认为，康熙朝的"文字狱"，如对"鹿人樵纪闻案""黄培道诗案""沈天甫案""东方旦案"等处理，相对于雍正、乾隆时期吹毛求疵、无事生非的"文字狱"，则显得尤为宽松。③ 由于康熙帝对明遗民采取了怀柔的政策，放宽了对知识分子的控制，因此当时的思想界相当活跃，出现了清建立以来少有的景象，修纂明史的热情在民间文士心中重新燃起，一些南明史论著也纷纷问世。④ 由此可以说，宽松文禁实际上是统治者向遗民士大夫传递朝廷尊重、重视他们的信号。

（二）推行"重道"的文化政策，吸引明遗民

金泽指出："中国传统文化可分为上下两个层次。上层文化由士大夫主导，以儒家思想为主流；下层文化为广大的民众所主导，以宗教信仰为主流。"⑤ 确如金氏所指出的那样，士大夫与儒家文化关系密切，可谓互为依存。士大夫的价值和社会地位源于儒家文化和文化政策，他们的命运与文化政策密切相关，因而他们对朝廷之态度也与文化政策密切相关。对此，国学大师钱穆曾精辟地指出："因为中国人的民族观念，其内里常包含有极其深厚的文化意义，故对于能够接受中国文化的中国人，常愿一视同仁，胞与关怀。"⑥ 也许正是看到了明遗民对文化政策的关注和明遗民作为士大夫与儒家文化的密切关系，康熙才积极学习儒家思想学说，重视

---

① 顾炎武著、王蘧常辑注、吴丕绩标校《顾亭林诗集汇注》卷五，上海古籍出版社，1983，第963页。
② 李瑄：《明遗民群体心态与文学思想研究》，博士学位论文，南开大学，2004，第118页。
③ 李华：《康熙对汉族士大夫的政策》，《黑龙江社会科学》1998年第6期，第85页。
④ 李润强、牛黎芳：《清初士人的明史意识与康熙朝文字狱案——以康熙朝"〈明史〉案"和"〈南山集〉案"为中心》，《甘肃广播电视大学学报》2008年第2期。
⑤ 金泽：《中国民间信仰》，浙江教育出版社，1995，第232页。
⑥ 钱穆：《国史大纲》，第848页。

并制定适当的文化政策，以吸引、拉拢明遗民。

清初统治者要拉拢汉族士大夫，因此非常重视儒家思想学说。满族是善于学习、应变的民族。孟森先生曾指出："清之开国，不能谓于国民先有何种功德。本以夷族崛兴，难言政治知识。顾其种类为善接受他人知识之灵敏种类，其知识随势力而进，迨其入关抚治中国，为帝王之程度，亦不在历朝明盛诸帝之下。若非死于安乐，以致亡国灭种，在女真之根性，实一优秀之民族也。"① 孟森先生此论是有依据的，如康熙帝就是如此。

康熙自幼接受儒家教育，自称："朕自五岁即知读书，八龄践祚，辄以《学》、《庸》训诂询之左右，求得大意，而后愉快。日所读者必使字字成诵，从来不肯自欺。从四子之书既已通贯，乃读《尚书》，于典谟训诰之中，体会古帝王孜孜求治之意，期见之施行。"② 他希望所学的儒家思想文化能日后"见之施行"，以儒治国。亲政后，康熙仍继续学习儒家思想文化，凡儒家经典、程朱著作，无不研习。这在《清实录》里有很多的记载。例如：

> 谕侍读学士喇沙里："朕在宫中，博观典籍，见宋儒周敦颐'太极图'，义理精奥，实前贤所未发。朕尝极意探索，究其指归。可命学士熊赐履，编修叶方蔼、张英，修撰韩菼等各撰《太极图论》一篇，朕亲览焉。"③

对于康熙这种学习儒家思想文化的态度，孟森先生总结道："康熙间讲学之风大盛，研求性理，此时已用熊赐履开其先声，纂修经义，明习天文历算，皆于此开其端，以天子谆谆与天下通儒为道义之讲论，实为自古所少，其足以系汉人之望者如此。而考其时势，则正复黔、秦、蜀、湘尽陷，东南浙、闽、两广、江西蠢蠢思变，方与十三年岁秒议亲征而未发之时。无论其为镇定人心与否，要能无日不与士大夫讲求治道，其去宦官宫

---

① 孟森：《清史讲义》，广西师范大学出版社，2005，第97页。
② 中国第一历史档案馆标点、整理《康熙起居注》，第1249~1450页。
③ 《清实录·圣祖实录》卷四十四，"壬申"条，中华书局，1985，第580页。

妾蔽锢深宫之主远矣。"① 康熙在三藩之乱爆发后,南方社会不稳定,许多遗民"蠢蠢思变"的背景下,亲近、学习儒家思想学说,实有"镇定人心"之意,故孟森先生认为,推崇儒家学说是圣祖"善驭天下士"的重要表现之一。

康熙帝对程朱理学非常偏好,推行尊儒崇朱的文化政策,他认为"周、程、张、朱诸子之书,虽主于明道,不尚辞华,而其著作体裁简要,晰理精深"②。更为重要的是,他认为治理国家之道蕴藏于此,"二帝三王之治本于道,二帝三王之道本于心"③。康熙重视以儒学之治平天下,尤其认为程朱理学中的这种治平思想作用更大。他说:"文章言谈之中,全是天地之正气,宇宙之大道。朕读其书、察其理,非此不能知天人相与之奥,非此不能治万邦于衽席,非此不能仁心仁政施于天下,非此不能外内一家。"④ 康熙在此确立程朱理学为学术正统,并将其作为教化臣民之工具。康熙积极倡导与推动代表汉文化的政治理念与价值标准的儒家思想学说,其政治动机和影响实在不容忽视。他通过自我"内圣外王"之"圣君"的形象塑造,在一定程度上化解了明遗民对清廷统治阶层的种族歧视,⑤ 促使明遗民从文化上逐渐认同了清朝的统治,如著名遗民黄宗羲就对康熙崇儒尊教的文化政策表示赞叹,说:"古今儒者遭遇之际,盖未有两。五百年名世,于今见之。"⑥

(三)积极网罗明遗民

在一定程度上可以说,清初明遗民和元初宋遗民在中国古代遗民史上可以相提并论。然而,虽同属遗民,他们在两朝的生存处境却有"难""易"之分。陈去病在《明遗民录·自序》中提出了明遗民"为遗民也

---

① 孟森:《明清史讲义》,中华书局,1981,第420~421页。
② 中国第一历史档案馆标点、整理《康熙起居注》,第1313页。
③ 《康熙帝御制文集》卷十九,吴相湘编《中国史学丛书》第41辑,台湾学生书局,1966,第1~2页。
④ 《圣祖仁皇帝御制文集》卷三,《四库全书》集部第1299册,台湾商务印书馆,1986年影印本,第535页。
⑤ 王尔敏:《清朝入主华夏及其文化承绪之统一政术》,《中国历史上的分与合学术研讨会论文集》,台北,联经出版事业公司,1995,第247~271页。
⑥ 黄宗羲:《与徐乾学书》,《南雷诗文集》(下),《黄宗羲全集》第11册,浙江古籍出版社,2005,第67页。

难"，宋遗民"为遗民也易"之说。他说：

> 若先朝之亡，则大不然。枋国大臣，防秋将帅，业自输诚纳款，愿为前躯。仗钺秉旄，得专征伐其间，率关东子弟，飞马渡江，镌功奇石者，宁只弘范一人。意亲之帝，又务祛积垢，隆师重道，广征山林隐逸，起用臣靡，予之宠秩，累开贤良方正、博学宏词诸科，以利禄为饵，凡其人有一节之长，一材可取，罔不多方网罗，以为所用。观于当初所称经济时彦，若潘耒、朱彝尊、汤斌、毛大可辈，其始何尝不闻教君子，坚忍茹苦，以励厥艰，及为纷华所眩，即复中心靡然，尽背师友而去。岂其不知荣名无益而简书之可畏耶。……故当时之士，苟非为船山之匿身石窟，舜水之遁迹扶桑，即未能免于当道之所物色。若李天生以母老为词（辞），终竟入试，魏叔子托疾翠微，犹异扉巡抚之门，亭林，梨洲为东南大儒，乃且以刀绳自备，望都门而却步。此其遭际不亦殆哉。梅村、蒙叟之流，且腼颜忍耻，以华其身矣。乌乎，不其悲哉！故其为遗民也难。①

陈氏上述言论并非信口开河，顺治朝时，明遗民深受高压政策的迫害，明遗民在清初面临的处境，确实比宋遗民更具考验；然而康熙亲政后，明遗民的处境发生了翻天覆地的变化。康熙为消解遗民意志，以怀柔手段，积极笼络遗民，企图软化明遗民的反清立场。其措施归纳如下。

其一，开科取士。易代之际，社会动荡不安，"士子无不破家失业，衣食无仰"，统治者在清初开科取士，给予"读书者有出仕之望"。② 康熙袭顺治时期的科举制，不仅把科举作为选拔人才的重要方式，而且把此举作为分化明遗民的重要手段。缘于此，康熙帝对科举考试做了一些调整以迎合士人。如与前朝士人不能更改文武二科考试不同，康熙允许考生可以任意改试，认为"如或拘泥于成例，以文武两途，不令通融应试，则不能各展所长，必致遗漏真才"。康熙二年（1663），四大辅臣主政，抨

---

① 陈去病：《明遗民录·自序》，谢正光、范金民编《明遗民录汇辑》（下），第 1367 页。
② 戴逸主编《简明清史》，人民出版社，1980，第 186~187 页。

击八股文："实于政事无涉。自今以后，凡浮饰八股文章，永行停止。"① 康熙为了拉拢汉族士大夫，"笼牢志士，驱策英才"，亲政后重新恢复了八股考试。

康熙开科取士的效果是显著的，它不仅使读书者出仕有望，而从逆之念自息，而且以此为纽带，拉近了与明遗民的感情，大大缓和了满汉民族矛盾与文化冲突，从而巩固了政权的统治基础。②

其二，加强荐举。康熙还重视对明遗民的荐举。他说："朕御极以来，恒念山林薮泽，必有隐伏沉沦之士，屡诏征求，多方甄引录用，朝野无遗佚，庶惬爱育人才之决。"③ 于是多次下令责成地方官荐举人才，如康熙九年（1670），命有司推举山林隐逸之士，以便擢用。康熙十三年（1674），诏令："顷以需人甚急……其汉人中素有清操及才能堪任烦剧者，不拘资格，著汉官大学士以下、三品堂官司以上，据实保举……以副朕广揽人才之意。"④ 十七年（1678），谕吏部："凡有学行兼优、文词卓越之人，不论已仕、未仕，令在京三品以上及科、道官，在外督、抚、布、按，各举所知，朕亲试录用。"⑤ 由此可见，康熙吸引明遗民参与朝政以消弭其排满情绪，其态度不可谓不诚，力度不可谓不大。

梁启超认为，康熙为了稳固统治，在文化上采取怀柔政策，"分三着实施"：第一，"康熙十二年之荐举山林隐逸"；第二，"康熙十七年之荐举博学鸿儒"；第三，"康熙十八年之开《明史》馆"。⑥ 下面以康熙十七年之荐举"博学鸿儒科"⑦ 为个案，进一步探讨康熙对明遗民的笼络政策。

康熙虽然屡屡对明遗民施行怀柔政策，但并没有吸引他们纷纷出仕清朝。许多明遗民或心存故国、不愿合作，或疑虑难消、徘徊观望。于是，

① 梁章钜著，陈居渊校点《制艺丛话·试律丛话》，上海书店出版社，2001，第13页。
② 费劢：《试论康熙的文化政策》，《江汉论坛》1998年第2期，第45~46页。
③ 《康熙帝御制文集》卷十九，吴相湘编《中国史学丛书》第41辑，第30页。
④ 《清实录·圣祖实录》卷四十六，"甲申"条，第609页。
⑤ 《清实录·圣祖实录》卷七十一，"乙未"条，第910页。
⑥ 梁启超：《中国近三百年学术史》，上海古籍出版社，2013，第15页。
⑦ 清承唐宋旧制，在正常科举考试之外，还增设制科取士，如经济特科、博学鸿儒、孝廉方正科等名目。

康熙十七年正月二十三日，康熙帝颁谕吏部开"博学鸿儒科"：

> 自古一代之兴，必有博学鸿儒，振起文运，阐发经史，润色词
> 章，以备顾问、著作之选。朕万几余暇，游心文翰，思得博学之士，
> 用资典学。我朝定鼎，崇儒重道，培养人材，四海之广，岂无硕彦奇
> 才，学问渊通，文藻瑰丽，可以追踪前哲者？凡学行兼优，文词卓越
> 之士，不论已仕未仕，令在京三品以上及科道官员，在外督抚布按，
> 各举所知。朕将亲试录用。其余内外各官，果有真知灼见，在内开送
> 吏部，在外开报督抚，代为题荐，务令虚公延访，期得真才，以副朕
> 求贤右文之意。①

在此必须指出两点。其一，康熙诏令举行"博学鸿儒科"，主要是吸
引江南遗民出仕，这可从下表管窥一二。此次"博学鸿儒科"，各地举荐
近 200 人，中试者 50 人，其基本情况如见下表 1。

表 1　康熙十八年（1679）"博学鸿儒科"征录

单位：人

地区　人数　录用者	被荐者	一等录用者	二等录用者	试前出仕者
浙江	67	6	9	42
江南	66	9	14	44
江西	5	—	3	1
福建	4	—	—	1
山东	13	—	1	10
河南	5	1	—	5
陕西	10	1	—	6
顺天	8	2	1	6
直隶	9	1	2	4

① 李集：《鹤征录》，北京出版社，1998，第 53 页。

地区 \ 人数 \ 录用者	被荐者	一等录用者	二等录用者	试前出仕者
湖广	4	——	——	2
四川	1	——	——	——
辽阳	1	——	——	——
山西	7	——	——	4
合计	200	20	30	125

资料来源：此表转引自赵刚《康熙博学鸿词科与清初政治变迁》（《故宫博物院院刊》1993年第 1 期，第 91 页）有修改。

由表 1 可以看出，在 200 名荐试者中，浙江 67 人，江南 66 人，两省就占全国的 66.5%；在录用比例中，50 名鸿儒多出东南，江南省、浙江省、江西省，累计得中 41 名，占征录总数的 82%。由此可见，康熙十八年的"博学鸿儒科"有很强的地域政治偏向性。[1]

其二，"博学鸿儒科"的主要意图是拉拢江南遗民。[2] 对康熙"博学鸿儒科"之举，孔定芳认为，在明清更迭的历史进程中，"遗民因素"始终是一个影响全局的变量，它直接影响和制约清初社会秩序的重建。就清初遗民史的演绎而言，遗民现象随明清易代而衍生，因满汉文化冲突而凸显，也随着清廷政治的稳定和文化的整合而消解。康熙"博学鸿儒科"的诏举无疑成为明遗民蜕变的动力。就主旨而言，"博学鸿儒科"既不在于粉饰太平，也不在于彰显文治，更不在于招揽人才，而在于笼络遗民士人。所以，此次科考既有考试的形式，又有游宴的实质；虽以"揽才"相标榜，却以"揽心"为归趋。[3] 那么，从哪些方面可以看出康熙此举如孔定芳所认为的"不在于彰显文治，更不在于招揽人才，而在于笼络遗民士人"呢？笔者认为，可以从以下方面见出。

其一，试前优待遗民。康熙十七年（1678），康熙就诏令各地官员着

---

① 赵刚：《康熙博学鸿词科与清初政治变迁》，《故宫博物院院刊》1993 年第 1 期，第 91 页。

② 孟森：《明清史论著集刊》下册，中华书局，1984，第 498~499 页。

③ 孔定芳：《论康熙"博学鸿儒科"之旨在笼络明遗民》，《唐都学刊》2006 年第 3 期。

手准备荐举"学问渊通，文藻瑰丽"的明遗民。次年（1679）春，应荐士大夫 100 多人陆续抵京。然而，许多遗民士人被举荐至京城后，背井离乡，生活困难。如施闰章"应征而至，坐卧惟一羊裘。既抵京，且称贷以营寒具。其他贫士，或就食畿辅，或寄宿僧庐，北地苦寒，狼狈万状"。① 朱彝尊也在家书中屡屡谈及在京生活难以为继。康熙对这种状况颇为关注，资助这些人"月俸三两，米三斗"。考试前，康熙诏令"特赐宴"，"设高桌五十张，每张设四高椅。光禄寺设馔十二色，皆大碗高攒，相传值四百金。先赐茶二通，时果四色，后用馒首卷子红绫饼粉汤各二套，白米饭各一大盂，又赐茶讫，复就试。"② 宴后才令士子参加考试。

其二，阅卷宽松。不仅考试题目简单，如"题为'璇玑玉衡赋'，'以天下为一家诗'"③，只需做一赋一诗，而且考试完后，康熙还亲自参加阅卷。对于一些有疑问的试卷，康熙十分谨慎，他甚至与其他阅卷者如大学士李霨、冯溥、叶方蔼等讨论。如：

> 问："有不完卷的，何以倒在中卷？"（指严绳孙卷）众对曰："以其剩词可取也。"又问：上上卷内有"验于天者不必验于人语，无碍否？"（指彭孙卷）众对曰："虽意圆语方，故无碍也。"又问："有或问于予，曰及唯唯否否语，岂以或指朕？予自指耶？"（指汪琬卷）对众对曰："赋体本有子虚亡是之称，大抵皆寓言，似不必有实指也。"又问："有女娲补天事信否？"（指毛西河卷）益都（指阅卷大臣冯溥）对曰："在《列子》诸书有之，似乎可信。"及拆卷，上又曰："诗、赋韵、亦学问中要事，何以都不检点赋韵？且不论即诗韵取上上卷者亦多出入，有以冬韵出宫字者（指潘耒卷），有以东、冬韵中出峰、浓字者（指李来泰卷），有以支韵之旗误出微韵之字者（指施闰章卷）。"④

---

① 徐珂编撰《圣祖优礼宏博举子》，《考试类》，《清稗类钞》第二册，中华书局，1984，第 707 页。
② 徐珂编撰《圣祖优礼宏博举子》，《考试类》，《清稗类钞》第二册，第 706 页。
③ 徐珂编撰《圣祖优礼宏博举子》，《考试类》，《清稗类钞》第二册，第 706 页。
④ 秦瀛：《己未词科录》卷一，台北，明文书局，1985，第 127 页。

评判试卷极尽宽松。试卷未答完，或诗文韵律有误，或写错了字，都尽量放宽。如试题要求一诗一赋，而严绳孙仅做一诗，但因其"剩词可取"而列于中卷。汪琬赋中有"或问于予"而对以"唯唯否否"语，虽一时被康熙疑为含沙射影，但读卷诸臣仍认为"赋体本有子虚亡是之称，大抵皆寓言，似不必有实指也"。而对朱彝尊卷中"杏花红似火，若叶小于钗"的"不甚佳"的诗句，也因"斯人固志名士"而"略之"。康熙帝阅卷如此宽松，以致许多士大夫发出了"不羡东阁辅臣，而羡公车征士"的感慨。①

其三，试后授以显官。"博学鸿儒科"试后，中者多授以显官：

> 是科取中者五十人，俱授翰林院官。侍讲一：邵远平，侍读四：汤斌、李来泰、施闰章、吴元龙，编修十八：彭孙遹、张烈、汪霦、乔莱、王顼龄、陆菜、钱中谐、袁佑、汪琬、沈珩、米汉雯、黄与坚、李铠、沈筠、周庆曾、方象瑛、钱金甫、曹禾，检讨二十七：倪灿、李因笃、秦松龄、周清源、陈维崧、徐嘉炎、冯勖、汪楫、朱彝尊、邱象随、潘耒、徐釚、尤侗、范必英、崔如岳、张鸿烈、李澄中、庞垲、毛奇龄、吴任臣、陈鸿绩、曹宜溥、毛升芳、黎骞、高咏、龙燮、严绳孙。②

康熙不久对吏部谕令：已取"五十鸿博"俱纂修《明史》，并授现任、候补及已仕、未仕各员做何分别授以职衔。③ 同年五月正式授予"五十鸿博"为翰林院官，分别授予职衔，且都有不同程度的晋升。如由内升道员授翰林院侍讲的有邵吴远（即邵远平）；由候补道员、郎中授翰林院侍读的有汤斌、李来泰、施闰章、吴元龙；由进士出身之主事、中行评博、内阁中书、知县及未仕之进士授翰林院编修的有彭孙遹、张烈、王顼龄等18人。按明清科举惯例，只有一甲进士才可以直接进入地位显要的

---

① 尹彤云：《康熙十七年"博学鸿词"科略论》，《宁夏社会科学》1995年第3期，第79页。
② 徐珂编撰《圣祖优礼宏博举子》，《考试类》，《清稗类钞》第二册，第707页。
③ 徐珂编撰《圣祖优礼宏博举子》，《考试类》，《清稗类钞》第二册，第707页。

翰林院。而"五十鸿博"均逾制为翰林官，足证康熙帝对他们的重视。[①]
有人以为翰林官是专为修明史而设的，这是误解了翰林院官员的职能和作
用。其实，这一职位并非一种纯粹的文书秘书官，而是晋升高级官职的阶
梯，许多重要官职，一般非翰林院职莫属。正如清人所言："国朝仕路以
科目为重，科目尤重翰林。卜相非翰林不与；大臣饰终，必翰林乃得谥
'文'；他官叙资，亦必先翰林……自康熙、雍正以来，名臣多起翰
林。"[②] 此科录用者后来大多位居显要，其中担任过大学士、各部尚书、
侍郎及地方封疆大吏等高级官职者达 32 人。[③]

孟森指出，康熙之"博学鸿儒科"的性质是"朝廷循求名士，而非
士之有求朝廷"，"康熙之制科，在销兵有望之时，正以此网罗遗贤，与
天下士共天位，消海内漠视新朝之一意"。[④] 的确如此，康熙的"博学鸿
儒科"对笼络明遗民表现了最大的诚意。孟森先生还就康熙朝的"博学
鸿儒科"与乾隆朝的丙辰词科进行了比较，他指出：

> 己未词科惟恐不得人，丙辰词科惟恐不限制。己未来者多有欲辞
> 不得，丙辰皆渴望科名之人。己未为上之所求，丙辰为下之所急。己
> 未有随意敷衍，冀避指摘，以不入彀为幸，而偏不使脱羁绊者，丙辰
> 皆工为颂祷，鼓吹承平而已。盖一为消弭士人鼎革后避世之心，一为
> 驱使士人为国家装点门面，乃士有冀幸于国家，不可以同年语也。[⑤]

孟森先生之分析鞭辟入里。上述康熙"博学鸿儒科"只不过是一次
象征性的特科，并非以"揽才"为旨归，它反映清廷纯粹将遗民视为一
种象征性资源，利用遗民在民间社会的人格魅力和政治感召力，凭借优容
明遗民来向汉人社会展示怀柔胸襟，以缓和民族矛盾。对此，许多学者也

---

① 段润秀：《康熙朝"博学鸿儒科"述论》，硕士学位论文，云南师范大学，2004，第
   16 页。
② 朱克敬：《瞑庵杂识·瞑庵二识》卷二，岳麓书社，1983，第 121~122 页。
③ 赵刚：《康熙博学鸿词科与清初政治变迁》，《故宫博物院院刊》1993 年第 1 期，第
   92 页。
④ 孟森：《明清史讲义》，第 423~424 页。
⑤ 孟森：《明清史论著集刊》下册，台北，世界书局，1965，第 423 页。

作如是观，如赵刚指出，"博学鸿儒科"是向明遗民伸出的橄榄枝，它改善了朝廷与明遗民之间的关系，对清初政治格局的转变产生了深远影响。①

总之，康熙帝初期面临着的基本任务与顺治帝不同，他的基本任务是巩固统一战果，维护社会稳定。明遗民群体作为一种"体制外"的巨大反清力量，引起了康熙帝的极度重视。康熙帝采取怀柔政策，通过迎合遗民心理，制定合适的文化政策，广征罗致遗民等手段，最大诚意地改善朝廷与遗民的对立关系，以消除其逆清斗志。

第三节 "变其初志十七八"：明遗民从誓死抗争到群体分化

顺治时期，一些汉族士大夫向清廷臣服。在清廷高官厚禄的引诱和武力恫吓下，许多明朝官吏和士大夫"安常处顺，艳心宝贵功名"，满足于"爵位渐高，志欲渐满，保身之念重，保国之志轻，有生之乐，无死之心"②，多有投降者。③ 对这种投降新朝的行为，时人气愤说道："国家养士三百年，岂遂无一忠义，以报朝恩？"④ 无论是明遗民，还是后世文人，都对投降清朝的官员、士大夫极其鄙薄，认为他们既毫无气节可言，又负朝廷三百年养士之恩。

一 明遗民"不惜九死一生以图再造"，誓死抗争

明遗民抗清复明，进行了殊死斗争。清初确实存在投降清廷的明时的官员、士大夫，然而这毕竟是少数，大多数深受儒家文化熏染的官员、士大夫在早已根深蒂固的"夷夏之辨"和"忠君保国"等观念的驱使下，立场鲜明地与清廷划清了界限。《清史稿》云："天命既定，遗臣逸士犹

---

① 赵刚：《康熙博学鸿词科与清初政治变迁》，《故宫博物院刊》1993 年第 1 期，第 96 页。
② 陈子龙：《明经世文编》卷二三七，中华书局，1962，第 2480 页。
③ 邓之诚：《骨董琐记全编》，中华书局，2008，第 399 页。
④ 温睿临：《南疆逸史》，中华书局，1959，第 215 页。

不惜九死一生以图再造。"① 钱仲联先生也指出："遗民不仕新朝，并先后图报九世之仇者，踵趾相接，夥颐哉！非宋末西台恸哭少数人所能匹矣。"② 明遗民不但在言论上极力抨击清军及其统治者，深刻揭露其罪恶，还毅然投入反清复明的队伍中，历经九死而不悔。

明遗民参与反清运动，这在顺治时期是普遍现象。笔者以明末三大儒黄宗羲、王夫之和顾炎武为例，分析明遗民是如何积极参与反清运动的。

甲申之变后，黄宗羲希望能够匡复明朝大业，于是毁家纾难，"纠黄竹浦子弟数百人，随诸军江上，人呼之为'世忠营'"③。黄也被鲁王授以监察御史。他积极向南明朝廷举荐贤才，如向南明举荐结寨抗清的将领王翊及其领导的义军。此外，他还为抗清献计献策，他曾建言总兵王之仁应该趁清军立足未稳，"沉舟决战，由赭山直趋浙西，而日于江上放船鸣鼓，攻其有备"。④

王夫之在衡山筹划起义。据《章灵赋自注》载："……故涉历险阻，涓戒同志，枕戈待旦，以有事焉，而孤掌之拊，自鸣自和，至于败绩；虽云与仇战者，败亦非辱，而志事不遂，亦何荣耶。"⑤ 王夫之发动衡山起义时，参与策划的还有管嗣裘、夏汝弼和南岳僧性翰等。然而此事不幸被尹长民告密，起义失败。江苏遗民顾炎武也积极参加了昆山起义。黄云眉《鲒埼亭文集选注》记载："乙酉之夏……先生（顾炎武）方应昆山令杨永言之辟，与嘉定诸生吴其沆及归庄，共起兵奉故郧抚王永祚，以从夏文忠公于吴。"⑥

为了抗清复明大计，一些明遗民还乞师日本。为抗击清军，一些明遗民士大夫提出了"乞师"日本之建议，这在当时引起了争论，如兵部尚书余煌指责此乃"为吴三桂乞师之续"，黄宗羲等人则直斥余煌为"书生之见"，说："忠臣义士，苦思穷计，海水不足较之深浅，徒以利害相权，

---

① 赵尔巽等：《列传二百八十七·遗逸一》，《清史稿》卷五〇〇，中华书局，1977，第13815页。
② 谢正光、范金民编《明遗民录汇辑》（上），序，第1页。
③ 全祖望：《梨洲先生神道碑文》，《黄宗羲全集》第12册，第5页。
④ 全祖望：《梨洲先生神道碑文》，《黄宗羲全集》第12册，第5页。
⑤ 王夫之：《章灵赋自注》，《船山全书》第15册，岳麓书社，1986~1996，第194页。
⑥ 全祖望著，黄云眉选注《鲒埼亭文集选注》，齐鲁书社，1982，第114页。

如余煌者，真书生之见也"。① 黄宗羲不但支持此建议，而且还曾亲自东渡日本，乞师求援。全祖望在《梨洲先生神道碑文》中明确记载："是年（顺治六年），监国（鲁王）由健跳至翁洲，复召公（黄宗羲）副冯公京第乞师日本，抵长崎，不得请，公为赋《式微》之章，以感将士。"② 然而由于日本当时"销兵忘战"，"承平久矣"，"多忘武备，岂肯渡海为人复仇"③，因此乞师未果。明遗民冯京第、周崔芝等也曾自舟山起航赴日本乞师。④ 在清初严辨"夷夏"的背景下，明遗民向另一个"夷狄"即外族乞师，这在理论和实践两方面都陷入了自相矛盾的境地。⑤ 对此，有学者指出："难道在清兵打来的时候，'倭寇'就变战（成）了'义师'吗？如果说吴三桂引清兵入关，应遭到唾骂，那黄宗羲称许东渡乞师也决非义举。"⑥ 明遗民乞师日本，确实存在如上所言的伦理困境。然而，明遗民这种自相矛盾的言行，恰恰说明了他们具有不惜一切代价抗清复明的决心。

还有一些明遗民为反清复明，不惜流亡海外。在初入中原，清朝统治尚不稳定的时期，明遗民普遍从事抗清复明的活动，其中部分明遗民将目光转向了邻邦日本和朝鲜。朱舜水和"九义士"即是其中的代表。明亡之后，朱舜水以复兴明朝为己任，往返于日本和安南之间，前后7次赴日"乞师"，历时15载。韩东育指出："其往来穿梭的目的，或躲开朝廷征辟，或赴日为王翊借恢复之兵，或以遂蹈海全节之志。"⑦ 可见，朱舜水对日本寄予了很高的期望，并频繁地登陆日本。而"九义士"则与朱舜水稍有不同，他们是跟随质居沈阳的凤林大君前往朝鲜的。他们之所以愿意追随凤林大君，就因为后者具有不屈服于清朝的大志；"九义士"东去

---

① 黄宗羲：《日本乞师记》，《行朝录》卷八，《黄宗羲全集》第 2 册，第 181 页。
② 全祖望撰、朱铸禹汇校集注《梨洲先生神道碑文》，《鲒埼亭集》卷十一，《全祖望集汇校集注》（上），第 218 页。
③ 详见黄宗羲《日本乞师记》，《行朝录》卷八，《黄宗羲全集》第 2 册，第 180~183 页。
④ 张煌言：《送黄金吾冯侍御乞师日本》，《张苍水集》第二编，上海古籍出版社，1985，第 62 页。
⑤ 庄严：《论黄梨洲的华夷之辨及其他》，《宁波师院学报》1986 年增刊，第 10 页。
⑥ 魏鉴勋、袁闾琨：《清初三大思想家爱国主义辨识》，《光明日报》1984 年 11 月 28 日，第 3 版。
⑦ 韩东育：《朱舜水在日活动新考》，《历史研究》2008 年第 3 期，第 94 页。

朝鲜，其初衷即辅佐凤林大君成就反清大业。[1] 因而，"九义士"东去朝鲜与朱舜水"乞师日本"，可谓异曲同工。值得一提的是隐元和尚，他似乎也背负向日本"乞师"的政治使命，陈智超谓，"隐元东渡的重要原因，是他负有重要的政治使命，（他）是郑成功的一名亲善使节"。[2] 将反清复明的希望寄托在日本、朝鲜等异邦身上，是朱舜水、"九义士"等明遗民最初东渡日本或东去朝鲜的直接原因。但随后国内形势的急转直下，不但使他们复兴明朝的希望成为幻影，而且也使他们丧失或主动放弃了回国的机会，在海外终此余生。

总而言之，在"天崩地解"之际，明遗民在"夷夏之辨"和忠君保国等观念的驱使下，与兵强马壮的清廷进行了殊死斗争。明遗民"不惜九死一生以图再造"，然而随着清廷统治的越来越稳固，复国终究无望。虽然复兴明朝的希望破灭，但明遗民捐躯赴义、报效故国的志节可谓卓绝千古。

二　明遗民群体分化

顺治时期，明遗民或多或少，或直接或间接地从事反清复明运动，但最终以失败结束。特别是康熙元年（1662）前后，南明诸政权都遭到了毁灭性的打击，[3] 明遗民的"鲁阳之望"尽绝。

康熙亲政后，一改顺治时期镇压、打击明遗民的强硬政策，采用怀柔手段，多方面笼络明遗民。此时期，不少明遗民已经谢世。对此，方文于康熙二年（1663）言："鼎湖龙去二十年，志士强半归黄泉。虽有存者穷

---

[1]　〔韩〕崔承现、金惠连：《"明代遗民"：韩国华人历史探微》，《华人华侨历史研究》2012年第1期；孙卫国：《试论明遗民之东去朝鲜及其后裔世代对明朝之思怀》，《韩国学论文集》第十辑，2003年第1期，第144~145页。

[2]　陈智超、韦祖辉、何龄修编《旅日高僧隐元中土来往书信集》，中华全国图书馆文献缩微复制中心，1995，第21页。

[3]　康熙元年（1662）"二月，郑成功部将陈霸叛降于清。吴三桂奏俘明永历帝及官员、兵丁四千三百余名……四月，吴三桂害明永历帝及其太子，后妃、公主皆送北京。明石泉王朱聿鏼兵攻叙州等地，败死……六月，李定国曾乞兵于暹罗、车里，事未成而永历帝被害，至是悲愤而死。十一月，明鲁王死于台湾"。详见翦伯赞《中外历史年表》，中华书局，1961，第695页。吴三桂于云南缢杀朱由榔，桂王政权消失；明鲁王亦死于金门，东葬台湾；抗清名将郑成功也不幸病亡。显然，南明诸政权的反清斗争在壬寅年都遭到了毁灭性的打击。

且老，加以患难多忧煎。"① 顾炎武也说："生平所见之友，以穷以老而遂至于衰颓者，十居七八。"② 存世的明遗民在对清朝态度上开始软化，③这主要表现在以下几个方面。

其一，明遗民的"夷夏之防"思想观念逐渐淡化。康熙主政后，大力网罗明遗民，积极提倡儒学兴教，在学术上倡导程朱理学，试图集"治统"和"道统"于一身，以实现治国平天下之理想，这些在前面章节已有详细论述。康熙的这些举措，合乎明遗民"以汉化夷"之目标，彻底瓦解了他们从文化上坚守"夷夏之防"的防线，促使他们的"夷夏之防"思想逐渐淡化。如康熙十七年（1678）前后，顾炎武作诗云："蓟门朝士多狐鼠，旧日须眉化儿女。生女须教出塞妆，生男要学鲜卑语。"④从诗中可以看出，当时社会"夷夏之防"的观念已转变。钱澄之明亡后曾矢志抗清，但从其作《正统论》来看，其"夷夏之防"的坚定态度也有所软化。他提出衡量朝廷是否具有"正统"地位的方法是"以人心断之"，认为"人心一日未忘，即天命一日未去，正统一日未绝也"。⑤ 以人心之向背而不以"夷夏"之观念去衡量政权性质，据此认为改朝换代是自然之理，言"天下如大第宅，其更姓易主者常也"。⑥ 又云："今夫大盗入人室，杀其主，奸其子孙，尽据其所有，人人痛愤。有壮士奋起剿灭之，凡盗所据有者皆悉为壮士有，举世莫不称快，而议者犹谓'壮士与盗向皆利主人所有，使不为盗据，彼且据之矣，今特借报仇为名，原其心，与盗同律'可乎?"⑦ 孔定芳指出，此处"盗与壮士"暗示意味应该是十分明显的，明清鼎革，先是农民起义军推翻明朝，继而清廷入主，王

---

① 方文：《嵞山集·续集后编》卷二，《续修四库全书》集部别集类第1400册，上海古籍出版社，1979，第934页。
② 顾炎武：《与人书六》，《亭林文集》卷四，《顾亭林诗文集》，中华书局，1959，第92页。
③ 孔定芳对明遗民入康熙朝后的态度转变有所探讨，对笔者启发甚大，详见孔定芳《明遗民与清初满汉文化的整合》，博士学位论文，中国社会科学院，2005，第126~132页。
④ 顾炎武：《蓟门送子德归关中》，《亭林诗集》卷五，《顾亭林诗文集》，中华书局，1959，第409页。
⑤ 钱澄之，彭君华校点：《正统论上》，《田间文集》卷三，黄山书社，1998，第47页。
⑥ 钱澄之，彭君华校点：《正统论下》，《田间文集》卷三，第48页。
⑦ 钱澄之，彭君华校点：《正统论下》，《田间文集》卷三，第49页。

朝易代遂成定局，钱澄之在这里无疑将农民起义军视为"盗"，而视清朝为"壮士"。① 同样，陆世仪的明遗民立场也有所松动，这从他《治平类·学校》一文中的观点可管窥一二。他说：

> 愚谓有天下者若易代之后，而不用胜国之遗黎故老，则贤才可惜，若用遗黎故老，而遗黎故老竟乐为新主所用，则又乖不事二君之义，于此有两全之道。学校之职臣也，而实师也。若能如前不用品级之说，则全乎师而非臣。昔武王访道于箕子，而箕子为之陈《洪范》，盖道乃天下后世公共之物，不以兴废存亡而有异也。聘遗黎故老为学校之师，于新朝有益，而于故老无损，庶几道法可常行于天地之间，而改革之际，不至贤人尽归放废矣。……学校师当议为定制，受聘不受爵，受养不受禄，居于其国，自县官及缙绅以下，皆执弟子礼，见藩臬尊官不行拜跪，其往来用书策不用文移，则胜国之遗黎故老，皆可以受之而无愧矣。②

陆世仪指出明遗民本"乐为新主所用"，只是受到了"不事二君之义"的伦理道德的束缚不能出仕而已。如何扭转这种尴尬局面？陆世仪提出"聘遗故老为学校之师"的办法。聘明遗民为学校之师，"受聘不受爵，受养不受禄"，既可以保证人身自由，不依附朝廷，又可以上为"帝王师"，下有"县官及缙绅以下，皆执弟子礼"的待遇，这样就可以实现他们治国平天下之理想，使"道法可常行于天地之间"，不因为兴废存亡、改朝换代而有所中断。此言虽然不能够说明陆世仪已经彻底放弃遗民立场，但至少透露他"夷夏之防"观念在软化。

黄宗羲的"夷夏之防"观念也在发生变化。甲申之变后，黄宗羲有很强烈的"夷夏之防"观念。他说："是故即以中国之盗贼治中国，尚为不失中国之人也。"又说："中国之与夷狄也，内外之辨也，以中国治中国，以夷狄治夷狄，犹人不可杂之于兽，兽之不可杂于人也。"黄宗羲在

---

① 孔定芳：《明遗民与清初满汉文化的整合》，第 129~130 页。
② 陆世仪：《治平类·学校》，《思辨录辑要》卷二十，《四库全书》子部第 724 册，第 169~170 页。

明末清初的军事和政治斗争中，严格恪守"华夏"和"夷狄"之区别，强调清朝为"虏"，为"夷狄"，并把他们与"兽"等观。黄宗羲还在《留书》中大谈元之亡宋，他认为"宋亡之于蒙"是"宗庙亡矣"，"夫三纲五常，中国之道，传自尧舜，非亡宋之私也"。尧舜之道并非赵宋私家之所有，怎么可以轻易毁于己呢？元代著名理学家许衡、吴澄"一以为朱子，一以为陆子"，黄宗羲批评他们说，作为孔孟圣学的传承者"无能改虏收母箕丧之俗，靴笠而立于其朝，岂曰能贤？"因此，黄宗羲认为许衡、吴澄得罪了尧、舜，认为"尧舜相传之统，至元而绝"，是"千古之痛"而非"有宋一代之辱"。以此言之，清朝入主中国，改朝换代已是小事；"三纲五常，中国之道，传自尧舜"① 而亡于清朝则是生死攸关的大事。然而清廷入主中国后，特别是到了康熙朝，统治者积极接受华夏文明，接续并光大尧舜之道。黄宗羲对此又是如何看待的呢？康熙二年（1663），他在《明夷待访录》中说：

> 素中国行乎中国，素夷狄行乎夷狄，古来相传"礼教"两字，就是当路之准的。蒙古据有中国，许、赵之功高于弓矢万倍，自许、赵出，蒙古亦中国矣。他不能真个实践，所以青田、金华便辅有明大业。然则兴亡之枢机，允在礼教之隆替。既认得此症结，岂复容自作聪明哉！彼从政作制，胥有因革，若言立国大原，殆舍礼教外无一是处。②

以礼教而非血缘种族作为"夏夷"之分界，认为"夷狄"只要接受和实行中国的礼教便可进步为中国人；相反，即使原为中国人，不行礼教，也会退化为"夷狄"。黄宗羲说只要有像许衡、赵复这样的儒学大师推行礼教，"蒙古亦中国矣"。他一反在《留书》中指责许衡等降于蒙元，不守节操，得罪尧舜的态度，高度赞扬许衡、赵复"功高于弓矢万倍"。无疑，这是黄宗羲欣赏统治者能够尊尧舜之道、行孔孟圣学而不再从文化

---

① 以上引文见黄宗羲《留书》，《南雷诗文集》（下），《黄宗羲全集》第 11 册，第 11 页。
② 黄宗羲：《明夷待访录》，《黄宗羲全集》第 1 册，第 10 页。

上来坚持"夷夏之辨"，抵制清朝政权了。

其二，明遗民多有称颂清朝及其君主的言论。顺治朝时，明遗民对清朝充满了愤恨，他们在不同场合发表了不少"逆清"言论，因此受到了"文字狱"等的迫害。然至康熙朝，在康熙怀柔政策的影响下，明遗民的"逆清"言论少之又少，相反还出现了不少称赞朝廷、君主的言论。如钱澄之就称赞康熙云："今上殚心经学，文教聿兴。"① 又对徐乾学②言："公之劳益甚，忌益深，上盖欲大用之，因思有以曲全之，乃解司寇任，专命总理各馆，上之于公也至矣"③，"知己哉！上也"。④ 他情真意切地称赞康熙为"上"，并认为康熙帝是徐乾学的知己。陆世仪也曾对松江娄县令说，易代之际，民生凋敝，但"国朝（清廷）起而拯之"。⑤ 在此，他们称清廷为"国朝"。这些议论从坚持故明立场的遗民口中说出，实在令人瞠目结舌，因而李瑄指出，从这些明遗民的语气中可以看出，他们对清廷的认同是显而易见的。⑥

其实，明遗民中这种认同清朝，称颂朝廷、圣主的言论多有之。如顾有孝在《骊珠集》中言："洋洋乎真盛世之声也哉。"⑦ 魏宪入清不仕，但大赞清朝文教之兴，云："方今天子圣明，崇尚风雅，……正吾辈读书养气以鼓吹休明之日也。"⑧ 曾灿为"易堂九子"之一，他在康熙十二年（1673）刊刻《过日集》，请清朝官员沈荃作序。沈荃在序中云："今天子锐意文学，时公卿大夫，以及韦布之士，莫不崇尚风雅，以成一代之文

---

① 钱澄之、彭君华校点：《送江南督学李醒斋太史特简内阁学士宗伯还朝序》，《田间文集》卷十七，第 319 页。
② 徐乾学（1631~1694），字原一，号健庵，昆山玉山人，顺治十一年入太学，康熙九年进士，康熙二十六年任经筵讲官，后升都察院左都御史。康熙二十七年任会试总裁，后转刑部尚书。
③ 钱澄之、彭君华校点：《田间文集》卷十七，《钱澄之全集之六》，黄山书社，1998，第 324 页。
④ 钱澄之、彭君华校点：《田间文集》卷十七，《钱澄之全集之六》，黄山书社，1998，第 331 页。
⑤ 陆世仪：《赠蛟水吴公去思序》，《桴亭先生文集》卷四，《续修四库全书》集部第 1398 册，第 478 页。
⑥ 李瑄：《明遗民群体心态与文学思想研究》，第 128 页。
⑦ 谢正光、佘汝丰编著《清初人选清初诗汇考》，南京大学出版社，1998，第 108 页。
⑧ 谢正光、佘汝丰编著《清初人选清初诗汇考》，第 113 页。

献。"① 曾灿把沈荃颂圣之言连同《过日集》一同刊出，这表明他是基本认同沈荃说法的。②

黄宗羲也有不少类似的言论。康熙皇帝非常重视网罗人才，对此，黄宗羲曾在不同场合称赞康熙皇帝说："当是时，天子留心文治，招才琴钓之上，取士歌牧之中，士之闲一艺者，莫不锁厅而出。"③ 又说："圣天子崇儒尚文，诸君子振起以复盛时人物。"④ 还说："幸遇圣朝，干戈载戢，文教放兴。"⑤ 康熙十八年（1679），黄宗羲认为社会进入"盛世"时期，他在《董在中墓志铭》中说"桑海之交，天鉴（董在中长子）砥节丘园，息机盛世"；他惋惜董天鉴死于盛世，并呼吁"同学之士"抓住机会，"共起讲堂，以赞右文之治"。⑥ 康熙二十六年（1687），黄宗羲在给徐乾学的信中说："今圣主特召，入参密勿，古今儒者遭遇之隆，盖未有两。五百年名世，于今见之。朝野相贺，拭目以观太平，非寻常之宣麻不关世运也。"又说："方今杀运既退，薄海内外，怀音草状；皇上仁风笃烈，救现在之兵灾，除当来之苦集，学士大夫皆以琴瑟起讲堂之上，此时之最难得者也。"⑦ 在此信中，黄宗羲改变了他曾告诫万斯同勿上"太平之策"的态度，而是提出了"其要以收拾人才为主"的建议，并称这是"喜而溢之于言"。⑧

明遗民称赞朝廷、君主的言论，实在难合明遗民群体的"道德律令"，也正因为此，"祸"从口出，有些自视为明遗民的士大夫却被编辑遗民录的时人拒视为遗民。如黄云，字仙裳，号旧樵，世居姜堰镇。《雍正泰州志》卷六《人物》载，黄云重节义，"当事屡聘不应。……惟闭户严课子孙，赋诗饮酒自娱，署其门云'教儿孙识廉耻'字"。然而，有如此明遗民气节的黄云，也有称颂清朝君主的言辞，如其《桐引楼诗集》

---

① 谢正光、佘汝丰编著《清初人选清初诗汇考》，第 187 页。
② 李瑄：《明遗民群体心态与文学思想研究》，第 170 页。
③ 黄宗羲：《陈夔献墓志铭》，《碑志类》，《黄宗羲全集》第 10 册，第 454 页。
④ 黄宗羲：《余姚县重修儒学记》，《记类》，《黄宗羲全集》第 10 册，第 134 页。
⑤ 黄宗羲：《乡贤呈词》，《南雷文钞》，《黄宗羲全集》第 11 册，第 29 页。
⑥ 黄宗羲：《董在中墓志铭》，《南雷诗文集》（上），《黄宗羲全集》第 10 册，第 465 页。
⑦ 黄宗羲：《与徐乾学书》，《南雷杂著稿》，《黄宗羲全集》第 11 册，第 67 页。
⑧ 黄宗羲：《与徐乾学书》，《南雷杂著稿》，《黄宗羲全集》第 11 册，第 68 页。

支韵部有《甲子十月驾幸扬州天宁寺，即可和雪悟和尚韵①》云："龙章圣主欢相赐，礼数山僧恕不知。恰遇上元新甲子，真人南下应昌期。"黄云眼见康熙临幸的盛大场面，情不自禁地为"圣主"唱出了颂歌，远离了原本应该持有的明遗民立场，暴露了与闵麟嗣相同的明遗民气节的不坚定处。②又如明遗民石涛为明宗室遗族，他自己也有"金枝玉叶老遗民"③的期许。虽然石涛有极强的明遗民意识，但他曾两次为康熙帝接驾。康熙二十八年（1689）春，康熙南巡，石涛在扬州接驾，并做《客广陵平山道上接驾恭纪二首》，其一云："无路从容夜出关，黎明努力上平山。去此罕逢仁圣主，近前一步是天颜。"④石涛对被康熙当众呼出名字，感到受宠若惊，大肆献媚颂圣。对此，潘承玉评价说："最后一联，不啻明言其动机就是以画向康熙帝邀宠干进、谋求功名。以明宗室遗民，却如此谄媚，如此露骨地逢迎清朝皇帝，这不能不是一种较为严重的变节行为。"⑤

上述的黄云、石涛等人"明目张胆"地献媚颂圣、逢迎朝廷的言论，实在与明遗民所持有的政治立场不合，背弃了明遗民群体的"道德律令"，所以卓尔堪在编辑《遗民诗》时，把他们拒之书外；但这也更好地体现了他们对清廷态度的转变。

其三，部分明遗民出仕，遗民群体逐渐分化。如前所述，康熙极力笼络明遗民，促使部分遗民对出仕的态度逐渐松动。戴名世《温荣家传》云："明之亡也，诸生自引退，誓不出者多矣，久之，变其初志十七八。"⑥在亡国之初，明遗民对清廷充满仇恨，因此发誓不肯出仕清朝。随着时间的推移和受统治者极力笼络的影响，明遗民的"初志"开始发生变化。如顾炎武在士大夫之出仕问题上的态度已开始有所松动。他说："夫天下之士，有道德而不愿仕者，则为人师；有学术才能而思自见于世

---

① 题下自注"赐御书'萧闲'二字"。
② 潘承玉：《清初诗坛：卓尔堪与〈遗民诗〉研究》，中华书局，2004，第238~244页。
③ 他为画僧朱耷�水仙画卷题诗云："金枝玉叶老遗民，笔砚精良迥出尘。兴到写画如戏影，分明兜率是前身。"转引自朱良志《石涛研究》，北京大学出版社，2005，第33页。
④ 转引自韩林德《石涛与"画语录"研究》，江苏美术出版社，2000，第46页。
⑤ 潘承玉：《清初诗坛：卓尔堪与〈遗民诗〉研究》，第246~249页。
⑥ 戴名世撰、王树民编《温荣家传》，《戴名世集》卷七，中华书局，1986，第201页。

者，其县令得而举之，三府得而辟之，其亦可以无失士矣。"① 他认为士是可以求仕的。顾炎武对待出仕的态度不仅明显松动，而且他还支持门人弟子出仕。颜光敏（字修来，曲阜人），康熙丁未进士，历官吏部郎中。康熙七年（1668）顾炎武写信给颜光敏，请他对其门生谢重辉予以照拂，说："兹有德州方山谢年兄入都，附此申候。方山为内院清义公之冢嗣，翩翩文雅，更能熟于古今，少年中鲜其俦匹。属以荫职赴部，一切仰祈照拂。缘弟夏秋主于其家，昕夕对谭，心所归依惟在门下。至于居官涉世之道，亦望时时提命。"② 不可思议的是，顾炎武还希望颜光敏能够授谢重辉以"居官涉世之道"。

上述情形并非个案，许多明遗民因为各种原因陆续出仕清朝。如方以智旧友戴明说、龚鼎孳、吴伟业、宋之绳、曹溶、周亮工等，皆出仕左迁。③ 又如顺治十八年（1661），吕留良姊夫朱彝考中进士。《桐乡列传》云："朱彝，字声始，顺治辛丑进士。授灵璧县知县。"④ 次年，好友钱陆灿举于乡，为"江南第二名举人，尝得通判"。康熙十五年（1676），吕留良好友许承宣也中进士。周焕卿先生在统计清初明遗民词人人数时指出，随着时间的推移，明遗民词人中出仕者有 41 人，占全体人数的17.83%。⑤ 这些都可以表明明遗民群体开始分化。

为了更加深入理解部分明遗民出仕及其群体分化的状况，现再以康熙十八年（1679）之"博学鸿儒科"进行分析。

康熙十八年之"博学鸿儒科"震动一时，影响颇大，引起了许多明遗民的关注。一些明遗民誓死不参加"博学鸿儒科"，并对其他同道拒"科"行为大加赞赏，如顾炎武称赞李二曲（即李颙，字中孚）说："忽下弓旌召，难为涧壑留。纵容怀白刃，决绝却华辀。"⑥ 顾炎武言李二曲拒"博学鸿儒科"，有如后汉之李巨游拒聘之高节。顾炎武对那些奔竞

① 顾炎武：《郡县论九》，《亭林文集》卷一，《顾亭林诗文集》，中华书局，1959，第17 页。
② 顾炎武：《亭林佚文辑补·与颜修来手札》，《顾亭林诗文集》，第237 页。
③ 任道斌：《方以智年谱》，安徽教育出版社，1983，第196 页。
④ 许瑶光、吴仰贤编撰《光绪嘉兴府志》卷六十一《桐乡列传》，光绪五年（1879）刻本。
⑤ 周焕卿：《清初遗民词人群体研究》，第189 页。
⑥ 顾炎武：《梓潼篇赠李中孚》，《亭林诗集》卷五，《顾亭林诗文集》，第418 页。

"博学鸿儒科"的士大夫颇为反感，指其"纵使邹、杖仍接踵，不过贪得孝王金"①。但是也有一些士大夫对此很热心，当时有人作诗描述当时赴试时的景象，曰："明国变后，诸生多抗节不受试者，……圣朝特旨试贤良，一队夷齐下首阳。家里安排新雀帽，腹中打点旧文章。当年深自惭周粟，今日幡思吃国粮。"② 由此可以看出，部分士大夫应荐考试的态度非常积极。如施闰章说："……试卷传出，都下纷纷讹言皆推我为第一名……半月后方阅卷，初亦暗取在上上卷，列三五名中，后因诗句中有'清彝'二字，嫌触忌讳，……于是姑留在上上卷第十五。又推敲停阅月，则移在上卷第四，此二字作祟也，……我平时下笔颇慎，独此二字不及觉，岂非天哉！"③ 施闰章对自己未能考中第一名而深感遗憾。有被迫参加"博学鸿儒科"考试，但仕进后态度发生转变的明遗民士大夫，如无锡布衣严绳孙，其祖父做过明兵部侍郎，父亲是监生。他早有才名，明亡后，徜徉山水，隐居不仕。康熙十七年（1678），无奈被举荐参加"博学鸿儒科"考试。在御试过程中为康熙所赏识，被授翰林院检讨官，不久又充任日讲起居注官。严绳孙顿时"感激自奋，不忍以向之高尚狷洁之怀，上负知遇"，自此"凡职所当尽者，罔不夙夜兢兢"。④ 由此观之，严绳孙仕清前后，可谓判若两人。还有些人或因才学不及而产生嫉妒，或因未被举荐而对"博学鸿儒科"散布流言蜚语。如刘廷玑《在园杂记》言："好憎之口，不揣曲直，或多宿怨，或挟私心，或自愧才学之不及而生嫉妒，或因己之未与举荐而肆蜚语。"⑤ 这从反面说明了部分明遗民在功名的诱惑下其遗民立场开始动摇。

就事实而言，许多士大夫终究借"博学鸿儒科"之机出仕新朝，同时也结束了其旧朝遗民之身份。在此有必要了解一下此科中被录用诸人的出身情况，见下表2。

---

① 顾炎武：《梁园》，《亭林诗集》卷五，《顾亭林诗文集》，第425页。
② 小横香室主人：《一队夷齐下首阳》，《清朝野史大观》卷五，上海书店，1981，第7页。
③ 施闰章：《愚山年谱》，《施愚山先生全集》卷四，清康熙至乾隆年间刻本。
④ 高士奇：《严藕渔宫允直庐诗序》，《经进文稿》卷四，《高士奇集》，清康熙刻本。
⑤ 刘廷玑撰、张守谦点校：《在园杂记》卷一，中华书局，2005，第37页。

表2 "博学鸿儒科"诸人之出身状况一览

人名	人数（人）	出身	备注
彭孙遹等	15	明朝故臣子孙	此辈人或为世家子，或为王公孙，声名显赫
汪琬等	11	天下耆宿、名家之后	此辈人诗文学术，皆名一世
王顼龄等	18	本朝新进员吏	此辈人已取新朝功名官吏，多安贴以附
李澄中等	6	清贫自守书生	贫寒书生得跻仕路，昭示"博学鸿儒科"揽才之广

资料来源：杨海英：《康熙博学鸿儒考》，《历史档案》1996年第1期，第97~98页。

从表2透露的信息来看，除王顼龄等18人在新朝取得功名外，其余32人在康熙十八年被征召成功前都可视为明遗民①。彭孙遹等人世受旧朝国恩，而汪琬等也是出身书香之家，深受儒家思想教育。不管如何，他们还是抛弃了旧朝遗民身份，转身效力于清朝。如前所提到的，"博学鸿儒科"有明显的江南地域偏向，因而借其出仕者也以南方人居多。南方诗人徐嘉炎有诗云："东南称才薮，不如西北士。"② 赵俪生也指出："（与南方士大夫相比），西北知识分子表现出来的风骨要高一些。"③ 事实确如他们所言，此次录用的50名"博学鸿儒"中，80%以上的都是江南士大夫，这从侧面反映曾"奔走甚盛"从事反清活动的江南知识分子，已逐渐改变对清廷的态度。这些人数甚多、影响巨大的知识分子的转变，对当时整个知识界无疑会产生深刻的影响。④ 他们可能引导了当时社会逐渐对清朝的认同，以及广大汉族知识分子与清廷的广泛合作。

总之，康熙年间，不少明遗民谢世，"志士强半归黄泉"，而存世的明遗民年老且穷困，多患难忧煎。此时期，康熙对明遗民以怀柔笼络为主，以镇压打击为辅，以最大诚意争取明遗民的支持。最终，明遗民对清朝态度开始出现松动，在思想观念上，明遗民的"夷夏之防"思想逐渐

---

① 笔者认为他们的遗民身份在此年戛然而止。
② 邓之诚：《清诗纪事初编》卷七，上海古籍出版社，1984，第735页。
③ 赵俪生：《顾炎武在关中》，《兰州大学学报》1999年第3期，第75页。
④ 严彤云：《康熙十七年博学鸿词科略论》，《宁夏社会科学》1995年第3期，第80页。

淡化，其言论多有颂圣、颂朝之词，交接辞受开始突破原有规范，甚至部分明遗民出仕新朝。在如此"严峻"的现实面前，明遗民对遗民社会"道德律令"的坚守实在过于艰难，故陈去病提出的宋遗民"为遗民也易"，而明遗民"为遗民也难"之说，确实鞭辟入里。学者赵园指出，明遗民活在清世，语言方式的改换只是时间问题。明遗民对清态度的软化及其对清朝君主赞誉言词，标志着"汉族士大夫"与清这一政治实体以及和"清世"这一现实的关系，经过一番演化，终于有了结果。[①] 由此我们不得不承认，"遗民社会"的舆论环境，已有了相当大的变化。时间之于明遗民的严重性，于此得一明证！

---

① 赵园：《明清之际士大夫研究》，第 329 页。

第二章

茕茕狂野：明遗民的身份认同

国破家亡后，明清之际的士大夫感到"天崩地解"，他们发出了"我欲悲歌，谁当和者，四顾无人，茕茕旷野"① 的呼声，表达了无所适从的凄怆悲凉的无家之感。"人生逢贵时，世瑞人即瑞。既为乱世民，蜉蝣即同类。"② 士大夫生逢朱明王朝，他们从中获得了生计、生活、人格、尊严和人生价值，然而甲申之变后，给予他们一切的朱明王朝"宗庙丘墟"，取而代之的是他们一向所鄙视的"夷狄"异族。遭逢乱世，身似浮萍飘零，心又何尝不是游荡难安！什么样的人生选择才是"合道而行"？本章主要探讨明清之际的士大夫主动自觉地把自己定位为遗民，并从身体和精神上坚持忠于故国旧君的身份认同的情形。

第一节 "以为此前朝之所遗"：士大夫的
遗民自觉意识

遗民何代无之，且历代遗民一般都存在身份焦虑，或多或少的有关于"我是谁"的追问，有对自我身份和归属感定位的寻思。就明遗民而言，当"夷狄"清朝入主中原时，这种身份焦虑更为严重。同时，明遗民的身份意识比前代更为自觉，更为积极，更加强化。

---

① 朱彝尊：《竹垞文类》卷一，《四库全书存目丛书》集部第 248 册，齐鲁书社，1997，第 234 页。
② 李渔：《甲申纪乱》，《李渔全集》第二卷《笠翁一家言诗词集》，浙江古籍出版社，1991，第 9 页。

一　士大夫的遗民自觉意识与遗民身份的界定

明清之际的士大夫的遗民自觉意识，首先表现在对遗民身份的界定上。遗民现象历代有之，但明清之前，遗民本身并没有对"遗民"的含义进行细致的界定。

回顾历史，士大夫常常把"遗民"与"逸民"等同。史书中常设《逸民列传》，以表彰士大夫重名节隐逸不仕的品格，如《后汉书》之《逸民列传》。《后汉书·逸民列传序》云："《易》称'遁之时义大矣哉'。又曰：'不事王侯，高尚其事。'是以尧称则天，不屈颍阳之高；武尽美矣，终全孤竹之洁。自兹以降，风流弥繁，长往之轨未殊，而感致之数匪一。或隐居以求其志，或回避以全其道，或静己以镇其躁，或去危以图其安，或垢俗以动其概，或疵物以激其清。"① 该序文开门见山将许由、伯夷、叔齐作为逸民传统的开创人物。许由在尧的时代与伯夷、叔齐在周武王的时代，应该是治世或走向治世时期，为什么范晔还要将他们作为逸民传统的代表人物？这是因为他们道德人格的存在，不为尧存，不为桀亡，永世长存。"逸民"最重要的特征是重道义、尊崇节操，与当世统治者不合作。由此可见，逸民一方面可以指称遁世隐居不做官的人，也可以称呼亡国后不在新朝代做官的人，而后者实有遗民性质。也许正是因为其指涉的意义具有不确定性，所以一直到明代，遗民与逸民被士大夫不自觉地混为一谈。而这种不自觉地混为一谈的现象，虽然不能据此认为前代士大夫没有遗民自觉意识，但至少说明他们没有明确的遗民自觉意识。

明清之际的士大夫在此点上却与前代不同，他们有明确的遗民自觉意识。明清之际，汉族士大夫在"宗社丘墟"、国破家亡的激愤下，基于对自我身份定位的需要，热情于对"遗民"语义的自觉而又细致地厘定。其中以归庄最具代表性。昆山遗民归庄为其友朱子素所作《历代遗民录序》云：

　　吾友朱九初所以有《遗民录》之作也。孔子表逸民，首伯夷、叔齐，《遗民录》亦始于两人，而其用意则异。凡怀道抱德不用于世

① 范晔：《后汉书》卷八十三，中华书局，1965，第2755页。

者，皆谓之逸民，而遗民则惟在废兴之际，以为此前朝之所遗也。其叙四皓，但载《紫芝》之歌，而削其羽翼太子之事，此虽本之涑水，其意亦以为秦之遗民，不当复为汉出也，可谓严矣。遗民之类有三，如生于汉朝，遭新莽之乱，遂终身不仕，若逢萌、向长者，遗民也；仕于汉朝，而洁身于居摄之后，若梅福、郭钦、蒋诩者，遗臣也，而既不复仕，则亦遗民也；孔奋、邳彤、郭宪、桓荣诸人，皆显于东京矣，而亦录之者，以其不仕莽朝，则亦汉之遗民也；徐稺、姜肱之伦，高士之最著者，以不在废兴之际，故皆不录。魏晋以下，以此类推。故遗民之称，视其一时之去就，而不系于终身之显晦，所以与孔子之表逸民，皇甫谧之传高士，微有不同者也。……或以金元为疑。夫夷狄盗贼，自古并称，然犹曰："在夷秋，则进之。"朱梁篡弑之贼，王彦章为之死，欧阳子《五代史》著为死节传之首，朱子《纲目》亦大书死之，取其忠于所事也。盗贼且然，况夷狄之进于中国者乎？录金元遗民，亦犹欧阳子、朱子之意也。①

归庄借为朱子素所编《历代遗民录》作序，从理论上对"遗民"与"逸民"做出了严格规定。其一，时间特性。归庄认为遗民"惟在废兴之际，以为此前朝之所遗"，即遗民只出现于改朝换代之际，是前朝所遗留下的一类人。其二，遗民的政治特性。遗民忠于旧朝而不投靠新朝，因而遗民有很强的政治性。其三，遗民的政治取向与节操。他要求更精确地使用这个词，明确地把"隐士"的义项从"遗民"中排除。他指出，徐稺②、姜肱③等由于未能生在"废兴之际"与改朝换代之时，故其人虽隐居不仕，但亦只能以"逸民"视之。梅福④、蒋诩⑤等，身处王莽篡汉之

① 归庄：《历代遗民录序》，《归庄集》卷三，第170~171页。
② 徐稺，字孺子，豫章南昌人（今丰城白土乡隐溪村），东汉隐士。家贫务农，自食其力。公府征辟，皆不就，时称"南州高士"。
③ 姜肱，字伯淮，后汉彭城广戚人。他博通"五经"，兼明星纬，士之远来就学者3000余人。诸公争加辟命，皆不就。后远浮海滨，窜伏青州界中，卖卜给食。
④ 梅福，名子真，西汉末年南昌尉，王莽当政后，弃官隐居宜丰逍遥道院，《汉书》有《梅福传》。
⑤ 蒋诩，字元卿，杜陵人，东汉兖州刺史，以廉直著称，后因不满王莽的专权而辞官隐退故里，闭门不出。

际，作为汉朝"遗臣"，对故国忠心耿耿，誓死不改臣节，不与王莽政权合作，因而可以谓之"遗民"。对于朱子素把伯夷、叔齐录入《历代遗民录》，称呼其为遗民，归庄对此更是理解深刻。他认为"孔子表逸民，首伯夷、叔齐，《遗民录》亦始于二人，而其用意则异"。在归庄看来，孔子将伯夷、叔齐归之"逸民"之列，理由是二人身处乱世，"无道则隐"，明哲保身，坚守志节；朱子素是把二人视为"遗民"，理由是二人身逢鼎革，"不食周粟"而亡，凸显了极为强烈的忠于故国的情怀，因而归庄把伯夷、叔齐视为"遗民"之首，认为他们是历代"草莽书生，谢去儒冠"之典范，与在"末世士风澜倒"的变革之际，弃旧君故国如敝履者有天壤之别。归庄还以"忠于所事"为标准而认为，从商周以下直到金、元、明，无论汉民族正统政权，还是入主中原的"夷狄"政权，皆可有遗民。这就是在说，遗民的存在具有永恒的历史合理性，超越了华夏与异族的民族差别。

归庄如此从政治倾向上强化伯夷、叔齐的遗民本质，细微厘定遗民与逸民之区别，无疑划定了一个以伯夷、叔齐为杰出典范的遗民群体。这个遗民群体成为历代"草莽书生"的行为榜样。就归庄而言，也是如此，他就是在"天崩地解"的易代之时，"谢去儒冠"，忠于故国旧君，因此他将自己归于遗民之列。

与归庄一样，明清之际的许多士大夫注重对"遗民"的仔细界定，此种现象甚至蔚然成风。如王夫之认为"巢、许之逃尧舜"，"严光、周党之亢光武"是"徒以全躯保妻子为幸，孟子所谓小丈夫也"。[1] 又如屈大均谓："昔朱子谓陶渊明'古之逸民'，然所说者庄老。噫嘻，先儒固已惜之也。"[2] 王夫之、屈大均等认为"逸民"是隐逸避世，保持了自己的名节，但也放弃了经世济民的使命。王夫之等在此名义上借遗民论历史、言他人，实际上也暗含了夫子自道，即在界定一己之身份。又如顾炎武也有类似言论。他在《广宋遗民录序》中指出：

---

① 王夫之：《周易内传·通》，《船山全书》第1册，第291页。
② 屈大均：《书逸民传后》，《翁山文钞》卷八，《屈大均全集》第3册，人民文学出版社，1996，第394页。

其随世以就功名者固不足道，而亦岂无一二少知自好之士，然且改行于中道，而失身于暮年，于是士之求其友也益难。而或一方不可得，则求之数千里之外；今人不可得，则慨想于千载以上之人；苟有一言一行之有合于吾者，从而追慕之，思为之传其姓氏而笔之书。呜呼！其心良亦苦矣。……余尝游览于山之东西，河之南北二十余年，而其人益以不似。及问之大江以南，昔时所称魁梧丈夫者，亦且改形换骨，学为不似之人。而朱君乃为此书，以存人类于天下，若朱君者，将不得为遗民矣乎？①

这是顾炎武在为朱明德《广宋遗民录》撰《序》中的言论。顾炎武所言的"魁梧丈夫"当然是指明遗民。他认为当沧海横流之日，士大夫更应该坚守遗民立场。又如卓尔堪也为遗民，② 他曾辑《明遗民诗》，并在其凡例中言：《遗民诗》凡例之第一条云："兹集名《遗民诗》，自显仕以及布衣，咸曰遗民，祖鲁《论》叙列逸民，虞仲国君、展禽士师与朱张、少连并称之义也。且前人有《长留天地间集》，又有《遗民录》，皆仕隐相间，则此亦不必区而别之。"第四条云："遗民惟重末路，苟求其他，吾则何敢？人与诗并重，然人更生于诗，其有以人传诗者，诗不过数首，虽有微瑕，亦所必录。"③ 卓尔堪指出不分是否在故国出仕而概称遗民。卓尔堪辑《明遗民诗》时，坚持宁缺毋滥的原则。他在《遗民诗·自序》云："当天步移易之际，天之生才反独厚，而人之禀受者亦不一。其刚烈清正之气，大则发为死事之忠臣，次则蕴为肥遁之志士。死事者名垂青史，固无论已，独是肥遁者敛迹岩穴，一往不返，或为袁闳，而土室自封；或为范粲，而柴车终老；或为唐珏、谢翱，而夜哭西台，涕洒冬青；甚或戢影方外，如雪庵和尚之流。……予窃谓诸君子之始迹虽不伦，要其归则心皆不贰，实所谓同类也，同类则当使其相聚。"④ 卓尔堪提出了衡量某人是否为遗民的三个标准：其一，要以时代为本位，遗民出现于

① 顾炎武：《广宋遗民录序》，《亭林文集》卷二，《顾亭林诗文集》，第35页。
② 卓尔堪：《明遗民诗·自序》，中华书局，1961，第3页。
③ 卓尔堪：《明遗民诗·自序》，第1页。
④ 谢正光、范金民编《明遗民录汇辑》（上），第365页。

"天步移易之际"，即改朝换代之时。其二，要以名节为本位，此时之人要有"刚烈清正之气"，要有高风亮节，既可以为捐躯社稷之忠臣，又可以为保名节做"肥遁之志士"。其三，要以"不贰"之心为本位，遗民之"迹虽不伦"，可以敛迹岩穴，土室自封，夜哭西台，逃禅方外，但忠于故国故君之心决不能有"贰"。

由此可见，清初义不仕清的士大夫都有非常强烈的遗民自觉意识。他们通过对遗民和逸民进行细致区分，厘定遗民的基本特征，阐述遗民的本质属性，进而来明确自己的身份归属，坚持自己理想中的身份认同。

二　士大夫的遗民自觉意识与以"遗民"自许或称谓他人

明遗民的自觉身份归属意识不仅表现在对"遗民"含义的界定上，还表现在以"遗民"自许或称谓他人。"和元初南宋遗民很少在诗文中使用'遗民'一词不同，清初绝大多数明遗民都在诗文作品中频繁使用'遗民'一词，不惮大力张扬自己的遗民身份和遗民视角"。[1] 此言可以说明宋遗民与明遗民的不同心理趋向。明遗民都在诗文作品中频繁地使用"遗民"一词，或自许或称谓他人，旗帜鲜明地张扬遗民身份。如黄宗羲《南雷诗历》卷二《闽人林君言赠诗，次韵答之》："今日遗民谁汐社，当年铜马尽无伤。"王猷定《四照堂诗集》卷一《和韵送周栎园先生》："遗民半黄土，白发两三存。"徐枋《居易堂集》卷十七《怀旧篇长句》："中原遗民竟谁在？独立宇宙能委蛇。"又如顾炎武《顾亭林诗文集》中，"遗民"一词就出现了15次之多。方文《嵞山集》中，"遗民"一词也出现了9次。可以说，明末清初士大夫多以"遗民"自许或称谓他人，甚至可谓达到了热衷的程度，这实则是以"遗民"来标榜"操守"，将其视为士人政治道德的荣誉。而这也正是明清之际遗民自觉意识的表现。

许多明遗民不仅生前以"明人"自许，而且临终遗言，仍希望后人以"遗民"视己。如郭金台（字幼隗，湘潭人），明亡后，"当局特疏荐于朝，力请得免。晚授徒衡山，深衣幅巾，足不履户外，绝口不谈世事。

---

[1] 潘承玉：《清初诗坛：卓尔堪与〈遗民诗〉研究》，第309页。

惟论列当时殉难诸人，辄郗歔流涕"，他自题其墓曰"遗民郭某之墓"。① 屈大均临殁遗言："吾死之日，以幅巾、深衣、大带、方舄敛之，棺周以松香融液而椁之，三月即葬。而书其碣曰：'明之遗民'。"② 这些士大夫明确以"明人"身份终老，③ 可见他们的遗民身份意识是何其强烈！

三 士大夫的遗民自觉意识与历史资源的利用

明末清初的汉人士大夫不仅直接以"遗民"自许，还积极利用历史资源来为自己的遗民身份定位。文化研究者认为："正如每个人都是一个连续、同一、整体的人格自我一样，每种文化也都有一个连续、同一、整体的文化自我。……对于一种民族文化来说，这种主体文化自我也就是以特定的民族文化联结或凝聚起来的整个民族本身，它的统一性和整体性来自于其特有的文化精神和文化传统深处的文化凝聚力。"④ 这种特有的文化精神和文化凝聚力是一个民族区别于其他民族的重要标志之一，并且这其中的文化精神具有极强的承继性、连续性、恒久性。对此，张光直先生曾经指出，"中国古代文明是一个连续性文明"；"我将中国的型态叫做'连续'型态，而将西方的叫做'破裂性'型态"。⑤ 这就指出了华夏民族文化所具有的连续性。相对于华夏民族文化这个大系统而言，中国古代的遗民文化也具有极强的连续性，这或许与宗社兴废和改朝换代极为频繁有莫大关系。

遗民诗文集中，最能突显明末清初汉人士大夫的心志和自我期许的当数南宋遗民。在历代遗民中，南宋遗民的遗民精神特别为明遗民所景仰和推重，成为明遗民学习、向往的对象。对明遗民模仿、追认南宋遗民的现象，余英时先生精辟地指出了其中的原因："遗民于历史上求人格之认

---

① 赵尔巽等撰《清史稿》卷五〇〇，第 13836 页。
② 屈大均：《翁山屈子生圹自志》，《翁山文外》卷八，《屈大均全集》第 3 册，第 155 页。
③ 孔定芳：《清初明遗民的身份认同与意义寻求》，《历史档案》2006 年第 2 期，第 46~47 页。
④ 丁恒杰：《文化与人》，时事出版社，1994，第 240 页。
⑤ 张光直：《连续与破裂：一个文明起源新说法的草稿》，《中国青铜时代》，三联书店，1990，第 134~135 页。

同。"① 此言可谓一针见血，道出了明遗民借南宋遗民来坦露身份归属和节志的秘密。虽然士大夫都可以"有郁积于中而又难于讼言，则托之古人以见志"②，但就追认对象而言，则因人而异。黄宗羲撰《杨士衡先生墓志铭》时，就以南宋遗民王炎午来比之。③ 郑敷教则在"申酉之交，祝发匿影佛幢，茸东埤废圃，中奉所南公木主"，④ 即奉祀南宋遗民郑所南神灵；梁以樟"买田数十亩，躬耕自给，以谢翱、郑所南自比"。可见南宋著名遗民谢翱、郑所南、文天祥、王炎午等成为明遗民所钦慕、模仿和自况、自比的对象。

南宋遗民的典型诗文也成为明遗民构建身份认同的资源。能反映宋遗民不忘旧君故国、誓死不屈服异族、执意恢复华夏衣冠的典型诗文为明遗民所重视，被反复书写。如郑所南所撰的《心史》，《四库全书总目提要》就载："此书至明季始出，吴县陆坦、休宁汪骏声皆为刊行。称崇祯戊寅冬，苏州承天寺狼山中房浚井，得一铁函。发之有书缄封，上题'大宋孤臣郑思肖百拜封'十字。"⑤《心史》充分表达了郑思肖的奇气伟节、爱国与忠诚。《心史》传达了"眷怀君父，扶植纲常，切齿于仇左衽"⑥的遗民心志，深契明遗民之隐痛和心曲，故而成为明遗民意识的重要源泉，成为明遗民代言自己遗民意识的重要载体。明遗民中给《心史》作序跋、题咏、品评者很多。顾炎武曾作《井中心史歌》云："有宋遗臣郑思肖，痛哭元人移九庙。独力难将汉鼎扶，孤忠欲向湘累吊。著书一卷称心史，万古此心心此理。千寻幽井置铁函，百拜丹心今未死。厄运应知无百年，得逢圣祖再开天。黄河已清人不待，沉沉水府留光彩。忽见奇书出世间，又惊牧骑满江山。天知世道将反复，故出此书示臣鹄。三十余年再见之，同心同调复同时。陆公已向厓门死，信国捐躯赴燕市。昔日吟诗吊古人，幽篁落木愁山鬼。呜呼！蒲黄之辈何其多，所南见此当如何！"⑦

---

① 余英时：《方以智晚节考》，香港新亚研究所，1972，第150页。
② 归庄：《历代遗民录序》，《归庄集》卷三，第170页。
③ 黄宗羲：《杨士衡先生墓志铭》，《黄宗羲全集》第10册，第482~483页。
④ 谢正光、范金民编《明遗录汇辑》（下），第1078~1079页。
⑤ 永瑢、纪昀等：《四库全书总目提要》卷一七四，中华书局，1965，第1544页。
⑥ 郑思肖：《郑所南心史序》，《郑思肖集》附录一，上海古籍出版社，1991，第319页。
⑦ 顾炎武：《井中心史歌》，《亭林诗集》卷五，《顾亭林诗文集》，第416页。

归庄《读心史十七韵》言，在社会"板荡"之际，"臣节固其宜，所难在逸民。哀哉宋之季，天造逢厄运"。① 其《读郑所南心史已成七十韵，后钱希声明府以十律见示，复次韵得十章》言郑思肖："甘为吴市无名卒，羞作常山失节奴。心誓有词沉井底，鼎迁邑改不能渝。"② 由此观之，明遗民虽然与南宋遗民郑所南等相距 300 多年，但故国之情、新朝之恨和复国之望，则是"同心同调复同时""万古此心心此理"的。这恰如陈去病评价明遗民刘献廷时所言："将先生之心，即所南之心欤，所南尝秉天地之心作《心史》，而先生亦以天地之心以心乎其心。然则两人志行，不旷绝数百年，而若合符节哉。"③ 明遗民之心与《心史》心曲相通，其志行也与郑所南的"合符节"。由此可见，《心史》确实成为明遗民凸显遗民身份的重要载体和工具。

又如《西台恸哭记》，它同样成为明遗民构建身份认同的重要资源。"西台恸哭"出自南宋遗民谢翱所撰的《西台恸哭记》。谢翱，字皋父，福建长溪人，是一位爱国遗民。文天祥抗元时，他曾率乡兵数百以从，在文天祥帐下担任咨议参军。文天祥抗元失败遇难后，谢翱隐居浙东，怀念文天祥和故国河山，悲哭终生。任士林《谢翱传》云："（翱）过姑苏，望夫差之台，恸哭终日；过勾越，行禹穴，间北向哭；弃舟至鄞，遇蛟门，登候涛山，感夫子浮桴之叹，则又哭；晚登子陵西台，以竹如意击石，歌招魂之词……歌阕，竹石俱碎，失声哭。"④ 谢翱在严陵西台哭祭文天祥后，著有《西台恸哭记》一文详述其事。"西台恸哭"一词从此成为爱国士人砥砺名节、怀念故国的重要精神寄托。

"西台恸哭"是南宋遗民内心泣血之作，成为明遗民争相传阅的文本。明遗民在阅读、作注的过程中似乎找到了散失已久的知音，实现了"吾道不孤"的遗民身份认同。如吴历曾作《读西台恸哭记》云："望尽崖山泪眼枯，水寒沈玉倩谁扶?"⑤ 又如黄宗羲《西台恸哭记注》，这在

---

① 归庄：《读心史十七韵》，《归庄集》卷一，第 2 页。
② 归庄：《读郑所南心史已成七十韵，后钱希声明府以十律见示，复次韵得十章》，《归庄集》卷一，第 12 页。
③ 谢正光、范金民编《明遗录汇辑》（下），第 1038~1039 页。
④ 任士林：《谢翱传》，《宋遗民录》卷之二，明嘉靖二年至四年程咸等刻本。
⑤ 吴历撰，章文钦笺注《写忧集·读西台恸哭记》，《吴渔山集笺注》卷一，第 57 页。

明遗民作品中最为有名。对于《西台恸哭记注》的写作背景，黄宗羲交代说："霜风剞叶，清声哀畅，诵读夜阑。首身事，如谢翱之恸者屡矣。其《西台恸哭记》，流离避难多有讳言。随笔注释，聊以排豁凄怆。"① "霜风剞叶"指明清易代，黄宗羲回首往事，常常感如谢翱之恸——对故国的坚贞和忠诚，对殉国之友的无比悲恸，因而他希望借对《西台恸哭记》作注，以"排豁凄怆"，"以止余之悲"。

顺治十七年（1660），黄宗羲说："崇祯戊寅岁，读《西台恸哭记》，其中多忌讳隐语，信笔注释，犹未见张孟兼注也。已而见之，所云甲乙若丙之人都无确据，因为辨证。岂知是后七年，而所遇之境地一如翱乎！则此注不可不谓之谶也。"② "崇祯戊寅岁"是指崇祯十一年（1638），"后七年"即顺治二年。黄宗羲此时认为自己"所遇之境地"如同谢翱，实际上是指对自己"宿命"——丧国遭遇——感到无可奈何，似乎冥冥之中与谢翱有所关联，这"不可不谓之谶"。第二年，黄宗羲在重新为谢翱的《西台恸哭记》作注时说：

> 余曾注谢翱《西台恸哭记》，以未见张孟兼注为恨。曹叔则出其注示之，则颇疏诞，余之注若未可骤废也。其注《冬青引》亦然。水阁雨余，因忆旧闻，为之重注，非欲以盖前人也。余与孟兼所遇时不同，孟兼之去翱远，而余之去翱近。翱之言，余故易知也，癸卯中夏蓝水渔人识。③

癸卯指康熙二年（1663）。明初张宁（字孟兼），曾为《西台恸哭记》《冬青引》作注。从时间上讲，张宁与谢翱距离近，黄宗羲与谢翱相隔300多年，但黄宗羲却言自己与谢翱近，这不是从时间上来说的，而是从亡国之痛的心理距离上而言的。由此可见，黄宗羲以谢翱的遗民意识和遗民身份自许的意图很明显。

总之，国破家亡后，明遗民有着深重的身份焦虑感，他们不断地进行

---

① 转引自吴光整理《黄宗羲遗著两种》，《浙江学刊》1997年第6期，第118~119页。
② 黄宗羲：《西台恸哭记注》，《黄宗羲全集》第2册，第243页。
③ 黄宗羲：《附录·黄宗羲遗著考（二）》，《黄宗羲全集》第2册，第574页。

着"我是谁"的追问，积极定位自己的身份和归属。这促使明遗民自觉地拥有了身份认同的意识。并且，他们通过对遗民身份的界定，以"遗民"自称，利用历史资源构建和强化了自己的遗民身份的归属。

第二节 "数茎白发应难没，一片丹心岂易消"：反剃发与身份认同

俞平伯先生曾就剃发的刑罚评论说："依那时的心理，刑罚是必须有痛苦的。若不痛苦，何谓刑罚？剃光头确乎一点不痛，不可解一。若头发一旦被剃，竟永远不复长出来，则顶上牛山濯濯以终身，未免不雅，然而头发之茂盛，如雨后之草，剃剃夫何妨乎？此不解二。若说剃了个光头，将下齿于士大夫，此说似乎有理，细按之则又不然。自六朝以来，高僧之为世重久矣。可见发之有无，不碍其为名流。今竟以此为刑，不可解三。"① 俞先生对把剃发作为刑罚感到十分困惑。然而，若用俞先生的三个"不可解"来看待清初的"剃发令"，以及士大夫的反剃发斗争，则"剃发令"似乎更加值得探讨。清廷"留头不留发，留发不留头"之严酷"剃发令"背后到底隐藏着什么样的企图？明遗民至死不悔的反剃发行为又透露何种深刻意蕴？

一 "剃发令"：判别顺逆，促进明遗民身份的转换

剃发是满族的一种风俗习惯，男子将头发剃去，只留顶后长发，编成辫子，除父母丧和国丧之百日内不准剃发外，四周头发不得蓄长，要时时剃除。② 剃发是满族区别于其他民族的重要标志。顺治元年（1644），清军入关后，强令投诚官吏军民皆剃发，且"衣冠悉尊本朝制度"。令归顺者剃发，是满族在征服战争中一以贯之的政策。"剃发令"随形势发展而有所调整，军势愈壮，执行愈严格，并形成一套执行规范，即大军每到一处，必先严谕剃发之令，令当地官民一体遵行，否则格杀毋论，随后大举

---

① 转引自江绍原《发须爪——关于它们的迷信》，中华书局，2007，第84页。
② 郑天挺：《探微集》，中华书局，1980，第81页。

荡扫违制不剃者。①

清初统治者之所以不惜代价强制推行"剃发令"，是因为剃发与否，对清廷至关重要。有学者从清廷在精神上征服汉人来解读这项政策的内涵，② 然而此种解释并不尽令笔者信服。在笔者看来，清初"剃发令"的主要用意，在于从政治上判别顺逆，辨别是否服从清廷统治，这可以迫使明朝民众首先从身体上放弃"旧在身份"（明朝人），认同新身份（清朝人）。如顺治元年（1644）五月，摄政和硕睿亲王谕："因归顺之民无分别，故令其剃发，以别顺逆。……向来剃发之制，不即令画一，姑听自便者，欲俟天下大定，始行此制耳。今中外一家，君犹父也，民犹子也，父子一体，岂可违异？若不画一，终属二心，不几为异国之人乎？"③ 清军攻至江南镇江时，曾威胁恫吓拒不剃发者，说："镇江地方之人，尔等因杀我使者，故惧而不降也。尔等原为明帝之民。天即以辽东地方予我，今既已我民矣。……且河东所有辽东之人，皆已剃发降服，明帝及其国人岂不知耶？"④ 言下之意是许多人已经剃发，未剃发人无须观望或者坚守拒剃，明朝帝王已经不再相信他们的忠心。他们还利诱未剃者，天下形势已经无须再言，民众即使坚持到底，"孰能给尔舍耶？与其受妻离子散之苦，何如剃发速降之善哉？"⑤ 剃发投降可以免死，授予田产，不会有妻离子散之忧。清廷推行"剃发令"的目的主要是辨别顺逆，从身体的发型和服饰上推动旧民对清朝民俗文化的认同。由此可见，身体不再是一具生理皮肉，而是一种"身体政治"。⑥ 剃发与否，与清朝政治统治认同紧密相连，剃发可从身上标明明朝子民是否屈服清朝，进而确认他们是否抛弃旧身份（明朝人），认同新身份（清朝人）。也正因有此象征意义，故清廷统治者对逆本朝制度者，杀无赦。

---

① 陈生玺：《清初剃发令的实施与汉族地主阶级的派系斗争》，《历史研究》1985 年第 4 期，第 69 页。
② 李洵、薜红：《明清史》，辽宁人民出版社，1985，第 259 页。
③ 《剃发之令》，《清朝野史大观》卷三，第 7 页。
④ 《满文老档》第二十一册，中华书局，1990，第 198 页。
⑤ 《满文老档》第三十四册，第 310 页。
⑥ 侯杰、胡伟：《剃发·蓄发·剪发——清代辫发的身体政治史研究》，《学术研究》2005 年第 10 期，第 79~82 页。

对于清廷推行"剃发令"的意图，明朝旧民有一个逐渐醒悟的过程。刚入关时，清廷高举"伐贼（起义军）报君仇"的旗帜入主中原，具有极大欺骗性，赢得许多民众好感，再加上初入关时实施了一些笼络民众的政令，使许多汉人没有识破其入关的真正意图。如清兵未到江南之前，民众"无不引颈望，意满人将有大恩泽"①。由此可见，普通民众在改朝换代之初，对清廷的"狼子野心"认识不够，还处于欲知而未知的模糊状态。然而"剃发令"一下达，物质性的"鬐发"立即被想象成旧朝/新朝和"我族"/"异族"的认同隐喻。② 这种转变的急迫连降清的"贰臣"吴伟业也不得不承认："王师（清兵）之东出也，所过之地，士民持壶浆以迎……自剃发令下，而人心始摇，前朝孤臣志士，与远近奸民怀异者，借以为资，纷然四起。"③ "忽闻概令剃发，皆大骇；于是远近乡兵灼而起，而乱形著矣。"④ 可见，对汉人而言，剃发与否是一个非常重大而严肃的问题。

二 物质性的"鬐发"中的抽象性文化传统

然而，为何"忽闻概令剃发，皆大骇"，"远近乡兵灼而起"？剃发何以促使物质性的"鬐发"立刻转化为"旧朝"/"新朝"的身份认同的象征？这无疑极似上文所提到的俞平伯先生之"困惑"。这就要解答"鬐发"为什么能够转化为身份归属的象征。

"鬐发"之所以能够成为身份归属的象征，是因为它与近300年的明文化熏陶和影响有关。近300年的明代汉文化不是无源之水，无根之木，它是汉文化发展历程中的一个重要组成部分和重要环节。因而，与其说"鬐发"是明代近300年汉文化在民众心理的影响积淀，不如说是数千年来汉文化在民众心理的影响积淀。只不过"发"所蕴含的几千年的汉文

---

① 钱肃润：《刑部尚书高公》，《甲申纪事（纪事略、恸余杂纪、南忠记）》，中华书局，1959，第112页。

② 王学玲：《明清之际辞赋书写中的身份认同》，博士学位论文，台北辅仁大学，2001，第48页。

③ 吴伟业：《鹿樵纪闻·南国愚忠》，《台湾文献丛刊》第127种，台湾银行经济研究室印，1994，第37页。

④ 吴伟业：《鹿樵纪闻·嘉定之屠》，《台湾文献丛刊》第127种，第43页。

化中思想、情怀在明末清初的"剃发令"中被唤醒、被激发出来而已。那么，在汉人心底，"鬐发"到底承载着什么样的含义从而使它与众不同，以致成汉人为与"夷狄"相区分的标志？这可以从以下四个方面略做了解。

第一，"戴发"是为人的标志。在古代传统中，华夏人的发式是"束发"，即蓄发束在头顶上；而夷狄人则"披发"，即披散着头发，如《资治通鉴》载："宋、魏以降，南、北分治，各有国史，互相排黜，南谓北为'索虏'，北谓南为'岛夷'。"① 其后胡三省注曰："索虏者，以北人编发，谓之'索头'也。"② 又，《宋书·列传》载："索头虏姓托跋氏。"这是说鲜卑族披发，故称为"索头"。北方少数民族把头发编为辫子，披散着，汉人便说他们头上披着绳子，轻蔑之意甚为明显。

发式不仅是边远少数民族和汉族外在差异的重要标志，而且在儒家士大夫的观念中，发式关乎人与"禽兽"之区别，关乎人格尊严。对此历代有许多类似观点。如冉闵（字永曾，魏郡内黄人，今河南内黄西北），他是五胡十六国时期冉魏的开国君主，他以抵抗鲜卑胡人而著称。冉闵在与鲜卑族战争中战败被俘，鲜卑国主慕容俊斥责他："汝奴仆下才，何德妄称帝？"闵曰："天下大乱，尔曹夷狄禽兽之类犹称帝，况我中土英雄，何为不得称帝邪！"③ 面对国主慕容俊的质问，冉闵虽然为阶下囚但仍气势逼人，反称鲜卑族人为"禽兽"。朱元璋作为明朝最高统治者，也把少数民族视为"禽兽"。《明太祖文集》卷十五《解夷狄有君章说》一文中，有"夷狄，禽兽也，故孔子贱之"的言论。他把少数民族视为"犬羊""豺狼"，认为"非我族类，其心必异"，若让少数民族入主中原，就会酿成祸乱，即所谓"使彝伦攸斁，衣冠礼乐日就陵夷"④。就因为发式关乎人与"禽兽"之区别，关乎人格尊严，故孔子言："微管仲，吾其被发左衽矣。"⑤ 孔子对管仲的政治主张多有批评，但他对管仲辅佐齐桓公

---

① 司马光：《资治通鉴》卷六十九，中华书局，1956，第2186页。
② 司马光：《资治通鉴》卷六十九，第2186页。
③ 司马光：《资治通鉴》卷九十九，中华书局，1956，第3126页。
④ 《明太祖实录》卷一九〇，台北，中研究院历史语言研究所校印本，1962，第2874页。
⑤ 杨伯峻注释《论语译注》，中华书局，1980，第151页。

"九合诸侯,一匡天下",打退北方"夷狄"异族对中原的侵略,保卫了华夏包括发式在内的文明,给予了高度评价。由此可见,头发留成什么样式,不再仅仅是人的外貌特征,而且还演化为十分严肃的政治问题。

第二,头发包含"受之父母,损之不孝"的儒家孝的观念。孝是古代儒家最基本、最重要的伦理之一。《孝经》云:"夫孝,天之经也,地之义也,民之行也……德之本也,教之所由生也。"[1] 孝既为"五常"之本,"百行"之源,那么该如何行孝呢?《孝经·开宗明义章第一》就说:"身体发肤,受之父母,不敢毁伤,孝之始也。"[2] 认为保护好头发是尽孝的最基本方式。《孝经注疏》在这句话后面又加了一句:"父母全而生之,应当全而归之。"[3] 也就是说,哪怕是一根头发,都不属于自己,属于父母,应该好好爱护。因此,后来儒家曾据此猛烈批评佛教。如在汉末牟子所著《理惑论》中就有详细记载:"问曰:《孝经》言身体发肤,受之父母,不敢毁伤……今沙门剃头,何其违圣人之语,不合孝子之道也。"[4] 正统儒家力排佛教,其理由之一便是佛教除却"烦恼丝"的毁发行为,违反人伦、不循孝道。即使在理学盛行的宋代,虽然有不少理学家吸收了佛家学说的部分内容对儒学加以改造,但正统儒士仍不肯接受佛家的剃发行为。宋代车若水在《脚气集》中嘲笑佛徒"三纲五常,身体发肤,七颠八倒",进而否定佛家学说。[5] 正因为古代思想中发肤与孝有着如此密切关系,因此损害发肤的行为会受到法律的惩戒,如《睡虎地秦墓竹简》载:"或与人斗,缚而尽拔其须麋(眉),论可(何)殴(也)?当完城旦。"[6] "拔其须麋(眉)""斩人发给",即伤害他人头发、须眉就要受髡刑处罚,且要"完城旦"之罪,即服数年的劳役。由此可见汉人对头发的重视程度。

第三,剃发是汉人的刑罚名,是侮辱、惩戒的方式之一。剃发作为一

---

[1] 转引自《孝经注疏》,阮元《十三经注疏》(下),浙江古籍出版社,1998,第2549页。

[2] 转引自《孝经注疏》,《十三经注疏》(下),浙江古籍出版社,1998,第2545页。

[3] 《孝经注疏》,《十三经注疏》(下),第2545页。

[4] 牟子:《理惑论》,僧祐《弘明集》,《大正藏》第52册,日本大正一切经刊行会刊,大正年间刊刻,第3页。

[5] 转引自颜伟《"身体发肤,不敢毁伤"议》,《牡丹江教育学院学报》2008年第4期。

[6] 《睡虎地秦墓竹简》,文物出版社,1990,第187页。

种刑罚，在春秋战国时就已经存在。如《周礼·秋官·掌戮》中有"髡者使守积"之说。① 秦汉时，"髡"（剃发之意）作为一种刑罚，更是明确地出现在法律中。如《睡虎地秦墓竹简》中《法律答问》载："擅杀、刑、髡其后子，谳之。"又云："父母擅杀、刑、髡子及奴妾，不为'公室告'。"② 汉文帝时，贾谊上疏云，"今自王侯三公之贵，皆天子之所改容而礼之也"，"令与众庶同黥、髡、刖之法"。③ 可见，汉代髡刑是与黥、劓、刖等并列的一种刑罚。如汉昌邑王被废时，其群臣皆连坐罚诛死，"唯（王）吉与郎中令龚遂以忠直数谏正得减死，髡为城旦"。④ 王吉、龚遂虽侥幸未被诛杀，但仍要受髡刑，且罚为城旦。这说明髡刑是一种重刑，也说明剃发是惩罚犯罪之人的一种手段，⑤ 是对犯人的一种人格侮辱。

第四，迷信思想，是汉人对头发神秘功能的认识。汉人对头发非常重视的原因之一，还出于对头发的迷信观念。许慎《说文》释"發"为"根"。⑥《康熙字典》中把"发"释为"肾之体在发""血之荣以发"等。头发能否具有这种生理性功能并不重要，关键是汉人大都认为头发不是头顶上的普通之物，它与人体的魂魄有密切联系，是生命的象征，是人身之精华所在。⑦

头发是生命的象征，是灵魂的栖息之地，在这种迷信观念的支配下，人们将头发视为人身的替代品。例如，《左传》"昭公三年"载："齐侯田于莒，卢蒲嫳见，泣且请曰：'余发如此种种，余奚能为？'"⑧ 庆氏是齐国大族，庆封曾执掌国政，后被驱逐流亡楚国。其党羽卢蒲嫳以发短自证精力衰竭，不能再作乱了。《太平御览》载："汤自伐桀后，大旱七年，洛川竭。……殷史卜曰：'当以人祷。'汤曰：'吾所为请雨者，民也。若

---

① 李昉：《太平御览》卷六四九，中华书局，1960，第 2902 页。
② 《睡虎地秦墓竹简》，第 117 页。
③ 班固：《汉书》卷四十八《贾谊传》，中华书局，1962，第 2255 页。
④ 班固：《汉书》卷八十九《龚遂传》，第 3638 页。
⑤ 刘洋：《秦汉律中"髡刑"溯源》，《西部法学评论》2008 年第 4 期。
⑥ 许慎：《说文解字》，江苏广陵古籍刻印社，1997，第 185 页。
⑦ 刘洋：《秦汉律中"髡刑"溯源》，《西部法学评论》2008 年第 4 期。
⑧ 转引自《春秋左传正义》，阮元《十三经注疏》（下），上海古籍出版社，1998，第 2331 页。

必以人祷，吾请自当。'遂斋戒，剪发断爪，以己为牲，祷于桑林之社。"① 发生天灾时，古人常以人作为牺牲去祭祀鬼神，乞求他们息怒。商汤由于身份特殊，所以以头发、指甲来代替自己身体去祭祀鬼神。这种习俗在南北朝时期还盛行，如《魏书·崔浩传》中有崔浩"剪爪截发"祈代父命的记载：其父病笃，崔浩"乃剪爪截发，夜在庭中仰祷斗极，为父请命，求以身代，即头流血，岁余不息"。② 古人如此重视头发，就是因为古人对头发的观念与后世不同，在他们眼中，头发不只是头顶上的普通毛发，它与人体的魂魄相关联，还是人身之精华所在。也就是说，人一旦被剪去头发，身体会丧失精气，生命和健康将受到严重损伤。

三 物质性的"鬓发"与身份认同

发式关乎人与"禽兽"之区别，关乎"夷夏之防"，关乎刑罚及人格尊严，关乎人的生命精华及魂魄，等等，可见发式在汉人士大夫（包括明遗民）心中的意义早已超越了头发本身这个物质性存在，具有深厚的文化内蕴和独特的心理特质。更为重要的是，这种文化内蕴和心理特质为汉人所专有，"夷狄"异族是绝对没有的。头发所关乎的这些复杂的文化心理愚昧与否，甚至正常与否，都已不重要，重要的是明遗民都已具备了这种心理特质。换言之，若没有关乎头发的这种文化内蕴和心理特质，明遗民就不可能把头发作为区别"我族"与"异族"的标志。虽然这种标志在平时比较隐晦，有可能连汉人自己都对这种区分标志没有形成清晰的认识，但当清廷推行的"剃发令"时，明遗民关于头发的朦胧意识则在此刻被激发，被唤醒，因而他们纷纷凭借各种借口来惜发护发，以此坚守自己的明朝身份。

有些遗民抵制剃发和追寻身份归属的凭借，来自忠于故国故君的观念。在清初统治者看来，迫使明遗民首先从身体上承认自己是新朝人（清朝人），而非是旧朝人（明朝人），剃发是简易、有效的手段。清廷认

---

① 李昉：《帝王世纪》，《太平御览》卷八十三，第 388 页。
② 魏收：《崔浩传》，《魏书》卷三十五，中华书局，1974，第 821 页。

为，"衣冠制度，不难立变，若发一去，虽欲朝秦暮楚而不得"。① 然而就是这看似判别顺逆的简易、有效手段"剃发令"，却引发了遗民如潮水般此起彼伏的反抗。钱澄之（初名秉镫，字饮光，一字幼光，晚号田间老人、西顽道人）《三吴兵起纪事答友人问》云："薙发令朝下，相顾为发悲。三吴同时沸，纷纷起义师。"② 明遗民这种集体誓死护发的行为以"江阴十日"最为著名。据《明季南略·江阴纪略》载："江阴以乙酉六月方知县至，下薙发之令；闰六月初一日，诸生许用德悬明太祖御容于明伦堂，率众拜且哭曰：头可断，发不可剃。"他与典史陈明遇、夏维新、章经世、王华、黄毓祺等率领民众拼命抗争：

> 江阴礼乐之邦，忠义素著，止以变革大故，随时从俗。方谓虽经易代，尚不改衣冠文物之旧，岂意薙发一令，大拂人心。是以城乡老幼，誓死不从，坚持不二，屡次兵临境上，胜败相持，皆系各乡镇勤王义师，闻风赴斗。……江阴死守之志已决，断不苟且求生也!③

为了守护头发，江阴遗民士大夫领导民众，以血肉之躯抵御清之强兵重炮，坚守城池近百日，直至悉数战死。为区区一头满发，明遗民甘愿誓死捍卫，其玄机在此战遇难的明遗民阎应元"绝命笔"中凸显出来："八十日带发效忠，表太祖十七朝人物，十万人同心死义，留大明三百里江山。"在改朝换代的背景下，阎应元等遗民竭力维护旧朝，忠于故国旧君，这无疑也是坚守和维护自己旧身份（明朝人），把自己的生命归属定位于明朝汉文化之中。"江阴十日"事件既是明遗民忠于旧朝的集体表现，也是一个遗民群体追求明朝身份认同的集中表现。

除此之外，还有许多遗民在不同场合宣示自己的旧朝身份。如《明季南略》载：马纯仁，南京六合县生员，"薙发令下，纯仁方巾，两大袖囊石，不告妻子，竟赴龙津浮桥，自沉于河。……襟间大书曰：'朝华而

---

① 吴伟业：《鹿樵纪闻》，《明代野史丛书·蜀碧（外二种）》，北京古籍出版社，2002，第 320 页。
② 钱澄之：《三吴兵起纪事答友人问》，《藏山阁集》卷三，黄山书社，2004，第 93 页。
③ 韩菼：《中国历史研究资料丛书·江阴城守纪》，上海书店，1982，第 57 页。

冠，夕夷而髡。与丧乃心，宁死乃身'"。① 他把剃发看成奇耻大辱。郑云锦城陷被俘，不肯剃发，实因"留一日鬃发，即顶一日君恩；为一日南冠之楚囚，即为一日大明之臣子耳"。② 王夫之友人姚湘，"清兵陷杭，不肯薙发，随堡出，飘泊楚、粤。丁时魁欲官之，湘骂曰：'吾死为大明一秀才足矣，何用此腐鼠为！'"③ 长洲进士徐汧誓不剃发，曰："以此不屈膝，不被发之身，见先帝于地下，遂自沉于虎丘后溪死。"④ 张岱不肯剃发，实因担心"发一落"而忠于明朝之"心与发俱落"。⑤ 此言无疑表明他绝不改变自己的旧朝之心，绝不放弃自己的明朝身份。由此可见，众多明遗民把护发之举与"君恩""臣子""明人""明鬼""先帝"等词语紧密联系在一起，把自己定位在"曾在身份"，坚决与新朝（清朝）划清界限，哪怕为"楚囚"，"见先帝于地下"，化为"明鬼"，也绝不变心易志。

有些遗民抵制剃发，追寻身份归属的依据，来自"身体发肤，受之父母"的孝道。如在"剃发令"的逼迫下，许王家自杀时坦言："父母冠我时，祝我为何如人？此发岂复可毁伤耶！"⑥ 明亡后，当有人劝申佳胤"剃发可免死"时，他回答道："毁父母之遗不孝，不可。"⑦ 顾成建被强令"剃头换冠"时说："不仕以完臣道，不髡以完子道。"⑧ 由此可以看出，一些明遗民认为身体发肤受之父母，剃发实为不孝之举，因而坚决不愿剃发。对于明遗民此种反剃发理由，王学玲指出："必须承认的是，并不是所有抵抗剃发令者都是为了主体认同。也就是说，虽然剃发的确翻转成象征性的符号，但其隐喻意义还是因人而异。特别是在着重孝道的汉族伦理中，'身体发肤，受之父母，不敢毁伤'，恐怕是当时众人挺身力拒

① 计六奇：《明季南略》卷四，中华书局，1984，第230页。
② （清）徐鼒撰、王荣武校点《忠义二·郑云锦》，《小腆纪年附考》卷十九，中华书局，1957，第731页。
③ 王夫之：《永历实录·金堡列传》，《船山全书》第11册，第188页。
④ 计六奇：《长洲徐汧沉虎丘后溪》，《明季南略》卷四，第356页。
⑤ 张岱：《石匮书后集》卷二十八，中华书局，1959，第180页。
⑥ 魏禧：《许秀才传》，《魏叔子集》卷十七，中华书局，2003，第873页。
⑦ 陈子龙：《陈忠裕公全集》卷二十九，嘉庆八年（1803）刊刻，第580页。
⑧ 黄宗羲：《弘光实录钞》卷四，《黄宗羲全集》第2册，第96页。

的主因之一！这是将鬓发归于个人尽孝与否的层面，与家园认同无关。"①
王学玲在此认为，明遗民为守孝道而反对剃发的言行，不能表明其对自己
身份归属的定位。笔者认为此论有待商榷。清初，许多明遗民利用守孝来
抵制剃发，统治者何尝不晓。如多尔衮在日记中说：

> 近览章奏，屡以一事引礼乐制度为言，甚属不伦。本朝何尝无礼
> 乐制度，今不遵本朝制度，必欲从明朝制度，是诚何心！若云身体发
> 肤，受之父母，不敢毁伤，独自有理。若谆谆之言礼乐制度，此不通
> 之说。予一向怜爱群臣，听其自便，不愿剃头者不强，今既纷纷如此
> 说，便该传旨叫官民尽皆剃头。②

明遗民抵制剃发的理由，在统治者看来不是不合礼乐制度，而是不遵
本朝（清朝）制度而已。不从新朝制度，必欲从明朝（旧朝）制度，"是
诚何心"自是显而易见的。明遗民用狭隘的尽孝道来反对清朝判别顺逆
之"剃发令"，显然不对等，但若把此放大为用明朝的孝文化思想来抵制
新朝的"异族"文化，则明遗民的真实用心便凸显出来。反对"异族"
之新朝文化，无疑是在坚守旧朝文化，无疑是在坚守自己身为明代文化下
的旧朝身份。难怪多尔衮恨恨地说道："今既纷纷如此说，便该传旨叫官
民尽皆剃头"，不能再听任明遗民以此为借口来抵制剃发政策。由此观
之，明遗民以尽孝道来反对剃发，仍是在坚守身份认同方式，只不过较为
隐晦而已。

有些遗民抵制剃发，追寻身份归属的依据，是把剃发作为刑罚之侮。
如前所述，剃发在汉人心中是一种刑罚，是一种耻辱的标记。在国破家亡
之背景下，清朝推行剃发政策，在明遗民看来，此举是将自己沦为"阶
下囚"，是受罪犯之辱。屈大均对此深有感触，他晚年在《翁山屈子生圹
自志》中说："无罪而为城旦之髡，无辜而有裸国之逐，亦何尝一日而得

---

① 王学玲：《明清之际辞赋书写中的身份认同》，第 48～49 页。王学玲从明清之际士大夫
的辞赋题材这个独特角度切入，探讨了士大夫这个群体的身份认同，使笔者深受启发。
② 《多尔衮摄政日记》，广文书局，1976，第 1 页。

为人耶?"① 不独屈大均,许多江南遗民也作如是观。如夏完淳《大哀赋》言:"有荼毒之淫,苍发有髡之累。"② 徐枋《答吴宪副源长先生书》言:"然犹冀于毁发肤,他日庶可见吾亲于地下,因变姓名,匿迹庐中……而事与心左,复受髡刑。"③ 明遗民把剃发当作髡刑之辱,自然宁死也不肯受此侮辱。许多遗民为免剃发之辱而隐居,然而清廷在剃发一事上十分强硬,故黄宗羲发出"靖节所处之时,葛巾篮舆,无钳市之恐,较之今日,似为差易"④ 的感慨。明遗民归隐山林,也不能如陶渊明一样"葛巾篮舆",原因就在于"为人所告变,终不得免"⑤。为避免剃发刑罚之侮,明遗民只得拼死抵抗,"自髡发令下,士之不忍受辱者,至死而不悔"。⑥

还有些遗民抵制剃发,追寻身份归属的依据,来自"夷夏之防"。如生员马纯仁至死不肯剃发,袖大石自沉于水时,曰:"朝华而冠,夕夷而髡。与丧乃心,宁死乃身。"⑦ 又有曾任弘光政权员外郎的华允诚宁死不剃,说:"保发严夷夏,扶明一死生。"⑧ 归庄《断发二首》亦云"发乃父母生,毁伤贻大辱。弃华而从夷,我罪今莫赎","华人变为夷,苟活不如死"⑨。他视剃发为奇耻大辱,故"剃发令"下,就僧装亡命。以上材料说明,这些遗民或许具有大汉族主义思想观念,但透过这种"夷夏之防"来否定"剃发令",否定新朝,不正说明了明遗民对旧朝身份的追寻和坚守吗?胡蕴玉在为《发史》所做的序中说:

剃发令下,吾民族之不忍受辱而死者,不知凡几。幸而不死,

① 屈大均:《翁山屈子生圹自志》,《翁山文外》卷八,《屈大均全集》第 3 册,第 155 页。
② 夏完淳著、王学曾注释《大哀赋注释》,上海古籍出版社,1997,第 68 页。
③ 徐枋:《答吴宪副源长先生书》,《居易堂集》卷二,华东师范大学出版社,2009,第 7 页。
④ 黄宗羲:《余若水周唯一两先生墓志铭》,《黄宗羲全集》第 10 册,第 284 页。
⑤ 王学玲:《明清之际辞赋书写中的身份认同》,第 59~60 页。
⑥ 黄宗羲:《两异人传》,《黄宗羲全集》第 11 册,第 52 页。
⑦ 高宇泰:《雪交亭正气录》卷二《乙酉纪》,载张寿镛辑《四明丛书》,广陵书社,2006,第 6 册,第 3553 页。
⑧ 计六奇:《无锡华允诚传》,《明季南略》卷四,第 237 页。
⑨ 归庄:《断发二首》,《归庄集》卷一,第 44 页。

则埋居土室，或遁迹深山，甚且削发披缁，其百折不回之气，腕可折，头可断，肉可腐，身可碎，白刃自蹈，鼎镬可赴，而此星星之发，必不可剃，其意岂在一发哉！盖不忍视上国衣冠，沦于夷狄耳。①

为保留头顶"星星之发"，明遗民或埋居土室，或隐迹深山，即使蹈白刃、赴鼎镬也百折不回，可见明遗民为坚护头发所付出的巨大代价。这正说明了他们不放弃明遗民身份的决心。

笔者从故国忠君、恪守孝道、"夷夏之防"角度分析了明遗民是如何抵制剃发，坚守自己的遗民身份的。实际上，就明遗民士大夫而言，很难如此清晰地展现他们极为具体的反剃发原因。② 虽然这些遗民士大夫誓死捍卫头发的原因可能有所差异，但从其深隐的文化内蕴和心理特质而言，他们无疑是从头发这个物质性存在来显现自己的身份归属以及对明朝人身份的认同。

四　惜发护发：从《惜余鬐赋》看王夫之的身份认同

明遗民抵制剃发，坚守自己的旧朝身份，百死不悔。这种惜发护发的言行在"剃发令"推行之时便已普遍存在，且并非这一非常时期一过，他们就不再惜发护发。实际上，有些明遗民的惜发护发之情伴其一生，直至临终之际仍然念念不忘，这其中就以王夫之最具代表性。

王夫之《姜斋六十自定稿一卷·自序》云："诗言志。又曰，诗以道性情。赋亦诗之一也。"③ 言中之意是赋也是言志、抒情的重要载体。在王夫之文集中，存有三篇赋，即《袚禊赋》《章灵赠》《惜余鬐赋》。最

---

① 胡蕴玉：《发史》，王士琦辑《三云筹俎考（史料五编）》，台北，广文书局，1972，第165页。
② 崇祯进士曾亨应"倡义抚州"，抗清失败被杀。其弟曾和应言："吾而剃发，何以见吾兄？"最终他"整衣拜父投井死"。周志达言："负国不忠，辱先不孝，我生何用，发不可断也。复大骂不止，遂遇害。"详见胡蕴玉《发史》，王士琦辑《三云筹俎考（史料五编）》，第170、174页。
③ 王夫之：《姜斋六十自定稿一卷·自序》，《船山全书》第15册，第331页。

后一首是王夫之于康熙十三年（1674）夏，写给他的学生衡阳人唐端笏[1]的。十七年后（1691），王夫之老病缠身，行将就木（王夫之次年去世），他又在素绢上重抄此赋一遍，郑重其事地交给唐端笏。

关于《惜余鬓赋》之写作目的，王夫之"题跋"中言：

> 甲寅春，闵躬园（唐端笏）之志，长言以达其幽绪而广之。历时已凤，物变益沧，余既将挥手谢躬园返于冥漠，衔情永夜，孰与言者？躬园亦孰复与言者？书之缣素，留人世间，此心此理，不以□□□灭。[2]

王夫之自谓这赋几乎是他的临终之言。写作目的是"闵躬园之志，长言以达其幽绪而广之"，即为唐端笏代言。在国破家亡、"物变益沧"之时期，王夫之向唐端笏诉说他对唐氏之期望，以"长言而达其幽绪而广之"。然而这不仅仅是对唐氏的期望，王夫之言："念余为躬园言情，躬园亦应为我言情。……书之躬园卷后，即如躬园之为我言也。"[3] 此《惜余鬓赋》虽然是赠予唐端笏的，但也是王夫之自我情志的倾诉。

王夫之如此大费周章想要传达的"余情"到底为何？他说："余情何足言者，因忆丁亥夏仿少陵、文山《七歌》，当时之情如此，则埋忧穹谷，亦终此而已，无更进于是，亦余鬓之惜耳。"[4] 丁亥即顺治四年（1647），此年王夫之已历经改朝换代之悲惨遭遇，于是他仿效杜甫、文天祥而成《七歌》（全称《仿杜少陵文文山作七歌》）来抒发自己对国破家亡的切身感受。王夫之作《七歌》送予唐端笏，其中之一云："洞庭

① 据刘盛志《〈惜余鬓赋〉考述》考证，唐端笏，字须竹，一字躬园，湖南衡阳人，清初诸生，生于明崇祯十二年（1639），卒于清康熙四十四年（1705）至四十五年（1706）之间。唐端笏与王夫之的友谊自康熙五年（丙午，1665）建立，一直维系至康熙三十一年（壬申，1692）王夫之逝世，而因此建立的唐王两家交谊有40余年。王船山四女许配给唐端笏儿子唐常适为妻，故王夫之与唐端笏既是师生，又是儿女亲家。船山长逝后，唐端笏筑室山中，著有《读史要言》《十三经解》等。详见谢正光、范金民编《明遗民汇辑》（上），第510页。
② 王夫之：《惜余鬓赋·题跋》，《船山全书》第15册，第248页。
③ 王夫之：《惜余鬓赋·题跋》，《船山全书》第15册，第249页。
④ 王夫之：《惜余鬓赋·题跋》，《船山全书》第15册，第249页。

翻波咒嚣吼，倒驾天风独西走。回首人间镜影非，下自黄童上白首。铁网罩空飞不得，修罗一丝蟠泥藕。呜呼七歌兮孤身孤，父母生我此发肤。"① 清初"剃发令"咄咄逼人，声势浩大，许多士大夫都剃发屈服，故王夫之言"回首人间镜影非"。末句"呜呼七歌兮孤身孤，父母生我此发肤"，巧妙传达了《七歌》与《惜余鬟赋》的共同主旨——惜发护鬟的坚贞之情。行将就木的王夫之把惜发护鬟作为自己的"余情"，一生念念不忘，至死不休。如此顽强、坚硬的绝命姿态，昭示着鬟发不是可有可无的物质性存在，而是展现个人身份认同的象征。对此，王学玲精辟地指出，对永不剃发的坚持，仿佛可以穿越时间，抗拒当下的"现实身份"（清朝人），归返"曾在身份"（明朝人），进而由此想象到主体身份，故国旧家同样可以千秋万代，亘古不变。头发每占领一寸身体的版图，就好似现实里被掠夺的家园疆域已然收复；最终，头发褪尽其物质性的存在作用，翻转成精神般的身份认同隐喻。②

王夫之的《惜余鬟赋》表达了他始终如一的惜发护鬟的坚贞之情。在《惜余鬟赋》中，王夫之首先从时间上确认自己的身份。《惜余鬟赋》云："翳桐之睦怡兮，虞启胙于荣河。历遥绍以迄今兮，孰枝叶之易柯！感膺生之不夙兮，日景倏而西驰。犹及夫摇光之末兮，载夕照之希微。"③王夫之开篇就点明了明末危如累卵之局势。他首起"桐叶封弟"之典故④，即用春秋时唐叔（虞）开疆辟土的故事来指出明代从朱元璋开国，后至南明弘光帝朱由崧袭其父福王朱常洵在南京称帝以继承了大统的历史进程。然而朱氏王朝绍续不久就出现了变易，王夫之生不逢时，正好赶上了"摇光"之末世，因此他愤恨地说："皇天不植余于邱陇兮，托根亥以成质，听零露之倾凋兮，随樵苏而萧瑟。"⑤ 王夫之自喻为植物，认为皇天不保佑他，把他生在乱草沟陇中，任霜露侵蚀，听凭樵夫砍割。然而事已至此，怨天尤人已无济于事，如何在乱世中生存才是重要而迫切的。王

---

① 王夫之：《仿杜少陵文文山作七歌》，《船山全书》第 15 册，第 706 页。
② 王学玲：《明清之际辞赋书写中的身份认同》，第 41～42 页。
③ 王夫之：《惜余鬟赋》，《船山全书》第 15 册，第 245～246 页。
④ 司马迁：《史记》卷三十九，中华书局，1982，第 1635 页。
⑤ 王夫之：《惜余鬟赋》，《船山全书》第 15 册，第 246 页。

夫之对自己的居住之地有过深思熟虑："顾文身之蜑族兮，睨彫题之裔土。欲导余而往孳兮，余遵回而不顾。相朔漠之与日南兮，匪邛心之所留。东不嬉夫槫桑之炎烈兮，西旋驭于不周。"① 身上刻有文身、前额雕有花纹的南方蛮族，② 北方的荒漠地带，靠近炽热太阳的东边，马不前往的西边，虽然都召唤他归来定居，然而他决然"遵回而不顾"。王夫之认为东、西、南、北四方都非他的理想之地。那么王夫之理想居所在何方？他言："睇中土而宛诣兮，曰轩与舜之所治。"③ 他期望居住在黄帝轩辕氏和舜帝统治的地方，换言之，就是渴望居住中原。在明末清初之语境下，王夫之此言显然表现了对"四夷"，更准确地说是对清廷的不屈服。王夫之又言："缅乐春之鼎折兮，在既瘳而末康。彼启足其忧然兮，非泯忽之可顽。"④ "乐春"指春秋时曾参的学生乐正子。"鼎折"指足折。乐正子意外跌折了足，虽然基本治好，但乐正子还是为"未康"不安，忧然不已。⑤ 王夫之用曾参学生乐正子伤足数月后面带忧容，以及子路在为国死难前，还要将头发冠缨整理端正的典故来指出他把发肤等看作汉文化的重要体现之一，看作礼乐制度的体现之一，并认为这是比其他披头散发的"夷狄"野蛮民族先进开化的一个重要方面。由此言之，一旦肤发具有意义象征，那么肤发进而可以区别国家民族的文明进步程度。王夫之以"文身""彫题""鼎折"等区分"我族"与"异族"；而现实中，清廷不正是王夫之在赋中所折射的对象吗？通对鬓发的珍惜可以见出，他不会把自己定位为新朝的子民，而是始终坚守着自己的旧朝身份。

王夫之在赋中最后言道："始自今以延延兮，羌百龄而犹参。蓏食蔬其弗能避兮，获稚实于枝南。霜不可得而隧兮，雹逡巡而难侵。终获车以永载兮，缓余马之骖马覃骡。往者既已反乎皇天兮，遗来者之归后土。惟兹心之为硕兮，永不食于终古。"⑥ 王夫之最后表示要维持头发的"延

---

① 王夫之：《惜余鬖赋》，《船山全书》第 15 册，第 246 页。
② 《礼记·王制》云："南方曰蛮，雕题交趾。"见杨天宇译注《礼记译注》，上海古籍出版社，1997，第 212 页。
③ 王夫之：《惜余鬖赋》，《船山全书》第 15 册，第 246 页。
④ 王夫之：《惜余鬖赋》，《船山全书》第 15 册，第 247 页。
⑤ 杨天宇译注《礼记译注》，第 818 页。
⑥ 王夫之：《惜余鬖赋》，《船山全书》第 15 册，第 248 页。

久"，保存至"百岁"。他相信头发和瓜果一样，虽然不能避免蟊虫侵犯，但其种子（楎实）却可以长久保存，任凭霜雹摧残也不会毁坏。以前梳落的头发返归自然——"反乎天皇"，遗留下来的头发要与自己一同埋葬——"归后土"。① 在此，王夫之表达了至死不渝的反抗精神，传达了他誓死坚守旧朝身份的宣言。

奄奄垂尽的王夫之有"不敢告人"之情志，寄托于《惜余鬓赋》，"自授躬园，付之守世"②，情真意切，感人肺腑，为许多文人所关注。同治年间曾寿麟云："自古仁人志士躬逢闵凶，往往托于歌咏，长言永叹，以抒幽绪，盖此心此理不可磨灭，拳拳君国之忧自嘅喟不能已也。先生当明鼎革，崎岖岭表，志求效死。既知事不可为，乃窜身荒谷，衔恤永世。……（此赋）凄词苦调，声泪俱下，每一展读，楮墨间犹凛凛有生气，考先生卒壬申正月二日，此帧为辛末伏日书，故国之戚至死不渝，孤忠亮节，争日月光矣。"③ 他从此赋中读出了王夫之的遗民情志。明朝亡后，王夫之"知事不可为，而窜身荒谷"，但其"孤忠亮节"，可争日月，其"恍惚离奇"的《惜余鬓赋》，昭示了他不可磨灭的忠于故国、坚持旧朝身份的情志。

综上所述，在明遗民眼中，头发不再是无关紧要的物质性存在，而是转化为一种抽象的文化心理。它关乎人与"禽兽"之区别，关乎"夷夏之防"，关乎刑罚及人格尊严，关乎人的生命精华及魂魄，等等；因此，明遗民把头发作为区别"我族"与"异族"的标志。他们通过对永不剃发的坚持，抗拒当下的"现实身份"（清朝人），通过头发这个物质性存在来显现自己的身份归属，暗喻自己坚守明朝人的身份。

第三节　"今日处士寡妇，实是一辙"：贞妇自拟与身份认同

古代宗法社会中，君臣、父子、夫妻、兄弟、朋友等伦理纲常是维护

---

① 对《惜余鬓赋》释意主要参考席思鲁《姜斋文集遗文〈惜余鬓赋〉考释》，《王船山学术讨论集》，中华书局，1965，第539～551页。

② 王夫之：《惜余鬓赋》，《船山全书》第15册，第243页。

③ 王夫之：《惜余鬓赋》，《船山全书》第15册，第242～243页。

封建社会的最根本纽带。在这种紧密联系的血缘宗法关系中，在家国同构的基础上，家庭和国家所处的人伦关系和宗法地位是相对的，可以称为家庭伦理的政治化，也可视为政治伦理的家庭化。体现这种家国同构相对性最为典型的事例便是"移孝为忠"和"以忠为孝"。身处这种家国同构的血缘宗法关系中，明遗民不忘"以家为国"，用坚守家庭宗法关系来喻示自己在改朝换代中的身份归属，只不过这种传达方式更为隐晦，是通过书写贞女节妇或以节妇自拟来实现的。

一 自拟女性的可行性

在文人书写中，不仅君臣、父子关系可以并称，而且君臣、夫妻关系也常常为士大夫所相提并论；更准确地说，就是夫妻关系也可比拟君臣关系。之所以能够以夫妻关系比拟君臣关系，是因为二者有着共同的伦理前提——忠贞和依附。中国封建社会实质上是"国事统于帝""家事统于尊"的君主专权的宗法社会。在宗法制度下，女性的社会地位是时常被忽视的，如《仪礼》就记载："妇人从人者也，幼从父兄，嫁从夫，夫死从子。"特别是宋代以降，理学盛行，理学家提倡"贞操"与"守节"，且把"守节"与"去私欲""明天理"紧密联系在一起。《二程遗书》记载："问：'孀妇于理似不可取，如何？'曰：'然。凡取，以配身也。若取失节者以配身，是己失节也。'又问：'或有孤孀贫穷无托者，可再嫁否？'曰：'只是后世怕寒饿死，故有是说，然饿死事极小，失节事极大。'"[1] 其意直白，即孀妇不能再嫁，应该"从一而终"，再嫁就是"失节"；如娶"失节"之妇，娶者自己亦"失节"。这就把妇女的忠节提高到了天经地义的高度。历朝官方也非常重视通过"旌表门闾"来激励妇女谨贞、守节，此后忠贞节烈行为是中国古代妇女生活中颇引人注目的社会现象。同时，君臣之间也非常强调忠诚。如"昔君问臣事君于我，我对以忠贞"，[2] 就是用"忠贞"来描述君臣之间的关系。古代士人有很强的尊君观念，诚如《吕氏春秋·行论》所言："父虽无道，子敢不事父

---

① 程颢、程颐：《二程遗书》，上海古籍出版社，2000，第356页。
② 徐元诰：《国语集解·晋语》，中华书局，2002，第289页。

乎？君虽不惠，臣敢不事君乎？孰王而可畔也？"又如《左传》中也有"臣无二心，天之制也"的记载。虽然一般认为，"天子者，势位至尊，无敌于天下"。① 但总体而言，早期尊君思想是较为温和的，如孔子亦言："君使臣以礼，臣事君以忠。"② 孟子也指出："君之视臣如手足，则臣视君如腹心；君之视臣如犬马，则臣视君如国人；君之视臣如土芥，则臣视君如寇仇。"③ 君王待臣如手如足，那么臣属待君王则如六腑如心脏，内外相依，上下相随，联系紧密，浑然一体；君王待臣如犬如马，那么臣属视君则如同路人，萍水相逢，冷眼相对；君王视臣如泥土、草芥，任意践踏，随意抛弃，那么臣属视君则如强盗、仇敌，可以拔刀相向，怒目相对。由此可以看出，孔、孟等虽然用"忠贞"来描述君臣关系，但他们还是把"礼""义"等作为士人、臣子对君主忠贞不二的前提条件，从而尽量维护士人的人格和人身的独立性。汉儒董仲舒等的"纲常礼教"则从根本上消除了这种朴素、原始的独立性，提倡臣对君的绝对忠贞，强化君对臣的绝对支配权力，进而确立了臣子对君主的绝对依附关系，彻底泯灭了臣子的自主意识。此后历代士大夫大都认可了这种对君主的绝对服从关系。

妻对夫的忠贞、依附与臣对君的忠贞、依附在本质上是一致的。士大夫强调妻对夫的忠贞、服从和依附，如高攀龙就把妇女的贞节归于人性之"本然"。他说："妇之贞也，其性然也。犹之乎水之寒，火之热，非人为使之也。"④ "妇节之心，何心也？得之于天，而人不与力焉，良心也。良心也者，在臣为忠，在子为孝，在妇为贞。而臣也，子也，妇也，发于其心之所不能已者，所谓义也。"⑤ 此处高攀龙、胡翰说明了两点：其一，普遍而本然的"良心"，彰显了妇女的忠贞之德，更重要的是它为妇女之所以忠贞找到了内在根源，同时还把忠臣、孝子、节妇等安放在这个基本人性的范畴内。原来作为"人臣"的士大夫，与身为"人妇"的贞女，

---

① 《荀子·正论》，《诸子集成》，上海书店，1986，第 221 页。
② 杨伯峻注释：《论语译注》，第 30 页。
③ 杨伯峻注释：《孟子译注》，中华书局，1960，第 186 页。
④ 高攀龙：《李贞母墓志铭》，《高子遗书》卷十一，《四库全书》集部，第 1292 册，第 661 页。
⑤ 胡翰：《商节妇书》，《胡仲子集》卷九，《四库全书》集部，第 1229 册，第 25 页。

虽然有"臣"与"妇"身份差别，但从道德本体上而言，都是根源于"发于其心之所不能自已者"，并无不同。其二，这种本然之"良心"的忠贞之德，虽然根源人性，但外化为"人道之伦"的伦理道德规范，在"三纲无常"的伦理框架内，忠贞与贞节被视为同质的道德，因此忠臣、节妇也常常相提并论。① 如司马光说："天地设位，圣人则之，以制礼立法，内有夫妇，外有君臣。妇之从夫，终身不改；臣之事君，有死无贰，此人道之伦也。苟或废之，乱莫大焉。"② 清初遗民钱澄之在解释屈原《离骚》"恐美人之迟暮"之"美人"时说："美人自（屈原）况为是。臣之于君，犹女之于夫，故坤曰地道也、臣道也、妻道也。"③ 因而可以说，夫妇之间的忠节道德、依附关系与君臣之间的在本质上是一致的，这是以夫妇比拟君臣的前提条件，或者说是可行性。

以夫妇关系比喻君臣关系不仅有理论上的可行性，而且实际上，在古代文人书写历史中，这种"拟女性"的现象也非常普遍。其中最为典型的当属屈原以夫妻关系比拟君臣关系。屈原言："惟草木之零落兮，恐美人之迟暮。"④ 对于此句"美人"的解释，王逸认为是"谓怀王也"⑤，黄文焕认为是屈原"自谓也"⑥。不管"美人"是指代楚怀王，还是屈原自谓，至少在此都是"拟女性"用法。又如屈原言："朝吾将济于白水兮，登阆风而緤（绁）马。忽反顾以流涕兮，哀高丘之无女。"⑦ 对于这句诗中的"高丘""女"等字，王逸在《楚辞章句》里说："楚有高丘之山。女以喻臣。言己虽去，意不能已，犹复顾念楚国无有贤臣，心为之悲而流涕也。"⑧ 屈原忠贞爱国，正道直行，却为楚王所疏远，直至流放，现实的痛苦让屈原备感绝望和孤独。"溘吾游此春宫兮，折琼枝以继佩"，⑨ 屈原为祖国的前途和命运担忧，既然国内无贤君，于是他就匆匆地游到了东

① 王学玲：《明清之际辞赋书写中的身份认同》，第115~116页。
② 司马光：《资治通鉴》卷二九一，第9511页。
③ 屈原：《离骚》，游国恩主编《离骚纂义》，中华书局，1980，第43页。
④ 屈原：《离骚》，游国恩主编《离骚纂义》，第42页。
⑤ 屈原：《离骚》，游国恩主编《离骚纂义》，第42页。
⑥ 屈原：《离骚》，游国恩主编《离骚纂义》，第43页。
⑦ 屈原：《离骚》，游国恩主编《离骚纂义》，第287~289页。
⑧ 王逸：《楚辞章句》，游国恩主编《离骚纂义》，第289页。
⑨ 屈原：《离骚》，游国恩主编《离骚纂义》，第295页。

方的"春宫"，去寻找他理想的"夫君"。

二　明遗民自喻贞女节妇

遗民非常重视对国亡后的节妇贞女的书写。在古代宗法社会中，妇女的地位是十分低下的，特别是在夫妻关系中，妻对夫的忠贞、依附是相当严格的。早在先秦时期，一些典籍就已经蕴含着这种男尊女卑的依附关系。如《礼记》明确指出："男帅女，女从男，夫妇之义，由此始也。"虽然妇女的地位十分低下，但亡国之际，特别是亡国于"夷狄"等"异族"之际，遗民都十分重视对妇女，特别是对节妇贞女的书写的，不再赞同女性沉鱼落雁、闭月羞花的"以色侍人"的价值，而是认同其从一而终的德行操守，进而把她们视为特殊的心灵意象，喻为自己价值、意义和身份、心理的寄托载体。如元初就有大量描写节妇贞女的诗文，如范梈《节妇王氏》、张翥《王贞妇》等，其中最具典型意义的是对"巴陵女子"韩希孟的书写。韩希孟乃韩魏公（韩世忠）五世孙女，名门之后，嫁与贾琼为妻，处大方之家，世受宋恩。开庆元年（1259），蒙古铁骑占领岳州。"岳溃，入于洞庭，俘其遗民以归。节妇巴陵女子韩希孟誓不辱于兵，书诗衣帛以见意，赴江流而死。"① 在遗民眼中，国破家亡，凌辱加身，节妇贞女重视气节之言举，无疑具有了异乎寻常的典型价值与意义。袁桷的《大名刘节妇吟》将苦节终身的刘氏刻画成为义薄云天的高士，吴师道在《段节妇》中以冬青自比，王逢的《感宋遗事》直接将节妇的节操与山河等量齐观。遗民士大夫一反鄙薄地位低下的妇女之态度，转而热情歌颂节妇贞女，并把不事二夫的节妇贞女作为自我期许的理想对象。

以贞女节妇作为自我期许的对象，成为明遗民寻找身份认同和归属感的又一表现。如孙奭言："天下极诈极险之人，吾以至诚待之，则其险诈将交于无所用，而亦相感以诚矣。若以机智御之，愈甚其溃决也。"② 虽

---

① 顾嗣立：《元诗选》，中华书局，1987，第 407 页。
② 张履祥撰，陈祖武点校《言行见闻录（一）》，《杨园先生全集》卷三十一，中华书局，2002，第 887 页。

然孙家无完璧，但淡然相守，"有劝之出者，怒不答，作《贞女传》以自托焉"。① 如康熙六年（1667），吕留良因"有故人诬诋余于显者之家，蓼园固愤甚，作《弃妇叹》以寄余"。② 又如黄宗羲也多次表彰贞女烈妇，他说：

> 甲申之变，凡夫人之在京邸者，或从子而死，或从夫而死。成德之母张淑人，金铉之母章恭人，汪伟之妻耿恭人，刘理顺之妻万淑人，妾李孺人，马世奇之妾宋、李二孺人，陈良谟之妾时孺人，固皆地扫朔风，庭流花雪。而其景象之惨恶者，新乐侯刘文炳之杜太夫人，集子女同死楼上。其子妇先死，次女复死；杜太夫人六缢而后死；少女绳断而坠，不得死，乃开窗掷身楼下，血如泉涌，又不死，有老苍头在侧曰："夫人何不死于井中乎？"少女曰："不可！太夫人同命死一处，岂得违之？"遂脱金条赏苍头，重扶楼上，助其结环，始死。温璜之死于新安，其女年十四，方熟睡，母夫人推醒之，女问为何，夫人曰："死耳！"女曰："喏。"父母各引绳尾缢之。③

节妇有感天动地之节操，不忍目睹之惨死，黄宗羲"泪涔涔不能止"，指出即使"后人读之，无不痛哭者"。④ 黄宗羲对处于被支配之地位的妇女给予了至高的评价，他说："宋之亡也，文、陆身殉社稷，而谢翱、方凤、龚开、郑思肖彷徨草泽之间，卒与文、陆并垂千古。然则诸夫人之从死者，固女中之文、陆也，若恭人者，凄楚蕴结，亦犹之谢、方、龚、郑，皆天地之气也。"⑤ 南宋为"异族"蒙古族所灭，文天祥、陆秀夫义殉其国，其义行节操彪炳千古；南宋遗民谢翱、方凤、龚开、郑思肖等虽然没有与文、陆一同殉国，但坚守不仕二姓的遗民身份，隐居草泽之

---

① 吕留良撰、徐正等点校《孙子度墓志铭》，《吕晚村先生文集（附行略）》，《吕晚村文集》（上）卷七，《续四库全书》集部第1411册，第167页。
② 吕留良撰，徐树民点校《吕章成裁之》，《吕用晦先生续集》卷三，《吕留良诗文集》（上），第278页。
③ 黄宗羲：《余恭人传》，《南雷诗文集》（上），《黄宗羲全集》第10册，第614页。
④ 黄宗羲：《余恭人传》，《南雷诗文集》（上），《黄宗羲全集》第10册，第614页。
⑤ 黄宗羲：《余恭人传》，《南雷诗文集》（上），《黄宗羲全集》第10册，第614页。

间不与世接，其节操同样"并垂千古"。甲申之变后，众夫人、恭人不畏亡惧死，毅然追随其国而亡，其节行与文、陆、谢、方等遗民等量齐观，他们都是"天地之元气"的体现者和传承者，"天地不以其渺末，而气候为之密移，则夫今日之撑驾天地者，其不在通都大邑之贵人"，① 而在于这些贞女节妇。黄宗羲等明遗民在更朝换代之际，特别认同至死不改操守的贞守妇女，称赞她们如忠臣一样，忧公如家，坚守不事二君的道德底线。

明遗民通过自拟节妇贞女，以表达自我忠贞不二的情志。"古恒以忠臣烈女相配，谓委质与致命之义同也。"② 明遗民将烈女与忠臣相提并论，褒扬贞妇，称赞她们透过其道德实践，巩固了封建社会的宗法伦理道德。不仅如此，明遗民还转向对自身进行批判和反省，逐渐把忠臣、贞妇化为同一组可以互换的道德意象，并以亡国的忠节之士自比为丧夫贞妇，通过对忠臣、贞妇的反复书写，曲折地吐露真实身份所不能畅言表达的情志。如李世熊认为："妇道臣道一也，岂厕名仕籍未职枢要者，亦可曰未成为臣耶。"③ 明遗民朱鹤龄言："人臣身仕两姓，犹女子再醮。"④ 其言下之意就是自己便是夫亡之醮妇了。明亡后，湖北遗民黄周星以遗民自居，其名气颇大，"当路雅慕公名，共谋荐举"，他以自己为"老寡妇"严词拒绝，言："老寡妇岂堪再嫁乎?"⑤ 李渔未能为国死节，但他怀有遗民的情结，并在《无声戏》《十二楼》等作品中表达了非常重视女性的贞节问题。如在《无声戏》第十二回《妻外家抱琵琶梅香守节》中，碧莲对于变节之徒讥讽说："我想忠臣不事二君，烈女不更二夫，焉有再事他人之理?"⑥ 李渔说："人谓代美人写怨，不知是名士自诉牢骚"，即"借他人酒杯，浇自家块垒"。⑦ 虽然，无法直接证明李渔采用"香草美人"的方

① 黄宗羲：《王孝女传》，《南雷诗文集》（上），《黄宗羲全集》第 10 册，第 259 页。
② 李东阳：《封孺人张母姚氏墓志铭》，《李东阳集》，岳麓书社，1984，第 423 页。
③ 李世熊：《黄氏官节妇七十岁寿序》，《寒支初集》卷五，清初檀河精舍刻本，第 74 页。
④ 朱鹤龄：《书元裕集后》，《愚庵小集》卷十三，上海古籍出版社，1979，第 646 页。
⑤ 转引自吴书荫《对明遗民黄周星及其佚曲的补正》，《文学遗产》2003 年第 5 期，第 128 页。
⑥ 李渔：《无声戏》，《李渔全集》第八卷《无声戏 连城璧》，第 156 页。
⑦ 李渔以女子口吻鼓励丈夫杀敌报国尽忠："丈夫亦有泪，但不洒儿女。儿女亦有情，得不阻义举。从君非浪游，言雪君父耻。……妾虽巾帼儿，窃听师儒语。人生学何事，忠孝而已矣。"见李渔《古从军行》，《李渔全集》第二卷《笠翁一家言诗词集》，第 7 页。

式来比喻忠臣之义,但可以看出,李渔透过塑造女性对贞节的坚持,表达了他期望在乱世中士大夫应当有对君主忠贞的态度。

孙康宜曾经指出,传统男性文人所写寡妇、贞女等代言体诗文几乎千篇一律专注于独守空闺的苦楚,以及尤为可怕的生计无所依靠的日常生活的艰难和抚养子女、赡养老人的艰辛。① 此言确有一定的道理。然而,就明末清初的鼎革形势而言,明遗民如此不惜笔墨,甚至违背"应酬之文,知文者所不为"② 的原则,大量书写贞妇烈女,更加凸显明遗民"拟女性"的别具用心。通过这种隐藏背后的象征隐喻,明遗民阐释了其对所持守的"曾在身份"(我是明朝人)的追寻与认同,③ 这也许是明清之际遗民诸多歌颂贞妇烈女现象的根本原因。

三 明遗民对忧国嫠妇的书写隐喻

明清之际的遗民不仅自拟贞妇来追寻和固守自己的旧朝(明朝人)身份,而且还进一步挖掘嫠妇意象,特意强化夫(家)亡国破的嫠妇隐喻,将丧夫贞妇变成忧国嫠妇。

"嫠"有"寡妇"之意,这在众多文献中有所体现,如《左传·襄公二十五年》载:"嫠也何害,先夫当之矣。杜预注:'寡妇曰嫠。'"④ 正因为嫠妇可指涉寡妇,故《元史》中言:"又奉二寡嫂与居,使得保全嫠节。"⑤ 这是把寡妇的名节称为"嫠节"。

"嫠"字不仅有"寡妇"之意,还有爱国忧国之意。《左传·昭公二十四》载:"嫠不恤其纬,而忧宗周之陨,为将及焉。杜预注:'嫠,寡妇也。'"⑥ 纬,织物的横纱。谓寡妇不忧其纬少,而恐国亡祸及于己。在此,嫠妇的终极关怀是自己,即担心国亡而使自己受到牵连,实有之意。然而在后世的文人笔下,嫠妇怕"城门失火,殃及池鱼"的私心逐

---

① 孙康宜:《古典与现代的女性阐释》,台北,联合文学出版社有限公司,1998,第90页。
② 黄宗羲:《张母李夫人六十寿序》,《南雷诗文集》(上),《黄宗羲全集》第10册,第686页。
③ 王学玲:《明清之际辞赋书写中的身份认同》,第116~117页。
④ 左丘明著、〔日〕竹添光鸿笺《左传会笺》下册,台北,天工书局,1982,第1186页。
⑤ 宋濂等撰《元史》卷二〇〇,中华书局,1976,第4490页。
⑥ 左丘明著、〔日〕竹添光鸿笺《左传会笺》下册,第1669~1670页。

渐消失。如孔融《喻邴原书》说："国之将陨，嫠不恤纬；家之将亡，缇萦跋涉。彼匹妇也，犹执此义。"① 《资治通鉴》载："嫠妇犹知恤宗周之陨，今晋室陵危，君等位侔元凯，曾无忧国之心邪？"② 文天祥在上书南宋理宗时自陈心迹："臣何敢追尤往事，上渎圣聪？独方来计，则嫠纬之忧，不能忘情焉。"③ 从这些事例可以看出，《左传》中的嫠妇私心自用逐渐演变为忧国忘家之义。由此而出的"嫠不恤纬"、"嫠恤宗周"和"嫠纬之忧"等，都成为忧国忘家之喻。

正因如此，明遗民也常常把嫠妇形象纳于笔下，通过对忧国忘家、忠贞无二的嫠妇的书写，展现自我的嫠妇心态及立场。如钱澄之将屈原倾诉悲愤比喻嫠妇夜哭。他在《楚辞屈诂》"自引"中云："以屈子之忧思悲愤，诘曲莫伸，发而为言，不自知其为文也。重复颠倒，错乱无次，而必欲以后世文章开合承接之法求之，岂可与论屈子哉！吾尝谓其文如嫠妇夜哭，前后诉述，不过此语，而一诉再诉。盖不再诉不足以尽其痛也。"④ 变身嫠妇的屈原表达的不是闺怨哀思，而是悲郁交加的忠国之情。钱澄之在此将屈原比拟嫠妇，不也有把自己想象为心忧社稷、节烈无二的嫠妇之意图吗？又如黄宗羲在《节妇金孺人墓志铭》中称金君荣之妻张氏为嫠妇，云"正值鼎革，干戈无序"之时，张氏避于武康山中，抚养子女。⑤ 其艰难用"虔护百方"实难描绘到位，故黄宗羲在深表同情的同时又称赞说："危苦之甚者，于此而绸缪风雨，重兴家室，其精诚之至，天地为之感动，亦理势之自然也。"⑥ 虽然黄宗羲同情嫠妇张氏之艰难困苦，佩服其不屈不挠的意志，但又认为为"重兴家室"而历经任何磨难，都是情理之中的，是"理势之自然"，似乎不必过分张扬褒奖。黄宗羲在此讲述了嫠妇张氏"重兴家室"之旅，不也是在隐喻自己的恢复明朝

---

① 转引自陈寿《魏书·邴原传》，《三国志》卷十一，中华书局，1959，第352页。

② 司马光：《资治通鉴》卷九十六，第3043页。

③ 文天祥：《癸亥上皇帝书》，《文山先生全集》卷一，《四部丛刊》集部第217册，第64页。

④ 钱澄之：《楚辞屈诂》，《庄屈合诂》卷四，黄山书社，1998，第139页。

⑤ 黄宗羲：《节妇金孺人墓志铭》，《南雷诗文集》（上），《黄宗羲全集》第10册，第477页。

⑥ 黄宗羲：《节妇金孺人墓志铭》，《南雷诗文集》（上），《黄宗羲全集》第10册，第477页。

的"匡复之旅"吗？深受儒家忠君爱国思想熏陶的黄宗羲，虽然认为"有明一代无善治"，但在"天崩地解"的宗社鼎革之际，他毅然举起匡复明朝的旗帜。他毁家纾难，"纠黄竹浦子弟数百人，随诸军江上，人呼之为'世忠营'"①，抗击清军。失败后，被清军发檄通缉，"四处搜捕，（黄宗羲）伏处海隅，草间苟活"②，"鼠匿草莽，东徙西迁，屡濒于危"③。可见，黄宗羲的匡复之旅与嫠妇张氏"重兴家室"之举是何等相似。

下面再以遗民刘命清为个案，对明遗民借嫠妇忠贞之情传达自己忠于故国、坚守旧朝身份的现象进行深入分析。

刘命清（1610～1682），字穆叔，号月仙，江西临川人。父母早亡，依伯父成长。秉性庄重，外朴内慧。弱冠补弟子员。明亡，隐迹山林，披发狂吟，不与世事，著有《虎溪渔叟集》十八卷。

刘命清以明遗民自居，坚守遗民节操，曾作《嫠妇赋》。④ 在此赋中，他把嫠妇所活动的场所首先落于闺阁，云："君家赵北，妾住淮西。照珠帘而婉鸾，步绣阁而旖旎。泛明绥于珍佩，□翠黛于修眉。□花晨而奠焉，遂合欢而入纬。饰流苏之宝帐，醉回罗之金卮。曰约信誓于旦旦，永白首以相宜。"刘命清塑造嫠妇从回溯往事开始，描绘一种名门闺秀、才子佳人式的平静生活，以及一种"约信誓于旦旦，永白首以相宜"的誓死不渝的坚贞爱情。不久这种生活就发生了变化："始辞妾于中间，旋鸣镝于风沙。立辕门而耿介，血尸逐而豪夸。男儿志在四方，建功立业。"于是丈夫辞妾远离，在外进行了艰苦而勇猛的浴血奋战。丈夫的赫赫战功得到了回报："天子策勋，功数麟阁。羽剪大如，锦袍炫若。门间铁戟，肘前金雀。侯封博望，威连虎落。笞挞绛灌，伦神卫霍。夜雨催花，春风看博。金屋添衣，歌台更酌。牙樯泛流，鹅笙促坐。月榭烟波，井栏芍药。丽藻骈罗，珠

---

① 黄宗羲：《梨洲先生神道碑文》，《黄宗羲全集》第12册，第5页。
② 江藩：《国朝汉学师承记》，中华书局，1983，第126页。
③ 江藩：《国朝汉学师承记》，第126页。
④ 刘命清：《虎溪渔叟集》卷十八，《四库全书存目丛书》集部第209册，第567页；以下引用此赋不再另行作注。

象杂错。"

嫠妇惜墨如金，只是用寥寥数笔记录了夫君征战南北的画面，但对功成名就后的夫君进行了浓墨重彩的描述。嫠妇非常自豪，对夫君推崇备至，认为连开国功臣周勃、灌婴，盛世名将卫青、霍去病都不能与之相提并论。这番以夫为荣的言论，实乃人之常理。但如果将之放置于忠臣、贞妇的隐喻传统，此时自许忠臣的刘命清显然也跌入时光隧道之中，深深缅怀过去的荣耀，原来君国也会"羽剪大如，锦袍炫若"；也会"金屋添衣，歌台更酌"；其丰功伟业即便周勃、灌婴为之开国，卫青、霍去病为之拓疆的汉帝国也匹敌不了。回顾历史，朝政多故的明代无法与汉代盛世相提并论，刘命清的记忆固然流于浮夸，但也因此证实身份认同的建构，的确仰赖主体的想象。换言之，刘命清势必虚构过去的美好时光与盛世国势，才能强化当下坚守的正当性，说服自我，将主体固着于旧时身份，①这无疑是国亡家破的刘命清与"讵倏忽而中离"之后的嫠妇唯一且最佳的抉择。

快乐与荣耀是短暂的。此妇人很快遭遇了"中离"之痛苦。"峰摧岳半，月坠河低。□□灭影，飘零沉泥。红退香散，白杨絮飞。沾襟雨滴，寒骨消肌。王经哭而难赦，温席死而不归。……玉簟冰兮谁双，皎月明兮独照。"夫君离去，妇人顿时感到生活发生了天翻地覆的变化，"红退香散"，"沾襟雨滴"，"寒骨消肌"，自己形单影只，痛苦无比，实有随夫君而去之想法，"宁铮铮而可碎"。此若以刘命清言之，明亡前他过着舒适的士大夫生活，甲申之变后，"天崩地解"，"宗社丘墟"，他的痛苦不也如妇人失去夫君一样吗？为保全士大夫节操，他不也有过以身殉国之愿望吗？

尽管痛苦无比，但此"嫠"妇并没有殉君归位，以成全自己的忠贞志节，而是坚持存活下来。"纵河清之难俟，矢身心于莫违。"尽管"嫠妇"等待"河清"之日感到困难重重，但她还是下定决心等待下去。并且她还有更重要的责任："洗盆缶于灶下，恤绛袿于宗姬。文母绩而延

---

① 王学玲：《明清之际辞赋书写中的身份认同》，第 126 页。

季，姜氏泣而归齐。"此时"嫠妇"从丧夫贞妇变成忧国嫠妇。她砥砺自我，仿效季氏方绩之故事①，忍辱负重抚育幼孺，绵延胤嗣。并且她还有更加远大的期望，即"待壮夫之有后"。"待壮夫之有后，终奋翼于渑池。金舆翠翟之玩，鱼龙爵马之规。滴博山前之□，黄云路上之碑。友甲乙之第宅，建戊己之旌旗。歌钟食邑，秩进封移。将军既贵，卷土来欤。问吾家之老妇，亦欤欣以含饴。"在此，"嫠妇"期望抚育的幼孺长大后，能够如他父亲一样，"歌钟食邑，秩进封移"，光宗耀祖。如此她就算是经历任何千辛万苦都会"欣以含饴"。然而，这却是"嫠妇"的表面意思，其真实意图是等"壮夫之后"，能够"卷土来欤"，继承先父之志，"终奋翼于渑池"。在此她引用了《史记》中"渑池之会"的典故。② 希望幼孺长大后能够像蔺相如一样，不惧权霸，维护国家和君主的尊严。而这般志向不正是明清之际如刘命清这样的遗民"待恢复"之心声吗？面对异族入主中原，若能留存一脉血嗣，待机再抗强清，为宗国刷洗屈辱，甚至恢复昔日"金舆翠翟之玩，鱼龙爵马之规"的壮容，那么就像老妇之欤欣含饴，即使因为没有殉节而蒙受"非忠臣"的苛难也都值得了。③ 在此，刘命清借"嫠妇"之言，通过嫠妇"愿予心其修姱兮，终不渝乎初期"的宣誓，委婉传达了他所不能畅言的家国情志，表达了他贞守旧时身份的决心。

总之，明清之际尽管有不少书写女性贞妇烈女的诗文，然而当这些作品从明遗民的笔下流出时，这些贞妇烈女则具有了明遗民别有用心的心理寄托。王国维先生曾指出："以我观物，故物皆着我之色彩。"说明"我"在对自然的审美观照中，本身的意志往往以一种情绪，一种具有鲜明倾向与色彩的心境投射到自然物上。王国维此言极精辟地道出了"物"与"我"的关系。"物"只是一个载体，只是一种体现或者表达"我"的工具。由此言之，明遗民笔下的贞妇、嫠妇也成为他们的代言人。从某种意

---

① 《国语·鲁语下·敬姜论劳逸》载："公父文伯退朝，朝其母，其母方绩，文伯曰：'以歊之家而主犹绩，惧忓季孙之怒也。其以歊为不能事主乎？'"徐元诰：《国语集解》，中华书局，2002，第193页。公父文伯之母季氏方绩，为延续季氏家族，委曲求全，装作惧忓位尊的季康子。

② 司马迁：《史记》卷八十一，第2442页。

③ 王学玲：《明清之际辞赋书写中的身份认同》，第127~128页。

义上可以说，明遗民笔下描绘的贞女嫠妇就是一个个明遗民。从贞妇誓与丈夫同生共死、不离不弃，到嫠妇忘家忧国，无不隐喻了明遗民与国共存亡的心态，即使没有殉国死社稷，也都坚持不仕二主的道德底线，坚持旧朝身份之情志。

第三章

莫大乎贫：明遗民治生实践与论说

"天崩地解"之时，明遗民的人生抉择离不开他们的生存环境。明清之际的士大夫选择走遗民之路后，他们的经济状况是怎样的，他们采取何种方式谋生？作为一个儒家士大夫，在"重义轻利"和士大夫节操观念的双重影响下，他们对谋生方式持何种态度，作何评价，是否"合道而行"？本章主要探讨明遗民生活困难的原因、他们的谋生方式，以及对谋生方式的态度和评价。

第一节 "所苦非一端"：生活贫困之原因

明清易代，社会动荡混乱，导致不少明遗民生活窘迫，如方以智"披坏色衣，作除馑男"。[1] 张岱贫至"瓶粟屡罄，不能举火"。[2] 方文的诗多以"无米""无油""无盐""无薪"为题。[3] 即使比较富庶的江南鱼米之乡，在当时维持温饱生活也殊为不易，"江南之民三空四尽，人不聊生，死亡载途"。[4] 顾炎武曾说："今天下之患，莫大乎贫。"[5] 顾炎武此

---

[1] 钱谦益撰，钱曾笺注，钱仲强标校《题无可道人借庐语》，《牧斋有学集》（下），上海古籍出版社，1996，第1626页。

[2] 张岱：《梦忆序》，张岱撰、栾保群点校《琅嬛文集》卷一，浙江古籍出版社，2013，第11页。

[3] 方文：《穷冬六咏》，《嵞山集》卷五，《续修四库全书》集部别集类第1400册，第251页。

[4] 陈瑚：《治病说》，《确庵先生文钞》卷五，合肥蒯氏1870年刻本，中国国家图书馆存。

[5] 顾炎武：《郡县论九》，《亭林文集》卷一，《顾亭林诗文集》，第15页。

言是对易代之际的国家经济形势的概括，处于这种境况下，明遗民的经济状况就可想而知了。对此，赵园精辟地指出："士人的贫困化，是明清之际普遍性的事实。"① 虽然明遗民普遍贫困是明清之际的事实，但仍然有必要探讨明遗民的生计普遍恶化的原因。唯其如此，才能深化对明遗民生存状况的认识。

一　因人祸、天灾而致贫

其一，因人祸致贫。封建社会里，士大夫的财产大多是以住宅、土地等不动产为主。即使他们有足够的钱财，也大多投资田地、住宅等。如戴名世常年为生活奔波，自谓"私自念年近五旬，而无数亩之田可以托其身"，以致"为之慨然泣下"。② 而当他有千金积蓄后，即委托友人赵良治为之"买南山冈田五十亩，并宅一区。田在腴瘠之间，岁收稻若干。屋多新筑，颇宏敞，屋前后长松不可胜计"。③ 在此，戴名世投资田产，借田租以供其生活。吴梅村在感叹胡彦远之远游谋生时亦言："使（胡彦远）有山田数十亩，营灌自给，可以勿游。"④ 言下之意是，若拥有一定的田产，则不必为谋生俗务而耗费心力。袁中道描述其隐居生活时说："仆有饘粥之田，可取租四百余石，以其半赡城中妻孥，以其半为村中及舟中资粮。岁有银租近百金，以十分之二付城中妻孥作蔬具，以强半给予游玩度支。又沙市有一宅，社友苏直指曾诺以直，若得此，再治田数百亩。仆于穷人中，亦足以豪矣。支派既定，但饭来张口，有若神鸦，何俟仆仆更求人乎！"⑤ 他在此描绘了一幅士绅的理想生活图景，将资本投资于田产，借由田租以应付生活所需。由此可以看出，一定数目的田产、房屋，不仅是士大夫财富的象征，还是他们优雅生活的物质保障。

然而，许多士大夫这种衣食无忧的生活因清兵入关而彻底改变。清廷入关后，进行了残暴的屠杀、洗劫，致使许多士大夫家庭遭受了灭顶之

---

① 赵园：《明清之际士大夫研究》，第 281 页。
② 戴名世：《庚辰浙行日纪》，《戴名世集》卷十一，第 297 页。
③ 戴名世：《砚庄记》，《戴名世集》卷十，第 282~283 页。
④ 吴伟业：《送胡彦远南归序》，《吴梅村全集》卷三十五，上海古籍出版社，1990，第 750~751 页。
⑤ 袁中道：《后泛凫记》，《珂雪斋集》卷十六，上海古籍出版社，1989，第 667 页。

灾。如顺治二年（1645），清兵南下江南地区，许多士大夫为躲避动乱，匆忙中仅仅随身携带少许粮食避乱山林，其他大量财富则被迫舍弃，这就是明遗民李渔所说的"八幅裙拖改作囊，朝朝暮暮裹糇粮，只待一声鼙鼓近，全家尽陟山之冈"。① 李渔自己避兵于山中时就说："甲申、乙酉之变，予虽避兵山中，然亦有时入郭。其至幸者，才徙家而家焚，甫出城而城陷。"② 明遗民虽然能够在山林中保全生命，然而却不能保全家财，他们的财产在顷刻间遭兵火毁灭。蓝芳"遭丧乱，遗产荡尽，侨居朱径东村，只一草舍"。③ 叶绍袁对此类情形也有详细记载，其《甲行日注》卷一曰："长江数千里，苍茫无一庐舍，焚僇之惨，不忍举目。"《甲行日注》卷二载，顺治三年（1646）四月十六日，清兵闯进叶绍袁家，"将书橱悉毁，简帙抛零满地"，恨其穷无财产，将《午梦堂集》等雕版烧毁。

除清兵外，盗贼也为一害。盗贼也常常劫掠明遗民家室。戴名世曾言："明之士民死于饥馑，死于盗贼，死于水火，……此亦自古之所未有也。"④ 戴名世在此指出了盗贼也威胁明遗民的生存。在清朝铁骑的追击下，南明朝廷自身难保，对盗贼也就无暇顾及，致使贼乱愈演愈烈。对此陈确叹言："新政多矜全，获盗不忍杀。纷纷悉遣归，盗心弥踊跃。……盗贼一何多！乾坤一何狭！士生此时世，无地可容脚。"⑤ 盗贼在乱世十分嚣张，如顺治三年海宁"东乡寇盗啸聚"，⑥ "群盗大起，凡昔诸大家之致饰于儿女簪衣间者，无虑千万金，皆立尽"⑦，肆无忌惮地抢夺财产。方文"遭兵火乱，家室盗所掠"。⑧ 叶绍袁《甲行日注》卷二亦记载，顺治三年五月，"十七日方行，后即有盗船一二十只，罄抢福昆家，幸不入爱初堂。至于村中，纵毁肆劫，老稚号泣载道，闻之伤心。十九夜又七八艇，先掠前滨，随入园内，理计皇迫，与妇潜竹筱下，幸免。虏遂入半眺

① 李渔：《避兵行》，《李渔全集》第二卷《笠翁一家言诗词集》，第42页。
② 李渔：《饮馔部》，《李渔全集》第三卷《闲情偶寄》，第42~43页。
③ 谢正光、范金民编《明遗民录汇辑》（下），第1176页。
④ 戴名世：《王学箕传》，《戴名世集》卷七，第211页。
⑤ 陈确：《诗集·新政》，《陈确集》，中华书局，1979，第637页。
⑥ 许传霈等：《杂志兵寇》，《海宁州志稿》卷四十，1922年刻印，第25页。
⑦ 陈确：《文集·老友许元五小传》，《陈确集》，第272页。
⑧ 方文：《寄李溉林明府》，《嵞山集》卷一，《续修四库全书》集部别集类第1400册，第52页。

阁，书卷抛掷星散，狼藉之极"。① 战乱造成盗贼横行，迫使许多明遗民丧尽家财，离乡背井。

明清之际，匪盗猖狂横行，就连陈确这样贫穷人之家也曾招盗贼光顾。"五月廿之夕，有盗入先生室，筐箧俱罄，先生中七铁尺，流血被体。"② 对横遭匪盗之劫难，陈确还曾作《遇盗》诗曰："病困适偃卧，乃为奴辈及！暑月愁赤身，寒家愧徒壁。重烦相枉顾，宜尔施薄责。粗拳错乱投，杂以九铁尺。左股受一创，流血满阶石。竟夜被絷拘，押搜及纤悉。一瓶女之珥，二箧叔所择。殷勤相付托，忍死争宜力。硁硁各指与，无乃太柔直。"③ 由于盗贼屡屡掠夺，陈确不得不举家迁往武原，但没有料到，"本缘避盗来，盗贼此复炽"④，武原地区也并不安宁，盗贼同样横行乡里。

清兵、匪盗、战乱等，不仅直接导致明遗民丧失家财，而且还致使物价飞涨，这让明遗民生活更加贫困。"自丧乱以后，人民大困。兼以频年米贵，终日不举火之家，往往而有。"⑤ "米价日涌贵，一斗千四百。贵势犹未已，何以谋昕夕！塘河半死人，乾坤满盗贼。"⑥ 物价飞涨，导致生活必需的支出费用剧增，这使明遗民本就拮据的生活更加不堪。如陈确说："八口之家，养蚕十筐，缫丝环绵，五十日粮。四万买米，六万买桑，油烛薪炭，价十倍偿。岂无犒劳，□□猪肠；岂无祷祈，鸡豚酒浆。费逾十万，百两归箱，往市贸之，十未一偿。况其下者，半收以降。亦有窭人，中道摧戕。官逋私负，抚膺谁望！吁嗟今年兮蚕事荒，民胥为尔兮转死亡！"⑦ 陈确抱怨说，由于物价飞涨，虽然他们悉心养蚕喂猪，但仍然难以维持八口之家的生活。

其二，因天灾致贫。由于战乱，遗民的生活本已朝不保夕，一旦遭遇

---

① 叶绍袁：《甲行日注》卷二，沈云龙编《明清史料汇编》第三集第六册，台北，文海出版社，1985，第2956页。
② 陈确：《吴骞、陈乾初先生年谱》，《陈确集·附录》，第837页。
③ 陈确：《诗集·遇盗》，《陈确集》，第635页。
④ 陈确：《诗集·避乱之武原》，《陈确集》，第637页。
⑤ 陈确：《文集·示友帖》，《陈确集》，第377页。
⑥ 陈确：《诗集·断牲》，《陈确集》，第682页。
⑦ 陈确：《诗集·丙戌年蚕谣》，《陈确集》，第627页。

天灾，更是雪上加霜。顾炎武说："自禹、汤之世，不能无凶年，而民至于无粮卖子。夫凶年而卖其妻子者，禹、汤之世所不能无也。"① 凶年、天灾不可预料，即使"禹汤之世"，也无法避免；如若不幸遭遇凶年，卖妻鬻子之悲惨现象就时有发生。明清易代之际也时有天灾。如顺治十八年（1661）夏大旱，"至康熙元年二年，无岁不旱，高乡尤极危苦，穷民溰饥，流离满道"。② 陈确在《苍天》诗中感慨道："呜呼苍天！农民何罪！赤日中田，焦发裂背。渴不得饮，饥不得食，闵其将死，不敢云瘁。天复不念，降此大戾。"③ 发生了严重旱情，田地颗粒无收，农民生活难以为继。其实何止农民的生活压力沉重，许多以务农为生的士大夫的生活也是异常拮据。如陈确《伐园》诗云："贫士迫饥寒，尘斧绝吹嘘。所苦非一端，宁惟困廪虚！市米未云贵，灵鬼犹莫输；薪值况腾涌，何由及老迂！狡焉启故园，攒斧伐其枯。坎坎林声悲，丛枝忽以疏。"④ 遭逢天灾，陈确只能伐园为薪，勉强支持度日。又如康熙九年（1670）六月，江南大水。对此，张履祥坦言："舍下田畴尽潹，秋无担石之成，可谓平生之未有。"⑤ 张履祥家的农田颗粒无收，他不得不向吕留良求助，贷金买米度日。可见，水灾确实导致一些遗民的生活陷入了困境。

即使稍善经营的明遗民遭遇罕见天灾时，维持生活也是困难重重。如吕留良善于谋生，但遭遇康熙九年（1670）的水灾，生活十分艰难。他曾在《与范道愿书》中说："近除归里，为凶岁所困，田租竟不可问。一家四百指，须食米百数十石，仰头打手，直无以为计。目下价目腾涌，忧惧不可言。"⑥ 尽管吕留良可以依靠卖书、行医等谋生，然而在"一家四百指"、众多人口需要生存、田租无法正常收取、物价飞涨等严峻形势交相逼迫下，他也"无以为计"。连善于谋生的吕留良都感到有如此巨大压力，更何况其他本来经济状况就比较差的遗民了。

---

① 顾炎武：《钱粮论上》，《亭林文集》卷一，《顾亭林诗文集》，第18页。
② 陈确：《文集·投当事揭》，《陈确集》，第363页。
③ 陈确：《诗集·苍天七章》，《陈确集》，第628页。
④ 陈确：《诗集·五言古诗二》，《陈确集》，第663页。
⑤ 张履祥：《答颜孝嘉》，《杨园先生全集》，第373页。
⑥ 卞僧慧：《吕留良年谱长编》，中华书局，2003，第185页。

二 因毁家纾难致贫

明清之际，遗民为救亡图存，或参加南明军队，或倡举义兵。社会动荡混乱，抗清队伍的经费相当困难，于是许多遗民义无反顾地捐献家财以补充抗清活动的经费，然而此举致使他们的生活陷入困境。如甲申之变后，黄宗羲毅然毁家纾难，此举造成了他生活的窘迫。他在《汪氏三子诗序》中详细描绘了在生存重负下的苦况，对嘉隆以下"一名为士，口不言钱，更无米盐俗事"，"深致艳羡"。① 如黄宗羲一样因毁家纾难而致贫的遗民为数不少。如吴献，"陈邦彦起兵高明山中，献乃散家产，结乡兵"②。陆宇鼎，"明亡，以起义尽其家室中所有"。③ 嘉兴黄子锡（号丽农）"以好义毁家，至号寒断火"。④ 此类遗民出于忠国之心而毁家纾难，散尽家财，但其生活也从此难以为继，陷入困境。

三 因不善治生致贫

受儒家以治生为妨"道"的传统偏见影响，许多士人以治生为俗累，以"不事生产"为高，轻视具体的谋生行业和技能，认为只需埋头科举就会飞黄腾达。对此，对明清社会史颇有研究的王鸿泰也有深刻体会。他指出，明清士人颇为歌颂逃避实务经营的行为，在士人文集笔记中常常可以看到关于士人"不问家"的描述，而在这些相关记载中，这种回避甚至是违背现实利益经营原则的营生行为，往往被视为别有抱负的脱俗胸怀。如《丹午笔记》中曾载："雅园顾某，通籍数十年，归田。家有掌事黠奴，侵亏万金，将绳之以法。奴知之，倩善书者数十人，捏造数十年日用帐（账）簿，混写买卖若干，共有两担。顾据案上坐，奴跪堂下，细剖侵亏之由，俱有凭据，可以查核。顾本书生，不善会计，倩人握算，一日只有一二本，乃掷簿而笑曰：'大丈夫岂屑屑于此哉？'遂不问。"⑤ 这

---

① 黄宗羲：《汪氏三子诗序》，《序类》，《黄宗羲全集》第 10 册，第 39 页。
② 谢正光、范金民编《明遗民录汇辑》（上），第 209 页。
③ 谢正光、范金民编《明遗民录汇辑》（下），第 794 页。
④ 吕留良：《质亡集小序》，《吕晚村文集·续集》卷三，《续四库全书》集部第 1411 册，第 237 页。
⑤ 顾公燮：《丹午笔记·吴城日记·五石脂》，江苏古籍出版社，1999，第 192 页。

位士大夫以回避俗务为高尚，表露出了"大丈夫岂屑屑于此"的心态。他不亲实务，把一切经济事务都委之掌事仆人。此仆人借机舞弊，中饱私囊，虽然最后东窗事发，其主人却因平时不熟此俗务，亦无从查起，于是以"不屑"态度抛开此事，不了了之。①

明清之际，诸如此类"不事生产"的遗民多有之。由于以"不事生产"、回避俗务为高尚，国变后，许多遗民由于无谋生能力而导致生活困难。如邱维屏甚贫，"性不事生产，内外皆倚办"其妹。② 张履祥自谓"罔知稼穑，一旦失所，饥寒随及以至。"③ 如李确（即李天植）也说"吾本为长往之谋，顾蜡履未能，乘桴又未能，至于今日，悔之无及"④，最终饿死。陈玺原为崇祯辛未进士，"及明亡，隐于丘壑，……居乡不治生产，卒之日，几无以敛"⑤。上述材料可以说明，士大夫贯行"不事生产"的传统，少谋生知识，乏生产才技，以衣冠子贫窭不能自养，直接导致了这类明遗民生活贫困的悲剧。

四　因放弃富贵致贫

明遗民放弃富贵的突出表现是"弃诸生"身份。在封建社会里，士大夫不但社会地位较高，居"四民之首"，而且还有一些经济特权。一旦他们在科举考试中谋得功名，就可能获得免除赋税、徭役等权利。对于士大夫的社会地位和经济特权，顾炎武有详细论述。他在《生员论中》云：

> 废天下之生员而官府之政清，废天下之生员而百姓之困苏，废天下之生员而门户之习除，废天下之生员而用世之材出。今天下之出入公门以挠官府之政者，生员也；倚势以武断于乡里者，生员也；与胥

---

① 王鸿泰：《明清士人的生活经营与雅俗的辩证》，美国哥伦比亚大学东亚系、中研院历史语言研究所及蒋经国中心合办之 "Discourses and Practices of Eveday Life in Imperial China" 国际学术研讨会会议论文，时间：2002.10.25～27。

② 魏禧：《魏叔子文集》卷十七，中华书局，2003，第869页。

③ 张履祥：《题刘忠宣公遗事》，《杨园先生全集》卷二十，第587页。

④ 全祖望撰、朱铸禹汇校集注《蠡园先生神道表》，《鲒埼亭集》卷十三，《全祖望集汇校集注》（上），第245页。

⑤ 谢正光、范金民编《明遗民录汇辑》（下），第734页。

史为缘，甚有身自为胥史者，生员也；官府一拂其意，则群起而哄者，生员也；把持官府之阴事，而与之为市者，生员也；……今之大县至有生员千人以上者，比比也。且如一县之地有十万顷，而生员之地五万，则民以五万而当十万之差矣；一县之地有十万顷，而生员之地九万，则民以一万而当十万之差矣。民地愈少，则诡寄愈多，诡寄愈多，则民地愈少，而生员愈重。富者行关节以求为生员，而贫者相率而逃且死，故生员之于其邑人无秋毫之益，而有丘山之累。①

在此，顾炎武论述了生员的经济和政治地位以及导致的危害，提出"废天下之生员而官府之政清"。这从反面说明了士大夫，哪怕就是科举考试中最低的功名——生员，都有特殊的经济地位和政治地位，何况是更高级别的举人、进士等。

封建社会里，士大夫的经济地位确实与功名密切相关。钱穆指出，在我国封建社会，"民族文化正统的承续者，操在读书人的手里。而读书人所以能尽此职责，则因其有政治上的出路，使他们的经济生活，足以维持在某种水平线之上。若使读书人反对科举，拒绝仕官宦，与上层政权公开不合作，则失却其经济凭借。"② 明清之际，遗民纷纷"弃诸生"。陈确在《告先府君文》中说明了请削儒籍的原因：

呜呼！父之生我，四十四年于兹矣。德不加进，而发齿日衰，罔极之恩，终身遂无由报。事已至此，悼恨何如！家自司训梅冈公而下，于今六世，为国名儒，一旦地坼天崩，逡巡向异类乞活。犬马犹恋旧主，而况人乎！革命以来，即思告退，以不忍写弘光后年号，因循未举，谓岁试不到，将自除名。今年春，学廪又已开支，而岁试未有期日，益复迁延，为疚滋深。将卜日告于先圣之庙，随呈本学，求削儒籍，终为农夫以没世。③

---

① 顾炎武：《生员论中》，《亭林文集》卷一，《顾亭林诗文集》，第23页。
② 钱穆：《国史大纲》，第849~850页。
③ 陈确：《文集·告先府君文》，《陈确集》，第311页。

出于"夷夏之防"("异类")和忠君爱国("犬马犹恋旧主")等原因,陈确请削儒籍。实际上,明清之际的明遗民请削儒籍,也大都出于这两种原因。"弃诸生"身份的明遗民相当多。如《海宁州志稿》卷二十九《人物志》记载,查雍,字汉园,幼孤好学,弱冠有文名,国亡后"弃举子业"。然而此举的代价,也正如钱穆所言的那样,是放弃了经济特权,故生活很快陷入困境。毫无疑问,"弃诸生"是导致许多明遗民生活困难的原因之一。

总之,明清之际,遗民普遍贫困化。本节撮其要,从不善于治生、毁家纾难、人祸天灾和放弃富贵等四个方面探讨了明遗民生活困难的原因。当然,明遗民何止万千,导致他们贫困的原因也千差万别,但是受史料的局限,笔者在此不能一一深入分析,只好粗加勾勒。

第二节 "支吾内外":治生实践

明清之际混乱的社会现实,的确令遗民的治生问题更为艰难。对此状况,戴名世曾说:"余惟读书之士,至今日而治生之道绝矣,田则尽归于富人,无可耕也;牵车服贾则无其资,且有亏折之患;至于据皋比为童子师,则师道在今日贱甚,而束修之入仍不足以供俯仰。"① 积极谋生刻不容缓,所以明遗民为谋生而绞尽脑汁,通过各种方式来求生存。明遗民的谋生问题引起赵园的关注,她说:"我更感兴趣的,是其时士人(包括遗民)当着物质极度匮乏之际的反应、对策。"② 笔者对此也颇为留意,尝试考察明遗民的治生实践。

一 处馆

处馆历来是不能发迹的士大夫的生存之道,也是许多遗民最为理想的谋生方式。遗民所处馆的级别,与其学问和名望有关。学问与名气不高的普通遗民,一般从事基层教育。如甘京,"国亡,弃诸生服,隐居为童子

---

① 戴名世:《种杉说序》,《戴名世集》卷三,第83页。
② 赵园:《明清之际士大夫研究》,第280页。

师自给"。① 岑徵"遭明鼎革，弃儒冠，……授徒自给"。李天植"国变后，家且荡然，遂与妻别，隐陈山，绝迹不入城市，训山中童子自给"。② 陈瑚也是如此，据陈溥所说，"家君年将八旬，经年高枕。即就馆虞山，亦移家奉养，朝夕不离左右"。③

　　能够处馆于富贵之家的大多是名望相对比较高的遗民，如孙奇逢、王夫之、黄宗羲等，都是明清之际的博学硕儒，也都有教授弟子的经历。黄宗羲在康熙二年（1663）到六年（1667）就曾处馆于吕留良家。后来他与吕留良合资购买澹生堂的祁氏藏书，就是用的处馆所得的收入。④ 浙江遗民张履祥在生活艰难之际，也有处馆经历。他自谓："不佞自己亥以前，农桑所入，佐以馆谷，差足终岁支吾，然已不免债负。年来多故，贫困已甚。"⑤ 康熙五年（1666），张履祥处馆吕家；对于此次处馆的原因，张履祥在书信中提及："吕氏之招，自甲辰冬已有此意，弟辞之。次年，韫斯又为我辞之。去冬，势若难已，又力辞之。今竟不别延师，虚其席以待，意亦勤矣，故不自揣量，欲一往以慰之，非有去静就喧之心也。"⑥ 张履祥似乎是因朋友之情难以拒绝，故处馆吕家。然而贫困的生活所迫，应该也是他处馆的原因，即"今以糊口之故，不得已教子弟一二人"。为了更好地资助张履祥，康熙十年（1671）何商隐还与吕留良商量："以先生（张履祥）年老，不应复有课诵之劳，宜以余年优游书籍，乃各具修俸，为先生家用。请先生往来语水、半逻间，相与讲论，住留任便焉。"⑦ 于是在接下来的四年，张履祥由何、吕两家供给家用，他也主要在吕留良家与何商隐家处馆。对此，张履祥屡次在自己文集中提及，如在《做老》言："少壮之日，既苦独学无友，又为饥寒所驱，课读妨业。二十余年以来，每叹同人散处，火力不聚。今幸得商隐、用晦两兄相成之谊，方此大

---

① 谢正光、范金民编《明遗民录汇辑》（上），第121页。
② 赵尔巽等撰《清史稿》卷五〇一，第13848页。
③ 陈溥编《安道公年谱》，太仓缪氏刻《东仓书库丛刻》，清光绪年间，第58页。
④ 全祖望：《鲒埼亭集外编·小山堂祁氏遗书记》云："初南雷黄公讲学石门，其时用晦父子俱北面执经，……已而以三千金求购澹生堂书，南雷亦以束修之入参焉。"见全望祖著，朱铸禹校注《全祖望汇集校注集》，第1074页。
⑤ 张履祥：《与姚大也（甲寅）》，《杨园先生全集》卷十三，第386页。
⑥ 张履祥：《答徐敬可三十》，《杨园先生全集》卷八，第239~240页。
⑦ 苏惇元：《张杨园先生年谱》，见张履祥撰《杨园先生全集·附录》，第1512页。

无, 不忧乏食。"① 从上述材料不难看出, 处馆教授也成为明遗民的一种重要谋生方式。

二 行医

封建社会里, 儒家士大夫与医学关系密切。他们常常出于不同原因学习医学,② 并掌握了一定的医学知识和医疗技术, 进而形成了"儒医"现象。"儒医"现象在宋代特别突出, 陈元朋先生认为"儒医"一词首次出现于《宋会要辑稿》, 其载: "(政和) 三年闰四月九日敕: '建学之初, 务欲广得儒医, 窃见诸州有在学内外舍生, 素通医术, 令诸州教授知通保明。'"③此则材料说明, 这些被朝廷称为"儒医"的人是"诸州有在学内外舍生"中"素通医术"的人。

与宋代儒医重视医学, 喜欢阅读、编辑医书不同, 明清之际一些遗民从医大多是为了谋生。很多遗民在国亡前就精通医术, 如方以智、傅山等, 这使得他们在行医谋生方面有着巨大优势。事实上, 通医的遗民也大都充分利用了这种优势谋生。如傅山通过家传学医, 据全祖望记述, "先生既绝世事, 而家传故有禁方, 乃资以自活"。④ 顾炎武的从叔顾兰服, "国变后弃诸生, 业医"。⑤ 黄宗羲的弟弟黄宗炎 "提药笼游海昌石门间"。⑥ 徐行, "字周道, 号石民, 湖州人。弃诸生, 专精长桑之术, 济人穷阨"。⑦ 陆圻, "字丽京, 钱塘人, 知吉水县运昌子也。兄弟五人, 圻为长, 与其弟培, 并有盛名。……乙酉之难, 培里居自经死。圻匿海

① 张履祥: 《儆老》, 《杨园先生全集》卷二十二, 第 656 页。
② 张瑞贤在《古代儒士习医动机分析》总结了士大夫习医的九个原因: (1) 寄余艺以泄神用; (2) 读经而已则不足以知医; (3) 人子不可不知医; (4) 为谋生计而学医; (5) 高扬气节, 降志为医; (6) 中以保身长全; (7) 内在动力源于兴趣; (8) 不居朝廷, 必隐于医卜; (9) 医之道大矣。见张瑞贤《古代儒士习医动机分析》, 《江西中医学院学报》2003 年第 15 期。
③ 徐松: 《宋会要辑稿·崇儒三之一四》, 中华书局, 1997, 第 2214 页。
④ 全祖望撰、朱铸禹汇校集注《阳曲傅先生事略》, 《鲒埼亭集》卷二十六, 《全祖望集汇校集注》(上), 第 481 页。
⑤ 谢正光、范金民编《明遗民录汇辑》(下), 第 1239 页。
⑥ 谢正光、范金民编《明遗民录汇辑》(下), 第 879 页。
⑦ 谢正光、范金民编《明遗民录汇辑》(上), 第 535 页。

滨，……雅善医，遂藉以养亲，所验甚多。由是吴越之间，争求治疾"。① 杭州遗民戴曼公，"北虏陷明，弃儒隐医"。邹名世，国亡后"名世业医自给，不入城市"。② 徐逸度则在"国变后，弃家，……隐于杭东郭之艮山，卖药自给"。③

上述材料虽然可以说明许多遗民行医谋生，但实际上他们医术高低不同，收入也有高低之分。如吕留良的医术精湛，医名显扬，因而生意非常兴隆，"盖今岁有延医者，东西南北无不应其求故耳"。④ 也有些遗民只是通过兼职行医来补充家用。如沈光文"山旁有曰加溜湾者，番社也，公于其间教授生徒，不足则济以医……"⑤ 王正中，字仲摄，崇祯进士，"浙东亡，隐山中，贫甚，赁田以食，佐以医卜"。⑥ 上述两人均以行医为辅业。对于不同的遗民来说，行医的收入对于维持生计的作用是各有轻重的。对于兼职或暂时行医的遗民而言，行医收入仅能贴补家用，满足不时之需。而相对于弃儒从医的专门行医者来说，解决一家老小的饥寒饱暖问题就全靠行医的收入了。⑦

三　务农

就明遗民对道德的执着而言，他们似乎认为躬耕自食是无损于高洁人格的上策，因此，在当时，有不少遗民以务农谋生。如陈确就以务农为生，并作有《种秫》《锄菜》《农夫乐》⑧ 等诗。张履祥"岁耕田十余亩，地数亩……其修桑枝，则老农不逮也。畜鸡、鹅、羊、豕无不备"。⑨ 张岱也有务农经历，其诗文集中多有歌咏"舂米""担粪"者。⑩ 徐白"以

① 谢正光、范金民编《明遗民录汇辑》（下），第 786 页。
② 谢正光、范金民编《明遗民录汇辑》（下），第 1163 页。
③ 谢正光、范金民编《明遗民录汇辑》（上），第 563 页。
④ 张履祥：《答姚大也（辛亥）》，《杨园先生全集》卷十三，第 384 页。
⑤ 全祖望撰、朱铸禹汇校集注《沈太仆传》，《鲒埼亭集》卷二十七，《全祖望集汇校集注》（上），第 499 页。
⑥ 谢正光、范金民编《明遗民录汇辑》（上），第 73 页。
⑦ 张志敏：《明遗民生存状况探析》，硕士学位论文，兰州大学，2007，第 37~38 页。
⑧ 以上作品详见《陈确集·诗集》卷二、四，第 643、692、696 页。
⑨ 苏惇元：《张杨园先生年谱》，张履祥《杨园先生全集·附录》，第 1498 页。
⑩ 张岱：《张子诗秕》，《张岱诗文集》卷二，上海古籍出版社，1991，第 35 页。

诸生久次当贡，遭乱弃去，……手一镰，种蔬艺果，捃拾自给"。① 这些遗民是亲身参加劳作的。又如文秉，"暇则课其子，莳蔬，采橡实以自给，与城市人决不相闻"。② 但有些遗民并非亲自务农，而是雇人耕作，如张履祥就是如此，他言："吾里田地，上农夫一人止能治十亩，故田多者，辄佃人耕植而收其租。"③ 张履祥并没有亲身参加农事，这主要是身体上的原因，他自谓"幼不习耕，筋骨弗任，顾人代作"，④ 因此只能依靠他人劳动。

一些遗民以务农为生，并不以务农为苦，还从中找到了劳作的乐趣。如邵廷采《明遗民所知传》载："嘉兴巢鸣盛，字端明。崇祯丙子举人。乙酉后不入城市。时群盗四起，镠铁银镂之器无得留者。于是绕屋种匏，小大十余种。杯杓之外，室内所需器皿莫非匏者。远近传效，'槜李匏樽'，乃名海内。自为长歌咏之。"⑤ 似乎巢鸣盛的务农生活还非常惬意。吕留良表兄黄子锡也是如此。魏禧《贡士黄君墓志铭》云，黄子锡，字复仲，自号丽农。国亡后不仕，"与伯兄清伯相友爱，推让财产。君尝自买松山百亩，构屋其中，所谓杼山王蕊庄是也。……课子沆及童仆垦地种瓜。瓜实大如斗，又味甘，遂以为业，而人因名之曰'丽农瓜'。君更以余暇作画。常闲行阡陌，荫长松，下临清溪，兴至辄写以自娱。久渐名于远近，远近人争购之，宝而藏焉"。⑥ 由此看出，有些遗民的务农生活还十分惬意，他们并不以务农为苦。

明遗民不仅多以务农为生，还不乏长于经营农事者，顾炎武就是如此。据钮琇《觚剩续编》载："亭林先生……鼎革后独身北走，凡所至之地，辄买媵婢，置庄产，不一二年即弃去，终已不顾。而善于治财，故一生羁旅，曾无困乏。东海两学士，宦未显时，常从假贷，累数千金，亦不取偿也。"⑦ "东海两学士"指徐元文、乾学兄弟，他们"宦未显时"常

---

① 谢正光、范金民编《明遗民录汇辑》（上），第 534 页。
② 谢正光、范金民编《明遗民录汇辑》（上），第 15~16 页。
③ 谢正光、范金民编《明遗民录汇辑》（下），第 1425 页。
④ 谢正光、范金民编《明遗民录汇辑》（下），第 1049 页。
⑤ 邵廷采：《明遗民所知传》，《思复堂文集》卷三，浙江古籍出版社，1987，第 231 页。
⑥ 魏禧：《贡士黄君墓志铭》，《魏叔子文集》卷十八，第 892~893 页。
⑦ 钮琇：《人觚·严拒夜饮》，《觚剩续编》卷二，清宣统三年刊本。

从顾炎武处借钱。全祖望《亭林先生神道表》记："先生既负用世之略，不得一遂，而所至每小试之，垦田度地，累致千金，故随寓即饶足。"① 顾炎武多涉农事，而且经常大手笔，如在康熙七年（1668）的济南之狱事件中，他得到谢长吉因欠银而抵押给他的千亩庄田。谢长吉欲夺回良田，便与姜元衡合谋诬告顾炎武。顾氏请外甥徐元文帮助，并对章丘县令言："此田姑备公肃之名管业，以为转售之地。"② 顾炎武还借助显赫的徐氏兄弟，督促章丘县令帮助他照管收租办课，他在给徐乾学信中也谈及此事说："章丘庄事托之魏令，且以币往，复书一力照管，收租办课矣。但必得取庄头揽状付来为凭，而索之至再，尚未寄至。吾甥到京，幸为我特作一书与之。"③ 据顾炎武说，章丘庄田年租金是一百六十两银子。④ 顾炎武还在北方广置田产，从事垦荒。顾炎武在雁门垦荒的始末详见《与潘次耕》，其云：

> 近则稍贷赀本，于雁门之北，五台之东，应募垦荒。同事者二十余人，辟草莱，披荆棘，而立室庐于彼。然其地苦寒特甚，仆则遨游四方，亦不能留住也。彼地有水而不能用，当事遣人到南方，求能造水车、水碾、水磨之人，与夫能出资以耕者。大抵北方开山之利，过于垦荒，蓄牧之获，饶于耕耨，使我有泽中千牛羊，则江南不足怀也。列子"盗天"之说，谓取之造物而无争于人。若今日之江南，锥刀之末将尽争之，虽微如蚁蟓，亦岂得容身于其间乎？文渊子春并于边地立业，足下倘有此意，则彼中亦足以豪，但恐性不能寒，及家中有累耳。⑤

这是顾炎武写给门生潘耒的书信。在信中他说，北方虽然条件艰苦，其地"苦寒特甚，有水不能用"，然而他认为经过一番垦荒、蓄牧努力

---

① 全祖望撰、朱铸禹汇校集注《亭林先生神道表》，《鲒埼亭集》卷十二，《全祖望集汇校集注》（上），第 231 页。
② 顾炎武：《与原一甥》，《蒋山佣残稿》卷一，《顾亭林诗文集》，第 209 页。
③ 顾炎武：《答原一甥》，《蒋山佣残稿》卷一，《顾亭林诗文集》，第 196 页。
④ 武新立：《明清稀见史籍叙录》，江苏古籍出版社，2000，第 257 页。
⑤ 顾炎武：《与潘次耕》，《亭林文集》卷六，《顾亭林诗文集》，第 147 页。

后，一定会获得丰收。他还希望潘耒离开"锥刀之末将尽争之"的江南，来北方边地立业。① 总之，有的是亲自务农，有的是雇人耕种；有的是勉强维持生计，有的是收获颇丰，从整体上说，以务农为生的明遗民为数不少。

四 经商

士子多贫寒，"国有四民：农、工、贾皆自食其力，士则取给于三者，得食较逸。然舌耕笔畦，短褐不完，往往视三者为更苦"。② 虽然有些士大夫还在坚守"万般皆下品，唯有读书高"的优越感，自守清贫，但当生存的现实压力实在过于沉重时候，一些士大夫不得不弃业从商。这种治生手段也为明遗民所借用。如魏禧等就卖茶新城③；丘上仪"隐于邵湾紫云山中，卖浆为生"④；杨彭龄"家在桃叶渡旁，甚贫困，雅通小笺，卖得百钱沽酒，即欣然移日"⑤；牛位坤"且读且耕且贾以糊口"⑥。这些遗民迫于生计，不得不弃业经商，并且多为经营以出卖体力劳动为主的小生意。也正因此，余英时认为，明清之际，"士商之间的界限已渐趋模糊"⑦，士人从商已是比较普遍的现象。

作为知识分子，有些遗民更倾向通过脑力劳动"笔耕"这一传统方式来谋生，如卖诗、文、书、画，甚至是创作戏曲、小说等来换取生活所需。如陈恭尹"取资于笔墨"。⑧ 顺治七年（1650），方以智以卖画为生。⑨ 魏禧"频年客外，卖文以为耕耘"⑩。吴历"念无以给母氏之养，尤专意于画。人争购之，渔山度可以奉高堂，即不轻出"。⑪ 戴名世自谓：

---

① 黄正藩：《顾炎武北上抗清辨析》，《苏州大学学报》1986 年第 2 期。
② 龚炜撰、钱炳寰点校《舌耕笔畦更苦》，《巢林笔谈》卷四，中华书局，1981，第 88 页。
③ 转引自任道斌《方以智年谱》，第 217 页。
④ 谢正光、范金民编《明遗民录汇辑》（上），第 108 页。
⑤ 谢正光、范金民编《明遗民录汇辑》（下），第 925 页。
⑥ 谢正光、范金民编《明遗民录汇辑》（上），第 46 页。
⑦ 详见余英时《士与中国文化》，第 411~579 页。
⑧ 陈恭尹：《小禺初集·小序》，《四库禁毁书丛刊》集部第 183 册，第 455 页。
⑨ 任道斌：《方以智年谱》，第 168 页。
⑩ 魏禧：《答施愚山侍读书》，《魏叔子文集》卷六，第 289 页。
⑪ 张云章：《墨井道人传》，吴历撰、章文钦笺注《吴渔山集笺注》，第 42 页。

"余之游四方，以卖文为生，非卖文更无生计。"① 徐枋 "橐一驴甚驯，通人意，日用间有所需，则以所作书画卷置簏于驴背驱之。驴独行，及城闉而止，不阑出一步，见者争趣之曰：'高士驴至矣。'亟取卷，以日用所需物如其指，备而纳诸簏以为常"。② 易代之际，明遗民以 "笔耕" 这样传统手段谋生的事例不胜枚举。

为深入理解明遗民经商以谋生的状况，下面以吕留良为个案进行分析。顺治十七年（1660），吕留良相约诸友 "卖艺" 时撰写有《卖艺文》（指卖文、卖画、卖篆刻、卖字）。对此状况，其《卖艺文》有详细记载：

东庄（吕留良）有贫友四：为四明鸱鹕黄二晦（黄宗炎），檇李丽山农黄复仲（黄子锡，吕留良的表兄），桐乡夕山朱声始，明州鼓峰高旦中。四友远不相识，而东庄皆识之。东庄贫或不举晨爨，四友又贫过东庄。……因约声始竟卖文，余友共卖文与诗，丽农、鸱鹕共卖画，鸱鹕、东庄共卖篆刻，东庄独卖字。鼓峰捻髯日："终不令子单行。"鼓峰小楷类《乐毅论》及《东方朔像赞》，行书逼米海岳，间追颜尚书。于是鼓峰、东庄共卖字。既以自食，且以食友。约成草于吴孟举之寻畅楼，孟举书画故奇艳，涉笔成趣，得天然第一，谓："吾手独不堪卖耶？然如子家不贫何？"曰："请以字佐鼓峰、东庄，以画佐鸱鹕、丽农。吾出艺，而诸君共收其直，可乎？"众曰："幸甚！"东庄乃脱稿而属孟举书。

鸱鹕

石印（每方二钱）　金银铜铁印（每方三钱）　玉印玛瑙印（每方五钱）

水晶印磁印（每方四钱）　犀象虎魄蜜蜡玳瑁印（每方五钱）

北宗山水（每扇面三钱）　诗（律一钱、古风三钱、长律每十韵加二钱）　文（寿文一两、募缘疏一两、祭文五钱、碑记书序各一两、杂著五钱）

---

① 戴名世：《北行日纪序》，《戴名世集》卷十一，第291页。
② 谢正光、范金民编《明遗民录汇辑》（上），第542页。

丽农

南北宗山水（每扇面三钱，册页三钱，单条五钱，全幅一册、每尺三钱，堂画二两）　诗文（同鹂鸪）

弢山

文（每篇一两）

鼓峰

小楷（每扇面二钱）　行书（一钱）　帏屏（每扇幅三钱）锦轴（每幅八钱）　斋扁（每字一钱）　柱联（每对一钱）　诗文（同鹂鸪、丽农）

东庄

石印（每方三钱）　小楷（每扇满面三钱）　册页（三钱）手卷（每尺三钱）

行书（每扇面二钱、册页手卷同）

单条（三钱）　草书（每扇面三钱、册页手卷同）　诗文（同鹂鸪、丽农、鼓峰）

孟举

小楷（每扇面二钱）　　行书（每扇面一钱）　柱联（每对一钱）　画竹（每扇面一钱）　写生（每扇一钱、着色二钱）。①

吕留良在此文中谈到，他与黄宗炎、黄子锡、朱彝、高旦中等因家贫无奈以卖文、卖画、卖字、卖篆刻等谋生。四人各有擅长之处：高旦中以医名；黄宗炎对篆刻、印章特别精通；黄子锡作画"秀润生动"，惟妙惟肖；朱彝妙笔文章，精彩绝伦。四人互不相识，但都与吕留良结交。他们终因生活实在困难而走到一起，相约一起"笔耕"卖艺，"共收其直"。从如上印章、文、字、画等明码标价的"一钱""三钱""一两"中，很难发现他们原是一位位精通诗文书画的大家。相反，我们更容易想到，这分明是一位位锱铢必较的"市侩"。然而，愈是如此，愈能反映易代之际

---

① 吕留良：《卖艺文》，《吕晚村先生文集》卷八，《续修四库全书》集部第 1411 册，第 199 页。

的明遗民生活是何等的困窘，维持生计是何等的艰难。

与其他一些遗民相比，吕留良是比较善于经商的，特别是他刊刻书籍出售在当时比较有影响。吕留良十七岁的时候，清兵南下，他家也毁于战乱。为了维持生计，吕留良不得不考虑如何谋生。顺治十二年（1655），吕留良与陆文霦同事书坊，以选文谋生。他们刊刻的选文主要是《五科程墨》，为士子提供科举的范文。顺治十八年（1661），吕留良离开书坊，开始独自选文刊卖。康熙十二年（1673）吕留良在南京刻书发售。《东皋续选附录》记载：

> 癸丑夏，余寻宋以后书于金陵。得借抄黄宗羲千顷斋、周氏遥连堂藏本数十种，……鬻于市。市人谓风气乍旋，此书如飙激也。余不知风气为何物。旋不旋，行不行，何预人事。见坊本有诟群选劣状者，快喜。披终卷，则故是向声，适自诟耳，又为之索然。或曰："彼固皆知文，而以选为业，方将以其书媾贾聘，煽童蒙，津干谒，钓优等高第。"①

吕留良出售的书籍在当时颇受士子欢迎，以致遭嫉妒，被他人批评误导士子，"煽童蒙，津干谒，钓优等高第"。康熙十三年（1674）吕留良不再评选时文。他在《答许力臣书》中云："某僻劣无似，于选家二字，素所愧耻。偶因补葺亡友《遗选》，并刻及塾课本子，行迹乖误，刺违本怀。故于癸丑后，立意不复评点。"② 在《与某书》中再次表示："拙选止于癸丑，以后不复从事矣。"③ 然而，事隔两年之后，为生活所迫，吕留良又开始在南京书坊售书，同时命儿子吕公忠前往经纪。其《答潘美岩书》云："某年来乞食无策，卖文金陵，亦止僦寓布家，自鬻所刻。并非立坊，亦未尝贩行他书。所谓'天盖楼'者，乃旧园屋名，不可以移饷者也。若金陵书坊，则例有二种：其一为门市书坊，零星散卖近处者，在书铺廊下。其一为兑客书坊，与各省书客交易者，则在承恩寺。大约外

① 卞僧慧：《吕留良年谱长编》，中华书局，2003，第213页。
② 吕留良：《吕晚村先生文集》卷二，《续修四库全书》集部第1411册，第104页。
③ 吕留良：《吕晚村先生文集》卷二，《续修四库全书》集部第1411册，第105页。

地书到金陵，必以承恩为主，取各省书客之便也。凡书到承恩，自有坊人周旋可托。其价值亦无定例，第视其书之行否为高下耳。某书旧亦在承恩寺叶姓坊中发兑，后稍流通，迁置今寓，乃不用坊人。其地离承恩尚有二三里，殊不便兑客也。"① 与以往不同的是，这次吕留良不是立坊开店，而是通过选择恰当的卖书之地如南京以增加销售量。康熙二十年（1681），吕留良连年在南京鬻书，命儿子公忠等经纪其事。不久又在福建销售，又命公忠前往。《谕大火帖》："连得汝信及行李，已收。闽事此间亦作此商量。无人去，事恐无益。欲去则无其人，正费踌躇。若金陵已有文书，必须人去，则汝必须急归。盖家中编审事脱不得人，更思此番到闽者，与向时经纪不同。笔舌两项，汝弟皆非所长，直须汝自一往耳。此等处亦须归面酌之，难以遥断。此月中再得百数十金，乃足了债。至少必再得百金，不知能有济否。"② 吕留良辗转数地卖书，生意比较兴隆，然而从此信也可看出，他仍欠债"百数十金"，并希望此次福建卖书获利后能够偿还全部债务。

五 处幕

明遗民处幕的收入比处馆要高。明清之际，许多遗民的生活困顿不堪。然而，采取何种谋生方式，明遗民确实难以抉择。士大夫若不能"食禄于朝"，便可以教授于乡，或为传食之客，或为入幕之宾。一般认为，从教和处馆都是非常合适士大夫身份的职业。然而塾师地位低，收入也很少。相比而言，游幕待遇就要高得多。如汪辉祖就说："吾辈从事于馆者，类皆章句之儒，为童子师，岁修不过数十金；幕修所人，或数倍焉，或十数倍焉。"③ 因此，很多明遗民选择了处幕这一谋生方式。许多遗民破家失业，"衣食无仰"，为了维持生计不得不处幕。如陆元辅（字翼王，号菊隐）处幕时自谓："念己于前朝未有禄仕，出亦无害，而以贫

① 吕留良：《吕晚村先生文集》卷二，《续修四库全书》集部第1411册，第101页。
② 吕留良：《吕晚村先生家训真迹》卷二，《四库禁毁书丛刊》子部第36册，第166页。
③ 汪辉祖：《佐治药言》，"自处宜洁"条，商务印书馆，1937。

故糊口四方，亦非不义之粟。"① 陆元辅"以贫故而糊口四方"，把处幕作为一条谋生之路。李渔也曾自谓因"时艰借箸无良策"而"暂许司马幕"。② 魏祥曾说："万事集，田赋米盐，支吾内外，皆服劳于之一身。"③ 为了生计，他不得不处幕。甲申之变后，遗民朱彝尊的生活相当艰辛，不得已在顺治十三年（1656）开始游幕广东布政使曹溶府。谢正光在《清初贰臣曹溶及其"遗民"门客》中，考证出顺治十七年（1660）到康熙五年（1666），李因笃④曾在山西按察使曹溶幕为客；黄宗羲的挚友万泰，也曾因为"孤贫已到万分极处"，而在曹溶任广东布政使时至其幕府中谋食。⑤ 可见，游幕也成为明遗民较为常见的谋生方式。

总之，明遗民在严峻的生存现实逼迫下，不得不通过各种途径谋生。在此，笔者粗笔勾勒了他们以处馆、行医、务农、经商、处幕等手段谋生的状况。虽然有些明遗民通过数种方式谋生，如曾灿"或自课耕以食其所获，或浮沉乞食于江湖"⑥，或一生数次改换谋生方法，千方百计挣取生活所需，但并没有从根本上改善他们的经济状况。

第三节　"诚恐不为后世原谅"：治生论说

一般而言，士大夫应该重义轻利、安贫乐道，但不能精于治生，这可谓儒家士大夫的重要思想传统或伦理要求。⑦ 然而，任何社会群体都有"异类"，儒家士大夫群体也是如此，他们当中就有不"安贫乐道"者。

---

① 张云章：《陆先生元辅墓志铭》，钱仪吉纂《碑传集》卷一三〇《经学上之上》，中华书局，1993，第3894页。
② 李渔：《乱后无家暂入许司马幕》，《李渔全集》第二卷《笠翁一家言诗词集》，第162页。
③ 邱国坤、戴存仁选注《易堂九子散文选注》，花城出版社，2003，第962页。
④ 李因笃（1632~1692），字子德，号天生，陕西富平东乡人，被时人称为不涉仕途的华夏"四布衣"之一。康熙十八年（1679）荐"博学鸿儒科"授检讨。笔者则把康熙十八年以前的李因笃视为遗民。
⑤ 谢正光：《清初贰臣曹溶及其"遗民"门客》，《清初诗文与士人交游考》，南京大学出版社，2001。
⑥ 魏禧：《曾止山诗序》，《魏叔子文集》卷九，第452页。
⑦ 《论语·述而》曰："富而可求也，虽执鞭之士，吾亦为之；如不可求，从吾所好。"孔子认为，只有解决生活，才能追求独立人格。只要所求的富贵合于道，就可以去追求。

如元儒许衡等就对治生多有提倡。他认为："士君子当以务农为生，商贾虽逐末，果处之不失义理，或以姑济一时，亦无不可。"① 对此，明代大儒王阳明评价说："许鲁斋谓儒者以治生为先之说，亦误人。"② 他否定了许衡的"治生为先之说"。明清之际的遗民对士大夫从事治生的态度也有多如王阳明者。如王夫之说："鸡鸣而起，孳孳为利，专心并气以趋一途，人理亡矣。"③ 王夫之也明确反对士大夫积极从事治生之事，因为治生违背了儒家"重义轻利"的传统，很可能妨碍士大夫"修身立德"之本业。

但并非所有遗民都反对治生，如陈确就曾作《学者以治生为本论》，认为治生非常重要，"故学者之为生计，亦安贫而已矣"。④ 认为治生是为了真正实现安贫乐道。张履祥也承认治生有重要意义，他说"能治生则能无求于人，无求于人则廉耻可立，礼义可行"，⑤ 并认为只有在保证生存的前提下，"人则廉耻可立，礼义可行"。

许多遗民对治生的态度是非常微妙的，他们虽然承认谋生的重要性，但谈到具体的谋生行业时就不再那么通达。如张履祥说"然择术不可不慎，除耕读二事，无一可为者。商贾近利，易坏心术。工技役于人，近贱。医卜之类，又下工商一等；下此益贱，更无可言者矣"。⑥ 对于明遗民此类前后矛盾的言论，赵园精辟地指出，"治生的分寸不能不微妙：'生'固不得不'治'，亦不可太'治'，令人可感问题在儒者那里的极端敏感性。"⑦ 在极迫切的生存威胁和庄重严肃的士大夫身份之间，明遗民对谋生方式的态度确实比较耐人寻味。因此有必要深入探讨明遗民对具体谋生方式的论说。

一 对处馆治生的论说

对于士大夫而言，依靠自己的学识，以处馆谋生似乎是一种比较理想

---

① 黄宗羲：《宋元学案》卷九十，《黄宗羲全集》第6册，第533页。
② 转引自黄宗羲《明儒学案》卷十，《黄宗羲全集》第7册，第226页。
③ 王夫之：《俟解》，《船山全书》第12册，第495页。
④ 陈确：《生计》，《别集卷三·瞽言》，《陈确集》，第437~438页。
⑤ 张履祥：《杨园先生全集·备忘一》，中华书局，2002，第1043页。
⑥ 张履祥：《训子语上》，《杨园先生全集》卷四十七，第1352页。
⑦ 赵园：《明清之际士大夫研究》，第310~311页。

的生活方式，但事实上，很多明遗民对处馆谋生并非持赞同意见。如孙爽（字子度，号容庵，浙江崇德人）就是如此：

> 孙子度（名爽）素以文字见称荐绅间，弟子从游颇众。丁亥，余访于家，问所以不授徒之故。曰："已绝意进取，而教人举业，是嫠妇为人作嫁衣裳也。吾耻之。"后见严颖生（名文挺）、沈石长（名磊）、朱辍斯（名天麒）俱以课读为事，曰："蒙可训，成童以往，即不可训，以志俱在进取也。将以举业为可乎，则身既不为矣，如以为不可，犹教人为之，是欺己欺人也，欺人不忠，欺己无耻。"朱简臣犹持此论断，其人他日将为举业者亦拒之，虽临以父命，终不受。曰："为非义以养其亲，是陷亲不义也。宁贫困以死。"此或太过，然志则可尚矣。①

孙爽认为自己已经"弃诸生"，却处馆教授他人，这是一种"欺己欺人"的行为，故他耻为之。对于处馆，归庄也抱怨道："迫于饥寒，以教授自给，壮怀豪气，销磨殆尽，而俛首一经，昔人所谓猢狲王也。"② 认为处馆把自己的豪气消磨殆尽。张履祥虽然有处馆谋生的经历，但他也反对处馆谋生。他在《答姚林友一》中说："弟近年以来，实见处馆一济，真如嗟蹴之食……弟所以自比此事于佣作之人，主人使其挑粪，则亦不得已而为之。又自比于守门之丐，与之酒食，则亦欣然受之。"③ 以"佣作之人""守门之丐""嗟蹴之食"来描写处馆，张履祥把处馆的屈辱感表达得淋漓尽致。由此可以看出，在特定的历史情境中，士的贫困被体验为物质与精神（即尊严）的双重剥夺。④

处馆这种谋生方式还因时代背景的差异而获得了不同的评价。一些遗民处馆大致有两种情形：一是处馆遗民家，如张履祥曾处馆善于治生的吕留良家；二是处馆仕清官员家。受"夷夏"观念的影响，处馆仕清官员

---

① 张履祥：《言行见闻录（三）》，《杨园先生全》卷三十三，第942页。
② 归庄：《上吴鹿友阁老书》，《归庄集》卷五，第321页。
③ 张履祥：《答姚林友一》，《杨园先生全集》卷八，第211页。
④ 赵园：《明清之际士大夫研究》，第284页。

家往往会受到其他遗民的指责。如黄宗羲康熙六年（1667）不复处馆吕留良家，而是处馆奉天府府丞姜希辙家。黄宗羲作为著名遗民，却处馆仕清官员家，这多少令人质疑他的节操和人格。如吕留良就对黄宗羲此举进行了辛辣讽刺。他作诗《燕答》云：

> 年年草长来江南，年年草死去海门。问公此岂孟浪人，亦有门户有子孙。畴昔置我虚斋里，茶烟香缕清如水。敢道周旋何日忘，顾我所思岂在是。投林择深木择荣，安能郁郁久居此。况君避世益荒寒，庭院无多帘箔单。瘦围无花衔不得，破巢欲补愁泥干。昨夜侯家歌吹发，先放双飞入珠幕。贵人头上坐听看，羡杀笼鹦与屏雀。老来爱雏过爱身，常恐失足寻常人。新巢喜得依王、谢，千门万户终不贫。自古恶宾胜旧友，世情如是君知否。但愿故人办得侯家官与屋，依旧呼雏梁上宿。①

吕留良以燕子比拟黄宗羲，指责他喜新厌旧、攀龙附凤。吕留良还自拟为"笼鹦""屏雀"，把黄宗羲比喻"燕"，表面上是对攀龙附凤的"燕"羡慕不已，实际上是对黄宗羲进行讽刺。黄宗羲不仅自己处馆姜家，康熙六年还通过姜氏推荐自己的儿子处馆于户部右侍郎周亮工②家。此年管谐琴拜访吕留良，吕留良作诗《管襄指③示近作有梦伯夷求太公书荐子仕周诗戏和之》唱和管谐琴的《梦伯夷求太公书》，以针砭黄宗羲请求姜希辙推荐其子到周亮工家任教之事。诗中有云："顿首复顿首，尻高肩压肘。俯问此何人？墨胎孤竹后。"又云："明夷有纲宗，寒室别传受。

---

① 转引自卞僧慧《吕留良年谱长编》，第155~156页。

② 周亮工（1612~1672），字符亮，号栎园，合市人。明崇祯十三年（1640）进士。顺治四年（1647）周亮工被擢为福建按察使。顺治十一年（1654）周亮工被擢为都察院左副都御史。

③ 管谐琴，号襄指，明遗民。《质亡集小序》云："管谐琴襄指（余姚）：襄指多逸情，以气节自命。乱后弃业隐于教书，又以拘牵为苦。性嗜酒，每饮必酣。遇人无机事，然不屑流俗，故人亦少近之。喜为诗文，无家可藏，随地散轶，尝有《伤师道篇》、《梦伯夷求太公荐子仕周诗》等作，曲尽猥琐伪妄之情状，为时所传诵。予尝见其手定十余本，今皆不可得，不知流落何处也。"见卞僧慧：《吕留良年谱长编》，中华书局，2003，第160~161页。

公当嗣大法，细子能札授。"后来吕留良还猛烈抨击、指责黄宗羲"当道朱门，枉辞贡谀；纨袴（绔）铜臭，极口推尊；余至么魔崽琐，莫不为之灭瘢刮垢，粉饰标题"。① 面对吕留良的责难，黄宗羲也进行了辩解："名节之谈，孰肯多让？……生此天地之间，不能不与之相干涉，有干涉则有往来。"② 可见，黄宗羲在此点出了处馆仕清官员家实为生活所迫。不管出于何种原因，他这一行为为其他遗民所不耻却是不争的事实。

总之，表面而言，处馆似乎应是明遗民比较理想的谋生方式，并且，确实也有不少明遗民通过处馆谋生。然而，通过分析我们得知，受易代之际，明遗民受尊严、名节的影响，大都是反对通过处馆谋生的。

二　对行医治生的论说

如前所言，虽然医学的社会地位在宋代获得到了很大的提高，不再是社会的末流，但它并没有摆脱"小道"的根本地位。如南宋袁采云："士大夫之子弟，……莫如为儒，其才质之美，能习进士业者，上可以取科第、致富贵，次可以开门教授，以受束修之奉；其不能习进士业者，上可以事笔札代笺简之役，次可以习点读为童蒙之师。如不能为儒，则医、卜、星、相、农圃、商贾、伎术，凡可以养生，而不至于辱先者，皆可为也。"③ 袁采在此指出行医并不是士大夫首选之事业。

基于此种原因，虽然许多明遗民选择了以行医谋生，但对他们来说，这是一种无奈的选择。行医是一种比上不足，比下有余的谋生手段。对于这种状况，陈确颇为理解，他说："吾辈自读书谈道而外，仅可宣力农亩；必不得已，医卜星相，犹不失为下策。"④ 他认为遗民选择以行医谋生的是一种不得已的选择。

更多的明遗民明确反对行医谋生。下面将以明遗民对吕留良和高斗魁行医谋生的评价为个案进行分析。

---

① 卞僧慧：《吕留良年谱长编》，第 160 页。
② 黄宗羲：《余若水周唯一两先生墓志铭》，《南雷诗文集》（上），《黄宗羲全集》第 10 册，第 284 页。
③ 袁采：《袁氏世范》，《文津阁四库全书》第 699 册，商务印书馆，2005，第 106 页。
④ 陈确：《别集·与同社书》，《陈确集》，第 483 页。

吕留良的好友张履祥经常得到吕留良的帮助，在灾年更是如此。张履祥在《与吕用晦（癸丑）》中对吕留良说："连岁灾歉，既无禄仕之义，复绝上下之交，自分沟壑无疑。承兄与商隐岁致粟米兼金，疾病则加之以药物，因得稍延视息。德至涯矣！赐至重矣！"① 然而他却反对吕留良行医，认为行医带有明显的功利性质。张履祥说："然择术不可不慎，除耕读二事，无一可为者。商贾近利，易坏心术。工技役于人，近贱。医卜之类，又下工商一等。下此益贱，更无可言者矣。"② 他基本否定了士人从医的可行性。他在信中对吕留良说：

> 弟年来每至炊烟几绝，意外辄有相继，而又非不义。自信人生有命，何必倾心以营一饱。……闻（吕留良）有卖药语溪之意。果尔，将与诗书日远，贾街日近，初志不期损而日损已。佩葱往岁欲学医，尚不敢相劝。载臣又未及佩葱，如何下此险着！③

张履祥对吕留良行医卖药颇不以为然，认为这是十分危险的事情，将会"与诗书日远，贾街日近"。张履祥认为"医不可不知，但不可行，行医即近利，渐熟世法，人品心术遂坏"。④ 他还进一步规劝吕留良说：

> 仁兄（吕留良）文章可追作者之林，德谊足希贤哲之位。先代传书既富，而生生之资又足，无求于人。年来徒以活人心切亟亟于医，百里远近，固已为憔悴疾疢之托命矣。但自仁兄而论，窃恐不免隋珠弹雀之喻也。昔者大禹过门不入，为放龙蛇，周公仰思待旦，为宁百姓。若夫颜之陋巷，泽不被于一人，绩罔效于一业，天下归仁焉。儒者之事，自有居广居、立正位而行大道者，奚必沾沾日活数人，以为功哉？若乃疲精志于参苓，消日力于道路，笑言之接，不越庸夫，酬应之烦，不逾鄙俗，较其所损，抑已多矣。况复挈长短于粗

---

① 张履祥：《与吕用晦（癸丑）》，《杨园先生全集》卷七，第200页。
② 张履祥：《训子语》，《杨园先生全集》卷四十八，第1352页。
③ 张履祥：《训子语》，《杨园先生全集》卷四十八，第1352页。
④ 张履祥：《言行见闻录（二）》，《杨园先生全集》卷三十二，第910页。

工，腾称誉于末世，尤为贤者所耻乎？①

"隋珠弹雀"出自《庄子·让王》，其云："今且有人于此，以隋侯之珠，弹千仞之雀，世必笑之。是何也？则其所用者重，而所要者轻也。"②张履祥在此借用"隋珠弹雀"之典故，指责吕留良不做一个"明道""传道"责任的士大夫，而去做一个"立正位而行大道者"的行医者，以致把自己的儒家之"精志"消磨于"参苓"医药中。这种以"隋侯之珠"去弹"千仞之雀"的行径，实为"贤者所耻"。故张履祥一再劝吕留良弃医，认为吕留良"若仅以卖药教书博隐士之名，诚恐不为后世原谅"。③其实，虽然吕留良以行医谋生，但在心底他自己也是对行医谋生持保留意见的。④他《祈死诗》中表达了这种"作赋作僧何者是，卖文卖药汝乎安？"的无奈。由此可以看出他对士大夫行医也是不完全认同的。

高斗魁，字旦中，号鼓峰，四明（今浙江鄞州区）人，明诸生，精研医道，有《医家心法》《四明心法》《四明医案》等行世。明亡后，他不事举业，好义任侠，重气节，受学于黄宗羲。黄宗羲弟宗炎因抗清下狱，他以行医所入，倾囊相济，继用计救出，又屡输款营救蒙难的明末遗臣。⑤对高斗魁的行医谋生方式，一些遗民就持否定态度，如黄宗羲就在《高旦中墓志铭》中云：

> 旦中家世以医名，梅孤先生《针灸聚英》，志斋先生《灵枢摘注》，皆为医家轨范。旦中又从赵养葵得其指要，每谈医药，非肆人

---

① 张履祥：《与吕用晦》，《杨园先生全集》卷七，第 195 页。
② 曹础基：《庄子浅注》，中华书局，2000，第 429 页。
③ 卞僧慧：《吕留良年谱长编》，第 481 页。
④ 吕公忠《行略》："自弃诸生后，或提囊行药以自隐晦，且以效古人自食其力之义，而远近复争求之，乃叹曰：'岂可令人更识韩伯休耶？'于是虽亲故皆谢不往矣。"（见张履祥《答姚大也》，《杨园先生全集》卷十三，第 384 页）韩伯休，即后汉人韩康，字伯休，霸陵（今陕西长安之东）人，卖药于长安市，因卖药与人争执而被人识破名姓而逃隐霸陵山中，隐居不出。
⑤ 《质亡集小序》云："旦中聪明慷慨，干才英越，嗜声气节义。尝毁家以救友之死。有所求，不惜脑髓以狥。精于医，以家世不行，至是为友提囊行市，所得辄以相济，名震吴越。……又为友营馆谷，招徒侣。……死之日，贫不能备葬。孤寡啼饥，无或过而问者。而诟声至今未息。真可怪！可痛！"见《吕晚存文集·续集》卷三。

之为方书者比，余亟称之，庚子遂以其医行世。时陆丽京避身为医人已十年，吴中谓之陆讲山，谒病者如市，旦中出而讲山之门骤衰。盖旦中既有授受，又工揣测人情于容动色理之间。巧发奇中，亦未必纯以其术也。所至之处，蜗争蚁附，千里挐舟，踰月而不能得其一诊，孝子慈父，苟能致旦中，便为心力毕尽，含旦中之药而死，亦安之若命矣。……铭曰：吾语旦中，佐王之学。发明大体，击去疵驳。小试方书，亦足表襮。淳于件系，丹溪累牍。始愿何如，而方伎龃龉。草堂未成，鼓峰矗矗。日短心长，身名就剥。千秋万世，恃此幽斳。①

黄宗羲首先高度评价高斗魁的医术，也对其在家势中落后能够以行医赚取生活费并救济他人的行为，十分欣赏。但是他在碑铭中却对高斗魁的一生下了一个否定结论："旦中之医行世未必纯以其术"和"日短心长，身名就剥"。②

由于黄宗羲在《高旦中墓志铭》中未给高士魁留有任何情面，其墓志铭过于直白苛刻，于是有遗民建议黄宗羲修改高士魁的墓志铭，以使其"稍就圆融"。康熙十年（1671），黄宗羲与李邺嗣、陈锡嘏等论《高旦中墓志铭》。他在《与李杲堂陈介眉书》中说："旦中之医，弟与晦木标榜而起。贵邑中不乏肩背相望，第旦中多一番议论缘饰耳。若曰其术足以盖世而跻之和、扁，不应贵邑中扰扰多和、扁也。"③黄宗羲认为，高士魁医术虽然很精湛，但仍然不能够与战国时期的名医扁鹊等相提并论，故用"旦中之医行世未必纯以其术"评价比较合适。"至于'身名就剥'之言，更之尤不可解。古人立德、立功、立言三者，旦中有一于是乎？自有宇宙，不少贤达胜士，当时为人宗物望所归者，高岸深谷，忽然湮灭。是身后之名，生前著闻者尚不可必，况欲以一艺见长而未得者乎！弟即全无心肝，谓旦中德如曾、史，功如禹、稷，言如迁、固，有肯信之者乎？"④

---

① 黄宗羲：《高旦中墓志铭》，《南雷诗文集》（上），《黄宗羲全集》第10册，第324页。
② 黄宗羲：《高旦中墓志铭》，《南雷诗文集》（上），《黄宗羲全集》第10册，第326页。
③ 黄宗羲：《与李杲堂陈介眉书》，《南雷诗文集》（上），《黄宗羲全集》第10册，第161页。
④ 黄宗羲：《与李杲堂陈介眉书》，《南雷诗文集》（上），《黄宗羲全集》第10册，第161～162页。

黄宗羲认为，高旦中虽然医术高明，但作为士大夫，他的成就不符合"立德、立功、立言"等"三不朽"中的任何一个，如果自己虚假称赞，别人是不会相信的。因此黄宗羲坚持"弟文不足传世，亦何难迁就其说"，表示不会对墓志铭做任何修改。

三　对务农治生的论说

学者赵园指出，"因于'耕读传家'的古老传统，在可供选择的谋生方式中，'力田'一项上像是最少异议"。① 事实确如，在明遗民谋生选择中，务农是最为认可的谋生方式。如徐枋虽然以卖画谋生，但他一直将此作为权宜之计，希望等到历年积债还清后，"仍当课童竖，勤畊（耕）作，捆屦织席，为圃灌园以自资，而竟谢笔砚，此吾心也。"② 陈确素来敬农，曾作《古农说》云："季俗浇伪，胥为禽兽，惟农人勤朴，未失古风，……人之所以异于禽兽者，农焉而已矣。……是故三代以还，频遇大乱，有生之伦，胥为禽兽，而人类犹未尽灭绝者，农之所留也。"③ 因此，陈确认为"躬耕"是最为理想的谋生方式。他在《侮辱解》中说："太上躬耕，其次卖卜，未可谓贱，矧可谓辱！"④ 所以国亡后陈确以务农谋生，并几次担任"粮长"。

对务农持赞同观点的遗民大有人在。如张履祥对"躬耕"务农更是欣赏不已。他说："然择术不可不慎，除耕读二事，无一可为者。"⑤ 他认为，在明清鼎革的乱世，只有坚持稼穑，通过农耕来治生才是根本。"天地之利，不在于我则在于人。以生谷之地而弃之草莱，不特可惜，窃惧非天地之心也。荡田虽瘠，二亩当一亩，百亩之土，可养二三十人。十年不垦，则天地间二三百人受之饥矣。吾人得志，则施王政于中国，不得志，

---

① 赵园：《明清之际士大夫研究》，第 283 页。
② 徐枋撰，黄曙辉、印晓峰点校《答友人书》，《居易堂集》卷二，华东师范大学出版社，2009，第 34 页。
③ 陈确：《文集·古农说》，《陈确集》，第 268~269 页。
④ 陈确：《文集·侮辱解》，《陈确集》，第 357 页。陈确还说"吾辈自读书谈道而外，仅可宣力农亩；必不得已，医卜星相，犹不失为下策"，见陈确《别集·与同社书》，《陈确集》，第 483 页。
⑤ 张履祥：《训子语上》，《杨园先生全集》卷四十七，第 1352 页。

则亦存其义于家。不谓抚流亡、垦草莱，非今日修身力行中事也。"① 即使是贫瘠的土地，也可以养活许多人。他认为务农不仅可以谋生，还有很多乐趣："迟过中秋，或重阳之前，河流清涟，稻粱向熟，于时主宾相对纳凉，飔坐明月，俱足以助道谊之乐也。"② 因此，张履祥把"耕田读书"作为传家之宝。江西遗民林时益生活困难，言："不力耕不得食也。率妻子徙冠石，种茶。长子楫孙，通家子弟任安世、任端、吴正名皆负担亲锄畚，手爬粪土，以力作，夜则课之。读《通鉴》、学诗；间射猎、除田豕。有自外过冠石者，见圃间三四少年，头著一幅布、赤脚挥锄朗朗然歌，出金石声，皆窃叹，以为古图画不是过也。"③ 在明遗民看来，"躬耕"务农不仅可以解决生计问题，而且包含了儒家士大夫所希望的诗情画意之美妙生活。

必须指出的是，在农耕谋生和读书之间，明遗民是有所偏重的。如张履祥认为"耕读"生活仅止于谋生，其根本目的是以不"堕儒素家风"，"不可以'治生'二字损其读书之志"。④ 他还说："贺黄门克恭……教其子只学耕事，不得读书。言读书不养实，反滋骄伪。于此，可见康斋之教泽矣。然不令读书，终是偏废。不令作文应举可矣，书何可不读？顾所读何如耳。"⑤ 读书是最重要的事情，如果重农废读、荒废经书，就会使人变得俚俗、粗鄙，而不能以礼义传家。

四 对经商治生的论说

尚小明先生认为，所谓从商之"士"，必须做具体分析。"士"并不是一个简单的概念，而是一个复杂的群体，从不同的角度，可以将士划分成诸多层次。至少，从"士"为知识的载体这一点来看，可以将其划分为两个大的层次：有一定名望和影响的士与普通之士。这两个层次除了在知识的拥有方面存在着差异外，在思想观念及价值取向等方面也存在差

① 张履祥：《与何商隐十》，《杨园先生全集》卷五，第118页。
② 张履祥：《与严颖生二·别楮》，《杨园先生全集》卷四，第92页。
③ 魏禧：《朱中尉传》，《魏叔子文集》卷十七，第868页。
④ 张履祥：《杨园先生全集·备忘二》，第1109页。
⑤ 张履祥：《杨园先生全集·备忘一》，第1058页。

异，这些差异又必然会影响到他们除做官以外的职业选择。明清时期，随着商业的发展，人们的思想观念有所变化，即使如此，士人从商的现象也只能在普通士人中存在较多，而不可能在有影响、有名望的士人中间普遍存在，因为后者对经商观念的鄙视，往往要强烈得多。①

事实确如尚小明所言。明清之际，有较高社会名望的遗民很少从商，从商的大多是普通遗民。如著名遗民屈大均就自谓"予于治生之道，靡所不知，而不能一一见诸施设，则以家无资财，而性好恬淡，终日漠然无所营，美利在前，视之如有所染，故凡有以货物来言者，皆一笑谢之。"②"货物"是经商。屈大均明确表示他不会从事经商行业。张履祥也以"贸易之事"为"心害"。③ 王夫之在《传家十四戒》中说："能士者士，其次医，次则农工商贾各。"④ 他把"商贾"排到职业等级序列的末位。黄宗羲也批评遗民士大夫的"商业行为"。他说："江河日下，生死休戚，惟财乎是系。小人习观世变之机，而知其势之所重在于此也，于是惟货力是矜是尚。"⑤ 以上材料应该可以证明，著名的明遗民大都反对以经商为生。

赵园曾深有体会地说，在明清之际的谋生方式中，"几乎没有讨论余地，因而也往往不被讨论的，是商贾"。⑥ 因为明遗民经商，不得不经受他人的非议和自我谴责的双重压力。如徐枋以卖画谋生，就遭到了他人的非议。对此，徐枋自辩道"仆作画三十年，而卖画未及数载"，而这缘于生活所迫，"比年以来，物力日艰，人情日索。当世之一铢一缕，既为不饮之泉；而同志故人，可以通有无相缓急者，又皆自给不暇"。徐枋虽然自我辩解通过卖画谋生可以成全自己的遗民名节，但是这种理由即使能够搪塞他人的非议，也经受不住徐枋的自我推敲。在他看来，这终究不是光彩的事情，这从徐枋采用原始的交易方式就可以体现，"卖者不问其人，

---

① 详见尚小明《学人游幕与清代学术》，社会科学文献出版社，1999。

② 屈大均：《场记》，《翁山佚文》，《屈大均全集》第 3 册，第 430 页。

③ 张履祥：《答陆孝垂》，《杨园先生全集》卷六，第 158 页。

④ 王夫之：《传家十四戒》，《船山全书》第 15 册，第 923 页。

⑤ 黄宗羲：《莫高董君墓志铭》，《南雷诗文集》（上），《黄宗羲全集》第 10 册，第 495 页。

⑥ 赵园：《明清之际士大夫研究》，第 285 页。

买者不谋其面。若百年采筹，桃椎织屦，置之道头，需者随其所值，亦置道头而去"，可谓用心良苦。尽管如此，他还是认为自己卖画与他人卖鞋席无异："仆之佣书卖画，实即古人之捆屦织席，聊以苟全，非敢以此稍通世路之一线也。"① 徐枋这种卖画与他人卖鞋席无异的想法，不正是认为他自己与一般的贩夫走卒无异吗？不正是自我嘲笑吗？又如方文屡屡言及他卖卜自给，并作《卖卜润州，邬沂公、谈长益、潘江如、钱驭少、玉汝、秦臣溥、李木仙各有诗见赠，赋此答之》诗云："江市聊为贸卜行，敢言踪迹类君平。所求升斗供饘粥，不向侏儒说姓名。四海同人惟道合，一生得意是诗成。何当日暮垂帘后，共奏商歌金石声。"② 方文自比前世高人严君平，以"市隐"来自我安慰，似乎悠然自得，很满意这种生活。然而此诗还是透露明遗民对经商谋食的态度。方文因卖卜润州，招致邬沂公、谈长益、秦臣溥、李木仙等众多友人的关注，并各有诗见赠，可见它不符合人们对于士人谋生之道的普遍观念。一个士人如果真的沦落到混迹市井，的确能够激发他朋友们的一些复杂的情绪。③ 在高咏其风节的背后，他们多少会有对穷困落魄的感伤和痛苦。

吕留良友人对其刊刻书籍出售的论说，也颇能代表明遗民对经商谋生方式的态度和评价。吕留良以刊刻书籍出售谋生，在当时影响比较大。一些遗民对此持反对态度。如张履祥一向反对儒者卖文为生的谋生方式。他说："白沙言：'昔罗先生劝仆卖文以自活，当时甚卑其说。据今事势，如此亦且不免食言。'愚谓卖文亦不可，惟康斋先生躬耕为无害于义。"④ 他对卖文谋生并无好感，所以康熙十一年（1672）四月，张履祥致书吕留良，劝他不要再从事卖书活动。张履祥云：

兄（吕留良）禀赋之高明，嗜善之饥渴，与夫择道之不惑，见义之勇为，种种溢美，何难尽造比肩于千古之人豪。顾将久与昏浊之日

① 徐枋撰，黄曙辉、印晓峰点校《与王生书》，《居易堂集》卷二，第45页。
② 方文：《卖卜润州，邬沂公、谈长益、潘江如、钱驭少、玉汝、秦臣溥、李木仙各有诗见赠，赋此答之》，《嵞山集》卷七，《续修四库全书》集部别集类第1400册，第339页。
③ 李瑄：《明遗民群体心态与文学思想研究》，第83页。
④ 张履祥：《杨园先生全集·备忘录遗》，第1212页。

苟盗浮名之辈流动，若絮长角胜者，某虽志行不立，私心不为兄甘之。
往时尝止兄之学医，实惧以医妨费学问之力。今去此又几春秋矣！自
兹以往，少壮强力，更有几何？试虑行年即若卫武，已去其半。中夜
以兴，虽若横渠，犹将不及。堪为若此无益身心，有损志气之事，耗
费精神，空驰日月乎！昔上蔡强记古今，程子尚以为"玩物丧志"；东
莱日读《左传》，朱子亦以其守约恐未。何况制举文字，益下数等，兄
岂未之审思耶？凤凰翔于千仞，何心下视腐鼠；隋侯之珠，不忍于弹
鸟雀。祥固知言之于今日，无及于事矣。但前此未之闻。抑古人有言：
"非咎既往，实欲慎将来耳。"伏维鉴此硁硁，急卒此役。移此副精神，
惜此时岁月，为世道人心久大德业之计。作字至此，心烦手震，不能
复作。然余生得此，亦兄之赐也，奚所爱焉！①

张履祥自谓受吕留良"适馆授粲之德"，自己的余生都是"兄之赐"，
因此把吕留良视为知己，不忍"坐见知己再有成事遂事之失"，②故情真
意切地规劝吕留良。他认为吕留良"禀赋之高明""嗜善之饥渴"，实为
千古之人豪。然而吕留良既不自重也不自惜，不但做起了"妨费学问"
的行医之事，还做"益下数等"的选文之业。这让张履祥感到十分痛惜。
他认为，选文是谋生之所需，但士大夫不能以此为事业，还有更重要的事
情要做，"有多少担荷，须此身以干济，何可令其渐就衰损乎！老氏之养
生，总是私其身；吾儒之养生，只为公其身也"。③因此他建议吕留良赶
紧"惜此时岁月，为世道人心久大德业之计"，不要再行以"隋珠弹雀"
的得不偿失之举。

以上是其他遗民对吕留良刊刻选文出卖的态度，那么吕留良本人对此
谋生方式有何评价呢？吕留良一直十分自信："道之不明也久矣。今欲使
斯道复明，舍目前几个识字秀才，无可与言者。而舍四子书之外，亦无可
讲之学'。故晚年点勘八股文字，精详反复，穷极根柢，每发前人之所未

① 张履祥：《与吕用晦（壬子四月）》，《杨园先生全集》卷七，第197页。
② 张履祥：《与吕用晦（壬子四月）》，《杨园先生全集》卷七，第197页。
③ 张履祥：《与吕用晦（壬子四月）》，《杨园先生全集》卷七，第197页。

及，乐不为疲也。"① 吕留良虽然一直理直气壮地告诉自己刊刻选文出卖是为了"使斯道复明"，然而"彼蒙师选手，不过为一身一家衣食计耳"②，是无论如何也不可能否定的。顺治十八年（1661），吕留良开始反思自己的选文生计之举，终究觉得不合适，于是康熙十三年（1674）以后，他不再评选时文出售。他在《答许力臣书》中云："某僻劣无似，于'选家'二字，素所愧耻。"③ 吕留良虽然认为选文谋生是无奈之举，但"愧耻"之情始终缠绕着他。直到他临终作诗《祈死诗》时，仍然表达了这种无可奈何的"愧耻"之情，言："坐计耦耕犹未得，卖文乞食总堪哀。"④

最值得关注的是吕留良撰写的《反卖艺文》⑤。如前所述，吕留良曾相约诸友卖文、卖画、卖篆刻、卖字等，不意贫寒之士纷纷请附，甚至"有工挟荐牍请见"者。于是吕留良不得不撰《反卖艺文》，拒"货殖"之名。吕留良在《反卖艺文》中开门见山地指出："黎洲先生德冰擎拳独立，排拓二百年之诗文，于九流百家之术无不贯穿。予欲广《卖艺文》以位先生。"自己作《卖艺文》之举，也是为了推崇黄宗羲。却没有料到《卖艺文》会引来一些遗民的关注，"而以吴自牧之诗画、算数、声音之技附之。钟山民部黄半非⑥、射山陆辛斋⑦闻之，喜而见过。黄民部者亦卖文字，自作骈语小引，久不见售。辛斋则思卖而无伴，于是皆欲寄卖于吾文。更有一二循例请附者，则不之许也。"吕留良善于谋生，所以黄周星、陆嘉淑等生活困难而又不善于营生的遗民纷纷附之。不久，"某郡若某某，某乡若某某，皆援例卖艺"，"有工挟荐牍请见，曰：某某致语东庄，工甚精，幸厚遇之"。请附的遗民越来越多，他们都以吕留良"为货

---

① 卞僧慧：《吕留良年谱长编》，第202页。
② 卞僧慧：《吕留良年谱长编》，第202页。
③ 吕留良撰、徐树民点校《答许力臣书》，《吕晚村先生文集（附行略）》卷二，《吕留良诗文集》（上册），第58页。
④ 卞僧慧：《吕留良年谱长编》，第103页。
⑤ 吕留良撰、徐树民点校《反卖艺文》，《吕晚村先生文集（附行略）》卷八，《吕留良诗文集》（上册），第186~187页。以下引文都出此篇，不再另注出处。
⑥ 黄周星（1611~1680），字景虞，号九烟，崇祯进士，官户部主事。明亡后，变姓名曰黄人，不仕新朝清，以授徒为生。康熙间，拒应博学鸿试，投钱塘江自尽。
⑦ 陆嘉淑（1620~1689），字子柔，号冰修，晚号辛斋，浙江人，明季诸生。康熙十八年举荐"博学鸿儒"，力辞不就。

殖之祖"。这大出吕留良意料。因此，吕留良不得不悔恨自己"立说不善"，没有明确交代自己作《卖艺文》之本意，以致发展到了不可收拾的状况。于是吕留良亡羊补牢，又作《反卖艺文》，重新交代自己卖艺的初衷。他说："季布髡钳，子胥鼓箫，相如涤器，豫州种菜结氂，紫桑乞食，中散力锻，步兵哭丧，织簾鬻履，负薪补锅之徒，趣有所讬（托）而志有所逃，不极其辱身贱行不止也。然未闻人奴市乞担粪踏歌操作之贱工，有窃拟于诸子者。"吕留良首先声明，他们与一般的贩夫走卒不同。历史上季布、蔺相如、刘备等著名人物都有"辱身贱行"的经历，然而这种经历的背后是"有所讬（托）而志有所逃"。吕留良与他们一样，明亡后也是"有所讬（托）而志有所逃"，他们认为这种行为与"担粪踏歌"等贱工有着本质的区别。他说：

> 且吾经年不见一买主，而卖之如故，此岂较良楛短长，趋时变，争长落者哉！富家热客持金钱按吾文价口请，此不直吾友一笑也。何则？艺固不可卖，可卖者非艺。东庄诸人以不卖为卖者也。且吾宁与人奴市乞担粪踏歌操作之贱工伍耳。人出丐贩之下，而欲假纂于豪贤，此人奴市乞辈所不为者。

他表示"艺固不可卖，可卖者非艺"，交代自己卖艺并非全是为了金钱。即使自己一年遇不到一个买主也不会在意，更不会与一般的贩夫走卒那样"较良楛短长，趋时变，争长落"，充满市侩习气。更为重要的是，虽然吕留良等卖艺有谋生的目的，但在人格、尊严与生存的天平中，他们会偏向前者。他说："今有人堕落坎凛，灰头炭嗌，沿门号索，其唾骂不顾者常也。虽不能饭而叹悯焉，长者也，从而摹效其形状以为嬉戏者，此轻薄儿无人心者耳。夫至沿门号索，而犹不免于轻薄者之嬉戏，予之所以滋悔也。"他绝不会为了生存对"唾骂""轻薄"于不顾。所以经此"卖艺"经历后，他们决定"不复卖艺"。可以看出，吕氏的自悔其撰文"卖艺"，无疑是出于对卖艺所具有的自贬身价、混淆流品的恐惧。①

---

① 赵园：《明清之际士大夫研究》，第 285 页。

总之，受儒家"重义轻利"和对经商传统观念的影响，遗民士大夫以经商谋生，不但可能遭到他人非议批评，而且自己会遭受愧疚、自责的煎熬。

五　对处幕治生的论说

明遗民一般不赞同处幕谋生。处幕，即游幕，是一种介于仕隐之间，或者说是一种介于"不显不隐"之间的选择。游幕虽然不等于入仕，但所主之人许多都是清廷官员，故顺治统治期间，明遗民轻易不会出游幕府，即使生计困顿，也不愿以游幕为生。① 如孙静庵《明遗民录》卷二十载，阎尔梅在明亡后四处漫游，顺治二年（1645）凤阳巡抚赵福星曾邀请其入幕，他"抱孤愤之忠"，"痛哭为书谢之"。方文对游幕也持否定态度，其《寄李溉林明府》诗中云：

> 南方有佳人，卜居在秋壑。白日长苦饥，上山采薇蕨。当其年少时，颜色桃花若。邻里争相求，不肯苟然诺。欲则千古实，始遂百年约。以此竟蹉跎，岁月忽已索。况遭兵火乱，家室尽所掠。流离山谷间，依人习耕作。誓以处子终，不复通媒妁。使君东方来，光辉灿城郭。遣使与之言，愿得充帏幕。为我谢使君，此意谅不薄。顾我非盛年，容华久凋落。君即不我弃，宁无自愧怍。日暮下山路，西风吹败箨。不及双飞燕，衔泥巢君阁。②

安徽太湖县令李世洽（字溉林）曾邀方文入幕，方文委婉拒绝，其理由有二：其一，"顾我非盛年，容华久凋落"，年老体衰；其二，为了维护守节之志，"不肯苟然诺"，"誓以处子终，不复通媒妁"。

明清之际遗民游幕的心态颇为复杂。"满族人入主中原，给遗民学者造成了极大的心理冲击。一方面，'夷夏之防'的传统观念使他们对新朝充满憎恶；另一方面，既成的现实又使他们不得不就自己的处世态度做出

---

① 尚小明：《学人游幕与清代学术》，第 14 页。
② 方文：《寄李溉林明府》，《嵞山集》卷一，《续修四库全书》集部别集类第 1400 册，第 52 页。

痛苦的抉择，或入仕，或隐退，或于仕隐之间择一出路，即游幕。入仕必为多数守节之士所唾弃，游幕虽不同于入仕，但也不能不有所顾忌。"① 正是这种极强的"夷夏大防"观念和亡国之恨的情感，促使遗民对于他人的游幕生活不能完全释怀。如顾炎武不认同遗民入幕，他在《七十二弟子》中说："门人惟季次，未肯作家臣。（自注：一时同人多入官长幕。）"② 黄宗羲批评处幕者说："屈指危亡事始，一时名存身丧者，固不让于宋，而慨然记甲子蹈东海之人，未几已怀铅椠入贵人之幕矣。"③ 又如金光（字公绚，义乌人），曾处尚可喜幕④，对陷入案狱的明遗民曾多有救助。尽管如此，他仍遭到王夫之的批评，指责他为"亡赖幕客之长，持尚氏之权，渔猎岭海"。⑤

也许正因为这样的外部压力，一些遗民即使处幕，也屡屡辨析自己处幕的理由。如李因笃认为："丈夫具有血气，游客万不可为。入幕虽卑，犹自食其力。舍彼就此，亦云恶取其轻者耳。"⑥ 李因笃通过比较"游客"与"游幕"之高下，为游幕生活找到了根据。陆元辅（字翼王，又字默庵，号菊隐）处幕时的心态也很能说明这一点："（甲申后陆元辅）脱去博士弟子籍，分将潜深伏奥以布衣老矣，而当世大人先生以其经师，必欲力致之。先生念已于前朝未有禄仕，出亦无害，而以贫故糊口四方，亦非不义之粟。故以礼来聘者，先生不之拒。"⑦ 陆元辅为自己找到的两条理由之一是"以贫故而糊口四方"，即游幕不失为一条谋生之路。

但是，无论明遗民如何诉说自己处幕的理由，其处幕行为确实在一定程度上有污气节，这是无可辩驳的事实。尚小明在《学人游幕与清代学术》中说："顺治统治期间遗民学者轻易不会出游幕府，即使生计困顿，他们也宁愿'游客'以养，并藉此保持气节，而不愿'游幕'为生，从

---

① 尚小明：《学人游幕与清代学术》，第 24 页。
② 顾炎武著、王蘧常辑注、吴丕绩标校《顾亭林诗集汇注》卷三，第 567 页。
③ 黄宗羲：《陆汝和七十寿序》，《南雷诗文集》（上），《黄宗羲全集》第 10 册，第 678 页。
④ 温睿临：《南疆绎史》第 4 册卷九，台北，大通书局，1987，第 545 页。
⑤ 王夫之：《搔首问》，《船山全书》第 12 册，第 635 页。
⑥ 李因笃：《复顾先生》，《受祺堂文集》卷三。
⑦ 胡山源：《嘉定义民别传》，世界书局，1938，第 244 页。

而招致'忠义之士'的非议。"① "游客"一般是指为友人（不在官场）之客，游幕则指为官员之客。游幕使得一些遗民自污气节。如陆陇其说："大概作幕者，自有一种气习，若稍或渐染，便非儒者气象。"② 他认为游幕使儒者气节受损。王夫之在《搔首问》中，对谢茂秦、孙太初、王百谷、沈嘉则、徐文长等人之"遨游王公贵人之门"极其鄙之，以为"总以落魄故，转此一局以谋温饱，不足数也"，③ 不得不驱食四方，但这实在是一种"降志""辱身"之事。遗民类似这样的言论还有很多，如"至于入幕求食，干请以自资，仰贵人鼻息，名节扫地。"④（魏礼语）"一为幕师，即于本根断绝。吾见近来小有才者，无不从事于此，其名甚噪，而所获良厚，然日趋于闪烁变诈之途，自以为豪杰作用，不知其心术人品至污极下，一总坏尽。"⑤（吕留良语）"近世居官恶劳，辄延幕客，书生不安贫，辄求为幕宾，官方、士行，安得不两败！"⑥（张履祥语）他们一致认为游幕会使人渐染"闪烁变诈"，逐渐丧失"儒者气象"，终至人品"至污极下"，因此，若仅为谋生而游幕，实为得不偿失。

然而对于遗民处幕的批判，遗民社会并没有绝对化。对于这种迫不得已的谋生方式，启功先生曾精辟地指出："自古文人莫能自立，必凭附政局而为进退。竹垞（朱彝尊）之浮沉，正斯义之明证也。"⑦ 事实确如启功先生所描述朱彝尊的不得已那样，身逢乱世，遗民对其他处幕遗民有着一颗宽容之心和"同情的理解"。明遗民处幕是为生活所迫，实为无奈之举。如对游幕颇有非议的顾炎武，也认为"食贫居约，而获游于贵要之门，常人之情鲜不愿者"。⑧ 生逢乱世，身不由己，于是一些遗民把批评处幕的注意力转到"应试"与游幕的比较上，以此来彰显处幕的合理性。在一些明遗民看来，应试与否，才真正决定其身份归属，游幕却无妨于其

① 尚小明：《学人游幕与清代学术》，第14页。
② 陆陇其：《与用中侄》，《三鱼堂文集》卷七，康熙四十八年刊本。
③ 王夫之：《搔首问》，《船山全书》第12册，第626页。
④ 魏礼：《与友人书》，《魏季子文集》卷八，道光二十五年刊本。
⑤ 吕留良：《与董方白书》，《吕晚村先生文集》卷四。
⑥ 张履祥：《杨园先生全集·备忘二》卷四十，第1096页。
⑦ 启功：《启功丛稿·题跋卷》，中华书局，1999，第315页。
⑧ 顾炎武：《亭林余集·与潘次耕札》，《顾亭林诗文集》，第174页。

人之为遗民。他们认为应试和游幕体现官方与私人的天壤之别：考试系认可清政府的合法性，而游幕则是认可幕客与幕主的私人关系。对此，赵园教授也指出，在不失对故明的"忠诚"的条件下，明遗民可以被允许以"局外人"的身份和方式，从事一些与新朝有关的活动。在那个流行苛评酷论的时代，或许可以由此察觉到些许人情的体贴吧。①

凭借明清易代的机缘，幕业在清初比较兴盛，但这并不能掩盖明遗民因寄人篱下所处的幕客地位而产生的无奈感和屈辱感。明清之际所处的乱世，似乎赋予了遗民士大夫出人头地的新机会，如处贵人幕，他们可以不必争渡那科举之"独木桥"。遗民处幕也有"礼遇"和"知遇"事例。如魏禧言他的门人鲍覃生"每当隙会，不屑屑迂谨绳矩，所与游皆当世伟人，草莽里巷之夫或不敢仰视。崛起困穷之中，掉臂轩眉，名噪天下，其意气之壮，可谓盛矣气"。② 贫寒之士能有如此气派，确实令他人羡慕。彭士望的门人梁份自说"载笔行役"，"以韦布之士，而王公大人相晋接，足取重于时"。③ 这似乎能够说明处幕给遗民以极大的优越感。然而，并非每一位幕宾都能够得到幕主的重视，即使得到重用，对于幕宾而言也并不一定是值得高兴之事。处幕最令遗民不堪的是寄人篱下的"依人"地位。曾灿就多次表达了这种痛苦，他说"龌龊依人，佣身庑下"④，"佣身人役，操作取直"⑤，"乃知稻粱谋，使人无独立"⑥，"觅食同鸡鹜，呼名任马牛"⑦。曾灿将处幕为人役使的辛酸和屈辱感，表达得淋漓尽致。虽然曾灿毫不讳言称游幕四方是为"稻粱谋"，但是为此痛苦自责了一生，他经常说："数年困于江湖，即衣食一节，仰面乞哀，几非人类。"⑧幕宾所处的寄生性、依附性，令他产生了极大的痛苦。⑨

---

① 赵园：《明清之际士人游幕及有关的经验表述——以易堂诸子为例（下）》，《黄河科技大学学报》2004年第3期，第83页。
② 魏礼：《鲍子韶墓志铭》，《魏季子文集》卷十四。
③ 梁份：《复伯兄书》，《怀葛堂集》卷一，民国胡思敬校刊本。
④ 曾灿：《与吴留村》，《六松堂集》卷一四。
⑤ 曾灿：《上龚年伯书》，《六松堂集》卷一一。
⑥ 曾灿：《崇德县有万鸦巢城东古寺感赋》，《六松堂集》卷二。
⑦ 曾灿：《张桥题壁》，《六松堂集》卷五。
⑧ 曾灿：《与钱驭少》，《六松堂集》卷一四。
⑨ 赵园：《明清之际士人游幕及有关的经验表述——以易堂诸子为例（下）》，《黄河科技大学学报》2004年第3期，第86~87页。

　　总而言之，本节描述了明遗民对经商、务农、行医、处馆和处幕等谋生方式的态度。在以上谋生行业中，他们最认可的就是务农。① 从明遗民对谋生方式的评判可以看出，他们以儒家的传统职业观念为根据，然而适逢国亡家破的易代之际，他们对谋生方式的评判还掺加了士大夫道德名节与儒家的责任、职志等衡量尺度。这就使明遗民把谋生这一最基本、最正常的生存权利无限且无可辩驳地"绑架"了。明遗民愈是对治生、谋生的合理性进行论证，愈可折射出他们内心深处的因无法安顿所产生的自相矛盾与忐忑不安心理。

---

① 对于务农的谋生方式，也有遗民士大夫并不认可，如吕留良在《与吴孟举书》中说："昨得复仲表兄之讣，竟客死粤中，为之痛悼。人生不力学自拔，便为贫老所困，豪奢之习未能忘，饥寒之味不能忍，甘以玉骨，委之尘磕，回顾生平，无一成就，如复仲兄者，真可哀也！"见张履祥《答姚大也》，《杨园先生全集》卷十三，第384页。吕留良对表兄黄子锡为贫老所困，踽踽于务农生计，于其他皆不关怀，最终无一成就，人为是"真可哀也"。王夫之对务农也持反对态度，认为"销磨岁月精力于农圃菽豆之中"是很"鄙的"。见王夫之《俟解》，《船山全书》第12册，第484页。

第四章

"广交天下非常之人"：明遗民的社会交往

由于特定的政治立场和道德标准，有些明遗民选择了"活埋土室"，不与世接。这种隐居世外的生活方式促成了明遗民在当时社会中的自我边缘化。但不与世接，并不是明遗民生活的普遍状态，实际上多数明遗民与社会各阶层都有交往，而这种社会交往状况是考察明遗民生存境遇的一个重要视角。明遗民的社会交往群体主要有哪些，社会交往的原因是什么，这种社会交往是否符合明遗民的人生定位和价值信仰，是否"合道而行"？由于遗民士大夫人数众多，社会交往情况相当复杂，本章主要考察明遗民与遗民、仕清官员、僧等三个群体的交往状况、原因以及对此的评价。

第一节　"忠义同心情特切"：明遗民之间的交往

由于遗民的特殊身份，遗民之间具有更多的心理基础和共同话语，故遗民之间的交往是遗民社会生活的重要组成部分。

遗民之间的交往是非常广泛的，即使许多遗民过着隐居生活，但他们还是经常主动与其他遗民来往，并结下了深厚的友谊。如山阴人张岱与浙江遗民周懋谷交往甚笃。周懋谷（1583～1675），字戬伯，山阴人，天启元年举人。张岱与之"结发为知己，相与共笔砚者六十三载"。① 张岱还与浙江遗民徐沁（字野公，名若邪，号镜曲花农）交厚。为昭示后代发扬先烈

---

① 张岱：《祭周戬伯文》，张岱撰、栾保群点校《琅嬛文集》卷六，第209页。

遗泽，张岱晚年与徐沁一起"沿门祈请恳求越中名贤之三不朽者"①，即征集遗像，加以赞语，并汇编成册。又如明遗民陈忱（1613～1670，字敬夫，号雁宕山樵，浙江乌程即今湖州人），明亡后，陈忱，"绝意仕进，相与遁迹林泉"，与顾炎武、归庄等很多遗民来往甚密。李渔与其他遗民也有密切交往，如毛先舒（字稚黄，浙江钱塘即今杭州人，明季诸生，师事陈子龙），顺治年间他在杭州与李渔结识，遂成数十年至交。他还是李渔创作的主要评家之一，于《寄李笠翁书》中，他称李渔"墨舞笔歌，驱染千古"。又如方文（安徽桐城人，明末诸生，入清不仕），顺治十七年（1660）游杭州，结识李渔，曾作七言古诗《七夕饮李笠鸿斋头》与七言律诗《访李笠鸿》。

一　遗民之间交往的特点

其一，有较高名望的遗民更能吸引其他遗民与之交往。部分明遗民在明亡后选择隐居避世，强迫自己与世隔绝，但这又如何能阻止其他遗民探访的脚步？如魏禧经常游历江浙地区，其主要目的是结交隐逸高士，"涉江逾淮游吴越，思益广交天下非常之人。闻有隐逸士，不惮千里造访"。②浙江遗民汪沨，浙江钱塘人，明亡后弃科举，徙居孤山，不入城市，在当时极负盛名。黄宗羲在为汪沨所作的墓志铭中写道："当是时湖上有三高士之名，皆孝廉之不赴公车者，魏美其一焉。当事亦甚重之。监司卢公尤下士，一日值魏美于僧舍，问：'汪孝廉何在？'魏美应曰：'适在此，今已去矣！'卢公然之，不知应者之即魏美也。卢公遣人殷勤于三高士者，置酒湖船，以世外之礼相见。其二人幅巾抗礼，卢公相得甚欢，唯以魏美不至为恨事。已知其在孤山，放船就之；魏美终排墙遁去。"汪沨百计千方地回避贵人，视士大夫的名节重于一切，因此被其他遗民奉为洁身自好的典范。魏禧对遗民汪沨的人格极为钦佩，于康熙二年（1663）主动造访汪沨，但未能相见，于是留书云："魏美足下，宁都魏禧也。欲与子握手一痛器耳。足下以寻常游客拒之，可谓失人。"③汪沨见书后回访魏禧，

---

① 张岱：《于越江不朽图赞序》，《张岱诗文集》，第410页。
② 魏禧：《魏叔子文集》卷十一，第619页。
③ 徐鼒：《小腆纪传》卷五十八，《续修四库全书》第333册，第168页。

二人一见便倾心相谈，"往往谈至鸡数鸣，或更起坐行不肯休"①。

其二，外出游历的遗民比隐居的遗民有更多机会与其他遗民交往。如顾炎武的交往经历就可以很好地说明此点。顾炎武是明清之际的著名遗民，并且游历北方数十年，与北方遗民广泛交往。如顾炎武与山东遗民徐掖于清顺治十四年（1657）定交。据有关材料记载，他们之间大的交往主要有五次②，如顺治十四年，顾炎武初到山东，《顾亭林先生年谱》记载其"由青州至济南，与徐东痴夜、张稷若尔岐定交"；是年，顾炎武有诗《酬徐处士元善昔年新城之陷其母死焉，故有此作》，徐掖则有《徐元善济南赠顾宁人诗》。顺治十五年（1658），顾炎武至济南，再访隐居于草庐之中的徐掖。《顾亭林先生年谱》云："十五年戊戌，……复至济南访徐东痴。"康熙十三年（1674）秋，顾炎武书约徐掖游黄山，徐掖因贫病交加，未能成行，但有《九日得顾宁人书约游黄山》诗记此事。这只是已经考证出的部分交往事实，其实际来往可能更频繁。康熙二年（1663）顾炎武开始与傅山交往。丁宝铨《傅青主年谱》载："（康熙）二年癸卯，五十七岁，昆山顾宁人访先生于松庄，赠五律一章，先生依韵答之。"《亭林诗集》现收有四首与傅山互相唱和的诗。同年，顾炎武还结识河北遗民申涵光。申涵光（1619～1677），直隶广平府永年人（今河北邯郸永年人），字孚孟，号鳧盟，晚号卧樗老人。《顾亭林先生年谱》卷二载："康熙二年癸卯五十一岁。正月自平阳登霍山，游女娲庙，至太原访傅处士青主，……是年诗，……有《送申公子涵光》。"③ 康熙二年，顾炎武拜会当时关中遗民的李二曲，并结为至交。《二曲集》卷四十六《历年记略》载，顾炎武与李氏在其窑洞内深谈至天亮，此后二人书信来往不绝。

其三，遗民交往还有一大特色，那就是遗民结社。文人结社，源远流长。谢国桢谈及明代的结社起源时说："《周礼》所谓州社，《左传》所谓

---

① 魏禧：《高士汪枫传》，《魏叔子文集》卷十七，第 849 页。
② 张光兴：《徐掖与顾炎武》，《齐鲁学刊》1994 年第 5 期，第 21～22 页。
③ 顾炎武《雨中送申公子涵光》诗："十载相逢汾一曲，新诗历落鸣寒玉。悬瓮山前百道泉，台骀祠下千章木。登车冲雨马频嘶，似惜连钱锦障泥。并州城外无行客，且共刘琨听夜鸡。"见顾炎武《雨中送申公子涵光》，《亭林诗集》卷三，《顾亭林诗文集》，第 368 页。

书社、千社，汉代有乡社、里社的名称，由社为一地之主，因其地而引申为社会的组织。后来习武备的叫做社，文士的结合也名做社，像晋代的惠远莲社，宋代胡瑗的经社，元代的月泉吟社，这都可以说明明代结社的起源了。"① 明代文人结社之风甚烈，其数量和规模非我国历史上其他朝代所能比。明代结社的流风余韵一直延续到清初，并且明清之际的遗民与结社有莫大的关系，如杜登春说："乙酉、丙戌、丁亥三年之内，诸君子之各以其身为故君死者，忠节凛然，皆复社几社之领袖也。"② 他们或明亡前就已入社，或明亡后又结社。

需要指出的是，遗民结社但并不意味着结社的都是遗民。如石湖诗社、雪园续社等中的社员并非都是遗民。③ 由于本节讨论的是遗民与遗民的交往，故只把全部或绝大部分社员都是遗民的社集作为考察对象。据何宗美考证，明末清初江南以遗民为主或全部为遗民的结社大约有数十余例：江苏有西园吟社、顾颖结社、周灿结社、顾梦游结社、假我堂诗会、陈济生结社、班荆社、兆湖吟社、求社、云间七子社、怀忠社、迪社、莲社、重九会、惊隐诗社、闲社、竹西十佚社、东皋社等；浙江省有濮溪社、临云社、杨秉绂结社、忘机吟社、西湖八子社、南湖九子社、西湖七子社、南湖五子社、林时对社、弃缡社、登楼社、吕留良结社、章有成社、孚社、毛聚奎结社、鹝林六子社、小兰亭社、万斯同结社、讲经会等；江西有忠诚社、易堂士子社等；湖北有何宏中结社。此外还有海外几社。④

遗民所结的社集不但众多，而且有些社集规模还很大，如浙江绍兴的云门十子社，它建于明清易代之际，社员大都哀痛明王朝覆灭，不愿屈服清廷的统治，多隐居在绍兴的云门寺院。规模更大且有详细史料记载的当属惊隐诗社。杨凤苞《秋室集·书南同草堂遗集后》指出，明遗民纷纷结社，"其最盛者，东越则甬上，三吴则松陵。然甬上僻处海滨，多其乡之遗老，闲参一二寓公；松陵为东南舟车之都会，四方雄俊君子之走集，

---

① 谢国桢：《明清之际党社运动考》，上海书店出版社，2004，第5页。
② 杜登春：《社事始末》，《丛书集成初编》，中华书局，1991，第11~12页。
③ 何宗美：《明末清初文人结社研究》，南开大学出版社，2003，第315页。
④ 详见何宗美《明末清初文人结社研究》，第309~315页。

故尤盛于越中。而惊隐诗社又为吴社之冠"。① 汾湖遗民叶恒奏是惊隐诗社的领袖，他带领组织遗民士大夫每年五月五日祭祀爱国诗人屈原，彼时"同社麇至"，规模十分壮观。

二 遗民之间交往的原因

清初遗民之间的交往是非常普遍和广泛的。为了更加深入理解遗民的交往活动，我们还可以进一步考察遗民交往的原因。

其一，在顺治初期，遗民出于互通消息从事反清复明的需要而交往。这一点在遗民结社上表现尤为突出。明季士大夫结社与朝廷政治密切相关。杜登春《社事始末》云："夫社局原与朝局相为表里。明季以朝局为社局，君子小人，迥然分途，君子不得不自相联结，以为屏藩；本朝以社局为朝局，社中之人，尽智君子，当伏处之时，互以文章争雄。"② 杜氏指出结社是区别君子与小人的重要依据，此言值得商榷。社中成员并非都是君子，社外的人也并非都是小人，但言"君子"结社可以壮大自己，以对抗朝廷奸恶之徒，这是恰当的。明遗民结社虽承袭晚明文人结社的风气，但在易代之际，它还与此彼起伏的反清复明斗争相呼应。正如何宗美指出的那样，此时期的遗民社集活动与通常情况下诗社唱和不尽相同，有着特殊的意义和价值。③

遗民结社从事反清复明活动，清初的这类事例并不少，如上述的惊隐诗社就是如此。创始于清顺治七年（1650）的惊隐诗社又叫作"逃之盟""逃社"，是时值清军直下江南，南明隆武政权失败，永历政权局限于广西一隅。吴振远、吴宗潜等太湖抗清失败后，与当时地主绅士中比较开明的人士，结成惊隐诗社，其意是暂时逃避，等待潜谋再举。顺治二年（1645），江苏遗民朱襄孙等密结怀忠社，从事复明活动，未果。又如孚社，据全祖望《雪窦山人坟版文》记载，该社遗民积极从事秘谋反清活

---

① 杨凤苞：《秋室集》卷一，《湖州丛书》本，第15～16页。
② 杜登春：《社事始末》，《丛书集成初编》，第25页。
③ 何宗美：《明末清初文人结社研究》，第308～309页。

动，后来社员魏耕在"通海案"中被杀，钱虞仲兄弟三人流放宁古塔。①
又如杨廷麟、刘同升在江西组成忠诚社，该社的宗旨是"举义旗，誓灭
贼，复疆土，雪列圣仇耻，结连赣抚李永茂，立忠诚社于赣"。② 又如全
美闲倡建的弃缟社，聚集的全为"明室世臣"之"亲表臣室子弟"。后来
社中杨文琦、杨文瓒、陆宇宸、董德钦、施邦玠等"谋以城应海上，不
克俱死"，全美闲、高宇泰、陆宇鼎、李振玑等人皆下狱。以上材料说
明，遗民社集虽仍由文人组织成立，但已不是完全意义上的文学社团，表
现明确的恢复明室的动机。由此而言，明遗民社团确可视为反清复明的重
要力量之一。因此可以说，互通消息从事反清复明活动，是明遗民结社的
一个重要原因。

其二，遗民通过交往表达难以割舍的故国情怀。明末清初的遗民群体
有着共同的心理基础——故国情怀。故国旧君在明遗民的心中占有极其重
要的地位，这种难以割舍的情怀伴始终随着遗民交往，促使他们把这种情
感赋之诗文，并相互唱和。

明遗民用诗文唱和故国情怀在结社中体现尤为突出。杨凤苞云："明社
既屋，士之憔悴失职高蹈而能文者，相率结为诗社，以抒写其旧国旧君之
感。"③ 在国破家亡的背景下，遗民结社就不仅仅如谢国桢所认为的只
"不过是普通的文会罢了"。④ 国破家亡，复明无望，这种现实沉重打击了
明遗民，于是他们纷纷结社，吟诗唱赋，相互倾诉着难以忘却的故国之情。
如周灿，崇祯四年（1631）进士，南京陷落后，"遂归不起，惟与同邑高蹈
者结诗社相唱和，以追悼国事，恸哭丧明"。⑤ "高蹈者"应该指明遗民。
从"追悼国事，恸哭丧明"可以得知，周灿与其他遗民的结社交往就是
基于此原因。陈子龙与徐孚远等都为几社社员，常常一起"虽僻居陋壤，
无凭临吊古之思，而览草木之变化，感良辰之飚驰，意慨然而不乐矣"。⑥

---

① 全祖望撰、朱铸禹汇校集注《雪窦山人坟版文》，《鲒埼亭集》卷八，《全祖望集汇校集注》（上），第174页。
② 陈田：《明诗纪事》辛签卷六，《续修四库全书》集部第1712册，第53页。
③ 杨凤苞：《书南山草堂遗集后》，《秋室集》卷一，清光绪十一年陆心源刻本。
④ 谢国桢：《明清之际党社运动考》，第153页。
⑤ 《苏州府志》卷一〇五。
⑥ 陈子龙：《陈子龙诗集》，《年谱卷上》（自撰），崇祯八年己亥，第650页。

他们在一起唱和诗文，互相诉说着亡国之痛和故国之思。清初遗民社事异常活跃，浙江地区尤为兴盛。全祖望对浙江明遗民多唱和故国之情的状况也有记载，云："其时，鄞之世家子弟丧职者多，乃相与悲歌叱咤，更唱迭和无虚日，傃居湖上，有七子诗社。"① 又云："有明革命之后，甬上耆遁之士，甲于天下，皆以蕉萃枯槁之音，追踪月泉诸老，而唱酬最著者有四社焉。"② "月泉"指月泉吟社，它是元初宋遗民所创立的在当时诗坛上影响最大的诗社。他们通过结社吟诗，表达了自己的爱国思想和民族气节，也结成了一个精神上的反元同盟。浙江甬上的西湖八子社、西湖七子社、南湖五子社等都师法由宋遗民组成的月泉吟社的故事，在诗文唱和中互相诉说自己的故国情怀。

其三，复国无望后，遗民出于寻求志同道合的朋友，互相砥砺名节的需要而交往。遗民寻求志同道合的朋友，互相砥砺名节，首先表现在与非同社遗民的交往上。甲申之变后，许多明遗民直接参加了抗清复明的斗争，他们对南明诸政权寄予了很大的期望，希望南明朝廷能够击退清军，收复故土，实现大明王朝的中兴。然而至顺治末年，南明诸政权都被清军逐一剿灭，这也彻底破灭了明遗民的复国之梦。他们虽然极其失望，但依然不肯屈服于清朝的统治。他们积极与其他遗民交游，以寻求志同道合的朋友，互相支持，砥砺名节。顺治十七年（1660），吕留良与黄宗羲就因此结交。黄宗羲在《友砚堂记跋》中言：

> 乱后云烟过眼，一时交游亦冷落为异物，余从樵人瀑布岭下，拾土题名而已。因叹交游之盛衰，关于世运之升降……读语溪吕用晦《友砚堂记》："朱鸟欲来，关塞日黑；毒龙未怒，环剑可求。"耿耿者久之，信有生习气之不易除也。虽然，用晦之友即吾友，用晦之砚即吾砚。往时之盛，盖庶几复见之。③

---

① 全祖望撰、朱铸禹汇校集注《余先生借鉴楼记》，《鲒埼亭集外编》卷二十，《全祖望集汇校集注》（中），第 1122 页。
② 全祖望撰、朱铸禹汇校集注《湖上社老晓山董先生墓版文》，《鲒埼亭集外编》卷六，《全祖望集汇校集注》（上），第 850 页。
③ 黄宗羲：《友砚堂记跋》，《南雷诗文集》（下），《黄宗羲文集》第 11 册，第 78 页。

  抗清斗争失败后，黄宗羲兄弟处境困难，"一时交游亦冷落为异物"，自己的朋友或殉难或流浪他乡，杳无音信。此时孤独寂寞之情实在令人难以忍受，于是他们迫切地要寻找志同道合的新朋友。具有强烈爱国思想的吕留良与他们心志相契。他们结识后，黄宗羲把心爱的砚石赠给吕留良。吕留良也十分珍惜与黄宗羲的感情，多次在诗中盛赞了黄宗羲崇高的民族气节。又如归庄与黄淳耀（字蕴生，嘉定人）交好，他们常常感叹"忠义同心情特切，死生异路气常通"。① 王夫之与方以智的交往也是出于此，其《寄怀青原药翁》云："霜原寸草不留心，一线高秋入桂林。哭笑双遮迷字眼，宫商遥绝断纹琴。"② 王夫之在此诗中以俞伯牙与钟子期的友情来比喻他们的遗民友谊，并表示他们要相互鼓励，不改节易志。

  遗民寻求志同道合的朋友，互相砥砺名节，还表现在与社中遗民的交往上。如清初南京遗民顾梦游在明末与王潢、方文、刑日方、吴时德等人结秦淮社。顾梦游《小园初成同社过集值朱澹生初度》云："尘沙余隙地，不碍酒徒狂。莫漫愁为客，相遇即故乡。乱离生日重，酬劝醉时忙。月白知烟尽，秋清似雨凉。穷将诗调合，澹得友情长。感物还攀柳，论心类坐桑。风声先响竹，露气暗滋棠。篱落黄花近，还来看傲霜。"③ 甲申之变后，明遗民流离失所，然而结社后，他们认为"相遇即故乡"，"故乡"可以给予他们温暖，给予他们支持。"篱落黄花近，还来看傲霜"，也实有自喻之意，即相互激励名节，"以气节相尚"，誓不向清朝屈服。明遗民愈是在守节不易和士人分化仕清的情况下，愈是慎选遗民，以同声相和，相互激励。社中遗民还真诚地批评、规劝有放松名节修养的遗民。全祖望就在《朋鹤草堂集序》中讲到南湖九子社林时跃对社友持论甚严："南湖九子之集，皆逸民也，其一晚年稍通时贵之交，评事与太常叱而绝之，欲废社，其人谢过乃止。其一已逝，或以其遗行可疑，评事太息，以为前此弗之知，特志之《丹史》中。门人有官通参者，正附要津，评事

---

  ① 归庄：《跋黄蕴生书卷》，《归庄集》卷四，第 280~281 页。
  ② 王夫之：《寄怀青原药翁》，《王船山诗文集》，中华书局，2000，第 172 页。
  ③ 顾梦游：《顾与治诗集》卷八，《四库全书存目丛书补编》第 1 册，齐鲁书社，2001，第 70 页。

不之礼焉。及其以罪投缳，其家讳之，而评事笔之以为世戒。"① 又如惊隐诗社把爱国诗人杜甫作为诗社奉祀的人物。叶继武《九日寒斋同逃社诸子祭陶元亮、杜子美两先生诗》诗云："龙沙嘉会结寒盟，修祀先贤荐菊觥。……但愿久长持晚节，萧萧门外任浮荣。"② 惊隐诗社中的遗民意识到，在清初的时代环境下，保持对故国之忠和自身节操之贞并非易事，于是他们需要以先贤的精神力量激励盟友"久长持晚节"。

其四，遗民出于救助陷入案狱同道的需要而交往。遗民或从事反清斗争，或常有"逆清"言论，因而获狱的事件颇多。不可否认的是，对于遗民脱罪出狱，仕清官员在很多时候发挥了重要甚至是关键作用。其他遗民虽然不仕新朝，不能直接干预遗民案狱的审理，但他们并不因此对同志之士的案狱无动于衷，而是竭力救助。如顺治初年，顾炎武"家难"，遭到叶方恒的迫害，归庄竭力营救，并致书叶方恒，劝其停止对顾炎武的迫害。归庄在《与叶峄初》中说：

> 弟初到郡时，知宁人兄窘于事势，将有不测，舆论亦多以兄为已甚，故弟语稍激切，然论其究竟，爱宁人亦所以爱兄也；已而昆老辈委曲相劝，兄因动恻隐之心，要于兄之自为计亦大便，而弟辈则群而诵兄之高义。③

归庄对叶方恒说顾炎武是"极和平之人"，而叶氏构陷顾氏之举，"舆论"都认为"已甚"，太过分。且顾炎武才华横溢，"文笔之妙"，四方之士都"击节称赏"，即使叶氏"能杀宁人之身，能并其生平之著述而灭之？使天下后世读其诗古文者，以为如此文人，而杀之者乃叶峄初也，此名美乎不美乎？"④ 言下之意，如果叶氏执意要致顾炎武于死地，就会被士大夫乃至后人所唾骂；若叶氏能动恻隐之心，放顾氏一马，则众人会

---

① 全祖望撰、朱铸禹汇校集注《朋鹤草堂集序》，《鲒埼亭集外编》卷二十五，《全祖望集汇校集注》（中），第1218页。
② 叶振宗：《吴汇叶氏诗录》，转引自谢国桢《明末清初的学风》，第186页。
③ 归庄：《与叶峄初》，《归庄集》卷五，第319页。
④ 归庄：《与叶峄初》，《归庄集》卷五，第319~320页。

诵他的"高义"。又如康熙七年（1668），顾炎武受"黄培诗案"牵连而入济南狱，山西遗民李因笃不避盛夏酷暑，千里跋涉，先驰赴京师，联络朱彝尊等好友，后又赶往济南，奔走救助，终于帮助顾炎武解困。患难之中见真情。顾炎武对李因笃的救命之恩非常感激，在《子德李子闻余在难特走燕中告急诸友人复驰至济南省视于其行也作诗赠之》言"急难良朋节，扶危烈士情"，① 对李因笃的诚挚友情表示由衷的感激。

其五，遗民出于学术研究的需要而交往。遗民交往的一个重要内容就是研究学术。随着清朝统治的逐渐确立和稳定，明遗民逐渐把精力从救国转向学术研究。如吕留良和黄宗羲交往的一项重要活动就是刻选诗文和从事学术研究。他曾委托黄宗羲审定明人诗文集。如康熙八年（1669），吕留良在《寄黄太冲书》中就提到"潜溪、逊志、遵岩、荆川等集，不知曾为拨忙看定否？"因交流学术需要而进行交往的遗民还有很多。如魏禧在江浙所交游的遗民学人中就有毛宸、李清、孙枝蔚、陈玉琎、阎若璩等。关于结交江南学人的初衷，魏禧在《与熊养吉》中明确指出："苟无同志胜己，相与讲论，匡其不逮，则不可成一事，故每欲得十己百己者而请益。穷山闭户垂二十年，今乃眨服毁形，为汗漫之游，正谓此也。"② 他希望通过结交江南博学多才之士，在学术探讨中不断提高自己的学识。

综上所述，明遗民群体内部的交往十分频繁，他们或缘于互通消息，从事反清复明活动；或通过交往表达难以割舍的故国情怀；或在复国无望后，寻求志同道合的朋友，互相砥砺名节；或积极救助陷入案狱的同道；或进行学术交流。可以说，遗民之间的交往是遗民生活的重要组成部分。

第二节　"颇事接纳"：明遗民与仕清官员的交往

明亡后，部分汉族士大夫坚守自己之旧朝人身份，形成了一个遗民群体。这个遗民群体重视自己的政治立场，对他人也多以道德进行评判。检视清初各种诗文笔记和正史、野史，其中遍布的是明遗民对变节仕清者的

---

① 顾炎武：《子德李子闻余在难特走燕中告急诸友人复驰至济南省视于其行也作诗赠之》，《亭林诗集》卷四，《顾亭林诗文集》，第386页。
② 魏禧：《与熊养吉》，《魏叔子文集》卷七，第317页。

责斥和讥讽，"只恨这些左班官平日里受皇恩，沾封诰，乌纱罩帽，金带横腰，今日里一个个稽首贼廷，怀揣着几篇儿劝进表。更有那叫做识字的文人，还草几句儿登极诏"。① 也有遗民视士大夫的名节如生命，如李傲机，就被视作洁身自好的典范。《皇明遗民传》卷一载，李傲机在明亡后，"隐居汉阳，百余岁，状如男子，未尝对人言。……有显官从滇还，道出汉阳，求见，即跃入江中，俟其去乃出"。② 李傲机千方百计回避贵人，不惜跃入江中躲避。诸如此类的极端行为，为遗民的坚守节操增添了一抹传奇色彩，以致"世人仅以仙人目之"。③

一 明遗民与仕清官员交往几乎是一种常态

明遗民并没有整体上"不与世接"，与仕清官员断绝往来。虽然有许多如李傲机这般严格注重名节的遗民，满足了不少阅读者对他们道德情感的期许，也合乎他们对明遗民品格节操的想象，但是这样畏世如虎的明遗民在当时少之又少。如徐枋（江苏苏州人）明亡后遁迹山中，终生不入城市，与宣城沈寿民、嘉兴巢鸣盛被称"海内三遗民"。魏禧对徐枋的高风亮节颇为赞赏，"尝语人曰：'吴门徐昭法寒冰百尺，人与可得近，况得狎玩之乎？'"④ 康熙初年，魏禧南游江浙之际，曾慕名前往探访徐枋未果。康熙十一年（1672）七月，魏禧再与徐枋在山中相见。由此观之，徐枋似乎只与遗民交往，其《居易堂集》中也没有其与清廷官员交往的纪录，清初也流传着"人传徐昭法，可闻不可见"之语⑤，他闭门谢客的事迹在当世最为人称道。黄容《明遗民录》也记载说："汤荆岘尚书斌抚吴时，屏驺从访之山中，避不出，亦不报谢。"⑥ 汤斌，别号荆岘，清初理学名臣，以清廉刚正名于顺康两朝。徐枋对尚书汤斌求见不允。然而事实并非如此，他们之间还是有过交往的。《清稗类钞》记载徐枋"以粗粝"款待汤斌："汤文正公抚苏时，徐昭法隐于支硎山中，乃屏除驺从，

---

① 归庄：《击筑余音》，《归庄集》卷二，第 164 页。
② 转引自谢正光、范金民编《明遗录汇辑》（上），第 309 页。
③ 谢正光、范金民编《明遗录汇辑》（上），第 310 页。
④ 魏禧：《与徐昭法书》，《魏叔子文集》，第 261 页。
⑤ 黄宗羲：《与徐昭法》，《南雷诗历》卷二，《黄宗羲全集》第 11 册，第 251 页。
⑥ 谢正光、范金民编《明遗民录汇辑》（上），第 540 页。

徒步访之。昭法辞以疾。文正徘徊门外，久之，始延入，待以粗粝，为之醉饱。"① 陈去病在《五石脂》中也谈到曾见过友人所藏汤斌致徐枋的书信。一信请徐枋鉴定黄道周遗书法帖并题跋；一信云："前读大作《孤儿行》，深见忠厚拳拳之意。谨和制一章，言辞芜劣，不可云诗，弄斧班门，殊用自恶。"② 从信的内容来看，二人交谊应当不浅。不仅徐枋如此，实际上"海内三遗民"之沈寿民、巢鸣盛就分别与施闰章、朱彝尊有交往经历，这从朱彝尊的《知伏羌县事蒋君墓志铭》中可以见出。③ 可以说，明遗民大都并非"绝缘体"，他们与仕清官员或多或少存在来往。

实际上，明遗民与仕清官员交往几乎是一种人情化状态，也是遗民生活的真实面貌。如江西遗民魏禧在江浙交结的官员众多，其中声名显赫的有清朝尚书徐乾学等。魏禧与徐乾学于康熙十六年（1677）定交，"欢然如少旧之交"。④ 康熙十九年（1680），魏禧就医吴门，恰逢徐乾学五十大寿，魏禧对徐乾学非常景仰，说："今天下公卿之能下士者有人矣，而天下士异口一辞，屈首推服，以为有汉三君之望者，必曰健庵徐公。"⑤ 他称赞徐乾学能礼贤下士，并对徐期以厚望。又如张岱也与仕清官员多有交往。袁晋，字于令，苏州人，早年为生员，清军入关后即降，授官水部郎，后升任荆州知府。张岱与他来往频繁，经常一起游山玩水、品茗论曲。张岱非常赞赏他的"四方馈送集如云，依旧囊空无半文"的慷慨和"轻视督邮如儿曹，五斗何为肯折腰"⑥ 的倔强性格。方以智在康熙元年（1662）与施闰章交往。施闰章，字尚白，号愚山，顺治六年（1649）进士，官江西布政司参议，分守湖西道。康熙元年，方以智入清江，逢施闰章，泼墨吟诗，颇为欢洽。《施愚山集·诗集》卷十八《药公拈余浮云一洗万峰出作画，并题知歌见贻，依韵报谢》："药公别具神仙笔，照夜青

---

① 徐珂编撰《清稗类钞》第 13 册，第 6398 页。
② 陈去病：《五石脂》，《丹午笔记·吴城日记·五石脂》，江苏古籍出版社，1999，第 305 页。
③ 朱彝尊：《知伏羌县事蒋君墓志铭》，《曝书亭集》卷七十五，《四部丛刊初编》集部第 359 册，商务印书馆，1926，第 566~567 页。
④ 魏禧：《徐健庵春坊五十叙》，《魏叔子文集》，第 536 页。
⑤ 魏禧：《徐健庵春坊五十叙》，《魏叔子文集》，第 535 页。
⑥ 张岱：《张子诗秕·为袁箨庵题旌停笔哭之》，《张岱诗文集》，第 58 页。

藜逢太乙。手翻沧海弄白日，兴酣笔落如箭疾。千岩万壑何周悉，为我倒缩蓬莱归一室。云蒸雾合天地一，半空风雨泉声出。"① 康熙四年（1665）方以智与周体观②、郭景昌③等吉安官绅会于净居寺，共庆佛浴日。康熙九年（1670）十月二十六日，方以智六十寿辰，贺贻孙、钱陆灿④等四方友人多为文辞称贺。方以智"颇事接纳"，因此魏禧对他交接过广过滥，以致志节渐移而抱有微词。⑤ 综合以上材料可以看出，明遗民与仕清官员的交往在明末清初其实是个普遍现象，这在他们的书信和诗文集中体现尤为明显。

二 明遗民与仕清官员交往的原因

为深化对遗民与仕清官员这两个政治立场截然相反群体交往的认识，现归纳了明遗民与仕清官员交往的原因。

其一，明遗民与部分仕清官员都曾经历过国破家亡的惨痛，都依然怀有浓厚的故国情思，这是他们能够交往的一个重要情感基础。虽然遗民与仕清官员的政治立场不同，但对故国情感成为他们两类人得以沟通的桥梁。如明遗民冒襄⑥明亡后隐居不出，但与王士禛⑦交往甚密。顺治十七年（1660），王士禛任南京乡试官，邀请冒襄游京口诸胜。冒襄接邀请函后写《和阮亭秋柳诗原韵》四首，直述金陵城的破败与明王朝的灭亡，托物寄怀，尽抒悲慨，故国哀思，震撼人心。王士禛对冒襄的故国情感是心领神会的。⑧ 后来，王士禛作《金陵游记》，记录了六朝松石、燕子矶等故明昔日繁茂之地，表达了国家兴亡、物是人非之感，他还把此文交与

① 任道继：《方以智年谱》，第 221 页。
② "周道尊"，即周体观，字伯衡，北京人，顺治翰林，时任湖西分守道副使。
③ "郭太守"，即吉安知府郭景昌，康熙三年（1664）就任。《光绪吉安府志》卷十三《秩官志·郭景昌》："字瑞旭，辽东沈阳人，贡士……（任吉安时）增修鹭洲书院，与守道施闰章、乡绅张贞生讲学其中。"
④ 《康熙常熟县志》卷四云："陆灿，姓钱氏，字湘灵，博学能文。少从其族祖牧斋宗伯学，搘击济南北地生吞活剥之病，……顺治丁酉乡举第二人。"见任道继《方以智年谱》，第 265 页。
⑤ 方以智：《皇明遗民传》卷一，中国科学院图书馆藏。
⑥ 冒襄（1611～1693 年），字辟疆，号巢民，明亡后隐居不出。
⑦ 王士禛（1634～1711），字子真，号渔洋山人，清顺治十二年进士，官至刑部尚书。
⑧ 顾启：《冒襄王士禛交游考》，《南通师范学院学报》2006 年第 6 期，第 54 页。

冒襄。冒襄拜读之后，作《金陵游记·题辞》云："悲慨如孟才老《东京梦华录》……嗟乎！青溪桃叶之间，余数十载旧游地也，红板桥头、乌衣巷口，都成陈迹，只益悲来。每当梦回酒醒，历历追忆，不觉失声欲恸！今观先生诸记，神明焕发，顿还旧观。"① 孟元老，原名孟钺，曾任开封府仪曹，建炎元年（1127）北宋覆亡后南逃。孟元老避地江南的数十年间，寂寞失落中时常思念当年东京的繁华，心中无限惆怅和怀念，于是撰写了《东京梦华录》。冒襄把王士禛作的《金陵游记》视为"悲慨如孟才老《东京梦华录》"，显然是深味王士禛之故国情感的。其实，出于故国之情，遗民士大夫与仕清官员交往的事例是不胜枚举的。

其二，遗民与仕清官员的交往是出于学术交流和探讨文化事业的需要。尽管明遗民和仕清官员的政治立场不同，但是他们又同属以读书为"职志"的士大夫，因此他们常常也会因学术或文化事业而交往。如江西遗民魏禧持身甚严，自谓"予病废三十余年，不敢怀一刺一启，事干贵人"，然而因"最爱吴门、汪户部、宣城施愚山（施闰章）先生之文，……欲有所商榷"。② 此后他们飞鸿不断，如施闰章"自京师以书来，垂其诗及传记著作"，拜托魏禧"论定而叙之"；③ 魏禧则欣然为之。

明清之际，出于修《明史》或编修地方志等文化事业的需要，遗民与仕清官员交往的事例则更多。明清易代后，《明史》的编纂几乎引起了所有遗民的关注。许多遗民虽然明确表示不仕新朝，但对统治者征召参与编纂《明史》却不能心如止水，无动于衷。实际上，许多遗民都直接或间接参与编修《明史》，因此必然或多或少地与仕清官员发生交往。钱澄之因修《明史》与徐乾学开始交往，此事载于徐乾学《田间全集序》，其记载："丁卯春，余在礼部，方有文史之役，即安得饮光先生北来，一切与就正乎？分两月光禄馔金寄枞阳，为治装，惟虑其老不堪远涉耳，乃健甚慨然。脂车既至，尽出所著书。"④ 康熙二十六年（1687），徐乾学监修

① 冒辟疆：《金陵游记序》，《渔洋山人集七种》，乾隆年间刊本。
② 魏禧：《愚山堂诗文合叙》，《魏叔子文集》卷八，第448页。
③ 魏禧：《愚山堂诗文合叙》，《魏叔子文集》卷八，第448页。
④ 徐乾学：《田间全集序》，《憺园文集》卷二十，《四库全书存目丛书》集部第243册，第124页。

《明史》，聘请钱澄之相助。钱澄之以七十六岁的高龄来到京师，参与了修史工作。又如明亡后，黄宗羲把自己的爱国之情转化为国史之志，他虽严词拒绝出仕清朝，却对修明史特别关注。他希望通过修《明史》来寄托故国之思，存史以报故国，因此黄宗羲同意把自己的藏书抄送史馆，还积极为修《明史》给予其他帮助。对此，全祖望描述说："公虽不赴征书，而史局大案必咨于公。《本纪》则削去诚意伯撒座之说，以太祖实奉韩氏者也；《历志》出吴检讨任臣之手，总裁千里贻书，乞公审正而后定。"①

有的明遗民甚至还主动联系主持明史编纂的官员，传达自己对修明史的意见。如清修《明史》中，是否沿《宋史》旧例，设立《道学传》，一度成为史馆上下激烈争议的问题。一些明遗民也积极参与到这场论争之中。如黄宗羲立刻作《移史馆论不宜立理学传书》，对徐氏兄弟拟在《明史》中立《理学传》的主张进行了有力的驳斥，② 指出《宋史》立《道学传》为元人之陋，断不可因袭。并且黄宗羲还谆谆告诫说："某窃谓，道学一门所当去也。一切总归儒林，则学术之异同皆可无论，以待后之学者择而取之。若其必欲留此，则薛、胡、陈、王有明业以其理学配享庙廷，诸公所修者《明史》也。《明史》自合从明，而有所去取其间，犹和明朝阁部，其位一定，今以阁部不当从而期倒其位，可乎，不可乎？"③ 明末清初，黄宗羲在学术界拥有巨大的影响力。徐元文以明史馆最高监修官的名义，向康熙上书，奏请召黄宗羲入京修《明史》，后被拒绝，由此可见黄宗羲在文化界对朝廷有重要的影响力。后来黄宗羲把此信交与汤斌，汤斌迅速将此信出示史馆中人。据全祖望云言："汤公斌出公书以示众，遂去之。"④ 黄宗羲为《明史》最终未立《道学传》做出了巨大努

① 全祖望：《梨洲先生神道碑文》，《黄宗羲全集》第 12 册，第 12 页。
② 曹江红就黄宗羲《移史馆论不宜立理学传书》进行仔细考察，并首次考明黄宗羲此书撰写于康熙二十一年。详见《黄宗羲与〈明史·道学传〉的废置》，《中国社会科学院研究生院学报》2002 年第 1 期。
③ 《黄宗羲与〈明史·道学传〉的废置》，《中国社会科学院研究生院学报》2002 年第 1 期。
④ 全祖望撰、朱铸禹汇校集注《梨洲先生神道碑文》，《鲒埼亭集》卷十一，《全祖望集汇校集注》（上），第 223 页。

力。由此可见，以黄宗羲为代表的明遗民纷纷参与编修《明史》，因而他们不可避免地要与仕清官员发生交往。

明遗民还往往被邀请参与地方志等的编修，无论他们是否接受邀请，但都已经与仕清官员发生了交往。如《雍正泰州志》卷六《人物》载，明遗民黄云"康熙癸亥制府于公聘修省志"。钱澄之也曾接受了福建建宁府推官姚文燮的邀请，主持了《建宁府志》的编纂。黄宗羲也曾因修地方志而与清朝官员发生交往。康熙十年（1671），地方官张某曾两次请黄宗羲撰修郡志书。他在《辞张郡侯请修郡志书》中说："以修志见召，草堂猿鸟，沾被光荣，某独何心，不思报称！"虽然"不胜感荷屏营之情"，但又表示不能参与修郡志书，其原因一是"然而不敢冒昧者，则亦有故。盖文章之道，台阁山林，其体阔绝；台阁之文，拨乱治本，緟幅道义，非山龙黼黻，不以设色，非王霸损益，不以措辞，而卒归于和平，神听不为矫激"，而自己只是略知"雕镂酸苦"之"山林之文"，不能够登大雅之堂；二是"某岩下鄙人，少逢患难，长貌流离，遂抱幽忧之疾，与世相弃，牧鸡圈豕，自安贱贫，时于农琐余隙，窃弄纸笔，戚话邻谈，无关大道。不料好事者标以能文之目，使之记生卒，饰吊贺，根孤伐薄，发露丑老，然终不敢自与于当世作者之列。盖歌虞颂鲁，润色鸿业，自是名公巨卿之事，而欲以壹郁之怀，枯槁之容，规其百一，岂不虞有画虎之败哉！"[①] 虽然黄宗羲以"自安贱贫"和不能胜任为由拒绝地方官张某，但这个过程本身就已经与仕清官员发生了交往。

其三，遗民与仕清官员的交往缘于生活的救济和案狱的救助。明清易代后，不少遗民生活非常困窘，仕清官员给予了他们不少救助。如北方遗民李颙，生活极其贫苦，一再为当道、他人接济。《历年纪略》记康熙十一年（1672）"是春绝粮，几不能生"；是年，张阆司"念先生清苦，捐俸三十金，托人为先生购地十亩，聊资薪水"。王夫之也曾得到官员的资助。康熙二十八年（1689），偏沅巡抚郑端对王夫之比较敬重，嘱咐衡州知府崔鸣鷟对王夫之在生活上予以照顾，于是崔鸣鷟便叫人挑运粟、帛，

---

① 黄宗羲：《辞张郡侯请修郡志书》，《南雷诗文集》（上），《黄宗羲全集》第 10 册，第 163 页。

亲自送给王夫之。①

方以智的族叔方文曾多次接受了一些官员的馈赠。他说：

> 乙酉之变，予避兵吴江一载，衣食垂尽，不得已，索负于常州判某，某不为礼，困益甚。适新令张环生来，有称予姓名者，君欣然要入其署厚饷之。未几，宵小进蜚语，予辞去，而君意尚欲然也。戊子冬，病困白下，计无所出，友人刑孟贞言其邑令崔正谊数问予，盍往谒之。不得已附孟贞舟至高淳。②

高淳县令崔正谊与方文素无交往，只是仰慕方文之名而慷慨解囊相助。相见后，崔氏表示次年为方文"治装甚厚"，加大周济力度。方文还曾接受宋琬③的资助，对此他作《祀穷日宿宋玉叔官舍有感》，说："身如叶落飘何定，命似危途动即穷。幸有故人分厚禄，羞将短发对春风。"④他还专门作有《四令君诗》来感谢四位官员对自己的照顾。⑤在《梦崔正谊，李溉林二明府见访谈笑竟夜，醒而有作》中言："知君念我意，与我思君同。三月杨柳花，飘飞各西东。何时重会合，转似梦魂中。"由此可见，方文并没有因接受仕清官员的救济而感到不好意思，相反认为这是朋友之间理所当然的支持。⑥

钱澄之晚年也曾谋食于徐乾学兄弟等仕清官员。对此好友曾灿规劝说："闻君往云间，浪游成间沮。从人觅颜色，安得有天助！乾坤本趋狗，山川同沮洳。吾辈皆耆耄，勿为境所据。志当今石坚，虽老冀一过。"⑦曾灿极力规劝钱澄之要坚守遗民志节，不要向仕清官员"乞食"。

① 曹伯言：《王船山历史观研究》，《历史研究》1965年第5期。
② 方文：《四令君诗》，《嵞山集》卷一，《续修四库全书》集部别集类第1400册，第61页。
③ 宋琬，字玉叔，号荔裳，莱阳人，顺治四年进士，授官户部主事。
④ 方文：《祀穷日宿宋玉叔官舍有感》，《嵞山集》卷七，《续修四库全书》集部别集类第1400册，第366页。
⑤ 方文：《四令君诗》，《嵞山集》卷一，《续修四库全书》集部别集类第1400册，第60~62页。
⑥ 详见方文《嵞山集》卷二，《续修四库全书》集部别集类第1400册，第85~86页。
⑦ 曾灿：《六松堂集》卷二，《四库未收书辑刊》，第七辑第25册，北京出版社，1997，第351页。

对此，钱澄之解释说：不意垂老乃复为谋食之计，有五孙五曾孙，长者皆已婚嫁，幼者就塾读书，衣食膏火，皆须此白头一翁。而弟复半生汗漫，不谙生产，游装既返，有洸有溃；牛马力尽，枯牛难填，既无管幼安之坚忍，又无陶元亮之旷怀，每一出门，自念平生，辄为汗下。因忆故人曾以道义相劝，不自觉其言之缕缕也。①

垂老之际，钱澄之仍然要照管一家老小的生活，因为不问生产，只好把游走于府邸文馆作为生计之源，然而其心终究难安。他认为："士大夫当变易之时，而能全其身以不失其节者，汉管幼安、晋陶元亮尚已。"②钱氏以遗民自处，但又因难以坚持遗民志节而愧疚。

明遗民也常因需仕清官员援助脱狱而与之交往。遗民坚守旧朝政治立场，"多轻世肆志，或以语言文字买祸"，③故时有陷入案狱的事情发生。如江苏遗民阎尔梅就获得过龚鼎孳的救助。阎尔梅因从事反清活动致狱，且连累家人，他"被逮时，其弟尔羹父子同下江宁狱，经年始释。亡命之先，妻妾自杀。虑发冢，预平先墓"。④阎尔梅案情相当严重，他最后能够获得平安，全仗龚鼎孳出力。方文咏其事说："隐匿姓名之四方，踏遍西南好山水。二十年间头白矣。司寇龚公念旧交，特疏令君还故里。"⑤对于龚鼎孳把自己从危难中解救出来，阎尔梅是很感激的，他作《庐郡夏秋诗为龚孝升作》说"自解山东网，渔樵路始宽。百年知己泪，一粒返魂丹"，"高山与流水，呜咽感知音"。⑥他称赞龚鼎孳的帮助是"返魂丹"，并把他当作"知音"。龚鼎孳还救助过傅山、陶汝鼐等。对此，邓之诚有记载：龚鼎孳"官刑部尚书，宛转为傅山、陶汝鼐、阎尔梅开脱，得免于死。艰难之际，善类或多赖其力。"⑦对于龚氏保全遗民之举，金

① 钱澄之：《田间尺牍》，《藏山阁集》，黄山书社，2004，第481页。
② 钱澄之：《田间文集》卷十三，第233页。
③ 谢正光、范金民编《明遗民录汇辑》（上），第141页。
④ 邓之诚：《清诗纪事初编》卷一，第89页。
⑤ 方文：《赠阎古古丈》，《嵞山集》卷二，《续修四库全书》集部别集类第1400册，第972~973页。
⑥ 阎尔梅：《庐郡夏秋诗为龚孝升作》，《白耷山人诗集》卷五，《四库禁毁书丛刊》集部第119册，第430、431页。
⑦ 邓之诚：《清诗纪事初编》卷五，第553页。

堡赞其是"慈悲大菩萨"心肠，① 钱澄之也对其救助遗民之功大加钦佩："惟时大狱频兴，无辜坐死者比比，公务于万死之中求其一生。"②

总而言之，上述遗民与仕清官员交往的过程和原因，因人而异，非常复杂，并非任何一个遗民都是如此。但这些机缘也可以统一于单个遗民之上，下面就以顾炎武为个案来观察明遗民与仕清官员的交往。

三　顾炎武与仕清官员的交往

顾炎武"遇人平视持厓岸，不肯假借人"，③ "孤僻负气，讥诃古今，人必刺切"。④ 他的好朋友李因笃参加"博学鸿儒科"，并劝说李二曲也参加，顾炎武得知后，毫不留情地斥责说："窃谓足下身蹶青去，当为保全故交之计，而必援之使同乎已，非败其晚节，则必夭其天年矣。"⑤ 由此言之，顾炎武确实严以待人，毫不阿谀媚人。

顾炎武不仅严于待人，还严于律己。清兵入关后，顾炎武与归庄等人参加惊隐诗社，以不仕清廷相激励。清廷诏举"博学鸿儒科"，顾炎武拒荐，并在给翰林院掌院学士叶方蔼的《与叶讱庵书》中强调："七十老翁何所求？正欠一死！若必相逼，则以身殉之矣！"⑥

由此言之，顾炎武似乎是一狷介不屈的遗民，他严守遗民群体的"道德律令"。然而，在与仕清官员交往方面，顾炎武却比一般遗民有着与仕清官员更多更广泛的交往。如顾炎武与他的外甥"昆山三徐"（徐乾学、徐秉义、徐元文）等有密切交往。他在《与公肃甥书》中论修史之法时说："惟是奏章是非同异之论，两造并存，而自外所闻，别用传疑之例，庶乎得之。此虽万世公论，却是家庭私语，不可告人以滋好事之腾口也。"⑦ 仅这里的"家庭私语，不可告人"，便足显顾炎武完全没有把外甥徐元文（字公肃）当作外人看，而是当自家人看待的。

---

① 邓汉仪：《诗观》卷五，《四库禁毁书丛刊》集部第1册，第383页。
② 钱澄之：《龚端毅生祠重新碑记》，《田间文集》卷十一，第197页。
③ 罗有高：《蒿庵集·附录》，齐鲁书社，1991，第177页。
④ 罗有高：《蒿庵集·答顾亭林书》，第50~51页。
⑤ 顾炎武：《附答李子德书》，《亭林文集》卷四，《顾亭林诗文集》，第79页。
⑥ 顾炎武：《与叶讱庵书》，《亭林文集》卷三，《顾亭林诗文集》，第56页。
⑦ 顾炎武：《与公肃甥书》，《亭林文集》卷三，《顾亭林诗文集》，第58页。

如果顾炎武与"昆山三徐"交往密切是因亲缘关系而情有可原的话，那么与其他官员的密切交往则怎么看待呢？除"昆山三徐"外，顾炎武还与很多清朝官员、"贰臣"多有交往。如顾炎武在山东与程先贞①、沈荃②相遇并"交相推许"，与谭吉璁、叶方蔼、陈锡嘏③等也交往过密。顾炎武多与清朝官员交往，与其遗民名节人格实在不符，这令人觉得有些不解。这从反面证明顾炎武在社会交往方面有很强的灵活性和很大的自由选择空间。那么顾炎武主要是因何种原因与仕清官员交往的呢？

其一，因修《明史》及地方志而与清廷官员交往。顾炎武虽没有直接参与修《明史》，但并没有置身事外，他多次与仕清官员密切讨论编修《明史》事宜。顾炎武治学严谨，于事理"莫不穷究原委"，"酌古通今，旁推互证"。④ 他在《与公肃甥书》一信中指出，编《明史》，必须言必有据，"止可以邸报为本"，因邸报为当时实录，真实性较强。又说："奏章是非同异之论，两造并存，而自外所闻，别用传疑之例，庶乎得之。"⑤顾炎武告诫外甥，对于互有抵牾的材料，不能偏执一词，应进行翔实的考证。除其外甥外，顾炎武还与汤斌交往。汤斌字荆岘，号潜庵，河南睢州人，顺治九年（1652）进士，《明史》总裁官。汤斌修《明史》时，曾就史事问题写信向顾炎武讨教。顾炎武称赞汤斌"足下有子产博物之能，子政多闻之敏"⑥，在《答汤荆岘书》言："两函并至，深感注存。"⑦ 同许多遗民一样，顾炎武也有修地方志的经历，如他曾参与编《山东志》。他在《与颜修来手札十五》载："修志之局，郡邑之书颇备，弟得藉以自成其《山东肇域记》。若贵省之志，山川古迹稍为刊改，其余概未经目，虽抱素餐之讥，幸无芸人之病。"⑧ 康熙十二年（1673），顾炎武又为当局

---

① 程先贞，字正夫，德州人，以祖荫历官工部营缮司员外郎，入清后以原官用，顺治三年告病归里。
② 沈荃（1624~1684），字贞蕤，号绎堂，华亭人，顺治九年探花，官礼部侍郎。
③ 陈锡嘏，字介眉，号怡庭，浙江鄞县人。康熙十五年进士，官翰林院编修。据孙炳垔《黄梨洲先生年谱》载，康熙十七年，黄宗羲被诏征博学鸿儒科，陈锡嘏代为力辞，乃止。
④ 江藩：《顾炎武》，《国朝汉学师承记》卷八，第858页。
⑤ 顾炎武：《与公肃甥书》，《亭林文集》卷三，《顾亭林诗文集》，第58页。
⑥ 顾炎武：《答汤荆岘书》，《亭林文集》卷三，《顾亭林诗文集》，第54页。
⑦ 顾炎武：《答汤荆岘书》，《亭林文集》卷三，《顾亭林诗文集》，第54页。
⑧ 顾炎武：《亭林佚文补辑·与颜修来手札十五》，《顾亭林诗文集》，第237页。

所请，寓居山东德州修订州志。

其二，因陷入案狱而与仕清官员交往。顾炎武陷于案狱，也迫使他不得不与仕清官员交往，希望得到他们的救助。康熙七年（1668），顾炎武遭祸于山东章丘，后陷济南狱。具体缘由是明代锦衣卫指挥黄培的家奴姜元衡讦告旧主"通海"反清，并刊刻《忠节录》等"悖逆"书籍。而此时与顾炎武有仇怨的山东商人谢长吉乘机与姜元衡勾结，诬陷《忠节录》为顾氏所编，并说顾氏密谋反清。顾炎武在《赴东六首》自序中说："莱人姜元衡讦告其主黄培诗狱，株连二、三十人，又以吴郡陈济生《忠节录》二帙首官，指为余所辑，书中有名者三百余人。余在燕京闻之，亟驰投到。"① 顾炎武闻信后，义无反顾至济南投案。涉及要案，一般人避之尚不及，顾炎武却迎祸而进。他虽然被关进阴暗的地牢，但似乎毫不担心。顾炎武在致某人信中称："所云屡有言相致者，止于舟札见之，它皆未到。……此中之事大抵上有求而下不应，弟遂无保出之法……欲乞一问南夏诸公，若天生至晋，可为弟作书促之入京，持摰上一二函至历下，必当多有所济。"② 顾炎武知道身处朝中的外甥等人不会置之不理。于是他对叔父说："惟趣公肃（徐元文）速发北辕，则不烦力而自解。"③ 徐元文亲赴山东干涉此案审理，此案遂迎刃而解。所以顾炎武说："公肃之来，正当其时。……不然，此案扳蔓，非旦夕所能了也。"④ 对于外甥徐元文的"扶持之力"，顾炎武一直心存感激。

其三，缘于学术交流而与仕清官员交往。顾炎武为学非常重视学术交流，他说："独学无友，则孤陋而难成；久处一方，则习染而不自觉。"⑤ 而许多仕清官员有着深厚的学术功底，顾炎武非常喜欢和这些具有官员与学者双重身份的士大夫交往。如汪琬⑥曾将其所刻《钝翁前后类稿》寄顾

① 顾炎武：《赴东六首》，《亭林诗集》卷四，《顾亭林诗文集》，第384页。
② 顾炎武：《亭林佚文辑补·与人书十首之六》，《顾亭林诗文集》，第242页。
③ 顾炎武：《上国馨叔》，《蒋山佣残稿》卷二，《顾亭林诗文集》，第210页。
④ 顾炎武：《与原一甥》，《蒋山佣残稿》卷二，《顾亭林诗文集》，第208页。
⑤ 顾炎武：《与人书一》，《亭林文集》卷四，《顾亭林诗文集》，第94页。
⑥ 汪琬（1624~1691），字苕文，号钝翁，晚号尧峰，又号玉遮山樵，江苏长洲人，顺治十二年进士，授户部主事，康熙十八年召试"博学鸿儒科"一等，授翰林编修，纂修《明史》。

炎武，并与顾炎武讨论礼学。顾炎武回信《答汪苕文书》，并在信中与汪琬仔细讨论了礼教问题。顾炎武还将自己所论《尚书》中有关"康王之诰，辨冕服为逾年即位之礼"等内容的见解附录于信后，非常谦虚地请汪氏"赐指教"。

顾炎武与颜光敏①的学术交流更多。颜光敏为孔门著名弟子颜渊第六十七世孙，康熙六年（1667）进士，官至考功司郎中。康熙四年（1665），顾炎武至曲阜，结识颜光敏，二人常常"聆微言而商大业"②。然而，顾炎武与颜光敏所商的"大业"，并不是复明事业，而是交流学术。顾炎武赞颜光敏才名远扬，以"至于四方同人遥相问讯，无不仰赞鸿才"。③ 他们频繁进行学术交流。仅在《顾亭林文集》中，就有十多封关于他们讨论学术的书信。如顾炎武《与颜修来手札一》载："《诗本音》二册送上。中有较正者，乃卫太史笔也。此书未定，不必抄录，……更乞教正为荷。"④《诗本音》共十卷，是后来《音学五书》的重要组成部分，其书遵陈第《诗》"无叶韵"之说，虽对宋人吴氏《韵补》没有辩争，但也不全用吴氏之说例。顾炎武以此书向颜光敏请教音韵学，但又为没有亲自请教、会面而深感遗憾。与顾炎武进行学术交往的清朝官员还有李涛⑤等。《亭林文集》卷三有《答李紫澜书》云："春来两接琅函，著作承明，紬（绸）书金匮，自不负平生所学"⑥，表示对李涛学问称许不已。由以上材料可知，顾炎武确实与仕清官员广泛地进行学术交流。他言："虚心纳善，其学问之增进，亦往往因师友之见闻而益增。"⑦ 在学术交流中，顾炎武自谓受益匪浅。

其四，出于故国之情和怀念旧朝之感，顾炎武与仕清官员进行交往。

---

① 颜光敏（1640~1686），字逊甫，改字修来，别号乐圃，康熙二年（1663）举乡试，六年（1667）中进士，除国史院中书舍人，迁礼部仪制清吏司，寻调吏部稽勋清吏司主事，补验封清吏司主事等。

② 顾炎武：《亭林佚文辑补·与颜修来手札三》，《顾亭林诗文集》，第 233 页。

③ 顾炎武：《亭林佚文辑补·与颜修来手札三》，《顾亭林诗文集》，第 233 页。

④ 顾炎武：《亭林佚文辑补·与颜修来手札一》，《顾亭林诗文集》，第 233 页。

⑤ 李涛，德州三李之一，字紫澜，康熙丙辰（1676）进士，选庶吉士（翰林），康熙皇帝南巡时，特御书"惠爱"二字褒奖，官终刑部侍郎。

⑥ 顾炎武：《答李紫澜书》，《亭林文集》卷三，《顾亭林诗文集》，第 68 页。

⑦ 谢国桢：《顾亭林先生学侣考序》，《顾炎武学术思想研究汇编》，第 335 页；原载《国学论丛》第一卷第 1 期，1927。

顾炎武有着深厚的故国情感，自谓他犹如"精卫"一样誓不降清。有着如此情感，自然不会结交厚颜无耻、卖国求荣的仕清官员，但对不得已而出仕清朝，尚怀有故国情感的仕清官员，顾炎武还是愿意交往的。如他与施闰章的交往就有此因素。顺治十八年（1661）顾炎武在西湖结识施闰章。施闰章（1618～1683），字尚白，号愚山，宣城人，顺治六年（1649）进士，授刑部主事，迁员外郎，督学山东，转湖西道参议。施闰章不同于一般的仕清官员，他对旧朝怀有深厚的情感。二人正因有共同的心理情感基础，所以关系密切。但施闰章毕竟是清朝官员，他在与顾炎武的交往中，感到自己无论如何也难以抹杀仕清的"自污"事实，因此面对顾炎武时多有愧疚，但是顾炎武并没有因此而轻视施闰章，而是把他当作知己，二人无所不谈。顾炎武还把拜谒明皇陵的诗作交给他看，施闰章在《愚山先生诗集·寄顾宁人》中云"陵寝诗传涕泪余"表达了难以忘却的故国之情。

顾炎武与陈锡嘏的交往也是出于故国情怀。顾炎武在《与陈介眉书》中说："既深景仰，复重感伤，此心此理，臣子所共。今附《关中》、《嵩下》诗，同志者可共观之。"① 顾炎武请陈锡嘏欣赏的"《关中》、《嵩下》诗"，就是他于康熙十七年（1678）所做的《关中杂诗》（五首）以及康熙十八年（1679）所做的《三月十九日行次嵩山会善寺》（一首）和《嵩山》（一首）。顾炎武为什么请仕清官员陈锡嘏"共观之"？其诗又传达了什么信息呢？那要对他们提及的诗歌进行分析。其《三月十九日行次嵩山会善寺》云："独抱遗弓望玉京，白头荒野泪沾缨。霜姿尚似嵩山柏，旧日闻呼万岁声。"②《嵩山》云："位宅中央正，高疑上界邻。蓄波含颍汝，吐气接星辰。二室云长拥，三呼响自臻。淳风传至德，孤隐秘灵真。世敝将还古，人愁愿质神。石开重出启，岳降再生申。老柏摇新翠，幽花苗晚春。岂知巢许窟，多有济时人。"③ 前一首表达了诗人对故国旧君矢志不渝的忠心，后一首则表达了他对华夏复兴坚定不移的信念。周可

---

① 顾炎武：《与陈介眉书》，《蒋山佣残稿》卷三，《顾亭林诗文集》，第218页。
② 顾炎武：《三月十九日行次嵩山会善寺》，《亭林诗集》卷五，《顾亭林诗文集》，第423页。
③ 顾炎武：《嵩山》，《亭林诗集》卷五，《顾亭林诗文集》，第423页。

真教授指出,顾炎武之所以要让"同志者共观之",显然是让他的同志勿忘故国,自珍晚节。他把有如此内容的诗作赠予陈锡嘏"共观之",足见他与陈锡嘏在故国情感上是心心相印的,他们之间的交往有着比学术更为深刻的思想基础。

其五,生活和经济上需要仕清官员的关照,也成为顾炎武与他们交往的一个重要原因。顾炎武年轻时家境虽不甚富裕,但还过得去,他在"昆山三徐"未发达时,曾多次慷慨解囊,振其困乏,"累数千金",从"不取偿也"。顾炎武把他的外甥徐氏兄弟当作自家人,在自己有困难时多次向他们寻求帮助。如康熙六年(1667),顾炎武通过外甥徐乾学"打招呼",把自己在章丘的庄田,委托给章丘的徐县令和后任的魏县令代理管理。顾炎武在《答原一甥》中提到此事:"章丘庄事托之魏令,且以币往,复书一力照管,收租办课矣。但必得取庄头揽状付来为凭,而索之至再,尚未寄至。吾甥到京,幸为我特作一书与之。从提塘发去,而令元少便中取其报音可也。"① 除受到外甥的关照外,顾炎武也多次得到其他官员的相助。如他多次得到陈上年的资助。陈上年,字祺公,直隶(今河北)清苑人,顺治六年进士。陈上年与顾炎武交好,二人常常"篇章酬答,率以道义相切劘"。康熙五年(1666),顾炎武与傅山、李因笃等在山西代州聚会,时任雁平兵备道的陈上年对他多有资助。同年,顾炎武在陈上年的庇护下,联络志士二十余人,于雁门、五台之间,垦荒种田。康熙六年,顾炎武从孙承泽处借得《春秋权衡》《春秋纂例》《汉上易传》等书,又是陈上年供以薪米、纸笔,抄之以归。顾炎武常年在外游历,还不时得到其他官员资助。如康熙十九年(1680)冬天,顾炎武到山西汾州(今汾阳),住在知州周如漆(西水)的衙门里。康熙二十年(1681)二月他至运城,住在监运使黄斐(菉园)的衙门里。八月,顾炎武又到了曲沃,住在县令熊儌(江西人)的衙门里。②

综上所述,明遗民严格对待自己的交往与处事,希望全节以终身。他们与仕清官员的政治立场迥异,并且占据着道德审判的"制高点",对变

① 顾炎武:《答原一甥》,《蒋山佣残稿》卷一,《顾亭林诗文集》,第196页。
② 赵俪生:《顾炎武在关中》,《兰州大学学报》1999年第9期,第77页。

节仕清者多有责斥，然而他们还是普遍地与仕清官员进行交往。这种自相矛盾的行为或许是无可奈何的。毕竟，在现实生活中保持道德的"纯洁性"实在太难了。

第三节　"何不翻身行别路"：明遗民与僧的交往

受晚明禅悦之风的影响，明末士大夫与佛禅关系密切，多与僧交往。在国破家亡的易代之际，明遗民更是逃禅成风。对此状况，邵廷采《明遗民所知传·张利民》称"时遗民为僧者，不可殚纪"。① 遗民逃禅使得他们更便于与僧交往，甚至形成了有学者所言的"士禅一体化的现象"。② 关于遗民逃禅的原因及佛释对他们的思想学术、人生态度的影响等，后面将有专门论述。在此主要讨论明遗民与僧的交往状况，以及他们交往的内容和原因等。

一　明遗民多与僧交往

清初许多明遗民都有与僧交往的经历。如顾梦游，字与治，南京人，他与诗僧函可交往密切，曾请函可"主其家"。③ 陈忱也有与僧交往的经历，他曾和此山和尚交往，并作诗《过长生塔庵，访沈雪樵、徐松之兼呈此山禅师》。张岱也与僧人弘礼有过交往。弘礼（1598~？），号具德，张岱族弟，少年出家，后为灵隐寺主持。顺治年间，他主持重修了灵隐大殿，张岱作《具德和尚灵隐落成刚值初度作诗寿之》志贺。张岱还与晦迟禅师（1598~1652）多有交往。晦迟禅师的人物、花鸟、山水绘画十分精美，张岱在《妙艺列传》中赞赏他："笔下奇崛遒劲，直追古人；水石丘则李成、范宽；花翎毛则黄筌、崔顺；仙佛鬼怪则石格、龙眠。"④ 晦

---

① 邵廷采：《明遗民所知传·张利民》，《思复堂文集》卷三，浙江古籍出版社，1987，第212页。
② 何宗美：《明末清初文人结社研究》，第350页。
③ 谢正光、范金民编《明遗民录汇辑》（下），第1237页。
④ 张岱：《石匮书后集》卷五十七，第340页。

迟禅师也十分敬佩张岱，称他"才大气刚，志远学博，不肯俯首牖下"。①
明遗民董说，字既方，浙江乌程人，他与佛僧衲子交往广泛，与之交往的
有晓青、卑牧、延音、去息、果成、喻苇、翼庵、序香、征圣、椒庵、雪
庵、补庵、劭圆、古渔、香谷、大涵、粲白兆、兼树、霜樵、秋岸、声
倍、悬证、上说、道冶、命盂、同岑、密庵、此山禅师、陆丽京、石溪、
井人、髡残、弘储、南林。② 这只是从董说的诗文、书信中考证出来的，
可以想见，实际与董说交往的僧人应该还大有人在。由此可见，许多明遗
民与僧有过交往，只是范围大小不同、交情深浅有异而已。事实上明遗民
与僧交往是十分普遍的现象。

如仅据上述张岱、陈忱、董说与僧人的交往，还无法充分展现遗民与
僧交往的内容和原因，下面将以王夫之和黄宗羲为例，继续进行探究。

二 王夫之与僧的交往

王夫之的学术立场是反佛的，其"辟佛之烈，已得到当时和当今人
们的肯定"。③ 并且他还反对遗民逃禅。王夫之好友方以智皈依佛门后，
劝他"何不翻身行别路"，投奔佛门，但王夫之以"人各有心"之诗婉言
谢绝。④ 虽然学术上反佛且反对遗民逃禅，然而这并不意味着王夫之不与
僧交往。事实上，正如萧萐父先生所指出的那样，王夫之"从小即知其
父王朝聘与释德清关于率性之旨的辩论，中年以后，又不拘一格地广交方
外之士，……与他交往的众多方外之士，分属佛教许多宗派，如先开属法
相宗、万峰属禅宗、牧云住持属律宗等等。毫无疑问，这为王夫之会通佛
教诸宗提供必要条件"⑤。王夫之有很深入的佛道思想认识。⑥ 在此，我
们不谈王夫之的佛道思想，只是探讨他与佛僧人士的交往状况。

茹蘖智霖，字如蘖，昆明人。本姓张，曾以乡举任衡山令。辛酉年，

① 陈洪绶，吴敢点校：《张宗子乔坐衙剧题辞》，《陈洪绶集》卷三，浙江古籍出版社，1994，第41页。
② 详见赵红娟《明遗民董说研究》，上海古籍出版社，2006，第136~168页。
③ 萧萐父、许苏民编《王夫之评传》，南京大学出版社，2002，第540页。
④ 王夫之：《南窗漫记》，《船山全书》第15册，第887页。
⑤ 萧萐父、许苏民编《王夫之评传》，第529页。
⑥ 吴立民、徐苏铭：《船山佛道思想研究》，湖南出版社，1992，第10页。

王夫之作《广哀诗》十六首，其中就有《雪竹山道者智灁》一首：

> 弥天无洁土，匿者之廉邦（佛界）。虽从虏发陷，犹异稽颡降。
> 所疑耽矞宇，还欲建旌幢。丹霞来领表，意气凌韩泷。金碧填顽石，
> 熠耀杂宝缸。曾欲讯青原，刹竿当推撞。埋心委泥絮，朽骨车共葱。
> 金钱来姜从，嗉食分鸦鹒。余腥为香饭，空有愧老庞。晚交雪竹山，
> 澡涤清冷淙。经年断盐豉，长夜藉稿椌。破衲拥残火，松炬明纸窗。
> 密语无标榜，率志捐杂庞。杨坟劳记蓟，虚舟自离椿。一丝存暗淡，
> 万古全愚惷。忆师尹南岳，辛勤渡盘江。聊为存衣冠，非但脱矛釓
> 从。深夜偶追惟，荼蘗如满腔。不知飘然志，遂泛嘉千舡。死决不相
> 闻，泪涕日千双。①

王夫之认为国亡家破后，很多志士隐于佛界，茹蘗智灁就是如此。茹
蘗大师虽处金碧辉煌的佛殿，爱国怀君之心却如磐石坚不可改，即使经年
无盐豉，食素食，拥残火，也要保存明代衣冠。王夫之还在诗中言："六
月飞冰雪，埋心直到今。"② 此诗表明王夫之对大师至死不向清朝屈服是
十分称赞的。此诗中王夫之还回忆了二人相交于雪竹山的情景，然后再会
时已经物是人非。王夫之辛酉年有《宿雪竹山同茹蘗大师夜话》七律一
首云："不知情在与无情，丈室挑灯魄自警。海溅云飞千嶂断，烟笼雪压
一枝轻。破船载月浮寒水，别路寻芳驻晚晴。自护杨贲荃草绿，青归间唱
踏莎行。"③ 王夫之庚戌年在伏岩谷隐居，雪竹山距王夫之草堂不远，此
诗则记录了二人经常往返唱和的情形。

凝然性翰，据《莲峰志·沿革门》载，为方广寺住持，并主持重修
了方广寺。王夫之与凝然性翰交往密切。王夫之曾作《莲峰志》，记录了
方广寺的沿革、形胜、祀典、禅宿等情况。王夫之能够对方广寺有详细深
入的了解，应该是从其禅友性翰那里获得不少帮助。王夫之与性翰大师并
非泛泛之友，而是患难之交。王夫之在《南岳僧性翰》诗中云："为有神

① 王夫之：《广哀诗·雪竹山道者智灁》，《船山全书》第 15 册，第 467 页。
② 罗正钧：《船山师友记》，岳麓书社，1982，第 181 页。
③ 王夫之：《宿雪竹山同茹蘗大师夜话》，《船山全书》第 15 册，第 356~357 页。

骏姿，激扬忠愤隐。行歌方亢爽，社稷已齑粉。烧灯相向悲，坐待钟声殷。义旗同崎岖，债败无郁苑。"① 王夫之于戊子年举义兵反清，性翰虽身处方外，却毅然加入王夫之的反清队伍。事败后，王夫之因清兵发檄文搜捕，到处逃亡。"畴者天狼骄，窜身潭龙吻。缁流不相疑，泥滓为拭抆。羹芋或相遗，雪簟偶相助。不足恤死生，依之全曲护。"② 王夫之避难莲峰方广寺，性翰对他多有全护之功，并救济王夫之的生活，给予他"羹芋""雪簟"等食物。王夫之对性翰大师不顾生命危险的照顾，感激万分，并结下深厚情谊，常常"往来遂频数，登眺躅疾忿"。王夫之还对性翰爱国之举给予了高度评价："义旗同崎崎，债败无凄苑。笑指楼阁灯，一如暮落槿。垂死犹致声，心魄尚合吻。"③ 作为生死之交，王夫之称赞性翰大师的并非是其佛法高深，而是他至死不悔的忠孝之心。

慈枝，双髻峰续梦庵主僧。王夫之曾写有《续梦庵拈岸侧桃花示慈枝庵主》，诗云："当春尽与试铅华，耀日烘云射晚霞。是水是根撺掇就，天台有路不曾遮。"④ 该诗描绘了王夫之与慈枝等僧侣诗文唱和时的欢乐情景，该诗末句更表达了对慈枝修成正果的美好祝愿。然而，王夫之于顺治二年（1645）在双髻峰营建续梦庵，并请慈枝做续梦庵主僧，实为表达了"继作明室江山一统之梦"，即继续恢复明王朝之梦想。其《丁亥元日续梦庵用袁石公韵》诗云："峰端悔不属青畦，偕隐学成断尾鸡。臣朔无聊饥欲死，太常有恨醉如泥。烧琴天道原烹鹤，徒宅痈肠反忘妻。免得悟头魔已过，恰如春尽子规啼。"⑤ 由此可知，慈枝禅师对王夫之难以忘却的故国之情应该是理解的。

破门法智，居住衡山数十年，名其庵为石浪，经常以诗文自娱，著有《破门诗集》。法智的诗文书法非常出名。王夫之曾与法智探讨诗文。他在《南窗漫记引》云："僧诗本不足附曹、桧之末，唐、宋之名，技止此耳，况今日哉！量止其域，大无能摄，微无能入也。以予所见者，僧法

---

① 王夫之:《南岳僧性翰》,《船山全书》第 15 册, 第 46 页。
② 王夫之:《南岳僧性翰》,《船山全书》第 15 册, 第 46 页。
③ 王夫之:《南岳僧性翰》,《船山全书》第 15 册, 第 46 页。
④ 王夫之:《续梦庵拈岸侧桃花示慈枝庵主》,《船山全书》第 15 册, 第 700 页。
⑤ 王夫之:《丁亥元日续梦庵用袁石公韵》,《船山全书》第 15 册, 第 702 页。

智一绝云：'一步一花无别意，香来熏透破袈裟'，差为蔬笋之雄。"① 他对法智禅师的诗学才能赞不绝口。

先开。甲子年冬天，王夫之得了重病，先开大师前来探望。王夫之作诗相赠，云："迫迫寒威甚，惺惺久病如。纸窗明半榻，炉火拥残书。法相沙踪雁，交情静夜鱼。"② 癸亥年先开赠王夫之丹桂花，王夫之又作诗谢之。③ 先开禅师还与王夫之讨论过佛道学术问题。王夫之庚申年作《南窝授竹影题用徐天池香烟韵七首》中第六首自注云："时为先开订相宗，并与诸子论庄。"据罗正钧考证，《船山遗书》存目有《相宗络索》三卷，但未刊刻，应该是先开所订。刘毓嵩也指出《相宗络索实为释氏之〈小学绀珠〉》，此书是王夫之应先开禅师之请所作。④

万峰知韬，衡阳人，曾主持过南岳东山寺，深通佛理。王夫之经常与之探讨佛理。乙丑年王夫之作《代书答舌剑韬》云："㴉水东流岳阜西，鱼书遥问浣花溪。千峰旧访孤轮月，双脚难拼一寸泥。大誓余生闻虎啸，衰年独坐弄驴蹄。东山只履归何日，草软烟柔一杖藜。"⑤ 王夫之在诗中记叙了他历尽千辛万苦寻访大师交流佛理的情形。王夫之还在诗中指出，万峰大师对他感情犹如当年慧远法师与陶元亮、陆修静之交谊一样深厚。万峰大师甚至对王夫之说"不愿成佛，愿见船山"，可见二人交情之深。

楚云，据《衡阳县志·山水第二》载："天平庵僧楚云，明季遗老，与王夫之往还酬赠，篇什尤多。"王夫之与遗民僧楚云唱和内容应为故国旧君之事。王夫之还曾为楚云作碑记，可惜不存，无法探知其交往具体过程。

惟印，长沙千寿寺主僧。在王夫之的方外友人中，惟印大师名气最大。王夫之于1676年作《与惟印大师书》，在此信中对惟印大师于国亡后仍能坚持民族气节敬佩不已，他说："三十年来，折脚当作鼎烹，鼎养浩浩遍天下，公独守野鸡潭一婆罗提权，禅院法喜，萧然物外"，"公能

① 王夫之：《南窗漫记》，《船山全书》第 15 册，第 883 页。
② 王夫之：《先开过问病赠之》，《船山全书》第 15 册，第 398 页。
③ 王夫之：《先开移丹桂一株于窗下》，《船山全书》第 15 册，第 405 页。
④ 罗正钧：《船山师友记》，岳麓书社，1982，第 186 页。
⑤ 王夫之：《代书答舌剑韬》，《船山全书》第 15 册，第 412~413 页。

先我心，不挂国师紫"。① 对于惟印大师和自己的民族气节的称赞，王夫之毫隐晦，他说："除切死生吾与汝，有谁白战是英雄。"也许正是基于这种共同的节操，王夫之把与惟印的每次交往都看作极为重要的经历。王夫之于丙辰因避吴三桂叛乱之难，再至长沙与惟印相晤，并送大师横幅诗文数篇。王夫之受惟印影响颇深，他经常与惟印在游戏中讨论佛理。如他在《与惟印大师书》中云："看局如暝烟，下子如流水。着着不争先，枫林一片紫。"② 王夫之认为与惟印对弈中充满禅机。在惟印的影响下，王夫之对禅理有深刻领悟。他说："世有出世，出世有世，出不出，世不世，即世即世，即出即出。堂堂昂昂，眉毛下只许鼻头领过。公奉妙法莲花塔，三千僧是，大乘菩萨是。苏子瞻云'我是小乘僧'。只此一语，顶戴不小。公以弈为游戏，与余品皆最劣，然终日欣然对局不倦，王积薪必无此乐也。一行和尚冷眼觑破，止知着着求先，故不能出普寂绩圈馈中。古今人当推我与公为最上国手。"③ 深得"世有出世，出世有世"之禅理，当此故国沦丧、山河变色之时，王夫之认为出世法即世间法，出世也是另一种入世。④

正因为王夫之与僧人多交往，故他对南岳佛教的流派、高僧、寺庙和一些突出事件了如指掌，并做了一篇4000余字的《南岳赋》⑤。对于这样一位与佛僧情投意合的学友、知己，当他离开南岳佛僧时，僧众结队相送，双方都依依不舍，挥泪而别。

三 黄宗羲与僧的交往

我们还可以以黄宗羲为例，深入观照明遗民与僧交往的原因。

其一，对僧以"忠孝作佛事"的情怀认可。佛教人士"以忠作佛事"，吸引许多遗民来附。如天然禅师自谓"吾虽方外，忠君爱国之心与忠义士大夫等"。⑥ 天然禅师虽身处方外，"仍以忠孝廉节垂示及门，以故

① 王夫之：《与惟印大师书》，《船山全书》第15册，第998页。
② 王夫之：《与惟印大师书》，《船山全书》第15册，第998页。
③ 王夫之：《与惟印大师书》，《船山全书》第15册，第998页。
④ 萧萐父、许苏民编《王夫之评传》，第531页。
⑤ 王夫之：《南岳赋》，《船山全书》第15册，第165~174页。
⑥ 钱谦益：《华首空隐和尚塔铭》，《有学集》卷三十六，第363页。

学士大夫从之游者，每于生死去就多受其益，甚深缔信，抑且为法忘躯，竞相落发，绍隆圣种，弘赞宗猷，师师济济，一时独善"。① 黄宗羲与僧的交往也多因此使然。

黄宗羲好游禅寺，② 查其《匡庐游录》和《南雷诗历》，其中记游寺诗近 30 首。黄宗羲似乎也很愿意与佛僧交往。如湛然澄禅师逝世后，黄宗羲言："余生也晚，不及见澄公，其门弟子多得而友之，如瑞白雪公戒珠唉对；尔密复公，东山信宿；三宜盂公，则西湖月舫、葛岭韵脚，往往同之，且从容约誓：'火浴之后，扬灰湖水，居士当为我波上之铭。'"③然而黄宗羲并非嗜佛学佛，更多的是因为在他心中，寺与忠孝国家关系密切。在国破家亡的情势下，黄宗羲与忠孝僧人似有共同的心理，所以他们心有灵犀，"不必通名姓，同为失职人。清谈渔鼓后，红烛乱离身"，④似乎有说不完的话，至于交谈的内容，我们可以联想到。他曾作诗《栖贤寺三峡桥》赠主持："昔日高安记此山，即今犹是不能删。狂峰怪石翔檐上，金奏雷轰岂世间。败屋凭依五老下，名泉不税九江关。老僧得此难消受，更问何方尚未还？"⑤ 子由贬高安时，曾作《栖贤寺记》，描绘了狂峰怪石等美好景色。然如今国土沦丧，物是人非，败屋破檐，连清心寡欲的老僧也难以消受，何况是遗民士大夫。黄宗羲赞誉禅师虽然托身佛门，但坚持民族气节，至死犹怀匡时之志。

黄宗羲与弘储大师的交往也是出于此因。弘储大师虽然出家，但依然有"忠孝作佛事"的故国情怀。徐枋《居易堂集·怀旧篇》说"天上灵岩一退翁，蔚然忠孝开宗风"，就指出了弘储的遗民品格和忧国忧时之情。弘储大师的爱国志节吸引了许多遗民来附。康熙四年（1665），黄宗羲与弘储在灵岩天山阁纵谈七昼夜。对此，黄宗羲《轮庵禅师语录序》

① 汤来贺：《天然是和尚塔铭》，《庐山天然禅师语录》，（明）《嘉兴大藏经》第三十八册，台北，新文丰出版公司，1987，第 199 页。
② 黄宗羲：《女孙阿迎墓传》，《南雷诗文集》（上），《黄宗羲全集》第 10 册，第 525 页。
③ 黄宗羲：《清化唯岑隐禅师塔铭》，《南雷诗文集》（上），《黄宗羲全集》第 10 册，第 534 页。
④ 黄宗羲：《与严羽仪夜坐》，《南雷诗文集》（下），《黄宗羲全集》第 11 册，第 350 页。
⑤ 黄宗羲：《栖贤寺三峡桥》，《南雷诗文集》（下），《黄宗羲全集》第 11 册，第 351~352 页。

回忆说："余上灵岩，退翁集徐昭法、周子洁、文孙符、邹文江、王双白于天山堂，纵谈者七昼夜，余诗'谁知此日军持下，尽是前朝党锢人'记其事也。退翁遂属余作三峰第二碑。此后语录，无不有寄余书札，余或见或不及见，而退翁惓惓之意，不可忘也。"① 在此，黄宗羲所指的"余诗"即《灵岩寺》，该诗云："艳说古吴名胜地，松风五月隔兵尘。应怜此日军持下，同是前朝党锢人。霜雪蒙头羞佛火，兴亡昨梦到虮臣。狂言世路难收拾，不道吾师狂绝伦。"② 这多少也透露了他们交谈的内容。黄宗羲"不可忘"的不仅有他与弘储禅师的友谊，还有弘储禅师对故国的真挚情感。

其二，与僧诗文唱和的需要。古代佛僧不但深谙佛理，而且颇能诗文，尤以明清之际的佛僧诗文才华突出。如遗民金堡就曾指出当时天然禅师门人的共同特征："雪峰虽提持祖道，然不废诗，士之能诗者多至。"③ 明清之际的佛门带有强烈的诗文社群色彩。方以智对此也有记述：

> 石火不击，终古石也，言贵悟也；然无灰斗以扩充之，石虽百击，能举火耶？是糟粕而神奇寓焉。外内合矣，合不坏分。外学多，内学一，即多是一，即分是合，见天下之至赜而不可恶，正以外内交格，一多通贯，而无内外无中也。一有天地，应有俱有矣。甍瓦一天地也，偃侧一天地也，将尊窀而废棍乎？尊栋而废阶乎？胶内而不闻道，何异胶外而不闻道乎？④

方以智在此所谈的道艺关系颇见禅味，但也恰好说明了因艺见道，道在技艺，艺道互相依托、渗透的关系。它真实反映了当时佛门诗文与道并重的事实，也反映了佛门诗文重视艺术的品格。因此有学者指出，综观佛

---

① 黄宗羲：《轮庵禅师语录序》，《南雷诗文集》（上），《黄宗羲全集》第 10 册，第 36 页。
② 黄宗羲：《灵岩寺》，《南雷诗历》卷二，《黄宗羲全集》第 11 册，第 251 页。
③ 金堡：《王说作诗集序》，《遍行堂集》卷七，《四库禁毁书丛刊》集部第 128 册，第 186 页。
④ 方以智：《东西均注释》，中华书局，2001，第 187 页。

教史，以"能诗文"为僧门标志，殆唯明清之际有之。① 明清之际的僧人是"中国历史上最大的诗僧集团"。② 而明遗民的逃禅，使得明清之际佛门重视诗文艺术的风气更加炽烈，这也使得僧人与遗民诗文交流更加普遍而密切。明遗民与僧侣都能吟诗作文，故他们经常在一起唱和。归庄在《浮图同岑诗序》中曾说："余不知佛学，其中以风雅著者，往往相识。如中峰之苍雪，云居之愿云，三峰之确庵，皆以能诗称。"③ 所谓"以风雅著者"，即擅长作诗的人，可见与归庄来往的僧侣中，就有"以能诗称"的苍雪、愿云、确庵等诗僧。

黄宗羲也多与僧侣唱和诗文。黄宗羲不仅是明清之际的思想家、史学家，而且是一位著名诗人。"他一生诗作甚多，青年时代就有诗稿。中年时曾由弟子将其散佚、零落之诗作整理成《南雷诗历》，并付梓问世。在漫长而坎坷的一生中，黄宗羲作诗笔耕不辍，深得诗歌创作之三昧，在诗学理论上有很高造诣。"④ 黄宗羲的文学才华很突出，他提倡真情，可以说黄宗羲是"入清之后遗民作家群中的佼佼者，在中国文学史上仍不失其应有的地位"。⑤

也许正是缘于黄宗羲卓越的文学才华，许多僧人请黄宗羲撰写序文、碑铭等。如轮庵禅师为灵岩弘储的法嗣，开法于福建的能仁寺，与黄宗羲有深交。二人同"遭逢患难，以野葛为肴馔"，后再相见之时，"轮庵出其《语录》求序"⑥。黄宗羲与空林禅师的弟子师贤禅师也有交往。其《空林禅师诗序》记载，空林逝世后，师贤禅师"欲刻其（空林）诗，且求为序"，⑦ 即向黄宗羲索序，黄宗羲许之。翁元铠禅师也为其师唯岑隐禅师"出所著行状乞铭"，黄宗羲又许之。庚辰年，黄宗羲至上虞，会见尔密禅师，"茶话久之而别"；后尔密禅师又向黄宗羲"求其师启明塔

① 廖肇亨：《天崩地解与儒佛之争：明清之际逃禅遗民价值系统的冲突与融合》，（香港）《人文中国学报》2015年第13期，第433页。
② 覃召文：《岭南禅文化》，广东人民出版社，1996，第141页。
③ 归庄：《浮图同岑诗序》，《归庄集》卷三，第192页。
④ 徐定宝：《黄宗羲评传》，南京大学出版社，2002，第223页。
⑤ 徐定宝：《黄宗羲评传》，第223页。
⑥ 黄宗羲：《轮庵禅师语录序》，《南雷诗文集》（上），《黄宗羲全集》第10册，第36页。
⑦ 黄宗羲：《空林禅师诗序》，《南雷诗文集》（上），《黄宗羲全集》第10册，第99页。

铭"。黄宗羲虽自谦"于湖间方外之士，其学有所不能尽知"①，但仍然许之，作《东星鉴禅师塔铭》。② 此外，黄宗羲还作了《苏州三峰汉月藏禅师塔铭》《清化唯岑隐禅师塔铭》《吴山益然大师塔铭》等。

黄宗羲不仅为僧侣撰写序文、碑铭等，还与他们唱和诗文。黄宗羲对有些僧侣的文学才华非常敬重。黄宗羲在平阳结识山翁禅师。禅师拿出自己作的六册文集，请黄宗羲"属删为四册"。黄宗羲还未"删定"完毕，山翁禅师便逝世。壬戌年，黄宗羲又至平阳，天岳禅师继任住持，"出先师所谓《百城集》者，命删之以终前诺"。次年，天岳禅师至黄竹催促黄宗羲删稿事宜，黄宗羲感到这是"责余之爽约也"③，于是认真仔细地修订《百城集》。黄宗羲告诉天岳禅师，其师山翁的诗文虽有"堆垛妆点"之不足，然而总体言之，则"称情而出，当其意之所之，前无古人，后无来者"。④ 黄宗羲希望山翁禅师的弟子山晓、山岳等能够憬然而会于心。

黄宗羲对天岳禅师的诗文才华颇为欣赏，二人常常交流切磋。他在《赠天岳禅师》中说："三度山中二十年，雪泥鸿爪难记全。树犹如此松巢鹤，予欲无言月印川。弟子陈诗风豫楚，老人夜话蜜中边。于公别有相知处，岂是来参文字禅。"⑤ 黄宗羲与天岳大师的交往并不为"月印万川""文字禅"等佛法，他认为天岳禅师少年即为有才华之诗人，出家后"从悟从发为文词，瀹佛尘蒙，沾饰光价，其学问之功"令人佩服不已。甚至其弟子以寿文求序时，黄宗羲仍说："子之师，其诗词足以自寿，余之所言，无乃赘乎？"黄宗羲对天岳禅师诗文才华颇为佩服，他作诗称赞大师虽处"油灯焰""老屋风多"的恶劣环境，却喜以诗文为伴，"幸有伴筇诗一卷，句清如许出冰天"。当天岳禅师把自己的诗集《直木堂诗集》送黄宗羲时，他也给予了高度评价，说："天岳书公以《直木堂诗集》寄余评定，余阅之两日方毕。五言古取裁于谢，而以轻清敌其锤炼；

---

① 黄宗羲：《东星鉴禅师塔铭》，《南雷诗文集》（上），《黄宗羲全集》第 10 册，第 538 页。
② 黄宗羲：《东星鉴禅师塔铭》，《南雷诗文集》（上），《黄宗羲全集》第 10 册，第 538 页。
③ 黄宗羲：《山翁禅师文集序》，《南雷诗文集》（上），《黄宗羲全集》第 10 册，第 57 页。
④ 黄宗羲：《山翁禅师文集序》，《南雷诗文集》（上），《黄宗羲全集》第 10 册，第 58 页。
⑤ 黄宗羲：《赠天岳禅师》，《南雷诗历》卷四，《黄宗羲全集》第 11 册，第 331 页。

七言律似香山，而不迁就老妪之解不解，然其至处自在；五律冻涧枯槎，霄宇孤籁，务为执敛。上之入王、孟之室，次亦不落大复以下，岂独振响于僧中者哉！"①

其三，讨论佛理的需要。儒家士大夫尽管以研习孔孟圣学为本业，然而自唐宋以来，士大夫也多关注佛学。明清之际，明遗民或多逃禅，或与僧侣交往密切。在交往过程中，他们无论对佛教或佛学是何态度，一般都会在一起或多或少地谈论佛理和佛氏源流。

黄宗羲也常常与僧人讨论佛理。黄宗羲对遗民逃禅，总体上持否定态度。他说："今之逃于释氏者，钟鼓杖拂，投身浓艳之火，是虎而就人之豢，其威尽丧。"② 但他并不拒绝谈论佛理。黄宗羲辛酉年在浙江四明结识翁无铠禅师。黄宗羲对翁元铠禅师的威仪和传播佛法的方式颇为欣赏，读禅师语录，并为语录作序。在《翁元铠禅师语录序》中，黄宗羲指出翁元铠"师参养拙，稍有入处，于是离楚行脚，至金陵参觉浪，至龙池参万如，至会稽参木陈，至雪窦参石奇，至大雄参玉林，凡海内宗师道价深重者，无不咨决心要"，方得此佛法成就。并批评近来"儒者好自标榜，而足不出于百里，目不接一胜友，抱毛头场屋之时文"，③ 真是于学术胸驰臆断，实可惭愧。

通过与众多僧人的交往，黄宗羲不仅了解了一些佛理禅道，而且知悉了一些佛氏源流情况。黄宗羲在《答汪魏美问济洞两宗争端书》中言：

> 大鉴之后为南岳、青原。南岳传马祖，马祖传百丈，百丈传沩山，此沩仰宗所由起也；……青原传石头，石头传药山，药山传云严，云严传洞山，此曹洞宗所由起也；石头又传天皇，天皇又传龙潭，龙潭传德山，德山传雪峰，雪峰传云门，此云门宗所由起也；雷峰又传玄沙，玄沙又传罗汉，罗汉传法眼，此法眼宗所由起也。故五家宗派，

① 黄宗羲：《天岳禅师诗集序》，《南雷诗文集》（上），《黄宗羲全集》第 10 册，第 67~68 页。
② 黄宗羲：《邓起西墓志铭》，《南雷诗文集》（上），《黄宗羲全集》第 10 册，第 428 页。
③ 黄宗羲：《翁元铠禅师语录序》，《南雷诗文集》（上），《黄宗羲全集》第 10 册，第 45~46 页。

出自南岳者二，出自青原者三。今沩仰、云门、法眼三宗俱绝，存者惟临济、曹洞耳。①

　　黄宗羲对佛教宗派发展情况如数家珍，并详细解释了临济、曹洞二宗门户之争的过程。② 黄宗羲还通过空林禅师了解了一些佛家门户之争的状况。他说："佛法下衰，张、王、李、赵之流，无不称某宗某代，而以住持为事。五山十刹，私为一家产业，衣钵之资，罄于宰官之请书。两不相下，则此守彼攻，各暴凶条隐匿，索是非于黄尘。韦驮之威，不敌伍佰，亦有冯陵废寺，聚虔婆顶老十余人，卓杖摇唇，称为上堂出世。旁观为之呕哕。"③ 自密云禅师逝世后，空林禅师能够"通折时风，唯与二三寂子，颂兀空山"，成为"法海狂涛中之一砥柱"，为此，黄宗羲作诗数首赞之。黄宗羲关于佛教源流等一些知识，应该可以视为他多与僧人交往的收获。

　　由此可知，受晚明禅悦之风和遗民逃禅的影响，出于对僧以"忠孝作佛事"的故国情怀的认可，与僧侣诗文唱和、讨论佛理的需要，清初遗民士大夫多与僧交往。

　　综上所述，本章主要考察了明遗民与遗民、仕清官员、僧等三个主要群体的交往原因以及内容。可以看出，虽然有隐居世外、不与世接的遗民，但大多数明遗民与社会各阶层都有交往，并且社会交往情况相当复杂。通过对明遗民社会交往的考察，我们能够窥见在明清易代无可奈何的情势下，明遗民几分真实的生活状况。

---

① 黄宗羲：《答汪魏美问济洞两宗争端书》，《南雷诗文集》（上），《黄宗羲全集》第10册，第183页。
② 黄宗羲：《答汪魏美问济洞两宗争端书》，《南雷诗文集》（上），《黄宗羲全集》第10册，第183~185页。
③ 黄宗羲：《空林禅师诗序》，《南雷诗文集》（上），《黄宗羲全集》第10册，第99页。

第五章

"忧惧不可言"：明遗民的精神困境

　　明遗民群体决然与清廷进行了近半个世纪的政治较量，坚决抵制旧朝/新朝的身份转换，自觉从身体和精神上坚持忠于故国旧君之身份认同。但是作为前朝之遗民，他们又不得不存身于新朝。在这种尴尬的处境中，明遗民的精神世界到底是何种状况，他们面临什么精神困境，这种精神困境是"合道而行"理想导致的吗？本章将从明遗民怪诞言行、生与死、处世与守节、经世济民理想和现实等方面进行深入讨论。

第一节　"此其意又非人所知也"：明遗民的怪诞言行

　　处易代之际，明遗民的人生陡然转折，被迫重新选择角色，颇具有戏剧性，特别是富贵士大夫的命运体现尤为明显。如冒襄在描述明亡前后的生活时说："富贵福泽风雅文章，与夫死生患难骨肉流离疾病呻吟之苦。"① 沈遴奇"生豪贵家，早岁即补弟子员，美衣丰食，华屋甫田"，明亡后"灶屏炊烟，床延风月"，"衣零履绽，肩癯发秋"②。张岱自谓"少为纨绮子弟，极爱繁华"，明亡后"避迹山居，所存者，破床碎几，折鼎病琴，与残书数帙、缺砚一方而已。布衣蔬食，常至断炊"。③ 明清之际这种转换是普遍的。④ 国破家亡，直接将一部分遗民士大夫的生活截

---

① 冒襄：《祭方坦庵年伯文》，《巢民文集》卷七，上海古籍出版社，1995，第247页。
② 郑梁：《沈先生遴奇墓志铭》，钱仪吉纂《碑传集》卷一二四《逸民上之下》，中华书局，1993，第3626页。
③ 张岱：《张子文秕》，《张岱诗文集》卷十一，第351页。
④ 赵园：《明清之际士大夫研究》，第278~279页。

断，使他们不得不韬晦、敛迹。由此而言，遗民传状中常见"前后判若两人"的说法，似乎并不夸张。①

明遗民经历家国沦丧之痛，内心充盈着凄苦、寂寞、失落和感伤。如归庄就云："我生不辰，遭值多故，客非荆土，常动华实蔽野之思；身在江南，仍有大树飘零之感。以至风木痛绝，华萼悲深，阶下芝兰，亦无遗种。一片初飞，有时溅泪，千林如扫，无限伤怀！"② 明遗民这种物是人非、人生如梦的失落感和飘忽感，常常促使他们愈加思念故明旧君。虽然许多遗民认为朱明王朝"无善政"，可是一旦它不再作为一个实体存在，"过去就幻化为追忆者的主观投影，寄寓着五彩流溢的理想，特别是过去的零星片段一再地出现在眼前提醒自己去追忆的时候，它不断地强化这种对过去的恋眷和对现实的不满"。③ 这种挟裹着怨气、悲愤的追忆无疑是明遗民政治立场的反映。在此情形下，处在清初专制政治统治下的明遗民，要追寻陶渊明那种悠然、自适、率真的境界，显然存在很大的难度。

国亡后，许多明遗民的行为方式颇为怪诞。这主要表现在以下几个方面。

其一，佯狂。如归庄在国亡后"以佯狂终身"④，他时而缁衣僧帽，时而丧服弊衣，时而大哭，故时人称其为"归痴""狂生"。并非只有归庄如此，以佯狂示人的遗民不胜枚举。如方以智"好悲歌，盖数年所，无不得歌至夜半也。……或歌市中，旁若无人。人人以我等狂生"⑤。黄云"逢俗人辄谩骂，人目以为狂，不敢近"。⑥ 叶尚高"兵后佯狂，幅巾大袖行于市"⑦。邓汉仪也是"狂叫，忽哀忽乐"。⑧ 阎尔梅"老且狂，好

---

① 赵园：《明清之际士大夫研究》，第 279 页。

② 归庄：《落花诗》，《归庄集》卷一，第 119～120 页。

③ 葛兆光：《世间原未有斯人——沈曾植和学术史的遗忘》，《读书》1995 年第 9 期，第 67 页。

④ 全祖望撰、朱铸禹汇校集注《题归恒轩万古愁曲子》，《鲒埼亭集外编》卷三十一，《全祖望集汇校集注》（中），第 1392 页。

⑤ 方以智：《孙武公集序》，《浮山文集前编》，《续修四库全书》第 1398 册，第 194 页。

⑥ 谢正光、范金民编《明遗民录汇辑》（下），第 860 页。

⑦ 谢正光、范金民编《明遗民录汇辑》（下），第 943 页。

⑧ 李邺嗣：《答邓孝威先生书》，《杲堂文续钞》卷三，《丛书集成续编》集部第 124 册，上海书店出版社，1994，第 284 页。

使酒骂坐"。① 明江浩"京师陷，浩闻之，则大惊，为位于庭，北面稽首而哭，昼夜不绝声者数日，两目尽肿，人皆以为狂"②。全祖望在描绘浙东遗老时也说："以扁舟共游湖上，或孺子泣，或放歌相和，或瞠目视，岸上人多怪之。"③

其二，"疯""愚"。这也是一些遗民的怪诞表现。如武恬"垢形秽语，日歌哭行市中，夜逐犬豕与处"④；黄钟在国变后，"号泣累日，遂成颠疾，或不食饮，或坐卧山巅，累夜不归，或呫呫谵语，如与鬼神晤对状"。⑤ 遗民八大山人在国亡后即以"疯"示人，孙静庵《明遗民录》就载"徐疯子"之故事。以"愚"示人者如朱鹤龄，国亡后，"行不识途路，坐不知寒暑。人或谓之愚"。⑥

其三，"醉酒"。国亡后，刘朗"性嗜酒，日夜纵饮不少辍，醉则向北大哭，泪下如雨，人莫能测其意也"。⑦《皇明遗民录》卷六载刘源渌"日痛饮三山酒肆中，醉则仰天呜呜，或仆地，或自批颊至血流，或以头颅撞柱，大呼老天杀我，老天杀我"。⑧ 熊之龙每"言及时事，辄托以醉。少顷，复起狂欢，三十余年若不知身处何代"。⑨

其四，"活埋土室"。如陈维崧的父亲陈贞慧隐居阳羡山土室之中。徐枋"终身不剃发，白衣冠……隐古灵岩中，土室树屋，人莫得见也"。⑩ 王夫之之兄王介之，"明亡，筑室衡永万山中，鳏居不娶，鹑衣草食终其身"。⑪ 傅山"衣朱衣，居土穴，以养母"。《清史稿》中，黄宗羲《余若水周唯一两先生墓志铭》所记的两位遗民更具有对比性：余若水"草屋三间，不蔽风雨，以鳖甲承漏。卧榻之下，牛宫鸡粪，无下足处，生人之

---

①　谢正光、范金民编《明遗民录汇辑》（下），第 1124 页。
②　孙静庵：《明遗民录》，浙江古籍出版社，1985，第 246 页。
③　全祖望撰、朱铸禹汇校集注《宗徵君墓幢铭》，《鲒埼亭集外编》卷六，《全祖望集汇校集注》（上），第 856 页。
④　方享咸：《武风子传》，《虞初新志》，上海古籍出版社，2012，第 23 页。
⑤　谢正光、范金民编《明遗民录汇辑》（下），第 862 页。
⑥　赵尔巽等撰《清史稿》卷四八十，第 13361 页。
⑦　谢正光、范金民编《明遗民录汇辑》（下），第 1005 页。
⑧　谢正光、范金民编《明遗民录汇辑》（下），第 1030 页。
⑨　谢正光、范金民编《明遗民录汇辑》（下），第 973 页。
⑩　谢正光、范金民编《明遗民录汇辑》（上），第 540 页。
⑪　谢正光、范金民编《明遗民录汇辑》（上），第 67 页。

趣都尽";周唯一则"山林标致,一器之微,亦极其工巧。尝拾烧余为炉,拂拭过于金玉。又得悬崖奇木,制为养和,坐卧其间"①。这类遗民以独特的生活方式彰显着民族气节。

其五,改名换姓。遗民群体还出现了改名换姓的奇特文化现象,并且名、字、号中多带有"道""隐""禅"等字。如黄周星"字九烟,上元人……明亡,变姓名曰黄人,字略似,号半非,又号圃庵,又曰汰沃主人,又曰笑苍道人"。② 一些遗民更名为"华阳道隐""心月道人""狗皮道人""铁道士""铜袍道人"等。还有些遗民将自己真名隐去,采用隐名,如"采薇子",其意为如同伯夷叔齐那样坚守气节,体现他们愤世、隐世的心态。从这个奇异现象能够看得出明遗民们此时复杂的心态。如遗民陈忱别号"古宋遗民",以托"古宋"来表达作为明朝遗民的心境和亡国后隐居的心态。顾炎武,"初名绛,国亡改炎武,炎武者,取汉光武中兴之义也"。③ 名字往往蕴含深意,奇特的名字寄寓故国情怀,体现鼎革后明遗民复杂的心理。

其六,不入城。明清易代之际,还出现了一种奇异的现象,即众多遗民不入城。陈维崧之父陈贞慧以气节著称,国亡后隐居阳羡山中,"埋身土室,不入城市"。④ 据《清稗类钞·隐逸类》记载,杜濬,字于皇,号茶村,"国初,杜于皇濬隐居鸡鸣山下,足迹不入城市"。《宁都县志》载,明遗民彭任"足不履城市"。魏礼虽然"缁城中屋居之,榜曰'瓶斋',非乐夫市崖也"⑤,但他居城后时常还山,并坦言"悔移家去住城"。遗民黄云长期离开城市入山为樵,"当时同学十数人,两人引颈先朝露,一人万里足重茧,一人入海随烟雾,三人灭迹逃空门,四人墙东长闭户,一人卖药不二价,一人佯狂以自污。黄生计画无复之门,门前便是青山路。昆吾宝剑千金直,改铸腰镰应有数。黄生终日无踪迹,上山清晨

---

① 黄宗羲:《余若水周唯一两先生墓志铭》,《南雷诗文集》(上),《黄宗羲全集》第10册,第278页。
② 孙静庵:《明遗民录》,第307页。
③ 谢正光、范金民编《明遗民录汇辑》(下),第1223页。
④ 谢正光、范金民编《明遗民录汇辑》(下),第756页。
⑤ 魏世效:《享堂记》,《魏昭士文集》卷六。

下山暮"。① 一群志同道合之士，或被流放，或被杀戮，或出家为僧，或投奔海上，或闭户不出，或狂狷于市井，但黄云则选择离开城市入山为樵。有的遗民终生不入城，如宁泫（字季腾，自号宁鸠山人），"国变后，尽室入山……足迹不入城市者垂五十年"。② 他们死守道德底线，可见古人道德贞节观之浓烈。

赵园指出："明清之交最严重的危机，即此施暴嗜杀以致受虐自戕中'人道'的沦丧。'人道不存'是较之亡国更为绝望的情境。有识者于此看到比经济残破更可怕的是人心的荒芜。"③ 明遗民心怀故国，道之不存的绝望困扰着他们。这些奇怪行为，既有表达忠诚故国和坚守道德气节的心志，也有苦苦折磨自己的"自罪意识"。从遗民士大夫"狂""疯""愚""不入城"等种种异于常人的怪诞行为可以看出，他们的精神世界并不舒畅，时常处于痛苦的折磨之中，似乎毫无士大夫常说的"吾与点也"之乐可言。

《论语·先进》记载了"吾与点也"之乐。④ 孔子问弟子曾点、冉有、公西华、子路等有什么志向，他们一一作答。其中曾点表明自己的志向是在暮春时节，与数名大人、小孩，浴于沂水之上，风凉于舞雩之下，歌咏先王之道，归于夫子之门。孔子听后，慨然说："吾与点也"。其他弟子都以治国兴邦、泽被天下为理想，这也正是孔子一贯主张的，而孔子却独深许曾点之志。在此，孔子是从对人生的体认来看弟子们的志向的。或许在孔子看来，其他弟子对人生的理解与体会，太过肤浅，都只是流于事功层面，只有曾点的观点深入人生，超越了事功和道德境界。⑤ 由此可

① 杜濬：《樵青歌为黄仙裳作》，《变雅堂诗集》卷二。
② 孙静庵：《明遗民录》，第 9 页。
③ 赵园：《明清之际士大夫研究》，第 18 页。
④ 《论语·先进》云：子路、曾晳、冉有、公西华侍坐。子曰："以吾一日长乎尔，毋吾以也。居则曰：不吾知也。如或知尔，则何以哉？"子路率尔而对曰："千乘之国，摄乎大国之间，加之以师旅，因之以饥馑；由也为之，比及三年，可使有勇，且知方也。"夫子哂之。"求！尔何如？"对曰："方六七十，如五六十。求也为之，比及三年，可使足民。如其礼乐，以俟君子。""赤！尔何如？"对曰："非曰能之，愿学焉，宗庙之事，如会同，端章甫，愿为小相焉。""点！尔何如？""鼓瑟希，铿尔，舍瑟而作。"对曰："异乎三子者之撰。"子曰："何伤乎？亦各言其志也。"曰："莫春者，春服既成，冠者五六人，童子六七人，浴乎沂，风乎舞雩，咏而归。"夫子喟然叹曰："吾与点也。"见杨伯峻注释《论语译注》，第 118~119 页。
⑤ 李煌明：《宋明理学中的"孔颜之乐"问题》，云南人民出版社，2006，第 4 页。

以看出，孔子对曾点超道德、超审美、超功利的精神境界和享受人生的态度是认可的。伦理学上，学者对"乐"定义是"人们在物质精神生活中，由于实现了自己的理想和目标而引起的精神满足"。① 李煌明认为"乐"有两种含义：第一，"哀乐"之"乐"，它是由对象而引起的一种情感，可以称为"情感之乐"；第二，与道德联系在一起的，当一个人达到道德的某种境界时也可以得到精神舒畅、身心和悦和内心宁静，因此可以称为"境界之乐"。② 然而无论何种"乐"，我们都可以理解为心理和精神上的一种满足状态。"乐"与物质贫富并没有必然的因果关系，"乐"也并未因物质条件的改变而改变，因为它不是物质生活满足之后之"乐"。

明遗民士大夫能够在新朝生活，然而这并不意味着他们同时也能够享受到了孔子所谓的"吾与点也"之乐，获得心理和精神上的快乐人生。否则，明遗民何以呈现以上种种怪异言行呢？

美国社会学家西曼认为，行为上的怪异其实是精神世界异化的外显。③ 言行是可以折射出内心和精神世界的。那么遗民的怪诞行为究竟反映了怎样的精神世界呢？我们首先看看明遗民对于其种种异行的解释。方以智云："往往酒酣入深山，或歌市中，旁若无人，人人以我等狂生，我等亦相谓天下狂生也。……我等虽困贱不遇，当流离后，亦无不得酒酣至夜半，犹泽园时也。然或相视大笑，或即已而泣数行，此其意又非人所知也。"④ 陈去病的《明遗民录》言及卢世㴶时说："既益沉湎自放，无贤愚贵贱汎（泛）滥酗謷，虽老兵可呼瓮侧可倒，说者谓其佗傺蹭蹬，实以心有所不忍，而口难言之，故一纵于酒，以聊慰以戮之痛，非其所谓轻世肆志也。"⑤ 平白无故，谁喜欢扮作"狂夫"呢？钱澄之在顺治十八年（1661）作《田园杂诗》云："人生会有尽，行止非自由。止亦不可趣，行亦不可留。如何柴桑叟，汲汲为此忧！终年痛饮酒，冀以忘其愁。"⑥ 明遗民这些怪异言行，只是"聊慰以戮之痛，非其所谓轻世肆志"，即

① 罗国杰主编《伦理学名词解释》，人民出版社，1984，第73页。
② 李煌明：《宋明理学中的"孔颜之乐"问题》，第2页。
③ 马守良主编《大转折时期的社会心态》，浙江人民出版社，1996，第86页。
④ 方以智：《孙武公集序》，《浮山文集前编》，《续修四库全书》第1389册，第194页。
⑤ 谢正光、范金民编《明遗民录汇辑》（下），第1091页。
⑥ 沈德潜：《明诗别裁》卷十一，上海古籍出版社，1979，第299~300页。

是遗民内心压抑和牢愁幽愤的扭曲表达。他们内心深处其实并不愿意如此怪诞。别人以怪异目之，只是"其意又非人所知"，不理解他们而已。那么，明遗民采用如此悲凉的方式来变相发泄内心的情感到底是什么？是否谢国桢先生所说的"表示睥睨社会尘垢的心境"呢？①

明遗民的种种怪诞行为，反映了他们陷入痛苦无奈的精神困境。在此，"狂""疯""愚""醉"等，不是用来积累相关的社会资源，不是一种换取社会资源的资本，而只是被用来消耗度日。② 他们不再表现恬淡自适的豁达心情，保持知足淡然、不改其乐的超然态度，而是显露了一种挣脱、离弃世俗社会价值而无所营求的生活状态。赵园指出："并非遗民生涯即意味着断裂与重造。由有关的传状文字看，其中就有家道末落者的依旧豪纵，也有文人的故态依然，固有自甘枯槁奄奄待尽者，亦自有沉湎声色豪兴不稍减者。"③ 这似乎也是无可奈何之举。

清初，精神世界陷入困境的遗民士大夫非常普遍，"大江以南无地无之"④。他们的这些怪异言行，确有"轻世肆志"的消极性一面，但更多的是反映了台湾学者王汎森所言的"悔罪心态"⑤ 和无法摆脱的精神困

---

① 谢国桢先生说："明遗民深感家国之痛。佯狂垢污，不是逃禅，就是入道，或自称为'垢道人'，或化名为'活死人'，处于荒江老屋之中，哀声叹气，慷慨悲歌，仿佛不知所云。有时则以杜康解忧，以字画寄趣，如八大山人，狂醉之后，挥笔泼墨，涂一帧残山剩水，间或勾一笔张翅冲天的鸟，染数笔怒目而视的鱼，表示睥睨社会尘垢的心境。"见任道斌《方以智年谱》，谢国桢序，第 579 页。

② 王鸿泰：《明清士人的生活经营与雅俗的辩证》，美国哥伦比亚大学东亚系、中研院历史语言研究所及蒋经国中心合办之"Discourses and Practices of Eveday Life in Imperial China""国际"学术研讨会会议论文。时间：2002.10.25~27）在此文中，王先生对士人雅俗生活经营的论证为笔者提供了重要的写作思路，并借用了"经营"一次，在此表示感谢。

③ 赵园：《明清之际士大夫研究》，第 279 页。

④ 杨凤苞：《秋室集》卷一，湖州丛书本，第 16 页。

⑤ 王汎森：《晚明清初思想十论·清初士人的悔罪心态与消极行为》，复旦大学出版社，2004，第 188 页。王汎森先生提出了一个很有价值的观点，即清初士大夫的悔罪心态与消极行为。但是他用明末清初的士大夫"不入城""不讲会""不结社"等一系列"不"的行为来论述此观点，笔者认为这还是值得商榷的。王汎森先生认为，明末清初士大夫"不入城""不讲会""不结社"等行为与晚明文化中那种洒脱、佻放的风格迥异，这种"消极性的行为有两种，一种是对旧的，一种是对新的。对旧朝的消极性行动，表现为对晚明文人文化、讲学文化的追悔与排斥，对新朝的消极行为，则表现为尽量切断社会接触，自我边缘化，不进入新朝的政治空间，不与现实政权有实际的交涉"。王汎森认为清初士大夫在学术文化上用力颇深是合理的，但认为"不讲会""不入社"（转下页注）

境。如一些明遗民士大夫因受忏悔、自罪意识所驱使，违背"安土重迁"
"父母在，不远游"的传统观念，进行"远游式"的自我放逐和苦行生
活。《汉书·元帝纪》载："安土重迁，黎民之性。"① "安土重迁"即留
恋故土，不轻易搬迁。《论语·里仁》云："父母在，不远游。"② 父母健
在，子女不可远游。子女应该守候在父母的身边，早晚请安，嘘寒问暖，
以尽孝道。明遗民士大夫对这些传统观念非常了解，但他们却纷纷离家远
游，如顾炎武苦行至死，其间，其外甥请其回家养老被拒。万寿祺
（1603~1652）苦行在外，即使饥寒交迫也不愿归家，曾言："吾家世受明
恩，国亡，吾安忍独享田园饫膏粱哉?"③ 又如陈恭尹国亡后漂泊在外，
对此他解释说："予之飘泊于此，命也。"④ 遗民士大夫虽然远游，但又没
有孔子所说的"游必有方"⑤，即有明确的目的地，也并非为功名利禄而奔
波。实际上，他们是在有意识地进行自我放逐，并且无奈地认为这种漂泊
行为是"命"中使然。又如死亡仪式的安排也可以反映这种相似的内在意
涵。遗民士大夫熟悉墓葬礼制，但对死亡仪式的安排又违背葬礼习俗。⑥ 他

（接上页注⑤）"不入城"等是消极行为，是对旧朝的追悔和对新朝的排斥则值得讨论。首先，
清初讲会是一直进行着的。以黄宗羲为例，国亡后，黄宗羲师法刘宗周在东林、首善和证
人书院讲学之故事，"复举证人书院之会于越中，以申蕺山之绪"。见《黄宗羲全集》第
12册，第8页。接续、发扬蕺山学。黄宗羲在证人书院不遗余力地宣讲蕺山之学，一扫
越中士人"不悦学"之风气，使"越中书院，承先师之后，为天下所注目"。见《黄宗羲
全集》第10册，第466页。其次，国亡后，明遗民很多都进行结社活动（详见第一章），
且何宗美力作《明末清初文人结社研究》对此也多有论及。明遗民结社活动逐渐消失，
主要是清初禁止结社政策所导致的，并非明遗民主观上排斥结社活动所致。最后，对明遗
民这一系列"不"的行为，特别是"不入城"，不可以定性为"消极行为"。如若从明遗
民通过"不入城"等行为来表达他们对抗和蔑视清朝的政治统治这个角度来理解，则具
有极强的积极意义。明遗民在清初近半个世纪里的"不"的行为并非始终如此，而是有
所反复，特别是后来由于生活、寻医、访友以及打官司等需要，有一些遗民又回到城市
居住。但王汎森先生精辟指出，遗民生活由活泼、开放，慢慢转变为清代的平实，这种消
极性变化"助长了清初官方所期望的一种驯服的、平庸的、四平八稳的理想士大夫形态，
所以不期然地产生了一种符合异族政权的吊诡性结果"。见王汎森《晚明清初思想十论》，
第189页。对于明遗民"不"的行为所造成的客观影响，王先生的分析是非常精到的。

① 班固：《汉书》卷九《元帝纪》，中华书局，1962，第293页。
② 杨伯峻注释《论语译注》，第40页。
③ 谢正光、范金民编《明遗民录汇辑》（下），第939页。
④ 陈恭尹：《中游集·小序》，《独漉堂诗集》，《四库禁毁书丛刊》集部第183册，第150页。
⑤ 杨伯峻注释《论语译注》，第40页。
⑥ 王汎森对此也有论述，详见王汎森《晚明清初思想十论》，第202~203页。

们通常要求后人不要用棺材，直接用幅巾布袍裹尸入土，或干脆烧掉。如黄宗羲在先父墓旁为自己营造了生圹，"不用棺椁"。① 弘仁死前说"吾有志不就，忝厥所生，不忠不孝"，死后，"不得棺敛，野暴三日，皋火焚之"。② 也有不少遗民要求家人以劣质的木棺来收敛他们。如姜埰遗命"棺用薄材"；③ 宁郡魏兆凤"尝自置恶棺"，并诫诸子"我死，毋帛衣，毋书旌，毋受吊"④。这些行为，都反映了遗民士大夫内心的无比痛悔。

明遗民数量众多，他们的精神困境也非常复杂。受一些条件的限制，无法完备和深刻地揭示明遗民士大夫的精神困境，下面将撮其要，重点分析明遗民的精神困境。

第二节 "偷生惜死"：生与死的纠缠

清廷入主中原后，形势变化之剧烈，远非明季士大夫所能想象。受此冲击，明季士大夫面临着生与死的抉择。一些士大夫纷纷殉国，未死之士又抱复明抗清之志，竭力投身于复国运动。然至康熙初年，随着清朝逐步统一全国，社会秩序日渐稳定，明遗民的复国之望遂灭，于是他们再次面临生与死的抉择，此时又有许多遗民士大夫殉国尽忠。需要说明的是，在此所说的"殉国"，是指主观上愿意为了国家或国君而牺牲自己的生命，⑤不包括在战乱中的不幸遇难。此词语带着较强的政治认同色彩。

适逢易代之际，君死国亡之时，许多士大夫殉国，并且，由于消息传播不顺畅和个人的实际情况不同，自 1644 年甲申之变，直至康熙年间，不断有遗民士大夫殉国，但并非都发生在甲申之变后顺治初年的这段时间。如屈大均在《弘光朝·南都死节诸臣传》跋中说："甲申之变，北都殉难者二十七人。"⑥ 又如南京失陷后，曹学铨言："战守非吾事，皇

---

① 全祖望：《梨洲先生神道碑文》，《黄宗羲全集》第 12 册，第 10 页。
② 谢正光、范金民编《明遗民录汇辑》（上），第 169 页。
③ 谢正光、范金民编《明遗民录汇辑》（上），第 455 页。
④ 谢正光、范金民编《明遗民录汇辑》（下），第 1194 页。
⑤ 何冠彪：《生与死：明季士大夫的抉择》，台北，联经出版事业公司，1997，第 3 页。
⑥ 屈大均：《广东丛书第 2 集·皇明四朝成仁录》卷二，商务印书馆，1948，第 38 页。

天……倘不祚明，老臣岂事他姓，惟有死而已。"① 在此，我们可以相信，明遗民士大夫殉国行为先后持续了近 20 年，且人数众多。《胜朝殉节诸臣录》记载了殉国诸臣及士大夫诸臣 1600 多人，至于"诸生、韦布未通仕籍及姓名无考如山樵市隐之流，则入祀所在忠义祠，统计又二千余人"。② 台湾学者何冠彪先生根据《四库全书·钦定胜朝殉节诸臣录》进行统计，得出有 11428 位士大夫殉国。③ 可以想象，明季士大夫殉国的人数远不止此。明代以前，宋遗民当属最为显著者，蒙古族入主中原后，宋之遗民宁死不仕者很多，但比起明季殉国人数，委实相差太远，因此可以说，明季的殉国人数是历朝之冠。④

一 士大夫殉国的原因

明清之际，众多士大夫选择殉国，其原因不一;⑤ 但是，认为殉国是士大夫的伦理义务，是明遗民殉国的一个非常重要的因素。

在古代社会，对君与国的忠诚是臣民的义务。如《左传》云："临患不忘国，忠也。"⑥《国语集解·晋语四》也云："杀身赎国，忠也。"⑦ 可以看出，对国家和君主之忠，是社会伦理道德的基本要求。正是这种伦理

---

① 陈燕翼：《思文大纪》卷四，《中国历史资料研究丛书》，上海书店，1982，第 292 页。
② 《胜朝殉节诸臣录》，《清高宗御制诗四集》，中国人民大学出版社，1993，第 830 页。
③ 何冠彪：《生与死：明季士大夫的抉择》，第 15~16 页。
④ 何冠彪：《生与死：明季士大夫的抉择》，第 18 页。
⑤ 明清之际士大夫殉国是多元化的，何冠彪先生对士大夫具体的殉国原因进行了深入探讨。详见何冠彪《生与死：明季士大夫的抉择》。
⑥ 见杨伯峻注释《春秋左传注》，中华书局，1981，第 805 页。当然古代士大夫也把君主个人与国家分开，强调忠于国家，而不是忠于君主个人。如《左传·襄公二十五》中晏婴对"忠"的解释：晏子立于崔氏之门外，其人曰："死乎？"曰："独吾君也乎哉，吾死也？"曰："行乎？"曰："吾罪也乎哉，吾亡也？"曰："归乎？"曰："君死，安归？君民者，岂以陵民？社稷是主。臣君者，岂为其口实？社稷是养。故君为社稷死，则死之；为社稷亡，则亡之。若为己死，而为己亡，非其私暱，谁敢任之？且人有君而弑之，吾焉得死之？而焉得亡之？将庸何归？"见杨伯峻注释《春秋左传注》，第 1098~1099 页。《左传》是儒家经典教材，它说明了儒家对于"君难"的看法："故君为社稷死，则死之；为社稷亡，则亡之。若为己死，而为己亡，非其私昵，谁敢任之。"就是说国君为了社稷国家去死，死得其所，我们就应该与之共同赴难；如果是为自己的私利而死，死的就不得其所。那么大臣们又不是他的奴才，不应该追随死之。这就是儒家对于君臣生死问题的态度。
⑦ 徐元诰：《国语集解·晋语四》，中华书局，2002，第 423 页。

道德的存在，才有了"君叫臣死，臣不得不死"的俗语。在儒家"忠"文化的教育和统治者的大力倡导下，"忠"逐渐成为衡量人物能否进入官修史书的标准之一。《晋书·忠义传》载："古人有言：'君子杀身以成仁，不求生以害仁。'又云：'非死之难，处死之难。'信哉斯言也！是知陨节苟合其宜，义夫岂吝其没；捐躯若得其所，烈士不爱其存。故能守铁石之深衷，厉松筠之雅操，见贞心于岁暮，标劲节于严风，赴鼎镬其如归，履危亡而不顾，书名竹帛，画象丹青，前史以为美谈，后来仰其徽烈者也。"① 其意在于说明，"乱世识忠臣"，杀身成仁，合乎"忠"与"义"。"每览史籍，观古忠臣义士，出一朝之命，以徇国家之难，身虽屠裂，而功铭著于鼎钟，名称垂于竹帛。"② 可见，"奉君"忘身，殉国忘家，临难死节，"身虽屠裂"，但能够光宗耀祖、永载史册、名垂千古。

明末清初，许多士大夫持有"奉君忘身，徇国忘家"的忠国观念，并且这种观念在国破君亡的形势刺激下，愈加强烈。殉国的遗民士大夫，不论是自杀的还是被捕遇害的，都认为殉国是他们的责任和义务。③ 如孟兆祥（？～1644）认为，"我国之大臣，分在一死。"④ 遂自缢死。祁彪佳（1602～1645）自杀时亦云："委质为人臣，之死谊无二。"⑤ 张国维（1594～1645）在抗清失败后，认为"吾大臣，死王事，礼也"，⑥ 遂赴水死。苏观生（？～1647）尝当职于绍武朝兵部，兵败后，认为"大明忠臣义士固当死"⑦，遂自缢。曾被任命为御史大夫后被免职的刘宗周，也认为死节是君臣之"义"的基本要求，他说："国破君亡，为人臣子，唯

① 房玄：《晋书·忠义传》，中华书局，1974，第2297页。
② 陈寿：《魏书·王昶传》，《三国志》卷二十七，第567页。
③ 何冠彪：《生与死：明季士大夫的抉择》，第30页。殉国除出对于伦理义务认同外，何冠彪认为遗民士大夫殉国是出于报恩之心。明遗民确有些以死报恩言论，如九江卫指挥徐可往（？～1645）兵败自缢身亡时说："世受国恩，阖门殉节。"（徐鼒：《小腆纪传》卷五十一《徐可行》）清军攻入南京后，胡上琛（1608～1645）言："吾世受国恩，岂有北面清兵之理？"（陈燕翼：《思文大纪》卷八，第294页）于是殉国。由此观之，"犬马恋主"，以死报恩，是遗民士大夫殉国的一个直接原因。然而，其深层次的原因应该不是"报恩"这种等价利益交换或补偿原则，而是他们对国家和君主的伦理责任。
④ 钱𬭎：《大行乘文臣》，《甲申传信录》卷三，上海书店，1982，第44页。
⑤ 祁彪佳：《遗书》，《祁彪佳集》卷九，中华书局，1960，第222页。
⑥ 邵廷采：《张国维》，《东南纪事》卷五，上海书店，1980，第218页。
⑦ 黄宗羲：《绍武之立》，《行朝录》卷二，《黄宗羲全集》第2册，第124页。

有一死"，他不"敢尚事迁延，遗玷名教，取讥将来"①，遂绝食自尽。张秉纯虽为生员，但仍认为"今日率天下之人，无贵无贱，无老无少，皆宜为君父而死者也"。② 即使被杀害的遗民士大夫，也大都认为殉国殒身是他们应尽的义务。文秉（1609~1669）国变后隐居竹坞，被捕后遭杀害，临死前言："死固分也。"③ 吴之蕃起兵抗清失败，被杀害时言："我父子孙死王事，分也。"④ 这些资料足以证明，明季殉国的遗民士大夫把殉国看作他们的责任。⑤ 并且相信殉国是他们仁义道德的现实实践。⑥

遗民士大夫殉国，确实如何冠彪先生所言，其具体对象有差别，⑦ 但其殉国的动机是"尽忠"。有些遗民士大夫认为，生为明人，死为明臣，国家灭亡后，自己应该随亡之。如刘理顺（1582~1644）认为："国存与存，国亡与亡，古之制也。"⑧ 金声桓（？~1649）言："生为明人，死为明鬼，敢有他志？"⑨ 王家彦（？~1644）自杀前说："国破身死，吾何足惜。"⑩ 有的遗民士大夫殉君而死，认为"君亡与亡"是他们应尽之本分。如左都御史李邦华（？~1644）自杀前亦言："主辱臣死，臣之分也，夫复何辞！但得为东宫导一去路，死庶可无憾已矣，势力不可为矣。"⑪ 笔者认为，这种殉国对象的区分实在过于表面、直接。遗民士大

---

① 刘宗周：《蕺山刘子年谱》，《刘宗周全集》第六册，浙江古籍出版社，2007，第169页。
② 屈大均：《隆武朝·生员死义传》，《广东丛书第2集·皇明四朝成仁录》卷十二，第443页。
③ 屈大均：《弘光朝·附录》，《广东丛书第2集·皇明四朝成仁录》卷七，第246页。
④ 《中国历史研究资料丛书·嘉定屠城纪略》，第267页。
⑤ 何冠彪：《生与死：明季士大夫的抉择》，第30~31页。
⑥ 有些遗民士大夫认为殉国是位列人臣的士大夫的义务，并非所有遗民的义务。如梁份（1641~1729）就持此种观点："国家多难，人臣效命之秋也，然非受命，也非封疆，职非御侮者，可以无死。"（见梁份《怀葛堂文集·书郭忠烈传后》）然而，对于一个儒家士大夫操守名节而言，认为殉国仅仅是位列人臣的士大夫群体义务，是站不住脚的。在气节面前，是否受职都是一样的。生员张秉纯在殉国时的遗言就能很好地说明这点："国家养士三百年，今日其死所也。如以为无益，则古之忠臣义士皆损躯于国破家亡之后，有益者几何人哉？……己不能死而辄笑死者为市井名，比世之所以多乱臣贼子也！"屈大均：《广东丛书第2集·皇明四朝成仁录》卷十二，第443页。
⑦ 何冠彪：《生与死：明季士大夫的抉择》，第31~35页。
⑧ 孙奇逢：《刘文烈遗集序》，《夏峰先生集》卷四，中华书局，2004，第28页。
⑨ 蒙正发：《中国历史研究资料丛书·三湘从事录》，第267~268页。
⑩ 计六奇：《明季北略》卷二十一，中华书局，1984，第516页。
⑪ 计六奇：《明季北略》卷二十一，第510页。

夫不论其殉国对象有何不同，其根本还是在于他们对殉国伦理责任的认同。

二 生与死的两难抉择

殉国的遗民认为殉国能够"尽忠"，因而感到"心安理得"。但是，遗民士大夫舍弃宝贵的生命而殉国并不是一件轻松的事情，毕竟生命只有一次。"嗟乎！人生不幸而当流极之运，死固其分内事也，然而处此为甚难。"① 许多遗民士大夫殉国，是出于一种伦理责任，是一种"负担"强迫的结果，因此不应该将它视为一件值得高兴的事情。然而，许多遗民士大夫在殉国时，流露出一种"心安理得"的心态。如祝渊临死前言："莫向编年问知否，心安理得更何求？"② 许潜忠（？~1644）殉国时，莫秉清评价他"死国忠臣事，如君中莽难。宁争千古义？止取寸心安。"③ 又如太学生吴可基（？~1645）自作《绝命词》言："塞遇逃君临，临危犹保身。甘心全节义，耻作北夷人。"④ 姜曰广"赋诗殉节"时云："要知善死原非死，况复衰年岂记年。杯酒从容微笑去，此心朗畅亦何言。"⑤ 这些殉国者以死报国，能够"全节义"而终，符合士大夫平时所谈论的礼义廉耻等伦理要求，做到了知行合一，因而他们自我认为无愧于心，心安理得。在他们看来，殉国并非是为了名垂千古，而只是为了求些"心安"，寻求内心的一份宁静、逸然而已。马纯仁，字朴公，南京六合县（今六合区）人，国亡后他说："与死乃心，宁死厥身。一时迂事，千古完人。"⑥ 于是襄石沉河殉国。虽然马纯仁认为殉国是迂腐之事，但一死就可以成就"千古完人"，因此何乐而不为呢。从他们身上，我们也可以理解一些遗民"赴水投环，仰药引剑，趋死如鹜，曾不之悔"⑦ 的原因

---

① 黄宗羲：《赠刑部侍郎振华郑公神道碑》，《南雷诗文集》（上），《黄宗羲全集》第 10 册，第 257 页。
② 陈确：《诗集·哭祝子开美》，《陈确集》，第 745 页。
③ 莫秉清：《吊许潜忠先生》，《采隐诗馀》卷下。
④ 张宗祥：《题衣诗》，《四明丛书》第 2 集，第 51 册，第 26 页。
⑤ 计六奇：《姜曰广临难赋集》，《明季南略》卷十二，第 396 页。
⑥ 计六奇：《马纯仁小传》，《明季南略》卷四，第 230 页。
⑦ 陈确：《文集·死节论》，《陈确集》，第 153 页。

了。故全祖望说："豪杰之士，不过存一穴胸断颈之念，以求不愧于君臣大义而已，不然远扬而去，又何不可，而必以身殉国乎！"赵园也认为"赴义者并非期其成功，不过以杀身求'不愧'而已"。①

殉国的遗民士大夫以一死成全了一己之"心安"，那么未殉国的遗民士大夫是否能够"心安"呢？同为士大夫，他们所接受的伦理道德规范是一致的。他们也认为适逢易代之时，士大夫有殉国之义务。如北方著名遗民孙奇逢言："人臣死君难，天地之大义也。"②江西遗民魏禧云："不幸而遇变，死其义可也。"③浙江遗民陈确认为："（君主）手足视臣，固腹心报之；即犬马草芥视臣，亦有死无二。"④南方遗民屈大均亦认为："臣子于君父之难，至愚至贱，无所逃死。"⑤可见，未殉国的遗民士大夫，对殉国是士大夫的本分和义务，并没有异议。

既然殉国是士大夫之义务，继续生存的遗民士大夫又如何解释自己没有殉国呢？难道是没有羞耻之心了吗？于是未殉国的明遗民纷纷强调是事出有"因"。当然，不同的明遗民有不同的"因"。这一个个"因"就是他们对自我生存的"说辞"，就是对自我生存合理性的论证。

有些遗民以救亡图存为理由。如魏禧就认为国亡后，"变未作而匡救之于其先，不可而先事以去"。⑥顾炎武也认同殉国观念，他对自己没有殉国的原因解释说："人臣遇变时，亡或愈于死。夏祚方中微，靡奔一人尔。二斟有遗迹，当日兵所起。世人不达权，但拜孤山祀。"⑦所以顾炎武效法少康的臣子伯靡，以复国为志，救国图存成为他不必殉国的理由。

还有些遗民士大夫以"孝"等伦理责任作为可以不殉国的理由。受儒家传统思想影响，士大夫对"孝"极为重视。明清之际，国破君亡，殉国成为遗民士大夫义不容辞的伦理义务，这是对国家和君主尽"忠"

① 赵园：《明清之际士大夫研究》，第32页。
② 孙奇逢：《光禄寺少卿墓志铭》，《夏峰先生集》卷九，"畿辅丛书"本。
③ 魏禧：《杂问九》，《魏叔子文集》卷十九，第1000页。
④ 陈确：《文集·与张考夫书》，《陈确集》，第124页。
⑤ 计六奇：《明季北略》卷十，第160~161页。
⑥ 魏禧：《杂问九》，《魏叔子文集》卷十九，第1132页。
⑦ 顾炎武：《潍县》，《亭林诗集》卷三，《顾亭林诗文集》，第334页。

的最为直接的途径和最为突显的证明。然而，存身才能尽孝，身之不存，焉能尽孝？"忠"与"孝"难两全的伦理困境，摆在了遗民士大夫面前，横亘在他们人生抉择的路口上，迫使他们必须做出单一的抉择。有些遗民士大夫没有殉国尽忠，而是存身尽孝。如方文"以亲故遂苟存"；① 徐枋国亡后"誓从死"，但念父亲仍在，"死志未遂"②。张罗吉欲殉国，其妻劝说："我妇人屈辱，义必死。子兄弟六人，如皆死，即绝尔父母后，何忍？"③ 陈确没有如其师刘宗周那样为国尽"忠"，而是存身事"孝"。对此他解释说："干戈满途，母老为累，弃而渡江，诚所未忍。家自老母而下，四世亲丁共三十一口。"④ 因而从"孝"实非得已。由此观之，存身尽"孝"是遗民士大夫可以不殉国尽忠的理由，并且这种理由有碍于尽"忠"报国，这令遗民士大夫备感痛苦。如张煌言虽然坚信"两间自有正气，万古自有纲常，忠臣义士，惟独行其是而已"，⑤ 认为国难当前，应该以"忠"为先，"孝"为次，说："应念同仇多死友，休言有母不售人。"⑥ 然而当他想到"吾父见背，路隔华夷，奔丧无所至"时，"抱恨终天"。遗民士大夫虽选择殉国尽"忠"，但对不能尽"孝"也是无法释怀，心存遗憾的。如陈子龙就说：

> 仆门祚衰薄，五世一子。少失怙恃，育于大母，报刘之志，已非一日，奉诏归养，计终亲年。婴难以来，惊悸忧虞，老病侵寻，日以益甚。盖欲扶摧远遁，崎岖山海之间，势不能绝也；绝裾而行乎？子然靡依，自非豺狼，其能忍之！所以徘徊君、亲之间，交战而不能自决也。悲夫！悲夫！亲以八十之年，流离野死，忠孝大节，两置涂地，仆真非人哉？⑦

---

① 屈大均：《广东丛书第 2 集·皇明四朝成仁录》卷九，第 342 页。
② 张廷玉：《明史》卷二九五，中华书局，1974，第 7560 页。
③ 全祖望著，朱铸禹校注《书毛检讨忠臣不死节辨后》，《全祖望集汇集校注》卷三十三，第 1001 页。
④ 陈确：《文集·祭山阴刘先生文》，《陈确集》，第 307 页。
⑤ 屈大均：《广东丛书第 2 集·皇明四朝成仁录》卷七，第 232 页。
⑥ 邵廷采：《潘集》，《东南纪事》卷八，上海书店，1980，第 256 页。
⑦ 屈大均：《广东丛书第 2 集·皇明四朝成仁录》卷一，第 13 页。

陈子龙对自己不能殉国的原因解释说,自己家丁不旺,"五世一子",其母含辛茹苦把自己抚养大,因而实在无法决然弃其殉国。忠孝难两全,为此他痛苦不堪。施博也因孝存身不能殉国,对此他解释道:"博当甲申、乙酉,卧病两年,又以先人未葬,老母须养,偷生惜死,以至于今,每与出世者往还,则知传之非误矣。自分不可为圣人之徒,蛩蛩以待尽,隐衷尚有愧。"① 由此可见,遗民殉国尽"忠"与存身尽"孝"的抉择实在困难。实际上,以存身尽"孝"的遗民士大夫并没有在完成养老送终之义务后,选择殉国尽忠,这不能不是一个极大的讽刺。

无论如何,选择生存的遗民士大夫心里并不轻松,充满愧疚感。"明朝亡国后,忠臣义士面临生与死的抉择。一方面,贪生畏死,本为人之常情,所以时人多以死节为难事。另一方面,人死后就万事俱毕,但生存下去的人,或者为复国的事业而奔波劳瘁;或者在清朝的统治下隐居守节,受尽精神上和生活上的苦痛煎熬。"② 未能殉国的明遗民士大夫,为未能殉国尽忠而深怀内疚,为没有实践平日所高谈的礼义廉耻而终生"忧疑惊惧"。如屈大均存身尽孝,并为自己的行为辩解:"嗟夫,人尽臣也,然已仕未仕则有分,已仕则急其死君,未仕则急其生父,于道乃得其宜。"③ 然而屈大均并没有因为"得其宜"的存身尽孝行为而获得心安,相反他有很强烈的愧疚感。屈大均怀念其师殉国之陈邦彦时言:"予十六从公受《周易》、《毛诗》,公数赏予文,谓为可教。今不肖隐忍偷生于此,不但无以见公,且无以见马(应房,1615~1647)、杨(景烨,?~1647)、霍(师连,?~1647)、建(芳,?~1647)四子,又四子之罪人也已。"④ 又说:"大均向受业于公,后死之责未知能无愧于四君与否!"⑤ 陈邦彦及其弟子马应房、杨景烨、霍师连、建芳等殉国,而屈大均则存身尽孝,于气节高低而言,他感到自己这是"隐忍偷生",是他们的"罪人",这种"惭予后死"的现实成为他的精神负担。屈大均自谓道:"予

---

① 黄宗羲:《施博》,《思归录》,《黄宗羲全集》第1册,第396页。
② 何冠彪:《生与死:明季士大夫的抉择》,第137页。
③ 屈大均:《周秋驾六十寿序》,《翁山文外》卷二,序,《屈大均全集》第3册,第92页。
④ 屈大均:《顺德给事岩野公传》,《翁山文钞》,《屈大均全集》第3册,第447页。
⑤ 屈大均:《顺德起义臣传》,《皇明四朝成仁录》卷十,《屈大均全集》第3册,第855页。

少遭变乱，沟壑之志，积之四十余年，濡忍至今，未得其所，徒以有老母在焉耳。"① 屈大均因为要存身尽孝而未能殉国，但当他想起一同抗清但现已谢世的同志时，也心境难安。康熙十八年（1679），他在陈子龙投水殉国三十余年后，作诗《泖口跨塘桥吊黄门陈卧子先生》言："惭予后死空词赋，惯向江南放《大招》。"②

如同屈大均这样心存愧疚的遗民还有很多，这种愧疚之情在他们的文集中屡屡可见。从未殉国者本人的道德内省来说，殉国的士大夫的对国家忠诚和人格的高尚是显而易见的，这更让未殉国者感到羞惭。如陈洪绶说："少时读史感孤臣，不谓今朝及老身。想到蒙羞忍死处，后人真不若前人。"③ 杨廷枢也哀叹："社稷倾颓已二年，偷生视息又何颜。"④ 方文说："永栖陇亩为顽民，偶对人言还自愧"，"几欲捐躯励微节，亦以亲故遂苟存"。⑤ 魏禧也是如此，他说："甲申国变，吴门诸生许玉重饿死于学宫。二许（王家、玉重）不知同宗族否？何许氏之多奇男子也。禧亦故诸生，方偷活浮沉于时，视二许能不愧死入地哉！"⑥ 魏禧坦言，自己与许王家、许玉重同为诸生，二许能够为国尽忠，自己却偷生苟存，因而对二许实在有"愧"。何宏仁（1595~1650）国亡后隐居，谓自己"从亡已后，余息偷生，身份俱辱，虽百死莫赎矣"。何氏对自己偷生辱身的行为悔恨不已，认为"百死莫赎"，于是削发为僧，临终时仍言："吾有志不就，忝厥所生；于君为不忠，于亲为不孝。我死后，切不得棺殓，当野暴三日，以彰不忠之罪，然后举火焚之；不得归葬先陇，以彰不孝之罪。"⑦ 朱舜水东渡日本后，也自悔不已，其《九州》诗云："九州如瓦解，忠信苟偷生。"⑧ 如傅山亦言："顺治十一年，以河南狱牵连被逮，抗词不屈，

① 屈大均：《屈沱记》，《翁山文钞·卷二·记》，《屈大均全集》第3册，第313页。
② 屈大均：《泖口跨塘桥吊黄门陈卧子先生》，《翁山诗外》卷十，《屈大均全集》第2册，第838页。
③ 陈洪绶：《偶题》，《陈洪绶集》卷九，浙江古籍出版社，第309页。
④ 计六奇：《杨廷枢血书并诗》，《明季南略》卷四，第257页。
⑤ 方文：《赠别周颖侯》，《嵞山集》卷三，《续修四库全书》集部别集类第1400册，第91页。
⑥ 魏禧：《许秀才传》，《魏叔子文集》卷十七，第874页。
⑦ 魏禧：《明御史何公家传》，《魏叔子文集》卷十七，第860页。
⑧ 钱仲联：《清诗纪事》，江苏古籍出版社，1987，第110页。

绝粒九日，几死。门人中有以奇计救之，得免。然山深自咤恨，谓不若速死为安，而其仰视天、俯视地者，未尝一日止。"① 张岱也对自己的"苟活"持强烈的自责："翻恨偷生久，多余十一春。"② 又云："沉醉方醒，恶（噩）梦始觉，忠孝两亏，仰愧俯怍。聚铁如山，铸一大错。"③ 徐承烈《燕居琐记》载："明末一巨公，与泰州邓孝威汉仪善。明亡，孝威讽其循节，不从。后孝威游楚归，巨公索阅近作，有《题息夫人庙》一首，云：'楚宫慵扫黛眉新，只自无言对暮春。千古艰难惟一死，伤心岂独息夫人！'巨公愀然废卷而起，入内遂患心痛卒。"④ 笔者尚未考证出"巨公"是何许人，但其未能殉国之愧疚感，能够致其毙命，可见其对自己未能殉国尽忠的悔恨程度。殉国者的死节是士大夫道德水平的最高体现，"于波靡澜倒之时，屹然砥柱中流，激一时豪杰之心，立万世人臣之则，岂非天之无奈人何者耶！"⑤ 比较殉国者，明遗民存在"苟且偷生"的道德负疚感使他们感到羞惭不已。这种"苟存""忍死"给明遗民造成了极大心理压力。

当把这种道德内省和人格高下与自己的亲密朋友进行现实比较时，明遗民的愧疚感更加强烈。如方以智的朋友陈子龙殉难后，顺治五年（1648），方以智作诗悼念，说："一死泰山于汝毕，再生黄地为人傭。"⑥ 这道出了他与陈子龙的人格高下区别。钱澄之与方以智交情甚笃，他们共同谋划过抗清事宜。方以智晚年遭逢"粤难"谢世，钱澄之又存身多年。他在《乙卯春将入中州过浮山哭无公墓》诗中言"惭愧一乘输老友，凄凉六阕尽平生"⑦，表示惭对亡友。他还在《曾青藜壬癸诗序》中说："余今年七十三，君亦六十矣。回忆四十年前跃马论兵，慨然有天下己任之志，何其壮也！今皆贫困如此，白头槁项，所求升斗，到处觅人颜色，踟蹰偷生，良足悲矣！"⑧ 曾青藜即遗民曾灿，钱氏作此诗时曾灿已故。

---

① 赵尔巽等：《清史稿》第五〇一，第 13855 页。
② 张岱：《张岱诗文集》，第 77 页。
③ 张岱：《琅嬛文集》，岳麓书社，1985，第 251 页。
④ 俞樾：《春在堂全书》卷十，《笔记小说大观》第 26 册，江苏广陵古籍刻印社，1983，第 58 页。
⑤ 归庄：《保定张氏殉难录序》，《归庄集》卷三，第 175 页。
⑥ 陈田：《明诗纪事》卷十七，上海古籍出版社，1993，第 3226 页。
⑦ 钱澄之：《田间诗集》卷二十一，黄山书社，1998，第 435 页。
⑧ 钱澄之：《曾青藜壬癸诗序》，《田间文集》卷十五，第 278 页。

当钱氏回忆死难亲友时，不免有"到处觅人颜色，踽踽偷生"的愧疚。国亡后，刘宗周恸哭说："若曰身不在位，不当与城为存亡，独不当与土为存亡乎？"① 刘宗周告诫门人，死节是士大夫义不容辞的。在刘宗周的精神感召和"逃则可诛"的严厉要求下②，其"门弟子多殉之者"③，如金伯玉、吴磊斋、王毓耆、祁世培、章格庵、叶润山、彭期生、王元趾、祝开美等。黄宗羲以养母尽孝存身，这就令他背上了沉重的情感负担。他曾自比陶潜，表达了这种忐忑不安的心情；他说："余屈身养母，戈戈自附于晋之处士，未知后之人其许我否也？"④ 其忐忑不安之情不言而喻。陈确与黄宗羲一同师事刘宗周，其因未殉国而产生的愧疚之情更加强烈。虽然他对士大夫殉国缕缕辨析，云："甲申以来，死者尤众，岂曰不义，然非义之义，大人勿为……今士动称末后一著，遂使奸盗优娼同登节义，浊乱无纪未有若死节一案者，真可痛也。"⑤ 不管对殉国是否合理进行怎样的论证，陈确都不得不承认，遗民一旦殉国便可"死无遗憾"⑥ 了。多年后，愧疚之情时时折磨着陈确："呜呼！吾师死矣！同学祝渊亦以闰月初六死矣！……独确懦不能死，又不能编名行伍，为国家效分寸之劳；又丁口田庐，为官所辖，输租纳税，不异顺民，愧师友而忝所生甚矣。师其以确为非人而靡之门墙外耶。"⑦ 又言"今先生（刘宗周）与开美俱死国难，而确独隐忍苟活，皇皇求知所税驾也，悲夫！"⑧ 他甚至还将未能随同门师生一起殉国作为自己一"大罪"。他说："呜呼！若确者，岂复有人理哉！师死吾不知日，师葬吾不知处，生为师弟，没同行路，确独非人，而胡至是！若以乱为辞，未闻乱世遂无师生。以母老为辞，则八年之内，将母之暇，亦未尝不东西奔走，动逾旬日，而独于山阴咫尺之路，夙

---

① 黄宗羲：《子刘子行状》卷下，《黄宗羲全集》第 1 册，第 246 页。
② 黄宗羲：《行朝录》卷三，《黄宗羲全集》第 2 册，第 127 页。
③ 全祖望：《梨洲先生神道碑文》，《黄宗羲全集》第 12 册，第 5 页。
④ 黄宗羲：《兵部侍郎仓水张公墓志铭》，《南雷诗文集》（上），《黄宗羲全集》第 10 册，第 295 页。
⑤ 陈确：《文集·死节论》，《陈确集》，第 154 页。
⑥ 陈确：《诗集·哭吴秋浦先生》，《陈确集》，第 743 页。
⑦ 陈确：《文集·祭山阴刘先生文》，《陈确集》，第 307 页。
⑧ 陈确：《文集·书祝开美师门问答后》，《陈确集》，第 392 页。

昔诵读之地，裹足不前，判若异域，邈若天外。虽巧言饰词，终何以自解。"① 陈确认为同门师友殉国尽忠，能够"循节安理"，可谓善生善死，"完节"终身，而自己为所谓的孝母而存身，还要时常受新朝管制，成为一"顺民"，他应死而未死，实为一"大罪"，亦无颜以对同门师友，实应列"门墙外"。

从这些材料可以看出，遗民以"偷生"为罪恶，"失节"对他们是一种无法摆脱的恐惧和悔恨；他们想追随"已死者"的步履，却"苟活"于世；他们力图为自己的"不死"开脱，却对自己的"不死"持否定的态度。这样他们就陷入了一种道德与伦理的困境中。

对于应死而未死的遗民士大夫，计六奇颇为理解，他说："彼隐忍偷生者无论，亦有本欲死，而一时稍迁延，后遂不及死，卒不免辱身败名，然后知决然一死之无憾也。"② 在新朝生存实属不易，既要时刻遭受"面见颜偷生"的自责，又要谨小慎微，确保气节不堕。尽管未殉国的遗民士大夫不断地为自己继续生存进行着这样或那样的合理性论证，竭力比较在新朝生存比殉国更非易事，这都无法令他们忘却未能殉国尽忠的不安，以及对故国、师友和士大夫名节的愧疚。他们愈是对自己生存的合理性进行辩解，愈能反映他们确实陷入了生与死的精神困境中。并且，这种生与死的精神困境、"心"不安和"理"不得的痛苦，伴随着遗民士大夫的后半生。这从黄宗羲的"期于速朽"③ 和吕留良晚年的《祈死诗》处，可以想见。

第三节 "身份俱辱"：处世与守节的困境

明清易代后，遗民士大夫经受着严峻的道德人格和政治操守的考验。由于明遗民忠于故国，因而当未死（殉国或殉节）而选择继续在新朝生存时，更是时刻注意自己的出处交接。如顾炎武说："大难初平，宜反己自治，以为善后计。"④ 吕留良也说："当从出处、去就、辞受、交接处画

---

① 陈确：《文集·祭山阴先生文》，《陈确集》，第 308 页。
② 计六奇：《明季北略》卷二十一，第 504~505 页。
③ 全祖望：《梨洲先生神道碑文》，《黄宗羲全集》第 12 册，第 10 页。
④ 顾炎武：《与戴枫仲书》，《亭林文集》卷三，《顾亭林文集》，中华书局，1959，第 65 页。

定界限，扎定脚跟。"① 救国理想逐渐的破灭和清廷政权的日益巩固，使得明遗民不得不面对一个重大问题，那就是如何"扎定脚跟"，不向清廷屈服，保护和坚守自己的名节与人格不受玷污。

一　生存压力与坚守名节之难

明遗民在清初面临着巨大的生存压力。遗民出于特定的政治立场，坚决不仕清朝，他们渴望能够过上古代隐逸"高士"的悠然自得的生活，如张岱在《乡绅死义列传总论》中所言："若夫罢职归田，优游林下，苟能以义卫志，以智卫身，托方外之弃迹，上可以见故主，下不辱先人，未为不可。"② 继续生活是可以的，但有一个前提条件，即要坚守名节，否则就无任何脸面见"故主"与"先人"了。然而，在清初特殊时势下，遗民"以义卫志，以智卫身"，既要保护好自己的生命和名节，又要过上悠然自得的生活，这并不是件容易的事情。明遗民在清初的处境十分艰难：

> 古之君子力耕以为食，力蚕以为衣，俛仰身世，无求而皆给。故当其不得志而退也，毕其生可以无闷。今之君子仰无以养其亲，俛无以畜其妻子，饥寒之患，迫于肌肤，此其时与古异矣。③

> 古之君子欲进则进，欲退则退，未有不浩然自得者也。今之君子侧身迟回于进退之际，惶惶焉不能自主者，何也？非其人为之，其时为之也。④

古代君子出仕可以辅助君王建功立业，不得已时可以当一位超然物外的隐士，但明遗民却不能如此。处在国破家亡之时，遗民士大夫或出于政治伦理的"君臣之义"，或出于内心情感的"故国之思"，或出于民族大

---

① 吕留良：《复高汇旃书》，《吕留良先生文集》卷一。
② 张岱：《石匮书后集》卷二十三，第153页。
③ 吕留良：《复高汇旃书》，《吕留良先生文集》卷一。
④ 汪婉：《灌园诗刊序后》，《尧峰文集》卷二十八。

义的"夷夏之防",他们都不能够遂心如愿地选择自己的生活方式,也不能率性而为地从事自己喜欢的谋生方式。因此,明遗民大多陷入了生存的困境中。

生存困境极大地挑战着遗民士大夫对名节、尊严的坚守。如前所述,受明清易代的影响,明遗民大都生活困难,谋生不易。陆世仪用亲身经历来诉说这种困难和无奈:"自甲申、乙酉以来,教授不行,养生之道几废。乙酉冬季学为贾,而此心与贾终不习。因念古人隐居多躬耕自给,予素孱弱,又城居,不习田事,不能亲执末耜。"① 由此可见明遗民的生存压力是相当大的。

既然连生存尚且不能保证,又何谈能保持名节呢?"仓廪实而知礼节,衣食足而知荣辱",礼节产生于富有而废弃于贫穷。这一点明遗民是知晓的。如顾炎武就云:"治化之隆,则遗秉滞穗之利及于寡妇。恩情之薄,则耕锄箕帚之色加于父母。故欲使民兴孝兴弟,莫急于生财。"② 顾炎武指出经济因素影响亲情伦理。百姓一旦经济陷入生存的困境,再也无余力讲求伦理、道德。张履祥也明确指出了务农可以维持生存,进而可以不必求于人而"立廉耻"。他说:"能治生则能无求于人,无求于人则廉耻可立,礼义可行。"③ 又说:"吾与人言,所以亟亟以农桑稼穑为主,盖惟衣食可以无求于人,然后人心可正,教化可行。"④ 他指出儒者只有生活有保证,衣食不求于人,才能够立身、立德,成就一番学问。

生计如此重要,且迫于生存的压力,遗民士大夫一方面通过经商、处馆、行医、处幕等方式谋生;另一方面,他们却认为这些谋生方式有污自己的名节和尊严。生存与名节在明遗民的心中就这样无时无刻不在紧张地拉扯着。一些遗民以经商谋生,但他们又认为经商有污名节。如徐枋声称以卖画谋生实在是迫不得已,然而他又认为自己卖画与他人卖鞋席无异:"避世之人,深不欲此姓名复播人间也,则仆之佣书卖画,岂得已哉?仆

---

① 陆世仪:《修齐类》,《思辨录辑》卷十一,《四库全书》子部第724册,第91页。
② 顾炎武撰、黄汝成集释《日知录集释》卷六,上海古籍出版社,1984,第515页。
③ 张履祥:《杨园先生全集·备忘一》,第1043页。
④ 张履祥:《杨园先生全集·备忘四》,第1197页。

之佣书卖画，实即古人之捆屦织席，聊以苟全，非敢以此稍通世路之一线也。"① 徐枋把自己看作卖鞋的贩夫走卒，不正是认为自己卖画有辱士大夫名节吗？又如吕留良以卖文谋生，但"愧耻"之情始终在其内心缠绕，他临终所做的《祈死诗》，仍然见出这种无可奈何的"愧耻"之情，该诗中言道："坐计耦耕犹未得，卖文乞食总堪哀。"② 一些遗民虽然在富贵之家处馆，但认为处馆谋生有辱人格和尊严，"迫于饥寒，以教授自给，壮怀豪气，销磨殆尽，而俛首一经，昔人所谓猢狲王也"。③ 处馆使遗民的豪气消磨殆尽。张履祥虽然自己有处馆谋生的经历，但他说："弟近年以来，实见处馆一济，真如嗟蹴之食……弟所以自比此事于佣作之人，主人使其挑粪，则亦不得已而为之。又自比于守门之丐，与之酒食，则亦欣然受之。"④ 以处馆为"佣力""旅食""就食"，张履祥把业此的屈辱感表达得淋漓尽致。遗民行医谋生，但他们又认为此举是不务"正业"，急功近利，有辱士大夫名节。如吕留良以行医谋生，就遭到了其他遗民的批评："若乃疲精志于参苓，消日力于道路，笑言之接，不越庸夫，酬应之烦，不逾鄙俗，较其所损，抑已多矣。况复挈长短于粗工，腾称誉于末世，尤为贤者所耻乎？"⑤ 张履祥指责吕留良不行作为一个士大夫"明道""传道"的责任，反而满足于行医，以致把自己的儒家之"精志"消磨于"参苓"医药中，因此他一再劝吕留良弃医，否则"诚恐不为后世原谅"。⑥ 处幕者自污气节更加明显，因此常常遭人鄙视。如陆陇其说："大概作幕者，自有一种气习，若稍或渐染，便非儒者气象。"⑦ 吕留良也说："一为幕师，即于本根断绝。吾见近来小有才者，无不从事于此，其名甚噪，而所获良厚，然日趋于闪烁变诈之途，自以为豪杰作用，不知其

① 徐枋撰，黄曙辉、印晓峰点校《与王生书》，《居易堂集》卷二，华东师范大学出版社，2009，第44~45页。
② 卞僧慧：《吕留良年谱长编》，中华书局，2003，第103页。
③ 归庄：《上吴鹿友阁老书》，《归庄集》卷五，第321页。
④ 张履祥：《答姚林友一》，《杨园先生全集》卷八，第211页。
⑤ 张履祥：《与吕用晦》，《杨园先生全集》卷七，第178页。
⑥ 卞僧慧：《吕留良年谱长编》，中华书局，2003，第92页。
⑦ 陆陇其：《与用中侄》，《三鱼堂文集》卷七，《清代诗文集汇编》，上海古籍出版社，2010，第431页。

心术人品至污极下，一总坏尽。"① 他们一致认为游幕会使人渐染 "闪烁
变诈"，逐渐丧失 "儒者气象"，终使人品 "至污极下"。一些遗民接受仕
清官员的资助，这更被认为是有污气节的证明。"取与之间，皆有耻之事
也"，② 关乎名节，因此士大夫一般不会轻易接受他人钱财。易代之际，
遗民士大夫接受仕清官员的钱财，这本身就玷污了名节与人格。因此有遗
民说 "腹饥徒煮字，樽空耻自斟。岂无长安米，苟得非所钦"，③ 表示自
己再穷困也不向达官贵人 "乞食"。钱塘人陈廷图 "杭守稽宗孟式庐以
访，欲延讲学，辞不赴。矜惜名节，不妄受人惠"。④ 有些遗民宁愿饿死
也不接受，如梁羽翰国变后甚贫，虽 "同年在要津者甚众，然绝无趋附
之念"，与其二子俱以穷饿毙。⑤

　　不仅如此，明遗民还存在着孝亲、家族安全与坚守名节的紧张关
系。儒家士大夫非常重视孝亲之情，其中历代不乏因亲情羁绊而不能自
由选择人生道路的士人。如《史记·管晏列传》载，春秋时期管仲因
有老母在堂而三战三败；李密以祖母 "夙婴疾病，常在床蓐" "乌鸟私
情，愿乞终养"，上《陈情表》于晋武帝司马炎，婉拒出仕。清初遗民
也有这样的顾虑，他们在出处进退之际，不能不顾念父母双亲及其家族
的存亡。对于这种状况，遗民毛先舒说："士君子当鼎革时，其出处大
要权衡于君亲为准。向也已仕，而亲欲我贰心者，从今者非人臣。昔未
仕而亲期我之禄养者，违命者非人子。"⑥ 毛先舒虽然在此表明出仕新
朝的原则，但其背后表露了奉养亲人与坚守名节的紧张关系。毛先舒这
种言论是有感而发的。如有些遗民因担心受到乡党、仇人的迫害，不得
不出仕自保。如顺治十年（1653），吕留良托名光轮应试，就是出于此
动机。张符骧《吕晚村先生事状》载："君不出，祸且及宗。"吕留良
后来出于名节考虑，吕留良 "弃诸生"，并为此后悔不已。又如黄宗
羲，甲申之变后，他跟随鲁王积极抗清，以致被清廷发檄通缉，"四处

---

① 吕留良：《与董方白书》，《吕晚村先生文集》卷四。
② 顾炎武：《与友人论学书》，《亭林文集》卷三，《顾亭林诗文集》，第 44 页。
③ 张岱：《和贫士七首》，《张岱诗文集》卷二，第 21 页。
④ 谢正光、范金民编《明遗民录汇辑》（下），第 750 页。
⑤ 谢正光、范金民编《明遗民录汇辑》（下），第 694 页。
⑥ 毛先舒：《小匡文钞》，谢正光、范金民编《明遗民录汇辑》（上），第 43 页。

搜捕，（黄宗羲）伏处海隅，草间苟活"，"鼠匿草莽，东徙西迁，屡濒于危"。① 在逃难过程中无法尽孝，黄宗羲感到万分"凄然"。后来，清廷令各地有司将不肯降顺的明代仕宦家属造册通缉，"胜国遗臣不顺命者，录其家口以闻"②，以便连坐惩处。黄宗羲担心居家老母的安危，于是变更姓名，间行归家，携母亲逃亡。当黄宗羲旧部要求他复出重整旗鼓时，黄宗羲明言"有老母在，且先人不可无后，乃以侠名江湖耶"，③ 直接予以拒绝。在忠国与孝亲之间，黄宗羲选择了孝，这就令黄宗羲背上了沉重的情感负担。他曾在《兵部左侍郎苍水张公墓志铭》中表达了这种忐忑不安的心情，他说："余与公（张煌言），则两世之交也。念昔周旋于鲸背蛎滩之上，共此艰难。念公已为千载人物，比之文山，人皆信之。余屈身养母，戋戋自附于晋之处士，未知后之人其许我否也?"④ 张煌言是著名的抗清将领。黄宗羲其父黄尊素早亡，由母亲一手抚养长大。在此墓志铭中，黄宗羲将张煌言比之文天祥，认为张氏虽然不幸遇难，但成就一世名节；而自己不得不"屈身养母"，在出处进退之际，顾念母亲及其家族的存亡。

二 时间忧惧与坚守名节之难

遗民是一种时间现象,⑤ 即生活在特定的时间内的人们，如明遗民大致生活在清初五十年这一时间段。在这半个世纪里，许多明遗民的节操在时间面前不断受到消磨。在此，时间不仅没有增加他们生命的愉悦，而且成为消磨他们身心的"磨盘"。

一些遗民在国亡后为了"图功"选择继续生存，并且他们认为"图功"比殉国更加艰难。如陈确在哭吊遗民许令瑜殉国时就说："君死事已毕，艰大遗而子。"⑥ 祁彪佳殉国时也指出："光复或有时，图功审机势。

① 江藩：《国朝汉学师承记》，第126页。
② 全祖望：《梨洲先生神道碑文》，《黄宗羲全集》第12册，第7页。
③ 邵廷采：《遗献王文孝先生传》，《思复堂文集》，浙江古籍出版社，1987，第6页。
④ 黄宗羲：《兵部左侍郎苍水张公墓志铭》，《南雷诗文集》（上），《黄宗羲全集》第10册，第295页。
⑤ 赵园：《明清之际士大夫研究》，第314页。
⑥ 陈确：《诗集·哭许元忠给谏》，《陈确集》，第642页。

图功为其难，殉节为其易。"① 的确，"死事也易，成事也难"，② 要救亡图存，实现明王朝的再兴，其过程困难重重，成功与否实难预料。

明遗民虽然进行了艰苦卓绝的抗清斗争，但随着清廷的统治越来越巩固，光复的希望越来越渺茫，明遗民表现了一种明显的时间忧惧。如张煌言在得知鲁王被害后就说，"报韩之念倏衰，思汉之情转冷"③。屈大均自谓："白头未遇。怎英雄，事业多衰暮。"④ 曾灿回首往事时说："其精强慓悍之色，瞥然已失之矣。"⑤ 王翃自谓："心今灰尽，不似从前。"⑥ 还有很多的遗民有这样的时间焦虑，如曹元方《水龙吟·和刘青田韵》云：

> 一片丹心，数茎白发，烟萝袅袅。听悲鸣幽涧，徘徊壮志，折磨渐少。昔日床头短剑，三尺铁，乾坤渐小。谁知挂壁，苔锈生涩，差差不了。⑦

沈泓《贺新郎·夜窗闻雁》云：

> 天半衔愁声出海，夜雨潇湘冰裂。送易水，施歌三匝。故国飘零无限恨，向斗牛，长叹盟豪侠。灯下者，尚存否！⑧

瞿式耜也曾说：

> 家中光景，想今年反觉太平，此间亦有传来谓南方甚熟，米价甚贱，人民反相安，只未知三百年来受太祖高皇帝之隆恩，何以甘心剃发？难道人心尽死？⑨

① 祁彪佳：《遗言》，《祁彪佳集》卷九，第222页。
② 徐鼒：《袁继咸》，《小腆纪传》卷十五，第175页。
③ 张煌言：《上行在陈南北机宜书》，《张苍水集》第一编，第21页。
④ 饶宗颐初纂，张璋总纂《全明词》第6册，中华书局，2004，第3181页。
⑤ 曾灿：《钱谦益序》，《六松堂集》卷首。
⑥ 饶宗颐初纂，张璋总纂《全明词》第4册，第1849页。
⑦ 饶宗颐初纂，张璋总纂《全明词》第6册，第2936页。
⑧ 饶宗颐初纂，张璋总纂《全明词》第6册，第2989页。
⑨ 瞿式耜：《瞿式耜集》卷一，上海古籍出版社，1981，第235页。

随着时间的推移，明遗民的复国之志渐消，英豪难存，曾经的"一片丹心"，也慢慢地"折磨渐少"。百姓的故国之情也逐渐消失。对于这种情形，明遗民感到无可奈何。他们把反清复明作为自己在新朝继续生存的意义，而此时这个意义已经消失，这就意味着他们生存的合理性丧失，如此时继续生存下去无疑改变了自己的初衷，玷污了气节。

保持一时的节操容易，长久坚守节操则难。处鼎革之世而欲保全志节者，无不感受到时间的威胁。彭士望说："忠臣节妇之所为极难，惟其久耳。"[1] 首先，明遗民在此后数年，甚至数十年的漫长岁月中，要保护名节不受玷污实属不易。在"世路构稽天之波，弋人布弥空之网"[2] 的艰难环境中，春冰虎尾之危险遍布，他们必须做到"坦然未尝动吾心而婴吾宁"。其次，即使明遗民能够"于贵贱贫富之界则已划然于中，无所涴夺矣"，但仍恐怕在不可预料的"顾虑"下，"尚未能持之确然而处之悠然"。这并不是遗民士大夫没有羞恶廉耻之心，不知道气节、人格和尊严的宝贵，而是"恐明知其贵而不能贵之，恐明知其羞而不能羞之"；"且恐知其贵而或促之，促之而反溃之；知其羞而或激之，激之而反馁也"。[3] 由此可以看出，坚守长久的遗民节操确实不易。[4] 有鉴于此，经过数年或数十年的生命体验，有些遗民得出结论，即殉国易而守节难。因为"人有不幸而改节者矣，未有不幸而再生者也"。[5] 一旦殉国，则万事毕而名节长存，名垂青史；但如没有殉国而继续在新朝中生存，就会为保护名节不得不经受各种各样的考验。

时间是可怕的，道德律令未必总能敌过时间的力量。[6] 当明遗民未殉国而选择继续生存时，他们就已经想象到了日后诸多的不可预料的事情。如夏允彝在殉国时就对他人言："今日无即诀，移日便多顾虑。"[7] 他认为，遗民若不立即殉国，日后就会有诸多"顾虑"，并且这些"顾虑"会

① 彭士望：《树庐文钞》卷九。
② 徐枋撰，黄曙辉、印晓峰点校《与葛瑞五书》，《居易堂集》卷二，第 26 页。
③ 徐枋撰，黄曙辉、印晓峰点校《与葛瑞五书》，《居易堂集》卷二，第 27 页。
④ 何冠彪：《生与死：明季士大夫的抉择》，第 148~149 页。
⑤ 徐枋撰，黄曙辉、印晓峰点校《与葛瑞五书》，《居易堂集》卷二，第 26 页。
⑥ 赵园：《明清之际士大夫研究》，第 320 页。
⑦ 查继佐：《行取知县夏公传》，《国寿录》卷二，中华书局，1959，第 53 页。

时刻对遗民名节构成严重的挑战。遗民越是长寿，越是难于始终如一地坚守名节。对此，陈垣颇为感叹地说："噫！遗民易为，遗民而高寿则难为。"① 事实确如陈氏所言，随着时间的推移，明遗民的节操和人格都不同程度地发生了变化。顾炎武指出，许多的遗民"改行于中道，失身于暮年"，并说："余尝游览于山之东西，河之南北二十余年，而其人益以不似。及问之大江以南，昔时所称魁梧丈夫者，亦且改形换骨，学为不似之人。"② 又说："比者人情浮竞，鲜能自坚，不但同志中人多赴金门之召，而敝门人亦遂不能守其初志。"③ 张履祥说："方昔陆沈之初，人怀感愤，不必稍知义理者，呕呕避之，自非寡廉之尤，靡不有不屑就之志。既五六年于兹，其气渐平，心亦渐改。"④ 黄宗羲说："桑海之交，士多标致。击竹西台，沉函古寺。年书甲子，手持应器。物换星移，不堪憔悴。水落石出，风节委地。"⑤ 戴名世认为："明之亡也，诸生自引退，誓不出者多矣，久之，变其初志十七八。"⑥ 可见，不能够终生坚守节操的遗民是很多的。虽然他们"大节无亏"，但终究是随着"物换星移"而"风节委地"，"其气渐平，心亦渐改"，晚节可讥。

在漫长的岁月中，"遗民惟重末路"。⑦ 确实，在时间的消磨下，明遗民要保持名节已不易，何言其他。在时间面前，遗民社会无可避免地逐渐消失，遗民节操也为时间所销蚀。正是时间渲染了遗民所面临先生的严酷性；也正是时间解释了遗民的悲剧宿命。⑧

第四节 "而我不容今世路"：经世理想与现实的冲突

从本质上说，明遗民是大都是儒家士大夫，他们对社会现实有强烈的关切和历史使命感，以天下为己任，坚持儒家传统的价值观。这种价值

---

① 陈垣：《明季滇黔佛教考》卷五，第 254 页。
② 顾炎武：《广宋遗民录序》，《亭林文集》卷二，《顾亭林诗文集》，第 36 页。
③ 顾炎武：《复陈蔼公与苏易公》，《蒋山佣残稿》卷三，《顾亭林诗文集》，第 213 页。
④ 张履祥：《与唐灏儒》，《杨园先生全集》卷四，第 132 页。
⑤ 黄宗羲：《汪魏美先生墓志铭》，《南雷诗文集》（上），《黄宗羲全集》第 10 册，第 394 页。
⑥ 戴名世：《温深家传》，《戴名世集》卷七，第 201 页。
⑦ 卓尔堪：《明遗民诗·凡例》，中华书局，1961，第 3 页。
⑧ 赵园：《明清之际士大夫研究》，第 314~321 页。

观，是以成就道德人格和救世事业为价值取向的，内以修身，充实仁德，外以济民，治国平天下，这便是内圣外王之道，也是孔孟儒家追求的人生意义。然而，国破家亡后，受客观条件的限制，遗民的抗清复明和经世济民等理想破灭，令他们痛苦不已。

一 抗清复明之"忠"与"安百姓"之"仁"的伦理困境

明遗民积极追随南明政权，以武装抗清复明。然而他们面对的不仅是清廷虎狼之师，还有如何组织南明军队这一问题。实际上，如何组织一支强大队伍来对抗清军，这是一个复杂的问题。就抗清复明的事业而言，虽然南明军队是"正义之师"，但它仍面临重重困难，如战斗力不强等。鲁王辖下的军队主要由方国安统领，号称十万，"靖夷伯方国安之兵屯扎富阳，通计得十余万，虏之在杭州者不过四千，又皆黄得功、高杰之溃卒降附于彼；其中真虏，不过二三百耳。夫以十余万之兵当三四千？兵多而不精，食难为继；将多而无统，涣不可使也"。[①] 由此可见，方国安军队的数量虽多，但战斗力并不强，连杭州四千清军都无法抵抗。瞿式耜也指出："楚之兵，非孑遗之残旅，即乌合之难民。多方豢之，徒縻钱谷；少拂其欲，门庭皆寇；虽拥有百万，未可云众也。"[②] 他在坚守桂林时也发现了南明部队战斗力不强的问题。

更为重要的是，南明军队粮草补给相当困难。清军不断攻城略地，节节进逼，南明诸政权则局促一隅，失去了大片纳赋征税之地，因而南明朝廷财政日趋捉襟见肘。弘光政权成立之初，就试图通过减免赋税来稳定人心，但是由于财政特别困难，又不得不变换花样征收。如南明政权对崇祯十七年（1644）以后的田赋进行蠲免，但对此前的田赋则进行追征。弘光元年（1645）二月，孙元德核报苏州数年欠饷六十四万两，金花银七万两；[③] 常州数年"积欠"金花银九万五千两，"三饷"三十三万两。对于苏州、常州所欠赋税，弘光帝"勒限严追"。[④] 正如有的学者所说，弘

---

① 卢若腾：《岛噫诗·附录》，《留庵文选》，《台湾文献丛刊》第 245 种，第 63 页。
② 瞿式耜：《奏疏》，《瞿式耜集》卷一，第 75 页。
③ 《国榷》卷一百四十，"弘光元年二月庚寅记事"。
④ 《国榷》卷一百四十，"弘光元年二月乙亥记事"。

光政权下的劳动人民的赋税负担丝毫没有减轻。① 此时，南明政权的财政十分困难，抗清部队供给严重不足。这种情形在遗民诗文集中多有记载。如黄宗羲《行朝录》记载，隆武朝"兴饷急，请两税内一石，预借银一两，民不乐从"。② 吏部主事王兆熊"沿门搜刮，不输者榜其门为不义，于是闾里骚然"。③ 张岱报国无门，后被方国安征聘，但很快地就识破方国安的意图，"强尔耳，无他意，十日内有人勒尔助饷"④，只是看中他家财富，并非真正诚意请他参与国家大计。对此赵园也指出："军饷问题在其时的严重，确有后人所不能想见者。"⑤

明遗民在抗清复明、为国"尽忠"的过程中，伤害了他们"安百姓"的"仁心"。士大夫常以经世济民，"安百姓"为己任。改朝换代的兵荒马乱之际，人民群众处于颠沛流离、水深火热之中。士大夫对百姓无比同情，然而"宗社倾覆"，国家灭亡，士大夫又不得不千方百计谋划复国大业。此时，"恢复之为目标与民生人为关怀的难于一致，深化了其时士人的痛苦。"⑥ 如熊开元指出："竭天下物力以事一方，不啻朘蚊虻之血填沧海。"⑦ 又云："一隅兵食几何？终日焦劳悉索，不过兵数万，饷数十百万耳，皇上能必此数万众一举而胜敌乎？如不胜且若何？"⑧ 熊开元在南明君臣一心复国之时，从经济民生上指出了"民不堪命"的社会现实。复国是熊开元的一个遗民志愿，但"安百姓"也是一个士大夫的重要目标和价值体现。"为国"和"为民"的关系，他何尝不知？他上疏云："大要为国者恒言为民，必不能为民；为民者绝口不言为国，而即以为国"，⑨然而真正在"为民"与"为国"之间作取舍时，他只能以"天下之本计

---

① 刘中意：《南明弘光政权与清朝几种政策的比较研究》，《辽宁大学学报》2006 年第 1 期，第 82 页。

② 黄宗羲：《行朝录》卷一，《黄宗羲全集》第 2 册，第 114 页。

③ 黄宗羲：《行朝录》卷一，《黄宗羲全集》第 2 册，第 114 页。

④ 张岱：《石匮书后集》卷三十三，第 196 页。

⑤ 赵园：《明清之际士大夫研究》，第 439 页。

⑥ 赵园：《明清之际士大夫研究》，第 439 页。赵园在此书"由《鱼山剩稿》看士人于明清之际的伦理困境"一节中提出了一个观照士大夫精神世界的独特视角，笔者深受启发。

⑦ 熊开元：《鱼山剩稿》，上海古籍出版社，1986，第 59~60 页。

⑧ 熊开元：《鱼山剩稿》，第 83 页。

⑨ 熊开元：《鱼山剩稿》，第 80 页。

恤民为先"，选择"为民"，以尽儒者"安百姓"的道德使命。他在《宋陆君实先生遗迹序》中云："或曰：必安民是务，太公倍，北海称兵，箕子就西京论道，吾子许之乎？曰：不许也。何以不许？殷之可以安民者不一而足，不必武王，武王未尽善也。"① 从对周武王的"未尽善"之评价中，可以看出在百姓与国家之中作选择绝非易事。许多起义军反清时，同样也面临这个困境，如金声起义失败的缘故是"其意不忍百姓之左袒也，而又不忍以多兵厚饷烦苦百姓"②。正是这种艰难处境，使明遗民对复国产生了绝望情绪。"今为旦夕不可久之计，几幸于窅冥不可知之胜负，而先亏万乘之义，结四海之疑。"③ 这种以"恢复"之举徒为病民的思想，深刻困扰着明遗民，"其不忍（指扰民），仁也；其不敢（指放弃复明），忠也，惟忠与仁将以持万世，而不能支一时，则天实为之"。④

因此，对明遗民来说，他们如何处理"仁"与"忠"在"道德—价值"天平中孰轻孰重的问题，是十分困难的。这种伦理冲突既不可能在原有观念架构中解决，又无可凭借的新思想资源。⑤ 因而明遗民不得不处于左右摇摆之中，如王夫之在"国祚"和"民生"的价值对立时就有如下言论："以在下之义言之，则寇贼之扰为小，而篡弑之逆为大；以在上之仁而言之，则一姓之兴亡，私也，而生民之生死，公也。"⑥ 王夫之对"寇贼之扰"百姓和"篡弑之逆"乱国等进行了比较，这两者在儒家士大夫看来，不能决然评判哪一个危害更大。王夫之在对张巡、许远这一史案⑦进行解

---

① 熊开元：《鱼山剩稿》，第 439~440 页。
② 熊开元：《鱼山剩稿》，第 64 页。
③ 熊开元：《鱼山剩稿》，第 80 页。
④ 熊开元：《鱼山剩稿》，第 65 页。
⑤ 赵园：《明清之际士大夫研究》，第 440 页。
⑥ 王夫之：《读通鉴论》卷十七，中华书局，1975，第 669 页。
⑦ 757 年，"安史之乱"叛军为了打通睢阳南下江淮，派大将尹子奇率兵十三万夺取睢阳。睢阳太守许远求助于雍丘防御史张巡。后张巡与许远合兵抗战。攻围既久，城中粮尽，大批士卒饿死，张巡杀爱妾，许远也杀其家奴给士卒充饥，以誓抵抗到底。《新唐书》载："至是食尽，士日赋米一勺，齕木皮，煮纸而食，才千余人，皆癯劣不能毂，救兵不至。贼知之，以云冲傅堞，巡出钩干拄之，使不得进，篝火焚梯，贼以钩车、木马进，巡辄破碎之。贼服其机，不复攻，穿壕立栅以守。巡士多饿死，存者皆痍伤气乏。巡出爱妾曰：'诸君经年乏食，而忠义不少衰，吾恨不割肌以啖众，宁惜一妾而坐视士饥？'乃杀以大飨，坐者皆泣。巡强令食之，远亦杀奴僮以哺卒，至罗雀掘鼠，煮铠弩以食。……被围久，初杀马食，既尽，而及妇人老弱，凡食三万口。"欧阳修：《新唐书》 （转下页注）

释时，也表达了他对"仁"与"忠"的看法。他在《读通鉴论》中云："若巡者，知不可守，自刎以殉城可也……至不仁而何义之足云？孟子曰：'仁义充塞，人将相食'，又云：'无论城之存亡也，无论身之生死也，所必不可者，人相食也。'"① 张、许为坚守睢阳而至发生人相食的事情。坚守睢阳，虽然成全了张、许之"忠"，但严重伤害了"仁"，这种对民生的伤害实在令人心痛。赵园指出："王氏之论，当然绝非出于纯粹的史实兴趣，他的激情批判正在于，明清之交，一再重演着张巡、许远故事。"② 如李坧守贵阳，围城中人"食糠核草木败革皆尽，食死人肉，后乃生食人，至亲属相啖。彦芳，运清部卒公屠人市肆，斤易银一两"。③ 南明金声坚守南昌，粮饷极其匮乏，人相食，"呼人为鸡"，"有孤行者，辄掠去烹食，弃骸于道，颅骨皆无完者，食脑故也"。④《张苍水集》附录《年谱》记载：

> 是年（顺治九年），郑成功围漳，属邑俱下，独郡城以援至，不克。成功防镇门山以水之，堤坏不浸，城中食尽，人相食，枕藉死亡者七十余万，时又遭派垛索饷之惨，夜敲瘦骨如龙瓦声。千门万户，莫不洞开，落落如游墟墓，馋鼠饥鸟，白昼充斥。围解，百姓存者，数而指沟中白骨，非其父兄，即其子弟；历数告人，然气息仅相属，言虽悲，不能下一泪也。时有一人素慷慨，率妻子闭户，一恸而绝。邻舍儿窃煮啖之，见腹中累累皆故纸，字画隐然，邻居儿亦废箸死。⑤

顺治九年（1652），郑成功攻克漳州，对于这场胜利，张煌言颇有微词，他认为围城造成百姓相食是件多么令人痛心事情。残酷的斗争中夹杂百姓的苦难，这让张煌言对时事有了更深刻的体会，认识到战争给人民带

（接上页注⑦）卷一九二，中华书局，1975，第2583~2584页。张、许本是一个读书人，儒家文化给了他一个尽忠职守的人格心理，故能以一腔热血率众抵抗十倍于己兵力的清兵。而从人性的角度来看，战争的意义应该是捍卫生命，保卫民众，但许远、张巡等背离了这样的原则。

① 王夫之：《读通鉴论》卷九，中华书局，1975，第353页。
② 赵园：《明清之际士大夫研究》，第16页。
③ 张廷玉：《明史》卷二四九，第6472页。
④ 黄宗羲：《行朝录》，《黄宗羲全集》第2册，第206页。
⑤ 全祖望：《张苍水年谱·顺治九年壬辰》，《张苍水集》附录《年谱》（一），第216页。

来灾难。他指出："倘云桑梓涂炭，实为仆未解兵，仆何亦难敛师而去？但未知台下终能保障否乎？"① 他痛苦而辛酸地表示，如果是因为他的缘故而让沿海百姓遭受兵革之苦，那么，只要清廷能保障百姓的安危，他甘愿解兵。这就是复明义举对民众的伤害，虽然令人惊异，但是现实，无可回避，从中也可以联想到明遗民进退两难的痛苦。故赵园指出，也许正是出于见事透彻，无可选择的伦理困境和政治经验，构成了熊开元、方以智等最终逃禅，皈依佛门的根据。②

在抗清救国过程中，"忠"与"仁"的伦理冲突更是严重困扰着明遗民。在此，我们可以通过瞿式耜进行分析。瞿式耜（1590~1650），字起田，号稼轩，江苏常熟人，明万历四十四年（1616）进士。1646 年，瞿式耜和大臣们拥立桂王朱由榔。他坚守桂林，带领士兵浴血奋战，并向君主表决心说："愿以身捍此危疆，所谓其济则君之灵，不济则以死继之，尽此一寸报国之心耳。"③ 最后终于战死沙场，以身殉国。《明史·列传》评价瞿式耜："崎岖危难之中，介然以艰贞自守。虽其设施经画，未能一睹厥效，要亦时势使然。其于鞠躬尽瘁之操，无少亏损，固未可以是为訾议也。夫节义必穷而后见，如二人（还有何腾蛟）之竭力致死，靡有二心，所谓百折不回者矣。明代二百七十余年养士之报，其在斯乎！其在斯乎！"④ 《明史·列传》对瞿式耜精忠报国，视死如归的精神，给予了高度评价。虽然瞿式耜以忠君报国为职志，誓死抗清复明，但他也面临与熊鱼山一样的伦理困境。从瞿式耜在向桂王表战功时言"枵腹未炊之战士得之"可以看出，当时的南明部队正在"忍馁腹出死力"，面临十分严重的给养困难问题。部队给养严重不足，严重折磨着抗清志士瞿式耜，他多次在《奏疏》中述说这种困难：

> 臣考祖宗朝，军旅四出，而无粮饷不足之患，大端惟屯田、盐法、征解粮本色诸政。今事事坏尽，粮饷何由而足？……今之饥军，皆嗷嗷焉聚乌合之众，曾无朝夕之谋，岂能临敌而战乎？

① 张煌言：《答赵廷臣书》，《张苍水集》第一编，第 33 页。
② 赵园：《明清之际士大夫研究》，第 441 页。
③ 瞿式耜：《奏疏》，《瞿式耜集》卷一，第 60 页。
④ 瞿式耜：《瞿式耜集·附录》，第 306 页。

> 臣惟边备不足，则四夷不畏，粮饷不继，则武备难张。项者，督臣告急于边疆，司农仰屋于悬罄，徒贻一人焦劳于朝，宁臣子抚心叹息，而莫能分忧于君父，岂国用真不可为乎？粮由外解之不至也。而外解之不至，岂郡县遂无征解之钱粮乎？又由起解不能如法，急其所缓，缓其所急也

> 大抵天下事穷则变，变则通，今当如此之日，而犹拘守常规，不肯做一直截爽快之事，以求京、边接济，宵旰宽忧，岂可得哉？……至近来南京亦苦于南粮不到，致截漕运，所谓割北肉以医南疮。彼但知南之急，而不知北之尤急也。①

形势逼人，瞿式耜不得不焦头烂额地想尽各种办法来解除这种困境。他《请借上供银两疏》云："楚勍功在粤西，粤饷已无余额，敬陈万不得已之情，借分上供衔营之数，少济楚师之急事。"② 永历三年（1649），又在《请借上供银两疏》中指出了军队的粮草供给实在是困难万分，不得已向永历皇帝借"上供银两"，最终永历皇帝仅仅"准拨衔营银一万两，就近支取，以佐饱腾"。③ 瞿式耜还建议朝廷精简机构，节约开支。④ 由此可见，为筹集粮饷，瞿式耜想尽了各种方法。

读者当然会有疑问，为何不向百姓征收军饷呢？瞿式耜何尝没有这种想法！但是战乱时期，形势严峻逼人，瞿式耜说："庐舍鞠为荆榛，田里尽为旷土，今且十室而十空矣。"⑤ 百姓已经贫困不堪了：

> 皇上忧劳天下，未明求衣，已饥忘食，皇皇日望太平之理。乃地震星妖，层见迭出，两浙之间，江海鼎沸，风雨凭陵，陷没城池，淹溺人命，冲坏田禾，浮尸蔽江，积骸满山。迩又霜降闻雷，未冬先雪。⑥

---

① 瞿式耜：《奏疏》，《瞿式耜集》卷一，第 22、44~45、45 页。
② 瞿式耜：《奏疏》，《瞿式耜集》卷一，第 78 页。
③ 瞿式耜：《奏疏》，《瞿式耜集》卷一，第 118~119 页。
④ 瞿式耜：《奏疏》，《瞿式耜集》卷一，第 37 页。
⑤ 瞿式耜：《奏疏》，《瞿式耜集》卷一，第 138~139 页。
⑥ 瞿式耜：《奏疏》，《瞿式耜集》卷一，第 37 页。

虽然君臣上下都"忧劳天下"，抗清复明，"日望太平之理"，但是遭逢"风雨凭陵，陷没城池"，"浮尸蔽江，积骸满山"之人祸，又遇"霜降闻雷，未冬先雪"之天灾，百姓的生活也是极其困难。瞿式耜陷入了"仰体国帑之乏，俯念民力之艰"①的进退两难的境地。他说："惟天下所最急者，无如兵与民二事。而生财之道不讲，则有兵而不得兵之用，有民而不安民之生，虽圣王无以成内顺外威之治也。"②于报国尽"忠"而言，对百姓"征缮"实属应该；于"安百姓"尽"仁"而言，对百姓征收粮饷无疑是雪上加霜，置他们的死活于不顾。瞿式耜多次表示了这种伦理困境。他说：

> 无过筹兵、措饷二事，而兵一日未行，臣敢先行乎？饷一兵未足，臣敢督兵之行乎？所苦属邑风鹤屡惊，催科一时难应，民间盖藏已鲜，粮米凑办维艰。臣多方拮据，心血已竭，后兹接济，犹如水中捞月，臣真无可奈何。

> 桂林编粮几何？灌阳久属保昌侯志建征收；全州又近为督师辅臣供恢永官兵之用；而他属县自春夏以来，兵马屯集，悉索尽矣。新兴侯焦琏麾下战兵万余，年来苦挣，地方得有今日，即此万余之部曲也。该勋以封疆为性命，以百姓为身家，念征缮之无从，……况桂林已尽之饷，又如画饼不可充饥哉？③

俗话说"兵马未动，粮草先行"，能否实现明朝复兴，打败清兵，部队的粮饷等后勤保障至关重要。但现在粮饷极为匮乏，"民间盖藏已鲜"，百姓困苦至极，朝廷几乎是"征缮之无从"。这种呼天叫地都不应的艰难处境，令瞿式耜"真无可奈何"。

在复明过程中，为部队严峻的给养困难所逼迫，桂王还是下令对百姓征收粮饷，然而，在征收粮饷的过程中出现的种种伤民害民事情，令瞿式耜更加痛苦。他说：

---

① 瞿式耜：《奏疏》，《瞿式耜集》卷一，第67页。
② 瞿式耜：《奏疏》，《瞿式耜集》卷一，第21页。
③ 瞿式耜：《奏疏》，《瞿式耜集》卷一，第67、44~45页。

计海内用兵十年矣，无事不取之民间，而郡县催科苛政，无一事不入考成。官于斯土者，但愿征输无误，以完一己之功名，谁复为皇上念此元元者哉？故一当催征之期，新旧并出，差役四驰，杻击枷锁，载于道路，鞭笞挞打，叫彻堂皇。至于滨水荒陂，不毛山地，即正供本自难完，今概加新饷，倍而又倍。荒山荒地，谁人承贾？卖子鬻妻，逃亡遍野，而廒下所欠，终无眷落，以累其宗族亲戚者，又不知凡几矣！夫民者，天之所生，天爱其所生，犹父母之爱其子。合世宙万亿儿女悲号愁痛，宁不动彼苍之震惊乎？①

由于一些百姓赋税"总不能还清，总之又比，则将其田之所收，涂饰于粮房皂隶，匿影逃形，不见官府。官府计无所出，拿其亲属，累其无辜矣。……臣之所请，不独足民，而兼以足国矣。"② 可见，筹集粮草军饷确实对百姓造成了严重伤害。不仅如此，粮饷运输过程中也严重伤害了百姓。瞿式耜云："江南民运之最苦者，莫过于白粮。除船户之刁勒、解官之供应、上纳之需索、怒涛之漂没，万苦难悉。只如漕、白并行之日，漕多白少，则少不敌多；漕轻白重，则重不敌轻。每自渡江以北，积四、五十日，不得出肖江口，而沿途过闸下溜，民受军欺，总不能前，于是未抵直沽而严冰合矣。不得已而雇车装运，脚价倍费，车夫鼠窃，十仅存七。穷年拮据，倾家荡产，故百姓闻金此解，辄如赴蹈汤火。"③ 运输粮饷，路途遥远，同样能够使百姓倾家荡产。

从事抗清复明的大业，却遭受"忠"与"仁"伦理冲突的痛苦煎熬，瞿式耜无奈地说："时事日非，将悍兵骄，民逃饷绝。臣等虽竭犬马之力，而精卫填海，于事何裨？"④ 救国不能，无力回天。于是瞿式耜上《引咎乞罢疏》言："臣以疮疣遍体之人，且值衰残多病之日，内无补于揆席，外贻误于岩疆，若不早自引退，别请贤才，将来覆𫗧偾辕，仰负高

---

① 瞿式耜：《奏疏》，《瞿式耜集》卷一，第39~40页。
② 瞿式耜：《奏疏》，《瞿式耜集》卷一，第39页。
③ 瞿式耜：《奏疏》，《瞿式耜集》卷一，第47页。
④ 瞿式耜：《奏疏》，《瞿式耜集》卷一，第72页。

天厚地，臣虽鞠躬尽瘁，终何救于艰危之万一？"① 瞿式耜在永历四年（1650）已经感到复国无望，他乞求罢归，解组闲居，希望能够暂时逃离这种进退维谷的伦理困境。

综上所述，我们可以看到，遗民士大夫虽然主观上有抗清复明的强烈愿望，也甘心为此鞠躬尽瘁，死而后已。但事实上，他们并不能够随心所欲、畅快淋漓地实践自己的想法。为报国尽"忠"，组织抗清部队，他们又不得不违心地置百姓于水深火热中。这些伦理冲突，令遗民士大夫痛苦不堪。

二 时势与生不逢时的无奈

国破家亡后，明遗民不仅在物质生活上贫困不堪，而且在精神上也郁郁不得志。国亡前他们怀抱治国平天下之理想，自视甚高，动辄以"武侯""管仲"等自况。如明遗民谈迁年少时就曾说："豪杰非粗才，勿为守四壁。壮志本飞扬，不尔自寂寂。"② 吴应箕自比贾谊，狂态十足。③ 正如上述黄宗羲所形容的，其时的青年志士无不"俱务佐王之学"④，以"医国手"自期，好言王霸大略，斯人不出如苍生何，"视天下事以为数著可了"⑤，他们迫切希望建功立业，"直望天子赫然震动，问以此政从何处下手"⑥。

士人这种积极用世、渴望经世济民的热情延续至清初。此时的士大夫虽然变成了遗民，但他们这种豪情并没有变化，并把这种精神投射到了有别于圣贤人格的理想人格——豪杰人格中，且对此非常向往。儒学语境中的"豪杰"，可以追溯至《孟子》。《孟子·尽心上》云："待文王而后兴者，凡民也。若夫豪杰之士，虽无文王犹兴。"⑦ 豪杰应该具有"大丈

---

① 瞿式耜：《奏疏》，《瞿式耜集》卷一，第 149 页。
② 仲辉编《偶兴》，《谈迁诗文集》卷一，辽宁教育出版社，1998，第 6 页。
③ 详见吴应箕《拟进策》，《楼山堂集》卷九，《续修四库全书》第 1388 册，第 489 页。
④ 黄宗羲：《诸硕庵六十寿序》，《南雷诗文集》（下），《黄宗羲全集》第 11 册，第 64 页。
⑤ 黄宗羲：《陆文虎先生墓志铭》，《南雷诗文集》（上），《黄宗羲全集》第 10 册，第 349 页。
⑥ 黄宗羲：《寿徐掖青六十序》，《南雷诗文集》（下），《黄宗羲全集》第 11 册，第 62 页。
⑦ 朱熹：《孟子集注》，中华书局，1983，第 352 页。

夫"的豪迈特性，即"居天下之广居，立天下之正位，行天下之大道。
得志与民由之，不得志独行其道。富贵不能淫，贫贱不能移，威武不能
屈"。① 具有这种特性的豪杰，② 对遗民士大夫具有相当强烈的感染力。
此时的明遗民大多不甘于混同流俗，有极高的自我期许。"圣贤""豪杰"
于儒家而言，是成"德"标志的两种境界，"豪杰而不圣贤者有之，未有
圣贤而不来豪杰者也"。③ 用赵园的话说，就是"豪杰"实乃"圣贤"之
流亚，是不尽完善（即尚不"粹"）的圣贤。④ 但遗民士大夫并不惮于
自己的喜谈与向慕后者，"每日思此生一过，再有此生否？少壮一过，能
再少壮否？思则惕，惕则不容不及时勉图树立，以随俗浮沉，碌碌无所表
见为可耻，以千秋豪杰，天下第一流自期待"。⑤ 明遗民对豪杰的向慕，
无疑是出于现实的考量。如黄宗羲说："天生豪杰，为斯世所必不可无之
人，本领阔大，不必有所附丽而起。一片田地，赤手可以制造，无论富贵
与不富贵，皆非附丽也。"⑥ 张履祥云："自古圣贤多生乱世，天地之心至
于《剥》之上九，便有来《复》之几。豪杰生此，动心忍性，以为斯道
之寄，殆此日也。"⑦ 顾炎武也以豪杰自任，云："天生豪杰，必有所任。
如人主于其臣，授之官而与以职。今日者拯斯人于涂炭，为万世开太平，
此吾辈之任也。"⑧ 可以看出，遗民士大夫所向慕的不是随波逐流、同声
附和之辈，而是具有豪杰气概的人。豪杰在此"宗社丘墟"、国破家亡之
际，可以"援天下于既溺"，"拯斯人于涂炭"，成就为万世开太平之丰功
伟业。

　　然而，遗民这种豪杰精神和经世济民的热情，在时势的消磨下，逐渐

---

① 杨伯峻注释《孟子译注》，第 141 页。
② 赵园认为："道学中人所谓豪杰，不免以合'道'与否为首要衡度，即如强调其人的勇
　于求道、传道，与世俗所谓豪杰（即如绿林响马式的豪杰、江湖豪杰），根柢不消说不
　同。道学所许为豪杰者，正是道学中人。"见赵园《明清之际士人的豪杰向慕与理想人
　格追寻——以易堂诸子为例》，《甘肃社会科学》2004 年第 6 期，第 76 页。
③ 唐顺之：《答喻皋中丞》，《唐荆川先生文集》卷五，《四库全书》第 708 册，第 219 页。
④ 赵园：《明清之际士人的豪杰向慕与理想人格追寻——以易堂诸子为例》，《甘肃社会科
　学》2004 年第 6 期，第 76 页。
⑤ 李颙：《答董郡伯》，《二曲集》卷十七，中华书局，1996，第 179 页。
⑥ 黄宗羲：《陈夔献五十寿序》，《南雷诗文集》（上），《黄宗羲全集》第 10 册，第 681 页。
⑦ 张履祥：《与俞赓之》，《杨园先生全集》，第 26 页。
⑧ 顾炎武：《病起与蓟门当事书》，《亭林文集》，《顾亭林诗文集》，第 52 页。

消失殆尽。明遗民虽然以"治国、平天下"为努力方向，有为国家社会贡献才智的人生价值取向，同时也有不怕艰难险阻、坚韧不拔、百折不挠的顽强意志和斗争精神，但是不幸遭逢改朝换代的混乱时局，所谓的新朝是他们所鄙弃的"异族"建立的，可谓生不逢时，有才但无用。为此，明遗民感到无比痛苦。如钱澄之悲愤地说："古来圣贤几得志，我死子殡铭我碑！铭曰：龙眠酒徒湖海上，有才无命如赵岐。"① 赵岐（106~201）初名嘉，字台卿，京兆长陵（今陕西咸阳东北人）。曾任并州刺史，桓帝延熹元年（158）因得罪宦官党羽，惧受祸，变更姓名逃匿北海，卖饼市中。② 钱澄之用赵岐自喻，认为自己有才无命，得不到当权者的重用，于是决定如同赵岐一样，退世隐居，他说：

> 吾尝谓庄子深于《易》，《易》有潜有亢，惟其时也。当潜不宜有亢之事，犹当亢不宜存潜之心。而世以潜时明哲保身之道，用之于亢时，为全躯保妻子之计，皆庄子之罪人矣。若庄子适当其潜者也，观其述仲尼、伯玉教臣子之至论，使为世用，吾知必有致命遂志之忠，为其于君亲义命之际所见极明耳。③

在这里，钱澄之以庄子自喻，采取明哲保身的处世策略。又说"使为世用，吾知必有致使遂志之忠"；其潜在的意思是，并非没有用世之志，经世之学，只是生不逢时，才无法施展。对此状况，唐甄认为钱澄之隐居乡里，"惟时征召之命遍于岩穴，而先生晦迹远引，能令当世荐贤者齿不之及，可谓善藏其用者矣。先生通六艺，尤长于《易》与《诗》；进退百家，尤好屈庄之书。自甲申以来，遭大变，蒙大难，窜瘴乡，能善其用，不瑕不害，以至于老"。④ 钱澄之拒朝之征，不出仕新朝，退藏其用，其用世之志落空，只能研究《易经》《诗经》，屈、庄之书，寄托其不得意之志。对时势，不独钱澄之如此，还有许多明遗民有无

---

① 钱澄之：《放歌赠吴鉴在》，《藏山阁集·藏山阁诗存》卷三，黄山书社，2004，第96页。
② 范晔：《后汉书》卷六十四《赵岐列传》，第2121页。
③ 钱澄之：《庄屈合诂》，黄山书社，1998，第75页。
④ 钱澄之：《田间文集》，序，第3页。

奈和痛苦之感。他们还常常把这种情感写进诗词中,如李标《水龙吟·放歌》云:

> 多少弹冠投袂。不达时,玉摧花悴。长吟抱膝,登楼眺远,秋心如醉。我劝君酬,离骚痛饮,何妨沉醉。叹人间只有,黄粱炊处,好好深睡。①

又如曾灿《贺新郎》云:

> 自古英雄多薄命,李广封侯未得。幸一见,嵩山石室。似我飘零三十载,任弹筝酌酒谁怜惜。空对镜,愧头白。②

李标和曾灿虽非著名遗民,但他们的用世之心却非常强烈。然而适逢明清易代、国家灭亡,他们怀才不遇,壮志难酬,只好用酒消愁,其痛苦是显而易见的,其情形恰如黄宗羲所言:"而我不容今世路,此情惭愧又何辞。"③ 王夫之面对现实也无可奈何,于是他希望通过研究《周易》寻求自靖避险之道:"自隆武丙戌,始有志于读《易》。戊子,避戎于莲花峰,益讲求之。初得《观》卦之义,服膺其理,以出入于险阻而自靖;乃深有感于圣人画象系辞,为精义安身之至道,告于易简以知险阻,非异端耦盈虚消长之机,为翕张雌黑之术,所得与于学《易》者也。"④ 王夫之身历家破国亡之乱,更熔铸出爱国赤诚之心,他曾于南岳举兵抗清,奈何战败,登楼野望,满目苍凉,这体现了一个英雄壮士无法实现报国壮志的悲愤之情。由此可以看出,明遗民曾经的雄心壮志在时势的打磨下渐渐消逝,"天下魁奇非常杰士,激烈消磨于患难"⑤,剩下的只有心灰意懒与无可奈何,剩下的只有痛苦和孤独。

---

① 《全清词·顺康卷》第 4 册,中华书局,1994,第 2362 页。
② 饶宗颐初纂,张璋总纂《全明词》第 5 册,第 2566 页。
③ 黄宗羲:《山居杂咏·以下己亥》,《南雷诗历》卷一,《黄宗羲全集》第 11 册,第 235 页。
④ 王夫之:《周易内传发例》,《船山全书》第 1 册,第 683 页。
⑤ 王源:《张采舒诗序》,《居业堂文集》卷一四,《丛书集成初编》本。

生不逢时的遗民士大夫面对这无可改变的现实苦闷不已，于是他们把这一切归咎于"天"等神秘力量。如曹元方《宝鼎现·七十自寿》云："平生温饱为耻。便许身、稷契非愚，一往雄心千万里。奈天公薄相生成弄，刚遇陵崩谷圮。"① 曹元方有雄心壮志，然而不幸遭遇了"陵崩谷圮"、国破家亡，他无奈地自嘲是"天公"作弄。张岱在《祁世培》中说：

> 世培微笑。遽言曰：宗老此时不埋名屏迹，出山何为耶？余曰："余欲辅鲁监国耳。"因言其如此如此，已有成算。……世培曰："尔自知之矣。天下事至此，已不可谓矣。尔试观大象。"拉余起，下阶西南望，见大小星堕落如雨，崩裂有声。世培曰："天数如此，奈何！奈何！"②

在此，张岱无疑是借祁世培之口，表达"天数如此，奈何！奈何！"的感叹。陆世仪把改朝换代归咎于"天"，说："兴废存亡代不同，纵横颠倒任天公。"③ 他们普遍感到在残酷的现实面前无能为力，无法实现自己的豪杰理想，也不能改变和扭转目前的状况，只能用"天""命""势"等来自我安慰。由此可见，他们对自我和现实是感到多么的痛苦和无奈。

"宗庙丘墟"，让明遗民顿感"生不逢时"，才华无展示之地，这种尴尬的处境逐渐使明遗民丧失了人生价值和意义的支点。清初遗民这种丧失人生价值与意义的沮丧和痛苦是普遍存在的。如沈寿民言："夫济天下之大，难者存乎才，收振古之极勋者，占乎器任。违其才，动必遭踬，用爽其器，举必无成，是以昔人每量力以树芳，不冥行而贻戚。"④ 认为自己"遭踬"、生不逢时，以致不得其用，这很容易给自己的声名留下污点。张岱也自言："国破家亡，无所归止，披发入山，骇骇为野人。"⑤ 张岱自

① 饶宗颐初纂，张璋总纂《全明词》第6册，第2983页。
② 张岱：《陶庵梦忆·西湖梦寻》，中华书局，2007，第97页。
③ 陆世仪：《示虞九二绝句》，《桴亭先生诗集》卷二，《续修四库全书》集部第1398册，第546页。
④ 沈寿民编《答沈云侯职方书》，《姑山遗集》卷四，清康熙有本堂刻本。
⑤ 张岱：《梦忆序》，张岱撰、栾保群点校《琅嬛文集》卷一，第11页。

谓国亡后"无所归止",逃入山中以野人自居,这与士大夫之人生意义更是无所关联。谈迁在国亡后说:"国乎、家乎,泣血削色"①,"人生既无幸,化为豺与狼。……我生逾半百,废书起彷徨。学剑年已迈,力田谢南冈"②。故国沦丧,自己不幸沦为亡国奴,虽然有心报国,即使弃笔从戎,也早已过了学剑的年纪,因此只能做一个普通农夫了。吴嘉纪《自题陋轩》云:"闭门二十载,霜雪满头颅。治乱从当世,箪瓢自老夫。空阶苔半掩,颓壁树全扶。寥落无邻舍,乾坤此室孤。"③这种自述面貌不类和穷困潦倒的状况,暗示了他热血已冷,斗志已消。方文言:"国破家亡日,风飘雨散时。"④国亡后,方文几乎如浮萍四处"飘零",不能自主,处此种情形,何从谈及人生意义。对国变后士大夫精神之萎靡的状况,黄宗羲描述说:"丧乱以来,民生日蹙,其细已甚。士大夫有忧色,无宽言,朝会广众之中,所道者不过委巷牙郎村妇之语。"⑤表达了神州陆沉后故国沦为"异域"的悲哀和流离失所的痛苦。从字里行间我们也能够感受到他们曾经治国平天下的豪情不复存在,剩下的是人生价值和意义丧失后的自艾自怜。

综上所述,受时代和个人际遇的影响,明遗民士大夫不仅生活发生了变化,而且其精神状态也发生着改变。明遗民的种种怪诞行为,都是在无声地传达着他们的精神困境。他们生活在新朝,但无法释怀因未殉国尽"忠"而产生的愧疚;维持生存和保护生命安全,又担心名节受到玷污;希望抗清复明以尽"忠",但又顾虑伤害了百姓;有强烈的经世济民的志愿,但又生不逢时……由此可见,明遗民士大夫无论对时代还是对自我,都感到极端的痛苦和无奈。

---

① 谈迁著,罗仲辉编《谈迁诗文集》卷五,辽宁教育出版社,1998,第234页。
② 谈迁著,罗仲辉编《谈迁诗文集》卷五,第10页。
③ 吴嘉纪:《自题陋轩》,《陋轩诗》卷十五,清康熙元年赖古堂刻增修本。
④ 方文:《送史趾祥归宜兴兼寄陈定生周颖侯》,《嵞山集》卷五,《续修四库全书》集部别集类第1400册,第268页。
⑤ 黄宗羲:《黄复仲墓表》,《南雷诗文集》(上),《黄宗羲全集》第10册,第270页。

第六章

"惟重末路"：明遗民的价值追寻

　　明遗民忠于故国，却又生活在新朝。作为未亡人，明遗民有着不同程度的精神困境。与殉国者相比，他们始终怀有"忍辱偷生"的道德愧疚。为了生存，他们不得不从事有损自己名节的活动；虽以救亡图存或尽孝等原因存活，但当救国无望和双亲已故时，他们再继续生存又有何价值？若不言"节义"，他们是否比那些出仕新朝的明遗民士大夫对国计民生更有建设意义？明遗民如何回答在新朝生存的意义和价值？他们的选择是否"合道而行"？能否回答好这些问题，至关重要，它们关系到明遗民在新朝继续生存是否具有合理性。

第一节　"任纲常之重，而为万世之楷模"：道德价值

　　如前所言，"遗民"通常指改朝换代后不仕新朝的士大夫。这个特定的指代对象，实际上代表了"遗民"特定的精神特质，即气节和操守。明遗民就是这种精神特质的体现者，无论清廷如何威逼利诱，他们坚决不仕新朝，不向统治者屈服，坚守儒者的气节和操守。并且，"遗民"的气节和操守承载着"正人心"与"存人类于天下"的道德价值。

一　肯定自身具有"正人心"的道德价值

　　在"宗庙丘墟"之际，明遗民坚守儒家士大夫的气节和操守是有深意的，他们希望能够以此"正人心"。孔子言："君子疾没世而名不

称焉。"① 君子非常珍视自己的人格和名誉，引以为恨的是到死时名声仍不能被别人称述。可见一个好的社会评价，好的声誉是君子孜孜以求的。明遗民常说："名节之谈，孰肯多让？""修名夸节，孰不乐此？"② 然而，他们此言并非完全出于对个人名誉的珍重或希望通过修身保节以名垂青史的考虑，而是希望在"天崩地解"世风日下的时期，能够通过对名节的自我坚守，起到"正人心"进而维护儒家伦理纲常的作用。如王夫之评价遗民时就说："不乐在朝廷而轻爵禄，所以风示天下，使知富贵利达之外，有廉耻为重，则冒昧偷安之情知所惩，而以正人心、止僭滥者，其功大矣。"③ 在此，王夫之指出了遗民的价值和意义就在于具有"正人心"的精神节操。顾炎武也指出，"君臣之分，所关者在一身，夷夏之防，所系者在天下。故夫子于管仲，略其不死子纠之罪，而取其一匡九合之功。盖权衡于大小之间，而以天下为心也。夫以君臣之分，而犹不敌夷夏之防，而《春秋》之志可知矣。"④ 虽然顾炎武在此是比较天下国家存亡与君臣关系的孰轻孰重，但是在清初语境中，则体现了这种不屈服异族统治的自我决心。吕留良在评《论语·宪问》"微管仲，吾其被发左衽"时，说："看微管仲句，一部《春秋》大义，尤有大于君臣之伦，为域中第一事者。故管仲可以不死耳，原是论节义之大小，不是重功名也。"⑤ 吕留良通过对管仲"尊周室，攘夷狄"的肯定来强调"节义之大小，不是重功名"，他把民族气节当作人的必据之理。

明清之际，许多遗民对自我价值的肯定思路与王夫之相似。如黄宗羲曾对"遗民"的价值进行了高度概括。他说："遗民者，天地之元气也。"⑥ 那么什么是"元气"呢？黄宗羲进一步解释说："三纲五常，天下元气"，"无元气则天下国家堕矣。学者要知以纲常为重，扶纲常所以

① 杨伯峻注释《论语译注》，第 166 页。
② 黄宗羲：《前乡进士董天鑑墓志铭》，《南雷诗文集》（下），《黄宗羲全集》第 11 册，第 50 页。
③ 王夫之：《周易内传》，《船山全书》第 15 册，第 193 页。
④ 顾炎武撰、黄汝成集释《日知录集释》卷七，第 11 页。
⑤ 吕留良：《子贡曰管仲非仁者与章》，《论语十四》，《四书讲义》卷十七，清康熙天盖楼刻本。
⑥ 黄宗羲：《谢时符先生墓志铭》，《南雷诗文集》（上），《黄宗羲全集》第 10 册，第 422 页。

扶元气也。即使举世皆乱，大丈夫能自任以纲常为重，即一入赤手，可扶元气"。① 不言而喻，天地之"元气"就是儒家提倡的"三纲五常"等伦理秩序。而深浸儒家"三纲五常"思想的儒家士大夫，就是"三纲五常"的提倡者、践行者和维护者。众所周知，我国古代社会是由"三纲五常"等维系的宗法制伦理社会。"三纲五常"不仅是调节宗法社会人际关系的道德伦理规范，还是维系宗法社会稳定的磐石。孔子言："天下有道，则礼乐征伐自天子出；天下无道，则礼乐征伐自诸侯出。"② 纲常紊乱，则社会必然混乱失序，故黄宗羲认为"三纲五常""系国家元气，系天下治乱"，"自有宇宙，只此忠义之心，维持不坠"。③ 由此而言，作为纲常之代称的儒家士大夫，特别在"天崩地解""宗庙丘墟"之时，其思想言行就不是一种个人行为，而是整个社会价值的承担者，整个礼乐文化的"风向标"。对此，梁启超也有很深的感受，他说："满洲人虽仅用四十日工夫便奠定北京，却须用四十年工夫才得有全中国。他们在这四十年里头，对于统治中国人方针，积了好些经验。他们觉得用武力制服那些降将悍卒没有多大困难，最难缠的是一班'念书人'——尤其是少数有学问的学者。因为他们是民众的指导人，统治前途暗礁，都在他们身上。"④ 梁氏精辟地指出了儒家士大夫所坚持的遗民精神的导向作用。可以看出，遗民关系着社会治乱、国家升堕。一言以蔽之，遗民"所系者在天下"。正是出于这种对修身"立德"的真诚信仰，明遗民普遍重视"立德"，并将此作为生存的重要依据和意义。

明遗民高度评价自身的道德价值，反对自我"无用论"。鼎革后，遗民士大夫昔日的理想抱负落空，于是在他们当中弥漫着一种生不逢时的"无用"情绪。"今日不幸处此世界，事业文章都无用处"。⑤ 时人许令瑜也对遗民这种状况进行了描述，说："微观今人，六时虚掷，《子曰》尽抛；其贤者乃寄意于俳谐声调、风云月露之间，……曰：'吾无所用之'，

---

① 黄宗羲：《友声编》，《明儒学案》卷十四，《黄宗羲全集》第 7 册，第 352 页。
② 杨伯峻注释《论语译注》，第 174 页。
③ 黄宗羲：《谢时符先生墓志铭》，《南雷诗文集》（上），《黄宗羲全集》第 10 册，第 423 页。
④ 梁启超：《中国近三百年学术史》，上海古籍出版社，2013，第 14 页。
⑤ 陈确：《与许芝田书》，《文集·书一》，《陈确集》，第 71 页。

全副精神，忽而委顿。"① 由此可见这种失落、颓废的情绪在当时候是存在的，但有更多的明遗民强烈反对这种消极的自我"无用论"。如江苏遗民王大经曾针对这一问题作《巢父许由论》，指出：

> 有尧舜而养人之欲，给人以求，使天下安然，各得其所欲，各遂其所求，而天下之乱以治。有许由、巢父而一无所欲，一无所求，使天下之贪者廉、躁者静、竞者让，谈焉各怀一无欲无求之意，以去泰去甚，而天下之乱又以治。然则尧舜、巢许者，皆治乱之圣人也。……尧舜以有为用，而许由、巢父以无用为用，终不可谓尧舜有巢许之心，巢许遂无尧舜之用也。②

王大经的目的很明确，就是为了阐明隐逸的遗民与古代的圣王明君具有同样的历史作用，明遗民们只要修身养性、坚守遗民节操，同样可以对社会的治乱产生影响，因此"无用"即"大用"。又如黄宗羲说："天地之所以不毁、名教之所以仅存者，多在亡国之人物。"③ 因此他对高蹈肥遁，"逃之释氏"或"活埋土室"之士，誉其是"志节之士"。一言而蔽之，明遗民认为守节的士大夫"至公血诚，任天下之重，矻然砥柱于疾风狂涛之中，世界以之为轻重有无，此能行孔子之道也"。④ 在知晓许多士大夫如钱谦益、吴伟业、陈名夏等入仕清廷时，一些遗民把这种个人变节行为扩大为纲常名教的沦丧，并对此深表忧虑。"死忠死孝，当死而死，不失天则之自然，便是正命。若一毫私意于期间，舍义而趋生，……此世人所以不知命也"。⑤ 舍义趋生，舍道慕富贵，丧失民族气节，这不再是个人行为，而是"不知命"，是对"天则之自然"的损害。在这易代塞难的非常时刻，"遗民者，天地之元气也……自有宇宙，抵此忠义之心，维持不坠"。⑥ 明遗民代表的人间正气和道德志节是"天地之元气"，

---

① 陈确：《与许芝田书》，《文集·书一》，《陈确集》，第71页。
② 孙静庵：《明遗民录》，第18页。
③ 黄宗羲：《万履安先生诗序》，《南雷诗文集》（上），《黄宗羲全集》第10册，第49页。
④ 黄宗羲：《破邪论（从祀）》，《黄宗羲全集》第1册，第193页。
⑤ 黄宗羲：《孟子师说》卷五，《黄宗羲全集》第1册，第124页。
⑥ 黄宗羲：《谢时符先生墓志铭》，《南雷诗文集》（上），《黄宗羲全集》第10册，第422页。

是维护宇宙不坠的根本，是正"天则"的保证。他们的遗民精神与志节，"天地赖以常运而不息，人纪赖以接续而不坠"。① 出于此衡量标准，虽然有些明遗民对于"理、气、性、命"之学术研究不如宋代理学家程子、朱子等精微，但以其事迹节操言之，应该从祀孔庙以表彰。"或曰：'从祀者辨之于心性之微，不在事为之迹。'余应之曰：'数公坚强一学，百折不回，浩然之气，塞乎天地，其私欲净尽矣。若必欲闭目合眼，曚憧精神，澄心于无何有之乡，此则释氏之学，从祀者从求之传灯之中矣。'"② 一些明遗民在鼎革之际，极力表彰遗民的精神节操，甚至仅根据气节之有无就可决定其是否可从祀孔庙，可见他们是认可遗民在非常时期维护儒家伦理纲常的表率作用的，这也就充分肯定了明遗民的生存价值。

遗民本身具有"正人心"的道德价值，不仅体现在当时，而且还将在后世发挥作用。"陶令之风，不能以感当时，而可以兴后世，则又不可以世论者也。"③ 遗民关乎世道，在他们看来，"正人心"的道德价值可以超越时空，永久长存。徐枋说："生当革运之会，而处乱世也，其植大节甚峻，而其处迹甚晦，其持气甚平，何也？盖非植节之峻，不足以任纲常之重而为万世之楷模。"④ 也就是说，注重人格和尊严的遗民不仅可以在当时扶维"纲常"，还可以成为"万世之楷模"。"甘饿首阳岑，不忍臣二姓。可为百世师，风操一何劲。"⑤ 商朝遗民伯夷、叔齐数千年后，依然成为明遗民顶礼膜拜的对象，因此可见遗民的道德意义向来是不限于一时一世的。

二 肯定自身具有"存人类于天下"的道德价值

明遗民心存故国，耻仕新朝，坚守士大夫节操，成为"三纲五常"的维护者。明遗民经受住了"富贵不能淫，贫贱不能移，威武不能屈"

---

① 黄宗羲：《破邪论（从祀）》，《黄宗羲全集》第 1 册，第 193 页。
② 详见《黄宗羲全集》第 10 册，第 256 页。
③ 王夫之：《读通鉴论》，《船山全书》卷 10，中华书局，1975，第 624 页。
④ 徐枋：《郑老师桐庵先生七十寿序》，《居易堂集》卷七，第 161~162 页。
⑤ 顾炎武：《谒夷齐庙》，《亭林诗集》卷三，《顾亭林诗文集》，中华书局，1959，第 343 页。

等各种考验，维护了士大夫自认为的宝贵尊严和人格。因此，明遗民士大夫认为，"遗民"具有"存人类于天下"的伟大意义。顾炎武在《广宋遗民录序》中云：

> 古之人学焉而有所得，未尝不求同志之人，而况当沧海横流、风雨如晦之日乎？于此之时，其随世以就功名者固不足道，而亦岂无一二少知自好之士？然且改行于中道，而失身于暮年。于是士之求其友也益难，而或一方不可得，则求之数千里之外；今人不可得，则慨想于千载以上之人，苟有一言一行之有合乎吾者，从而追慕之，思为之传其姓氏而笔之书。呜乎！其心良亦苦矣。吴江朱君明德，与仆同郡人，相去不过百余里而未尝一面，今朱君之年六十有二矣，而仆又过之五龄，一在寒江荒草之滨，一在绝障重关之外，而皆患乎无朋。朱君乃采辑旧闻，得程克勤所为《宋遗民录》而广之，至四百余人，以书来问序于余，殆所谓一方不得其人而求之数千里之外者也；其于宋之中遗民，有一言一行或其姓氏之留于一二名人之集者，尽举而笔之书，所谓今人不可得而慨想于千载以上之人者也。……朱君乃为此书，以存人类于天下，若朱君者，将不得为遗民矣乎？因书以答之。吾老矣，将以训后之人，冀人道之犹未绝也。[1]

顾炎武指出，在明清易代之际，许多士大夫没有坚持气节，在清廷的威逼利诱下，纷纷"改形换骨，学为不似之人"，丢弃了士大夫的尊严。在这种情况下，明遗民朱明德传播宋遗民事迹，就是在充分肯定宋遗民"存人类于天下"，"冀人道之犹未绝"的人生意义。顾炎武的这个观点已经摆脱了王朝更迭、士尽臣节的层面，甚至也超越了天下兴亡、系于道统的层次，而升华到整个人类是否还能保存其人类特有的属性和尊严的重大话题。在顾炎武看来，士人一旦忘怀和弃绝自己的民族荣辱、责任意识，奔趋于异族暴政下的功名利禄等物质诱饵；或放松警惕，慢慢被其揽入怀

---

① 顾炎武：《广宋遗民录序》，《亭林文集》卷二，《顾亭林诗文集》，第35~36页。

抱，那就已经放弃了作为人所应有的起码尊严和道德，已经变成了非人；如果天下士人尽皆如此，那就是整个人类的绝灭。[①] 以此言之，顾炎武、朱明德等这些明遗民不向强权屈服，不为名利所动，即使身处"寒江荒草之滨"，也依然坚守遗民气节，坚决维护民族尊严和自己的人格独立，那么他们不也如宋遗民一样，具有"存人类于天下"的人生价值吗？因此，顾炎武虽然在此是在肯定宋遗民的人生价值，但同时也是在夫子自道，高度肯定如同他一样的明遗民的人生意义，为他们继续在新朝生存找到了无可辩驳的合理性。

明遗民王猷定也论证了遗民在传承伦理纲常的过程中所发挥的至关重要的作用。他说：

> 帝王之天下，忽然沦丧，岂不痛哉！呜乎！宋之所以存，与其所以之者，亦可知矣！且天下生此遗民也，杀戮之所不能及，玺书征辟之所不能移，何为也哉？冲主既沉，孤忠尽陨，仰观天意，俯察人情，天下事，其无可望也明矣。而遗民独甘老死于饥寒流离茕独无告之地，则天能亡宋于溺海之君相，而不能亡宋于天下之人心。盖至终元之世，高隐不仕之风未尝少绝，则是古帝王相传至宋之天下迄元末未尝亡也。矧群雄割据小明王之号犹称宋焉？即谓遗民之存宋以传于昭代也，不亦宜乎？[②]

在此，王猷定提出了"存宋—存明"说。如果我们把"天下"理解为华夏伦理道德文化，那么，宋之后得以有明，中华伦理道德文明得以维系不坠，宋遗民实发挥了继绝存亡的关键作用。一方面，这实际上已经摆脱了狭隘的君臣节义观念的束缚，把遗民的存在价值从忠于一姓王朝提高到为整个民族伦理道德兴亡而负责的高度；另一方面，这与其说是对宋明之际历史发展真相的惊人发现和认可，不如说是清初明遗民给自己确立的伟大历史使命之曲折表达。明清易代和宋元易代极为相似，宋遗民可以度

---

① 潘承玉：《清初诗坛：卓尔堪与〈遗民诗〉研究》，第 319~320 页。
② 王猷定：《宋遗民广录序》，《四照堂文集》卷二，《丛书集成续编》集部第 177 册，上海书店出版社，1994，第 503 页。

"古帝王相传之天下"传于明而未绝，保存中华文明于人心间而终使之复兴，那么，明遗民不同样有此传承华夏的伟大价值吗？① 因此，对道德文明的救亡和传承，就成为明遗民赖以生存的价值信念。具有同样论证人生价值思路的还有黄宗羲。他《南雷诗历》卷二《读苏子美哭师鲁诗，次其韵哭沈眉生》中云：

> 昔年昆铜死，余哭万山头。今闻眉生死，有客自长洲。探怀书一卷，墨湿尚未收。……十年渠不来，日日想风猷。义熙之全身，唯君不可疵。中间我寄书，同怀千岁忧。人种系芒粒，霜雪宜共橑。宛其两人死，茫茫来者愁。不谓斯言谶，君竟从枯骸。孤我天壤间，不辨岁与优。

"昆铜"即指芜湖的沈士柱（字昆铜）。"眉生"即指宜城沈寿民（字眉生）。二人都是明遗民，都不顾个人安危，视名节和尊严重于生命。在此，黄宗羲高度评价他们，称赞他们为当世的"人种"。黄宗羲也是明遗民，对名节非常重视。他说："名节之谈，孰肯多让？"② "修名夸节，孰不乐此？"③ 黄宗羲极力保持自己的遗民身份，坚持"不事王侯，持子陵之风节"④，坚持不出仕清王朝，"死犹不肯输心去"⑤。由此看来，黄宗羲对沈士柱和沈寿民的肯定，也暗含了对自己是"人种"的褒奖。这也为和他一样的明遗民的生存意义提供了论证。

明遗民认识到了自己具有"正人心"的道德价值，甚至还有延续"人种""存人类于天下"的人生意义，这种认识破除一些士大夫只重殉国死节，轻视"贞厉保厥初心"的"晦迹冥遁"等行为的偏见。如此，明遗民就不再认为在新朝继续生存是"苟且偷生"，消除了这种道德羞愧

① 潘承玉：《清初诗坛：卓尔堪与〈遗民诗〉研究》，第314~315页。
② 黄宗羲：《余若水周唯一两先生墓志铭》，《南雷诗文集》（上），《黄宗羲全集》第10册，第284页。
③ 黄宗羲：《前乡进士董天鑑墓志铭》，《南雷诗文集》（下），《黄宗羲全集》第11册，第50页。
④ 黄宗羲：《梨洲末命》，《黄宗羲全集》第1册，第191页。
⑤ 黄宗羲：《山居杂咏·以下己亥》，《南雷诗历》卷一，《黄宗羲全集》第11册，第234页。

感。如张履祥国亡后，"意欲于海滨僻壤，挈妻子而居，为苟全性命之计。因于此修身力学，以俟天命人事之可为，……亦足以没齿而无愧"。①张履祥国亡后，挈妇将雏"苟全性命"，但抗清复明之事业已不可为，可为的是修身"立德"，坚守遗民节操，并认为这是"俟天命"，也是当时可以且有能力做好的，并认为如果能做好修身"立德"，则可以"没齿而无愧"了。

可以看出，明遗民深刻认识到他们作为儒家士大夫所肩负的道德使命。在"宗庙丘墟"之际，他们坚守遗民节操，就是维护了儒家的伦理纲常和价值理念。因此明遗民认为他们虽然在新朝生存，但自身具有"正人心"的重要价值。

第二节 "吾辈身任绝学"：学术价值

《周易》言："君子之道，或出或处。"② 在明清易代之际，遗民士大夫仅仅修身"立德"，保持自己的节操、人格和尊严是不够的。"用行舍藏，因时制宜，终不落事局中。取辨功名，若常人之出处为世所操，我不能操世，便是落于事局。"③ 无论如何，遗民士大夫不能"操世"以利天下便都不足取。

随着清廷统治的日益巩固，明遗民救亡图存的希望逐渐破灭，但他们并未灰心丧气，而是把保存中华文化和延续孔孟儒家之道作为自己的终极关怀。孔孟儒家思想发展到宋明理学阶段时，在宋明理学家的努力下，已经被浓缩为高度哲理化的"道"。"天道流行，化育万物"，"道"成为世界的本原，是天地万物生成的依据，因此，"道"就成为自然界的普遍法则，也是人类社会的最高法则。"三纲五常"等封建伦理道德和社会秩序都是"道"的具体体现。

"道"虽然是世界的本原，却受时势的影响。明朝灭亡，清廷入主中原，这在遗民士大夫看来，不仅是国家"政统"为"异族"窃取，而且

---

① 张履祥：《答吴文生》，《杨园先生全集》卷九，第 263 页。
② 转引自《周易正义》，阮元《十三经注疏》（上），中华书局，1980，第 67 页。
③ 详见《黄宗羲全集》第 1 册，第 119 页。

还导致了华夏文化受到了严重冲击。"道乃天下后世公共之物,不以兴废存亡而有异也",① "道"虽然不会随着国家灭亡而亡,但现实的混乱,使得儒家之"道"晦而不显,造成了世界秩序混乱甚至崩溃。"道之不可废也",② "天下溺,援之以道",③ "天下溺,惟道可以救之"。④ "道"具有重要作用,它可以振济天下,援天下于既溺,保存华夏文化,重新恢复合理的社会秩序。虽然"道"具有振济天下的功用,但它本身不会独立发挥这种作用,必须通过人的努力才能实现。《论语》说:"人能弘道,非道弘人。"⑤ 朱熹对此解释说:"人能大其道,道不能大其人也。"⑥ 人可以把"道"发明光大,而不能用"道"光大人。不仅如此,孔子说:"士志于道。""明道""传道",是士大夫义不容辞的责任。

一 "存道统":明遗民对自身生存价值的肯定

清初许多明遗民对自己"存道统"的生存意义进行了思考。孔子说:"学而不讲","是吾忧也"。⑦ 明清之际,国破君亡,"异族"入主,最令明遗民痛苦的便是"异族"统治下儒家道统的沦丧,因此他们自觉地大力弘扬"存道"价值观。如王夫之虽痛心国家灭亡,但他更忧心华夏文化的存续。他说:"天下所极重而不可窃者二:天子之位也,是谓治统;圣人之教也,是谓道统。治统之乱,小人窃之,盗贼窃之,夷狄窃之,不可以永世而全身;其幸而数传者,则必有日月失轨、五星逆行、冬雷夏雪、山崩地坼、雹飞水溢、草木为妖、禽虫为之异,天地不能保其清宁,人民不能全其寿命,以应之不爽。道统之窃,沐猴而冠,教猱而升木,尸名以徼利,为夷狄盗贼之羽翼,以文致之为圣贤,而恣为妖妄,方且施施然谓守先王之道以化成天下;而受罚于天,不旋踵而亡。"⑧ 王夫之认为,

---

① 陆世仪:《治平类·学校》,《思辨录辑要》卷二十,《四库全书》子部第724册,第170页。
② 王夫之:《读通鉴论》,《船山全书》第10册,第618页。
③ 朱熹:《孟子集注》,《四书章句集注》,第284页。
④ 朱熹:《孟子集注》,《四书章句集注》,第284页。
⑤ 朱熹:《论语集注》,《四书章句集注》,第167页。
⑥ 朱熹:《论语集注》,《四书章句集注》,第167页。
⑦ 朱熹:《论语集注》,《四书章句集注》,第193页。
⑧ 王夫之:《读通鉴论》,《船山全书》第10册,第479页。

现实中"治统"已为"夷狄"窃去，这不必耿耿于怀，因为那是"不可以永世而全身"的。但是如果"道统"被窃去，就难免"恣为妖妄"，以致"不旋踵而亡"。"道持天下，天下不崩"，① 虽然"治统"已为清廷所"窃"，华夏文明受到冲击，但只要把"道"保存和延续下去，那么天下就不会彻底混乱、失序。因此在易代之际，坚守儒家之"道"就显得尤为重要。他在《读通鉴论》中言："天下不可一日废者，道也；天下废之，而存之者在我。"② "儒者之统，与帝王之统并行于天下，而互为兴替。其合也，天下以道而治，道以天子而明；及其衰，而帝王之统绝，儒者犹保其道以孤行而无所待，以人存道，而道可不亡。"③ 在此，王夫之勉励自己在"帝王之统绝"的情况下，历尽千辛万苦以存"道统"。为此，他虽然隐居荒山之中，但"其学无所不窥，于六经皆有发明。洞庭之南，天地天气，圣贤学脉，仅此一线耳"。④ 由此可见，王夫之把"存道"作为自己生存价值的体现。

屈大均也有同样的论证自我生存价值的思路。其《书逸民传后》说："嗟夫，逸（遗）民者，一布衣之人，曷能存宋？盖以其所持者道，道存则天下与存，而以黄老杂之，则亦方术之微耳，乌足以系天下之重轻哉！今之天下，视有宋有以异乎？一二士大夫其不与之俱亡者，舍逸（遗）民不为，其亦何所可为乎？世之蚩蚩者，方以一二逸（遗）民伏处草茅，无关于天下之重轻，徒知其身之贫且贱，而不知其道之博厚高明，与天地同其体用，与日月同其周流，自存其道，乃所以存古帝王相传之天下于无穷也哉。嗟夫，今之世，吾不患夫天下之亡，而患失逸（遗）民之道不存。"⑤ 屈大均在此所说的"宋逸民"应该是指"宋遗民"。他从"遗民存宋论"出发，论证明遗民"所持者道，道存则天下与存"的结论，驳斥了遗民"伏处草茅，无关于天下之重轻"的短视浅见。由此，他用"道"的永恒性证明了遗民"存道""养道"的价值和意义。

---

① 王夫之：《春秋世论》，《船山全书》第 5 册，第 387 页。
② 王夫之：《读通鉴论》，《船山全书》第 10 册，第 346 页。
③ 王夫之：《宋文帝》，《读通鉴论》，中华书局，1975，第 287 页。
④ 刘献廷：《广阳杂记》卷二，中华书局，1997，第 57 页。
⑤ 屈大均：《书逸民传后》，《翁山文钞》卷八，《屈大均全集》第 3 册，第 394 页。

　　不独王夫之、屈大均，"存道"几乎成为明遗民集体追求自我价值的体现。如魏禧说："士生斯世，阳气孤微，如败柱、朽楹、榱栋欲下，使非得一二刚确不挠之夫相与支柱，则大厦瓦解，人无所庇。"① 遗民，就是担当存"道"于乱世之责任的人。以"存道"自任的还有陈确，他说："斯道之在吾身与在天下，岂有异耶？道明于吾身，即所以明于天下，道未明于天下，即是未明于吾身。今日之辩，正求明道于吾心。"②"明道于吾身"，就是"存道"于天下。因此他把"存道"作为自己生存价值的重要体现。徐枋也说："彼大儒者又岂为一身之存亡计哉？圣人之道载于六经，儒者明经以荷道，故吾身存有与俱存，吾身亡有与俱亡者矣。……经不传，道不明，是使斯人之不得与于纲常伦序之中也，是使万物之不得遂其生而尽其性也，是使天地之失其位而日月之失其明也，噫！儒者之身不綦重哉？"③"经不传，道不明"，遗民的生死，已经超越了个人的存亡得失、荣辱节操问题，而关乎整个社会的责任了。由此可见遗民士大夫的责任不重和生存价值不大吗？徐枋的话不仅代表他个人的意见，也代表了明遗民群体共同的价值观，表达了他们对于理想世界重建的信念。沈寿民国亡后"乃变姓名，携家走金华山中"；④ 他"抗迹比轨，当绝学之世，独延孔子之光，烛于后来"。⑤ 认为应该勇于担当延续孔孟圣学的责任。陆世仪认为吾辈身任绝学，责在万世，"道生天地，天地生人，无是道则天地且不成天地，人于何有？念及此，则弘道君子岂可不竭力从事乎？"⑥ 此所谓"天地"，是指充满和谐秩序的理性世界，陆世仪认为只要他能坚守住"道"这个根本，世界就有重建的可能。由此可以看出，不以"帝王之统绝"为转移，不"求荣""自鬻"于异族之政权，以一人之存亡，系天下"道统"之存亡，这是清初明遗民从民族文化传统中寻得更深刻的生存信念和更切实的生存价值。

---

① 魏禧：《复徐叔亨》，《魏叔子文集》卷七，第 359 页。
② 陈确：《寄吴裒仲书》，《文集·书二》，《陈确集》，第 108 页。
③ 徐枋：《郑老师桐庵先生七十寿序》，《居易堂集》卷七，第 162 页。
④ 徐鼒：《小腆纪传》卷五十八，中华书局，1958，第 597 页。
⑤ 沈寿民编《答陈仲献书》，《姑山遗集》卷三，《四库禁毁书丛刊》集部第 119 册，第 58 页。
⑥ 陆世仪：《大学类》，《思辨录辑要》卷一，《四库全书》集部第 724 册，第 12 页。

二 "文化学术救亡"：明遗民对自我生存价值的肯定

学者周焕卿指出："（清初）知识分子承担着传承文化的天职，这一自觉并为因身处乱世而泯灭，反而因异族侵入所造成的文化危机而得到了强化。"① 此言极为精到。明清之际的遗民确实有极强的文化危机意识，纷纷以"文化救亡"为己任。

清廷取代明朝，不仅使儒家的"道统"隐而不显，而且还导致了儒家伦理纲常的失序。在清初政治压迫的激发下，遗民士大夫这种痛苦更加彰显。王夫之说："河北之割据也，百年之衣冠礼沦丧无余，而后燕云十六州戴契丹而不耻。故拂情蔑礼，人始见而惊之矣，继而不得已而因之，因之既久而顺以忘也。悲夫！吾惧日月之逾迈，而天下顺之，渐渍之久，求中心之蕴结者，殆无其人与！"② "夷狄"统治之下，民族文化受到摧残，而更可怕的是，随着时日推移，如果没有人自觉出来维持华夏文化传统，它很可能就会沦丧无遗。因此，华夏文化虽然"天下废之"，但"存之者在我"。③ 他表示要做"孤月之明"，"炳于长夜，充之可以任天下"。④ 顾炎武也有强烈的"文化救亡"意识，他非常严肃地指出："有亡国，有亡天下，亡国与亡天下奚辨？曰：易姓改号，谓之亡国，仁义充塞，而至于率兽食人，人将相食，谓之亡天下。魏晋人之清谈，何以亡天下？是孟子所谓杨墨之言，至于使天下无父无君，而入于禽兽也。……是故，知保天下，然后知保其国。保国者，其君其臣，肉食者谋之；保天下者，匹夫之贱与有责焉耳。"⑤ 他在此指出了"亡国"与"亡天下"的不同，"亡国"是指改朝换代，一家一姓之亡；而"亡天下"则指道德沦丧，"仁义充塞，人将相食"，是真正的民族之亡。因此，延续民族文化，是每个匹夫的责任。"君子之为学也，非利己而已也。有明道淑人之心，有拨乱反正之事，知天下之势之何以流极而至于此，则思起而有以救之"⑥。

---

① 周焕卿：《清初遗民词人群体研究》，第20页。
② 王夫之：《诗广传》，《船山全书》第3册，第377页。
③ 王夫之：《读通鉴论》，《船山全书》第10册，第346页。
④ 王夫之：《俟解》，《船山全书》第12册，第495页。
⑤ 顾炎武撰、黄汝成集释《日知录集释》卷十三，第1014～1015页。
⑥ 顾炎武：《亭林余集·与潘次耕札》，《顾亭林诗文集》，第166页。

士大夫在任何情况下，对保存华夏文化，拨乱反正，都有不可推卸的责任。

文化学术救亡在流亡海外的明遗民身上尤能体现。明遗民远赴海外，最初是想借助外邦的力量，以实现反清复明的宏愿，但是随着时势的发展，这种愿望变得越来越渺不可期。可贵的是，流落在外的明遗民并没有消沉下去，而成为中华文化的继承者和弘扬者，使中华文化在海外获得了广泛的传播，他们或开课讲学，或著书立说，为中外文化交流做出了重大贡献。在思想学术上，以朱舜水为代表的儒家，促进了儒学在日本和朝鲜等国的传播和发展。弘道授业，是朱舜水侨居日本期间最重要的活动。他在六十七岁至八十三岁的十六年间不断往返于水户、江户两地，讲授和传播儒学，因此受到当时日本代表人物德川光国、安东守约、安积觉等人的景仰和尊崇，甚至被尊称日本的孔夫子、朱夫子等。梁启超曾高度评价说，"有一位大师，在本国几乎没有人知道，然而在外国发生莫大影响者，曰朱舜水"；又谓"舜水以极光明俊伟的人格，极平实淹贯的学问，极肫挚和蔼的感情，给日本全国人以莫大的感化。德川二百年，日本整个变成儒教的国民，最大的动力实在舜水"。①

明遗民的文化救亡意识还与亡国反省密切相关。清初，许多遗民把明亡的原因归结为王学末流的空谈，以至于把儒学变为与国家、社会无关的空疏学问。比如，明末理学聚徒讲学，在陆世仪看来，就是不关心政事的积习，斥之为"晋人清谈"；他认为，"天下无讲学之人，此世道之衰，天下皆讲学之人，亦世道之衰也"。"今人所当学者，正不止六艺，如天文、地理、河渠、兵法之类，皆切于用世，不可不讲。俗儒不知内圣外王之学，徒高谈性命，无补于世，此当世所以来迂拙之诮也"。② 顾炎武也非常尖锐地指出："刘、石乱华，本于清谈之流祸，人人知之，孰知今日之清谈，有甚于前代者。昔之清谈，谈老、庄，今之清谈，谈孔、孟，未得其精，而已遗其粗，未究其本，而先辞其末。不习六艺之文，不考百王

① 梁启超：《清代学术概论》，岳麓书社，2010，第89~90页。
② 陆世仪：《大学类》，《思辨录辑要》卷一，《四库全书》第724册，第15页。

之典，不综当代之务，举夫子论学、论政之大端一切不问，而曰一贯，曰无言。以明心见性之空言，代修己治人之实学，股肱惰而万事荒，爪牙亡而四国乱，神州荡覆，宗社丘墟。"① 王学末流空谈心性，不关政事，是导致明亡的一个重要因素。因此回归儒学本意，恢复儒学的内圣与外王，成为许多明遗民的价值追求。

总之，相对于盛世时期得君行道的儒者而言，清初在野化民的遗民士大夫更能够展现儒学的抗议精神。明遗民深受儒学的浸润，国破家亡，促使他们把儒学作为自己的精神故乡。遭遇"天崩地解""宗庙丘墟"的沉重打击，明遗民如同受伤的孩子向父母寻求安慰一样，希望把生命安顿到儒学世界中，并且还期望"天日再明，沉州复陆"，② 但精神世界与现实世界终究不能够统一。在精神困境和自我价值重新追寻的张力中，明遗民的生命光辉愈加灿烂。但是值得注意的是，明遗民的思想"质量"，确系由顾炎武、王夫之、黄宗羲、方以智、万斯同等一批著名学人所标志。③ 这些第一流的遗民并不是一味以泪洗面、无所作为颓废一生的。他们对政治局势有着非凡的感知能力，清廷血腥的民族屠杀和民族压迫激发他们激昂的反抗之心；南明王朝的覆亡以及同学故人对新王朝的趋之若鹜也曾使他们孤立失意乃至绝望；但是他们最终在无数的精神折磨中进行深刻的自我反思；他们超越了对一个王朝的怀念和个人的患得患失，把国家、百姓的利益凌驾于个人感情之上，突破寻常遗民思想境界的限囿，借助学术重新建构自己的价值系统。这批遗民学人对清初学术传承、发展有巨大作用和意义，对此，梁启超评价说："从顺治元年到康熙二十年约三四十年间，完全是前明遗老支配学界。"④ 钱穆先生也指出："然明末遗民，他们虽含荼茹蘗，赍恨没世，而他们坚贞之志节，笃实之学风，已足以深入于有清一代数百年来士大夫之内心，而隐然支配其风气。"⑤

---

① 顾炎武撰、黄汝成集释《日知录集释》卷七，第 538 页。
② 朱之瑜：《朱舜水集》卷二，中华书局，1981，第 14 页。
③ 赵园：《明清之际遗民学术论片》，《社会科学战线》1995 年第 5 期，第 159 页。
④ 梁启超：《中国近三百年学术史》，上海古籍出版社，2013，第 16 页。
⑤ 钱穆：《国史大纲》，第 852 页。

第三节 "吾不能忘世"：经世价值

明遗民有强烈的经世①情志。"穷则独善其身，达则兼济天下"，这可以视为古代儒家士人的处世原则。明清之际，应是明遗民隐遁守节之机。然而许多明遗民认为这种隐遁避世实是无奈的选择。如张养重说："后来遁世非初志。"②遗民莫秉清也指出："所谓隐居独善，不过不遇于时，以之藉口尔。岂真乐乎畎亩而晦迹自甘者哉！岂真有以自全而泥涂轩冕者哉！"③是什么促使他们发出了如此感叹呢？当然是儒家经世济民的"职志"。"当夫丧乱之际，……吾不能忘世，世亦不能忘吾，两不相忘，则如金木磨荡，燎原之势成矣。……为得遗民之正也。"④他们认为，坚持遗民节操并不意味着与世彻底决裂，放弃治国平天下之经世理想。"吾不能忘世，世亦不能忘吾，两不相忘"，不管世事如何变化，作为儒家士大夫，积极担负经世济民之使命，才是"得遗民之正"，才能实现人生的价值与意义。

许多明遗民通过学术研究，或办书院，或讲学，以实现自己的经世主张。如李颙就特别重视"明体适用"之学，提倡儒家经书，希望恢复儒学的经世致用传统。陆世仪主张"切于用世"，讲求"致用"六艺实学，指出："古者六艺，学者皆当学之，今其法不传。吾辈苟欲用心，不必泥古，须相今时宜，及参古遗法，酌而行之。"⑤他把通经与致用相结合，在讲学中设置治事、经义二类，治事包含天文、地理、河渠、兵法诸科；经义包含《易》《诗》《书》《礼》《春秋》诸科。浙江鄞县人万斯同与黄宗羲一样，也是怀抱"救民之患"理想，立志于经世有用之学的。他认为史学才是最为重要的经世之学，劝其侄万言不应专注于事无补的诗词之学，"若经世之学，实儒者之要务……吾之所为经世者，非因时补救，如今所谓经济云尔，也将尽取古今经国之大猷，而一一详究其始末，斟酌其

---

① 经世，可以分为理论经世和事功经世，或人格经世、道德经世和事功经世。参见王尔敏《经世思想之义界问题》《中国近代思想史论集》，社会科学文献出版社，2005。

② 张养重：《山亭共学》，《古调堂集》卷一，民国抄本。

③ 莫秉清：《赠赵颐所序》，《华亭莫葭士先生遗稿》卷一，民国二十年（1931）铅印本。

④ 黄宗羲：《杨氏衡先生墓志铭》，《碑志类》，《黄宗羲全集》第 10 册，第 481 页。

⑤ 陆世仪：《大学类》，《思辨录辑要》卷一，《四库全书》第 724 册，第 14 页。

确当，定为一代之规模，使今日坐而言者，他日可以作而行耳"①。经世也成为王夫之治学之目的。他在研究《周易》时就强调其经世特色，指出："'殷之末世'，纣无道而错乱阴阳之纪。文王三分有二，以服事殷，心不忍之速亡，欲匡正以图存而不能，故作《易》以明得失存亡之理，危辞以示警戒。危者使知有可平之理，善补过则无咎，若慢易而不知戒者，使知必倾，虽得位而亦凶，冀殷之君臣谋于神而悔悟。"② 王夫之希望从《周易》中研读出人事得失之道理，阐明社会治乱和国家兴衰之缘由。可以说，经学、史学成为明遗民的经世济民之动力和工具。经世致用逐渐形成了一股学术思潮，在这一潮流中，明遗民把时代影响投射其中，不仅使其具有一种鲜明的社会批判反思色彩，而且还在其中蕴含了救亡与忧患的意识，以及跃然纸上的价值追求。

实现经世济民的理想，是需要政治平台的。古代士人若不能科举仕进，"倘必株守穷檐，是终无事君之日也"③，其最终结果只能是处江湖之远而忧其君而已，其治国平天下的理想只能成为空中楼阁。对此，许多明遗民是深有体会的，如王夫之就一向强调"仕"应在士的选择中具有优先性。他说："虽耕钓而有天下之志，然必上宾于廷，乃见宗庙之美，百官之富，以先王经世之大法，广其见闻之不逮，故虽衰世之朝廷，犹贤于平世之草野。"④ 但是，士大夫出仕是有前提的。《论语》言，"邦有道，则仕。邦无道，则可卷而怀之"；"丈夫不遇于世，当隐居以求其志耳"。⑤ 君子出仕的原则是"天下有道则仕，无道则隐"。逢世则当"宾于廷"，"仕以行义"，"行义以达道"，通过官方政治这个平台更好地实现自己的治国平天下之理想。

受改朝换代的影响，明遗民全部不入仕清朝，因而处于"政治边缘化"的社会地位，这就注定了他们不能直接依靠官方政治这个平台来实现自己的经世理想。可以说，时势制约了明遗民人生价值的实现。人生价值的实现，虽然不能通过出仕来实现，但可以通过其他途径来达成，如"救民以

① 万斯同：《与从子贞一书》，《石园文集》卷七，民国四明丛书，第62~63页。
② 王夫之：《周易内传》卷六上，《船山全书》第1册，第612页。
③ 转引自邓洪波《中国书院学规》，湖南大学出版社，2000，第218页。
④ 王夫之：《周易内传》，《船山全书》第1册，第205页。
⑤ 宋濂等撰《元史》卷一五七，中华书局，1976，第3687页。

言"，或把"治国平天下"的理想浓缩为"泽被"某一区域的平民百姓。

一 "救民以言"

明末清初，由于战乱不断，百姓处于水深火热之中。如冷士嵋《旅赋序》记述了江南百姓"遭值时艰，暴兵黩燹，相寻于身，居无宁宇，岁无宁日，流离颠播，荼蘖万状"① 的情况。曹元方《戚氏·送大中丞范觐公还都》也云："但见朱门车马，绕村渔猎恣穷搜。避债无台，卖儿有路。微闻夜哭啾啾。更政苛如虎，吏酷如鸮，萧索悲秋。"② 官府对百姓横征暴敛，置黎民于水深火热之中于不顾，"百姓之病，亦儒者所难忘。"③ 易代后，明遗民没有放弃儒者使命担当，继续关心民生利病，以兴利除弊为己任。

为了拯救黎民百姓，许多明遗民在经济、政治、社会等方面提出了一些救济方案。对此，近人刘师培曾指出："近世巨儒，首推顾（炎武）、黄（宗羲）、王（夫之）、颜（元）、江（藩，1761～1831）、戴（震，1724～1777）。昔读其书，辄心仪其说，以为救民以言。"④ 顾、黄、王等是清初著名遗民，他们非常关注社会民生，提出了改革社会的各种"蓝图"。如黄宗羲以"儒者之学，经纬天地"为探求学问的出发点和归宿。他致力研究天文、历法、地理之学，著有《授时历法假如》《西洋历法假如》《今水经》《大统历推法》《四明山志》等。⑤ 不仅如此，黄宗羲还把

---

① 冷士嵋：《旅赋序》，《江冷阁文集》卷二，《四库全书存目丛书》集部第 236 册，齐鲁书社，1997，第 479 页。
② 饶宗颐初纂，张璋总纂《全明词》第 6 册，第 2936 页。
③ 顾炎武：《蒋山佣残稿·与友人书》卷一，《顾亭林诗文集》，第 195 页。
④ 刘师培：《非六子论》，《中国哲学》1979 年第 1 期，第 444 页。
⑤ 赵园指出，明遗民竞相为"有用之学"，"任事"固然使所学得有所用，也使学之不足有了证明的机会，在不免极端化的"实用"眼界中，其时"学术"的所谓价值，也被其适用于时务的衡量标准。见赵园《制度·言论·心态：〈明清之际士大夫研究〉续编》，北京大学出版社，2006，第 14～15 页。事实确如赵氏所言，明遗民在反思致使国亡的原因时，非常重视"有用之学"。如张履祥说："处今之世，自非实学、实才不足有济。"见张履祥《答吴文生》，《杨园先生全集》卷九。王道定说："学必有术，其大者在于拯世抚化，乱则戡之，解纠纷应卒，易如承蜩，是谓学术。"见王猷定《四照堂集》卷二《澹台讲疏序》。"有用之学"范围很广，刘献廷就认为"于礼乐、象纬、医药、书数、法律、农桑、火攻、器制，傍通博考，浩浩无涯矣。"见王源《居业堂文集》卷十八《刘处士墓表》。明遗民的"经世之学"，不但包括了 （转下页注）

经世致用的思想向前推进了一步，将其扩展到政治、经济、军事、财政、土地、文教等领域，这集中体现在《明夷待访录》中。他著《明夷待访录》，在深入反思明代社会利弊得失①和总结历史经验的基础上，"对政治上几种重要问题加以根本之讨虑"，② 为国家和社会的发展寻找新的出路，以致被梁启超赞誉为"人类文化之一高贵产品"。③ 又如吕留良思考了一些关于国计民生的意见和想法，如《赈饥十二善》论述了赈灾应该注意的问题和具体措施；《保甲事宜》提出了如何利用保甲制度强化社会治

（接上页注⑤）专门之学的如天文、历算、火器、兵法等门类，也包括了农田、水利、盐铁等有关生民福祉、社会利病的实用知识。强烈的经世热情和对"有用之学"的重视，推动了清初专门知识和技术的发展。关于明遗民对专门知识、技术的研究，详见赵园《制度·言论·心态：〈明清之际士大夫研究〉续编》第34~39页。

① 研治明史是明遗民积极从事经世致用之学的主要内容之一。国破家亡的残酷现实不但激发了明遗民强烈的民族意识，还激发了他们强烈的历史反思精神。他们探讨清兴明亡的原因，以资治道。这应该也可以视为明遗民经世方向的转移。但明遗民探究史学，也有通过以存"国史"为"后死之责"，实现自我人生价值的意图。如黄宗羲说："尝读宋史所载二王之事，何其略矣！夫其立国亦且三年，文、陆、陈、谢之外，岂遂无人物？顾闻陆君实有日记，邓中甫有《填海录》，吴立夫有《桑海遗录》，当时与文、陆、陈、谢同事之人，必有见其中者，今亦不闻存于人间矣。国可灭，史不可灭，后之君子能无遗憾耶？"见黄宗羲《董守渝墓志铭》，《黄宗羲全集》第10册，第300页。明亡后，黄宗羲把自己的爱国之情转化为国史之志。黄宗羲虽严词拒绝出仕清朝，却对修明史特别关注。他希望通过修《明史》来寄托故国之思，存史以报故国，因此黄宗羲同意把自己的藏书抄送史馆，还积极为修明史提供其他帮助。在此，我们不能认为这是黄宗羲作为一名史学家，对故国文献十分爱恋，而应解读为他借修明史以寄予自己那颗冷却已久的孤臣孽子之心，寄托那难以割舍的故国之情，希望存史以报故国之恩，即所谓"国亡无所自荩，修故国之史，即以恩故国"。见唐文权等《民国人物碑传集》，团结出版社，1995，第480页。黄宗羲正是出于故国之情，才支持万斯同入明史馆。实际上，万斯同也十分了解和同情黄宗羲，他在受聘于徐乾学时也表明："吾此行非他志，显亲扬名非吾志也。但愿纂成一代志史，可藉乎以报先朝矣。"见万斯同《石园文集》，《万季野先生墓志铭》，《四明丛刊》本。当史局欲封他七品翰林院纂修官时，万斯同请以布衣参史局，不署衔，不受俸。正是在这种意义上，治史被作为准政治行为，私家史述成其为对抗官方政治的一种隐蔽的形式。见赵园《明清之际士大夫研究》，第367页。以"存国史"为"存明"，这一特殊的史学情结，使得史事成为明遗民的"共同事业"，于是他们或私撰明史，或襄助官修明史。清初的著名遗民学者，几乎都有史学著作，黄宗羲的《行朝录》、顾炎武的《圣安本纪》、谈迁的《国榷》、王夫之的《永历实录》、屈大均的《皇明四朝成仁录》、孙奇逢的《甲申大难录》、查继佐的《罪惟录》、张岱的《石匮藏书》、李清的《南渡录》等。实际上，明遗民通过研治明史，不仅反思了国亡的原因，以求能够为后世提供借鉴，而且还把自己的爱国之情转化为国史之志，通过"存国史"来报故国，以此重新追寻到了自我在新朝的生存价值。

② 钱穆：《中国近三百年学术史》，商务印书馆，1997，第37页。

③ 钱穆：《中国近三百年学术史》，第46页。

安，并就此提出了具体设想。张履祥曾详细论述了当时的社会问题，如妖言、妖术导致社会恐慌，盗贼和兵灾导致大量百姓死亡与财物损失，宫选制度扰乱社会风气，游民致使社会不稳定等，为此他还提出了发展农业、缓解灾疫、安置流民等颇有针对性的建言。① 魏禧建议"立义仓"来救荒，他说："贫民富民，多不相得。富者欺贫，贫者忌富。贫民闲时，已欲见事风生，一迫饥馑，则势必为乱。初然抢米，再之劫富，再之公然啸聚为贼。……（义仓）不特救一时饿殍，实所以保富全贫，护人身家，养人兼耻，为法至善。"② 可见，富欺贫、贫忌富的现象已使富人与贫民在平日就势同水火，若发生水涝旱灾而使地方发生饥荒，贫民就会夺米、劫富、做贼，因此建立义仓有助于消除贫富对立，维持社会秩序。明遗民虽自觉地为国计民生等重大现实问题进行思考，并出谋划策，但他们拯救百姓的方案都是"待后王"而行的，只是一些理论，并没有真正实践过。③ 就在著书"立言"过程中，他们再次发掘和证明了自己的生存价值与意义。

也有一些遗民以"民间身份"通过向当权者进言的方式来造福百姓。④ 如董允璘，"为人磊落不屈折，敢于任事。郡邑利害是非，议论愤

① 周邦君：《张履祥笔下的灾异与社会问题》，《青岛农业大学学报》，2009 年第 3 期，第 77~82 页。
② 魏禧：《魏叔子文集》，第 168 页。
③ 明遗民对国计民生的思考和设想是以"待后王"为期待的。如顾炎武《天下郡国利病书》的"有王者起""待后王"，以及黄宗羲《明夷待访录》的"待访"。王夫之在《黄书·后序》中也自我表白说："言之当时，世莫我知。聊忾癙而陈之，且亦以劝进于来兹也"。（见王夫之《船山全书》第 12 册，第 539 页）。由此可以想见明遗民撰述的"动机"和此等无奈的心事。如《清史稿》卷五〇一载，"明末遗逸，守志不屈，身虽隐而心不死。至事不可为，发愤著书，欲托空文以见志，如迁者，其忧愤岂有已耶？"也正是因此，梁启超评判明遗民"宁可把梦想的'经世致用之学'依旧托诸空言"。（梁启超：《中国近三百年学术史》，上海古籍出版社，第 14 页）何冠彪认为："明遗民脱离现实社会和政治后，生活在幻想世界。事实上，他们对当时的社会和民生毫无贡献。"何冠彪：《明末清初思想研究》，第 97 页。
④ 明遗民期望地方官员能够推行教化，造福百姓。如屈大均《惠州府儒学先师庙碑》（《碑》，《翁山文钞》卷三，《屈大均全集》第 3 册，第 325 页）以"兴起斯文之功"和"明学术正人心"期之执掌学政的官员。也从儒者经世济民的角度，明遗民对造福百姓的地方官吏多有赞誉。如陆世仪《赠蛟水吴公去思序》云娄县"自明末困征输，俗始凋敝。国朝起而拯之，择良吏抚循兹土，民蒸蒸有起色矣"（陆世仪：《桴亭先生遗书》卷四，《续修四库全书》集部第 1398 册，第 478 页）。张尔岐颂扬地方官的与民休息，甚至说："乙酉去今几何时，阅视田畴孰与昔治？畜牧孰与昔多？屋垣孰与昔理？"张尔岐：《送邑侯杜明府还里序》，《蒿庵集》卷二，第 89~90 页。

发，当事听之夺色。就馆象山，力举社仓法行之"。① 吕留良思考赈灾问题，其《赈饥十二善》载"赈饥之法，莫善乎散米，而莫不善于施粥，莫善于各里散米，而莫不善于城市笼统散米"，其中论述了赈灾的具体办法和应该注意的问题。康熙十年（1671）春旱，吕留良倡"目下以赈饥未暇"，分里散米之议，全活甚众。陆世仪还通过处幕的方式实现经世理想，陈瑚《尊道先生陆君行状》载："如石（毛如石）之官也，以君（即陆世仪）行，比至，则明政刑，正风俗，锄奸佞，君相助之力居多。"② 顾炎武就曾如此行事过。顾炎武有强烈的经世济民之心，他认为"今既得生，是天以为稍能任事而不遽放归者也，又敢怠于其职乎?"③ 即使晚年"一病垂危，神思不乱"之际，他仍然心系百姓。在《病起与蓟门当事书》中，顾炎武向蓟门（今属于北京地区）的官员建言："今有一言而可以活千百万人之命，而尤莫切于秦、陇者，苟能行之，则阴德万万于公矣。请举秦民之夏麦秋米及豆草一切征其本色，贮之官仓，至来年青黄不接之时而卖之，则司农之金固在也，而民间省倍蓰之出。且一岁计之不足，十岁计之有余，始行之于秦中，继可推之天下。……救民水火，莫先于此。"④ 顾炎武在此建议蓟门掌权者要重视对灾害的预防，特别是要未雨绸缪，建立官仓，把百姓丰收的粮草储藏，以备灾年。否则，当遭遇灾年，饿殍满地，就为时已晚。通过顾炎武可以看出，明遗民以其经世之才用于地方事务时，他们自然难以回避或也无意于回避与当道的交涉。并且这样的遗民还有很多，如陈确不但关心民生利病，还为"穷黎"请命而一再投揭当事，甚至欲借当道推行其"族葬"法，这在其《投太府刘公揭》《投当事揭》等中有详细记载。⑤ 魏礼也是如此，他借助当事之力纾解民困，其《李檀河八十序》载："田畴亦藉魏师去其所居乡之害。"⑥ 其《与李邑侯书》建议当道除"田碱"，即曰"昔田子春隐居徐无山，以

① 《南雷文定三集》卷二《董吴仲墓志铭》。
② 陈瑚：《尊道先生陆君行状》，《丛书集成》三编第 85 册，台北，新文丰出版公司，1997，第 373 页。
③ 顾炎武：《病起与蓟门当事书》，《亭林文集》卷三，《顾亭林诗文集》，第 52 页。
④ 顾炎武：《亭林文集·病起与蓟门当事书》，《顾亭林诗文集》，第 49 页。
⑤ 陈确：《文集·投太府刘公揭》，《陈确集》，第 360~362 页。
⑥ 魏礼：《李檀河八十序》，《魏季子文集》卷七，第 106 页。

乌桓之扰，藉魏兵除乡里患害"。在魏礼看来，挺身为万民请命，方为不负所学。孙奇逢也有此经世倾向，魏裔介《夏峰先生本传》载："上自公卿大夫，以暨田氓野老，有就公相质者，公披衷相告，无所吝也。中州直指藩臬诸台使者尝过夏峰修式庐之礼。公田家鸡黍惓惓以民彝为念。尝云：'匹夫为善，康济一身；公卿为善，康济一世。某力不能及民，愿公减一分之害，民受一分之利。'"① 孙奇逢自己无力直接济民，遂通过讲学影响他人，使民受利。李颙也是如此，他不仅积极劝导清朝官员爱百姓，还于康熙十年（1671）编辑《司牧宝鉴》（初名《牧民须知》），指导仕清官员如何行仁政。②

还有一些遗民通过入幕建言当权者来实现自己的经世理想。清初一些遗民"游名公卿间，倜傥画策"，③ 这样不仅可以解决谋生问题，而且还能借助幕主的政治影响力"安戢流亡""保全乡梓"，为地方兴利除害。如江西遗民魏燮生"客大将军幕府"，"先后以儒服运筹策军门十余年，所至能相与有成功，救被难民妇，全活者甚众"，④ 岁获丰穰。陆世仪在大中丞马祜处作幕宾时，也未尝有忘世之心。他曾作《姑苏钱粮三大困四大弊私言》，痛陈江南一切利弊，"静观致弊之道，因细思所以救弊之方，条为七则，亦事急呼天，疾痛则呼父母之意云尔。有能移世道之权者，其幸赐览而留意焉"。⑤ 他痛陈"浮粮积害之困""水利壅塞之困""预征白粮之困"和"杂徭妨正之弊""吏胥侵蚀之弊""棍儒朋侵之弊""四民失业之弊"，并有针对性地提出了解决之道。

"救民以事，此达而在上位者之责也；救民以言，此亦穷而在下位者之责也"，无论是著书立说向当权者献计献策，还是利用幕主的政治影响力来造福一方百姓，明遗民都是在一定程度上尽了"穷而在下位者之责"，实现了经世济民的理想。在此过程中，他们也追寻与确认了自己生存价值和意义。

---

① 魏裔介：《夏峰先生本传》，《兼济堂文集》卷十一。
② 李颙：《二曲集》卷二十八，中华书局，1996，第366页。
③ 彭士望：《耻躬堂诗文钞》十六卷，《树庐文钞》卷四，清咸丰二年刻本。
④ 魏禧：《鲍子韶墓志铭》，《魏叔子文集》，第967页。
⑤ 陆世仪：《姑苏钱粮三大困四大弊私言》，《陆桴亭先生文集》卷五，《续修四库全书》集部第1398册，第497页。

二 参与乡村治理

直接倡导和参与乡村治理，是明遗民不放弃经世理想最为直接的证明。有学者指出，中国古代传统的政治建构在县以下基本上不存在，特别是明代后期，政府与社会日渐疏离，其行政机构基本上到县一级为止，而里甲制的崩溃，更使得在乡村中建立规范和秩序的问题变得日益迫切，因而县以下的社会始终近于无政府状态。① 对乡村治理，明代理学家是十分重视的，如明代心学大家颜钧、罗汝芳等都通过制定榜文、村约和宣讲圣谕等活动对百姓进行社会教化。

一些明遗民虽然与明代理学家一样，注重在社会基层进行经世济民，然而此举实属不得已而为之。黄宗羲记遗民查逸远"以经济自期许，故凡天下之事，他人数百言不能了者，逸远数言，其利病纤悉毕见。虽郁郁无所施为，而沟渠保甲社仓诸法，讲求通变，未尝不行之一方也"。② 张履祥《言行见闻录（三）》记载了江南大旱，陈确组织乡民自救："辛丑，三吴旱，滨海高乡禾尽槁。来春乏食，陈乾初贷米于富室，以食里中之饥者。不足，又劝族人与乡之富者出粟济之。且约曰：'乡邻之贫者，得食陈氏粟，陈氏之贫者，无得食乡邻粟。'人咸义之。"③

明遗民参与乡村治理，在陈瑚身上体现得尤为明显。陈瑚，字言夏，号确庵，江苏太仓人，明崇祯十五年（1642）举人，"为学博大精深，以经世自任"，④ 对五经、天官、河渠、兵农、礼乐，以及术数、占法等书，无不精通。清廷诏举隐逸，知州白登明将以其名上，陈瑚力辞，卒年六十三，门人私谥曰"安道先生"。后蔚村人立祠祀之，理学名儒汤斌还在其故居倡建了安道书院以示敬仰之情。⑤ 明朝灭亡后，陈瑚决意不求仕进，避地江苏昆山的蔚村，然而他在此村中经世济民实属无奈。陆世仪有诗作

---

① 王汎森：《清初的下层经世思想》，《晚明清初思想十论》，第 334~349 页。
② 黄宗羲：《查逸远墓志铭》，《黄宗羲全集》第 10 册，第 367 页。
③ 张履祥：《言行见闻录（三）》，《杨园先生全集》卷三十三，第 930 页。
④ 赵尔巽等：《清史稿》卷四八十，第 13118 页。
⑤ 王祖畲纂修《人物三·陈瑚》，《宣统太仓州镇洋县志》。

《十五日与诸同志过蔚村讲〈易〉，并论儒释，次确庵韵》云："穷途得伴即非穷，野赛孤村社火红。"① 明亡后陈瑚和陆世仪在蔚村讲学进行社会教化，他们虽然自谓"穷途得伴即非穷"，并取得了"社火红"的成就，但从"穷途""野赛孤村"等言词中，我们可以体会出，如果不是不幸遭遇了"穷途"，无法出仕"治国平天下"，他们更期望在更广阔的天地中施展自己的抱负，而不会把自己"经天纬地"的理想放置于像蔚村这样的社会基层中。

虽然陈瑚不得已把自己儒者的社会关怀理想在蔚村付诸实践，② 但还是全力以赴，他在蔚村主要倡导和组织了两方面的工作。

陈瑚积极倡导"孝悌""为善"，对村民进行道德教化。关于蔚村的基本状况，陈瑚说："蔚村在昆城东北三十里，地远而僻，水道纡折，无乡导则不得入焉，……村山修广千亩，洼而颇腴，作堤四围之，水旱蓄池是赖，内为潭七十二，悉种荷花，而陈顽潭为之长，其大浜则村潭之不税者，故土人不种荷，公取鱼虾之利。"③ 由此可知，虽然蔚村风景优美，民风淳朴，很有世外桃源之意味，但是地处偏僻，甚至"无乡导则不得入"。由于远离城市文化中心，此地的百姓多信奉一些民间宗教，儒家文化的普及程度不高。对此状况，陈瑚描述说："（村中）有鄂公祠，土人奉为社，以祈风雨赛祷，每著灵异，士风俭陋。"④《道光昆新两县志·坛庙》载："唐鄂国公祠，在县东北二十里蔚洲村，祀唐将尉迟敬德。敬德以武德五年授右武卫大将军，封吴国公，故祀于此。俗称景云大王庙，里人以土谷神祀之，未详创始年代。"⑤ 蔚村百姓把唐朝鄂公尉迟敬德奉为

---

① 陆世仪：《十五日与诸同志过蔚村讲〈易〉，并论儒释，次确庵韵》，《桴亭先生诗文集》卷十六，《诗集》卷三，清光绪二十五年唐受祺刻陆桴亭先生遗本。

② 许多明遗民倡导和设计过一些乡村治理的方案，但这些方案大都没有实施，如陆世仪曾系统研究过乡村治理，并起草了《治乡三约》方案，对基层社会的地方教育（社学）、地方治安（保甲）、地方经济（社仓）等方面，都有妥善的规划，可惜他并没有对自己这套方案进行实践。参见王汎森《清初的下层经世思想》，《晚明清初思想十论》，第338~346 页。在《清初的下层经世思想》一文中，王汎森把陆世仪和陈瑚置于地域性社区建设的脉络中进行考察，并收集了一些珍贵史料，对笔者的思路和写作提供了重要帮助。

③ 陈瑚：《蔚村八胜诗同石隐寒溪桴亭作》，《确庵文稿》卷一。

④ 陈瑚：《蔚村八胜诗同石隐寒溪桴亭作》，《确庵文稿》卷一。

⑤ 王学浩等纂《道光昆新两县志》卷九，江苏古籍出版社，1991，第 23 页。

神明，祈祷他保佑蔚村风调雨顺，于是鄂公祠逐渐成为蔚村百姓的信仰中心，具有了一定的宗教功能。对此，清代太仓人顾湄说："相传尉迟忠武为此地方土神，每岁元宵，村人至庙卜岁事，谓之作阁。"① 由此可见，此祠成为蔚村百姓活动的公共场所。② 村中读书人也有一些，但多"俭陋"，对儒家思想文化领悟不深。对此复杂状况，陈瑚则十分重视，并试图通过社会教化改变这种现状。

陈瑚组织了一系列讲会，并邀请一些学者参加。《安道公年谱》"顺治四年条"载："（陈瑚）有书一首约王石隐、钱蕃侯、陆鸿逸、陆桴亭、曹尊素、江药园诸人集村中讲学。"③ 关于讲学的组织安排，陈瑚也颇费心思："于蔚村结四大会，大会之中又分四小会，一讲会，与同志讲《易》；一忏会，以合蔚村奉佛诸公；一乡约，以和村众；一莲社，以联诗文之友"。④ 从陈瑚组织讲会的安排上可以看出，他把村民分为士人和普通村民两部分。陈瑚"以讲会淑君子，仿蓝田规以乡约教野人"。⑤ 对于村中士人，陈瑚把他们看作"同志""君子"，在讲会中"与同志讲《易》"等儒家经典，与"诸君子歌诗习礼弹琴学道于其中"。⑥普通村民被陈瑚称为"野人"，基于这个群体的精神信仰和接受能力不同，陈瑚对他们引导和教化的方式与士人是不同的。这主要表现在如下两个方面。

一方面，对普通村民，用宗教观念进行约束和教化。陈瑚认识到蔚村普通村民不仅"奉佛"，信仰佛教，而且信奉鄂公尉迟敬德为"土神"，于是他没有立刻强迫村民抛弃这种信仰，而是在一定程度上尊重村民的这种信仰，并利用这种信仰组织"忏会"来安顿村民。如陈瑚规劝村民"为善"时就说："人间私语，天闻若雷；暗室亏心，神目如电。做了恶人，凭你瞒得人，瞒得官，瞒不得自己的心，自己的心明明白白，这便是

① 陈瑚：《蔚村四首竹枝词》，《从游集》，昆山赵氏峭帆楼校刻本。
② 王汎森：《清初的下层经世思想》，《晚明清初思想十论》，第351页。
③ 陈溥编《安道公年谱》，太仓缪氏刻《东仓书库丛刻》本，清光绪年间。
④ 陆世仪：《打乖吟戏赠稚巷》，《桴亭先生诗集》卷二，《续修四库全书》集部第1398册，第475页。
⑤ 陈瑚：《蔚村三约》，《娄东杂著》本（道光刻）。
⑥ 陈瑚：《蔚村八胜诗同石隐寒溪桴亭作》，《确庵文稿》卷一。

瞒不得天地，瞒不得鬼神了。自古及今作善作恶，哪一个放过不曾报应，只争个来早与来迟。所以要做好人，行好事。"① 孔子说："敬鬼神而远之"，"吾不语怪力乱神"。"鬼神"等是儒家不愿过多谈论的，但在此，陈瑚却用"鬼神""报应"等超自然的神秘力量主宰来规劝村民为善去恶。又如陈瑚在向村民推行《蔚村三约》时作诗云："一门和气生千福，力种勤耕到及时。惟有善人心最乐，神明暗里自扶持。"② 他告诫村民要知道"神明"时刻在监督着他们，因此要认真履行"孝悌""力田""为善"等三个村约。

另一方面，陈瑚也积极宣扬儒家思想与价值观念来对村民进行教化，这种教化主要通过"乡约"来推行。陈瑚在蔚村推行《蔚村三约》，特别重视"孝悌""为善"。陈瑚认为，村民很多不懂孝："今人做儿子多不知孝其父母，及至为父母便要责备儿子不孝，不知自己先不孝。"③ 因此，陈瑚告诫村民要恪守孝道：

> 如何是孝，世上人不论贵贱贫富，这个身子那一个不是父母生的。孔子说：子生三年然后免于父母之怀。为汝父母万苦千辛，不知多少忧惊，多少劳碌。未曾吃饭先怕汝饥，未曾穿衣先怕汝寒，把得成人，便与汝定亲婚配，教汝兴家立业。这个恩真是天高地厚，如何报答。只要随你力量，饥则奉食，寒则奉衣，早晚殷勤服侍，有事便须代其劳，有疾请医调治，倘或父母所行有不是处，须要委曲解劝，使父母心中感悟，不致得罪于乡党亲戚，父母殁后须要及时殡葬，四时八节以礼祭祀，这都是孝的事。④

从此材料可知，其一，陈瑚向蔚村百姓宣讲行孝，其语言相当浅白，通俗易懂，比较适合百姓理解。其二，陈瑚在向百姓解释为何要向父母尽孝时，并没有大谈高深理论，而是用父母含辛茹苦抚养子女的事实为依

---

① 陈瑚：《蔚村三约》。
② 陈瑚：《蔚村三约》。
③ 陈瑚：《蔚村三约》。
④ 陈瑚：《蔚村三约》。

据。这些事实是任何村民都亲身经历过的，因而非常有说服力。其三，关于如何向父母尽孝道，陈瑚也并没有提出难以企及的要求和标准，他只是要求村民"随你力量"，量力而行，料理好日常生活中的父母衣、食、医等琐碎之事，这些要求对任何村民都是非常容易达到的。后来，陆世仪作《元夕村人祈赛鄂公祠，确庵请介石先生登座，为村人讲孝弟、力田、为善三约》一诗云："胜日邀朋澜水滨，薄寒梅柳正含春。一方沟洫歌村叟，十载江潭老逸民。鄂国祈年风俗古，蔚村约法讲坛新。蓝田盛事通王道，惭愧躬耕郑子真。"[①] 陆称赞陈瑚虽然隐居，却重视平民教育，能在乡里推行教化，成就斐然，连汉代的郑子真等高士也会自叹不如。在陈瑚的努力下，一些接受力强的村民如钱中野、黄幼玉、诸氏兄弟等，逐渐脱颖而出，并成为他的得力助手，这些村民在陈瑚离开蔚村后，成为蔚村乡约实践的继承者和维护者。

陈瑚还积极倡导和组织村民进行农业生产。陈瑚不仅重视对蔚村百姓进行精神和道德教化，还注重引导、组织村民进行农业生产等活动。在《蔚村三约》中，陈瑚就单列"力田"一项，现抄录如下：

> 如何唤做力田？一身之计唯在于勤，试看世间人那一个不从勤俭中起家的，从来说士之子恒为士，农之子恒为农，读书的要立身行道显亲扬名，种田的要仰事父母，俯畜妻子，皆少不得这个勤字。古人云三年耕余，一年之食，九年耕余，三年之食，今人不但不能有余，即支持一年亦不可得，未免要去借债，借债未免要起利息，所以饥寒困苦，日甚一日，况今钱粮重务不可迟缓，田主收租亦不能十分宽假，不是刻苦勤俭，何以完公私两项。即看目前凡是男勤女俭，早起夜眠，父母兄弟同心协力的毕竟成家立业，若是勤吃懒做，早眠晏起的毕竟一败涂地，卖男鬻女。所以春耕夏耘秋收冬藏步步要及时，尽有错了一日，便差至几日的。故力田是农人的根本事，果然勤苦耕种，完了几石租，落了几石米，虽是粗茶淡饭，倒也吃得有味，虽是

---

① 陆世仪：《元夕村人祈赛鄂公祠，确庵请介石先生登座，为村人讲孝弟、力田、为善三约》，《陆桴亭先生诗集》卷十，《续修四库全书》集部第 1398 册，第 582 页。

粗布衣裳，倒也穿得温暖，妻子也不骄奢惯了，儿孙也不游荡惯了，却有许多好处。此是力田的效验。①

在"力田"村约中，陈瑚主要强调三点。其一，作为农民要勤劳。读书人要显亲扬名，必须勤劳读书问学；务农者要赡养父母，养育妻子儿女，也必须勤劳持家。特别是兵荒马乱之际，"田主收租"不肯宽限时日，完粮纳税更不敢迟缓，因而更要辛勤劳作。否则，好吃懒做，好逸恶劳，生活就会陷入困境，甚至可能沦落到卖儿鬻女的境地。其二，要抓紧时间安排农事。无论是春种、秋收，都要"步步及时"，否则，错过了几天的时间，就可能耽误一年的收成。其三，"力田"是村民的本分工作，只要做好了这份工作，即使是粗茶淡饭，粗布衣裳，也可以过上心安理得的快乐生活，并且这种简朴生活还可以防止奢惯妻子、娇惯子女。

陈瑚非常注重解决村民的日常民生问题，他在蔚村不仅组织村民进行"力田"的农业活动，还与村民一起"黍捭豚，箪桴土鼓，置社仓，行保甲，饮射读法于其中"。② 他组织村民兴修水利，用"兵家束伍法"，"导乡人筑岸御水"，又"为村人筑圩防水旱，村人德之"。③ 陈瑚还制定了存粮保险制度。1648年夏，蔚村闹饥荒，陈瑚制定了"周急法"，以解决村民的生存问题。他提出，村民平时在秋季存下五斗米，到春末如果粮食匮乏时，就取存米供给。这样，村民可以避免因向富户借款而背下重债。陈瑚还建议村民平时尽可能节约用粮，妥善保存，以备在饥荒时可以食用。可见，只要力所能及，陈瑚对造福村民的公益事业都尽心献计献策，认真践行。

许多遗民如陈瑚一样，明亡清兴后，将怀抱天下之志"下移"，即将儒者对百姓的社会关怀转向社会基层。在某地区，如蔚村，明遗民成了当地的精神领导者和社会生活、生产活动的组织者，实现了他们的人生价值。可以说，明遗民对新朝政治的某种参与，是士的传统、儒者传统预先决定了的。明遗民"每闻官邪政浊，闾阎疾苦，诗书崩坏，仰屋而叹，

---

① 陈瑚：《蔚村三约》。
② 陈瑚：《重建尉迟土地庙》，《确庵文稿》卷十六古文，清康熙毛氏汲古阁刻本，第734页。
③ 赵尔巽等：《清史稿》卷四八十，第13118页。

对案忘餐，虽老弥笃。或谓此既易代，何与吾事。夫新故即移，天地犹吾天地，民犹吾民，物犹吾物，宁有睹其颠沛，漠然无动，复为之喜形于色者耶？"①"遗"而"不忘世"，是明遗民普遍的生存态度。在此的逻辑就相当复杂：其人并不自居于当世之外，他们所拒绝的，只是"朝廷"。②士有关其"职志"的意识，无疑帮助明遗民在另一朝代的政治格局中找到了其位置。③

第四节　"我党逃名佛国多"：明遗民逃禅行世

宗教的一个基本功能便是安顿身心。明清之际，许多遗民出家，形成了一种颇为显著的逃禅现象，这在当时许多文集中都有记载。如李邺嗣就指出，"值丧乱之后，凡避世者，多销名变服，窜于空门"。④黄宗羲亦

---

① 金堡：《李灌溪侍御碧幢集序》，《遍行堂续集》卷四，《四库禁毁书丛刊》第 128 册。

② 赵园：《明清之际士大夫研究》，第 325 页。

③ 然而，明遗民也时而为自己的积极入世之举备感不安。尽管积极经世是由士人的文化性格决定的，但这种文化性格在明清易代的现实中面临一定的伦理难题。明亡清兴的剧变，让明遗民不得不思考"所经何世"，"给谁提供制度设计"等问题。详见赵园《制度·言论·心态：〈明清之际士大夫研究〉续编》，第 30 页。对此，侯外庐等也着重指出："前人研究清初大师的思想，多以'经世之学'为其特点，这是不错的。然而更重要的问题在于经其何世，世系何经？世如变世，所变者安在？经非常经，应经者安指？"（侯外庐主编《中国思想通史》第五卷，人民出版社，1956，第 145 页）由此可以看出明遗民"经世"的现实性、当世性与他们的处境是存在矛盾的。因此，明遗民有时会否认他们经世的"正当性"。如骆钟麟为李二曲《匡时要务》作序时说，李氏曾著有《帝学宏纲》《经世蠡测》《时务急著》等经世诸书，国亡后"而无雅意林泉，无复世念，原稿尽付祖龙，绝口不道"；吴野瓮"究心经济，务为有用之学"，国亡后，即"取平日所拟时务并杂撰付火"。见李颙《二曲集》卷二十。就连思想比较开通的黄宗羲也有此顾虑，他在送万斯同赴明史馆时说："不放河汾声价倒，太平有策莫轻题。"黄宗羲借隋代大儒王通年轻时曾到长安向隋文帝献《太平策》之故事，叮嘱万斯同坚守民族气节。见《黄宗羲全集》第 11 册，第 282 页。遗民之为遗民，是由特定的"道德律令"界定的。对此种"道德律令"的突破和逾越，就意味着对遗民身份的变更。明遗民之所以自焚、自弃关涉时务的著述，就是在申明要与清政权保持一定距离，不与当权者合作，不愿意介入当世政务。而这一些系动作，无疑是在表明自己的遗民身份。对此，赵园颇为理解地说，这些主动放弃，确也是遗民处乱世而保全节操的不得已的选择。详见赵园《制度·言论·心态：〈明清之际士大夫研究〉续编》，第 31 页。由此，我们也能察知明遗民此等伦理困境——守身保节的道德自我期望和用世热情的矛盾冲突，以及由此而产生的痛苦和无奈。

④ 李邺嗣：《杲堂诗文集》卷三，浙江古籍出版社，1988，第 644 页。

云："近年以来，士之志节者，多逃之释氏。"① 可见遗民逃禅出家在明清之际非常普遍。

明遗民逃禅时间也长短不一。从时间上可分为三种类型。其一，终身为僧。此类遗民出家后终生服僧，如金堡、钱邦芑等。其二，中途还俗。如曾灿，自谓"昔予以多难逐迹吴越，闲游天界，参浪杖人，遂落发为弟子。后以省亲觐太夫人返里，太夫人年八十五，曰涕泣令予返初服，终人世事"，② 对自己还俗经过加以说明。又如纪青，字正甫，国亡后，"入天台国清寺为僧。久之，复舍去"。③ 李正也于1646年逃禅，"名今日僧，遁居零丁之山。过哀至，放声漫歌，歌文山《正气》之篇。歌已而哭，哭复歌，四顾无人，辄欲投身大洋而死，与崖门诸忠烈同游，既又自念吾布衣之士耳，与其死于父，何若生于君。死于父则无子，斯死父矣。生于君则有臣，其尚可以致吾之命，而遂吾之志也乎，于是弃僧服而返"。④ 后复还俗。逃禅是遗民士大夫"不得已"的选择，因此也有遗民难守丛林戒规，回归儒家，如左锐说："君言山中僧，盛粥常不饱。终年肉食无，形容日枯槁。不如授生徒，谈经弄文藻。"⑤ 他追随方以智学禅，但无法忍受山林清寂，又弃僧归儒。屈大均也有逃禅参佛后又归儒之经历。他在《归儒说》言："予二十有二而学禅，既又学玄。年三十而始知其非，乃尽弃之，复从事于吾儒。"⑥ 康熙元年（1662），他借南归省母之机，蓄发返儒。其三，弃佛归道教。明遗民有同时出入佛道之现象。如李确《隐林列传小序》言："至于有托而逃，游方之外者，亦有两种：一曰'黄冠'，一曰'缁衣'，则古绝无而今仅有。"⑦ 有些遗民虽然想借皈依佛教以求其精神的解脱，但释门也并非一片净土，于法门之中要保持其高尚气节，解脱精神之痛苦谈何容易。如孙骏声为僧后，目睹释门各种势力

---

① 黄宗羲：《七怪》，《杂文类》，《黄宗羲全集》第10册，第649页。
② 曾灿：《六松堂集》卷十二。
③ 王士禛：《纪映淮》，《池北偶谈》卷十一，中华书局，1982，第246页。
④ 柳亚子编著《苏曼殊全集》第二册，中国书店，1985，第3~4页。
⑤ 方文：《喜左又錞见访有赠》，《盦山集·续集》卷一，《续修四库全书》集部别集类第1400册，第223页。
⑥ 屈大均：《归儒说》，《翁山文外·卷五·说》，《屈大均全集》第3册，第123页。
⑦ 李确：《蜃园诗文集》卷三，周法高编《九家诗文集》，台北，三民书局，1974，第11页。

之争，愤恨地指出："'吾老屏空山，自谓六根洁净，尚跳不出是非关耶！'遂拂袖归里。"①

一 逃禅遗民不仅人数众多，而且逃禅的原因比较复杂。

其一，遗民逃禅以"示不臣之决心"。清朝入主中原后，采取各种手段，威逼利诱明遗民臣服。为避免受到迫害，许多遗民逃禅，故曰"值丧乱之后，凡避世者，多销名变服，窜于释门"。② 归庄亦言："二十余年来，天下奇伟磊落之才，节义感慨之士，往往托之空门，亦有家居而髡缁者，岂真乐从异教哉？不得已也。"③ 归庄"不得已"之言，道出了明遗民的艰难处境。遗民逃禅，"不得已"只是其中一个方面，另一方面则是借逃禅表不屈之心。明遗民虽然多从学术角度反思佛教，④ 但对"沙门不礼王者"之意则深感认同。魏晋时慧远首倡"沙门不敬王者"，认为"凡在出家，……变俗则服章不得与世典同礼"。⑤ 慧远主张"沙门不敬王者"，认为是僧侣乃彻底的方外之人，有自己的价值理想和行为模式，因此不该迎合世俗权威，甚至见了皇帝也不用行俗人之大礼，主张僧尼不应礼敬君王。其实质是在建立佛教与政权相分离的模式，以抵制以帝王为中心的封建社会的国家权力，拒绝其绝对权威的命令。⑥ 后代士大夫对佛教与政权分离的模式是非常了解的，认为佛教可以与政权保持一定的距离，最大限度地不受政权干预。于此而言，佛教对遗民来说，则意义非同一般。在清初严峻形势下，台湾大学廖肇亨指出："若沙门不礼王者，逃禅遗民就可以保留胜国士大夫的一点残余的尊严，在与清政权实际交涉时，不致俯仰由人，以维持不向异族强权低头的气节。"⑦ 这一点特殊意蕴，

① 汤修业：《孙先生骏声传》，钱仪吉纂《碑传集》卷一二五《逸民下之上》，中华书局，1993，第3687页。
② 李邺嗣：《杲堂文续钞》卷三，《四明丛书》本。
③ 归庄：《送筇在禅师之余姚序》，《归庄集》卷三，第240页。
④ 如归庄言："儒者之学，每斥绝异教，然卒不能灭。明道先生尝叹礼乐尽在此；朱子亦曰：他位下常有人。阳明先生送湛甘泉序，亦发此叹。"对佛教在学术上持批评态度。见归庄《归庄集》卷六，第365页。
⑤ 僧祐：《沙门不敬王者论》，《弘明集》卷五，中华书局，2011，第321页。
⑥ 〔日〕道端良秀：《中国佛教与社会福利事业》，关世谦译，高雄，佛光彩夺目出版社，1987，第31~32页。
⑦ 廖肇亨：《明末清初遗民逃禅之风研究》，硕士学位论文，台湾大学，1995，第41页。

明遗民又何尝不知。正是逃禅有此意义，故遗民纷纷出家。如阎尔梅国亡后，"见大势已去，知不可为"，于是逃禅出家，称"蹈东和尚"，然其故国之情难忘，未起丝毫臣伏之心，"寄于酒，醉则骂座，常慨然曰：吾先世未有仕者，国亡，破家为报仇，天下震动，事虽终不成，疾风劲草，布衣之雄足矣"。① 又如万寿祺，在抗清失败后，"髡首被僧衣，自称明志道人、沙门慧寿，而饮酒食肉如故。时渡江而南，访知旧，吊故垒，……未尝一日忘世也"。② 这类逃禅遗民并无事佛之心，③ 他们只是借助"沙门不敬王者"的意蕴，昭示自己的"不臣之心"。如归庄游身佛门后，仍坚守儒者规范，当佛门弟子攻击儒家时，常挺身卫道。其《与蘗庵禅师》云："在山中时，言论不合，实为儒释分途。某非不虚心，敢以浅学迂儒，与名德钜公相抗。盖生平笃信一家之学，守之固而不可夺也。"④ 这类逃禅遗民有时并不理会佛门戒律，"饮酒食肉如故"。前述及的万寿祺即是如此。又如薛案，字谐孟，出家后号"米堆和尚"，"郡伯乱后剪发为头陀……天真烂然，饮酒终日不醉"⑤。祁彪佳之子祁班孙为僧后，"喜谈议古今，而恶讲佛法，缙绅先生多疑之。而莫有知其姓名者，言明末事，辄掩而恸哭"。⑥ 正因如此，全祖望指出："易姓之交，诸遗民多隐于浮屠，其人不肯以浮屠自待，宜也。"⑦ 正是由于诸多的反清志士和节义之士遁入，所以当时释门多藏豪杰志士。

其二，受晚明士大夫禅悦之风的影响。暴鸿昌先生认为，明清之际遗民逃禅"乃是源于民族和政治的原因，绝非宗教的作用，因此应该将此

① 赵尔巽等：《清史稿》卷五〇〇，第13821页。
② 赵尔巽等：《清史稿》卷五〇〇，第13822页。
③ 此类遗民逃禅，但仍有世心，欲成就一番事业。魏礼《大方上人杂著序》云："儒者尊儒而黜释。今日之释，未可以轻黜也。聪明豪杰之士，笃势之人，无所发抒其胸中，或蒙难亡命，率多弃妻子，祝发披缁衣，托迹空苦，以修炼其身心。他日见于事业，补天地所不足者，将于此乎有人。"见魏礼《魏季子文集》卷七。
④ 归庄：《与蘗庵禅师》，《归庄集》卷五，第335~336页。
⑤ 徐枋撰，黄曙辉、印晓峰点校《怀旧篇长句一千四百字》，《居易堂集》卷十七，第431页。
⑥ 刘献廷：《广阳杂记》卷一。
⑦ 全祖望撰、朱铸禹汇校集注《南岳和尚退翁第二碑》（鲒埼亭集卷十四·碑铭九）《全祖望集汇校集注》（上），上海古籍出版社，2000，第277页。

作为一种政治现象加以看待。"① 此观点值得商榷。万历以后,受社会政治、经济危机和思想学术的影响,② 封建士大夫盛浸佛禅,形成了一股禅悦之风。此风愈演愈烈,及至明末,出现了"士夫无不谈禅,僧亦无不欲与士夫接纳"的局面。③ 对此,黄宗羲也有述及:"东浙宗风之盛,始于周海门(汝登)先生,湛然(圆)澄、密云(圆)悟皆缘之而起。其推波助澜者,则我外舅叶六桐先生。故两家大弟子,拄杖埋头,钵盂开口,以姚江为故里。是时姚江传海门之学者,有沈求如、史子虚、史子复、管霞标、苏存方,皆以学佛知儒自任。密云之弟子,亦无能出幅巾之右。"④ 受禅悦之风影响,一些士大夫国亡前对佛释有一定认知,甚至有些遗民从年幼便开始喜欢佛学。如韵弦老人(姓名不可稽),陈确谓其人"性近于禅",国变后削发为僧,"从初志也"。⑤ 启明禅师俗姓王,"生而近道,闻人诵《华严经》,听之移时,……年十七,即喜与僧游,欲学其法,僧言知识多在南方,须往依之,此事非杜撰可成,师遂发心南询"⑥ 以求学佛法。明遗民董说也是如此,他从小就有慧根:"董玄宰、陈眉公在座,问他喜读何书,忽开口曰:'要读《圆觉经》。'闻者甚怪之。遐周先生依其言,曰:'吾教之自得域外之方也。'读《圆觉经》毕,即读《四书》、《五经》。"⑦ 又如恽日初之妻"酷奉释氏",其子恽寿平受其影响,国亡后,携子"过灵隐,因属寺僧善言诱接,指此子慧根极深,惜福薄寿促,宜会出家,即日剃染,留寺中"。⑧ 一些遗民在出家前就熟悉佛学,对佛法倾心不已,甚至以僧人自称,如许誉卿曰:"誉卿素通禅法,家居每自披缁讲说。入山后,绝迹不出。"⑨ 这类遗民国亡前便受佛学熏陶,培养了一定的佛性,于是国亡后,受时势和个人经历的激发,便理所当然地选择逃禅。

---

① 暴鸿昌:《明季清初遗民逃禅现象论析》,《江汉论坛》1992年第3期。
② 复金华:《明末封建士大夫逃禅原因初探》,《学术月刊》1998年第2期。
③ 陈垣:《士大夫之禅悦及出家第十》,《明季滇黔佛教传》卷三,第129页。
④ 黄宗羲:《空林禅师诗序》,《南雷诗文集》(上),《黄宗羲全集》第10册,第98页。
⑤ 陈确:《文集·韵弦老人传》,《陈确集》,第273页。
⑥ 黄宗羲:《东星鉴禅师塔铭》《南雷诗文集》(上),《黄宗羲全集》第10册,第538页。
⑦ 抱阳生编著,任道斌校点《甲申朝事小纪》卷一,书目文献出版社,1987。
⑧ 许晏骈:《花随人圣盦摭忆》,台北,联经出版社,1980,第867页。
⑨ 释明复:《涛原济禅师行实考》,台北,新文丰出版社,1978,第20页。

其三，遗民逃禅以追求隐逸生活。封建士大夫在现实生活中遭到挫折，无法实现"兼济天下"之理想时，便往往会退而"独善其身"，由积极入世转向消极遁世，这是古代士大夫生活中的一种普遍现象。正如王夫之指出的那样："得志于时而谋天下，则好管、商；失志于时而谋其身，则好庄、列。"① 他们常常隐居山林，认真经营精神与身体的双重自由之生活。也正因此，正史中常有《隐逸列传》，并以此来赞美他们遗世独立、坚贞德行等品质。但值得注意的是，这些士大夫多以儒者身份隐居。隐居并非只有儒者可为，佛僧同样也可以避世隐居。并且这种托迹方外、隐居避世的僧人生活也深入士大夫之心。《管天笔记》卷三《异端》云：

> 然则佛不必辟乎？曰：今之当辟有二，而佛不与焉。为佛之徒，固应避世远引，高举保真。而遨游公卿，矜名殖利，缠溺情欲，不能割遣，而徒以出世之说，簧鼓愚俗。脚跟不定者，靡然从之。世风溢倒，圣道榛芜。此吾道户外之戈，当与寇盗夷蛮并趋者也。②

《管天笔记》为明代万历年间浙江人王嗣奭所撰。王氏主程朱理学，一向以辟佛为事。在此，他指责僧徒没有坚持"避世远引，高举保真"之外世原则，置"出世之说"于不顾，"遨游公卿，矜名殖利"。从中可以看出，王氏对僧徒"避世远引，高举保真"的人生态度是非常认可的。王氏的这种认可，在一定程度上能够反映士大夫心中的佛教理想的社会品性。因此，这种僧徒身份可以同儒者身份一样隐居遁世的含蕴，为明遗民所认识，因而许多遗民出家，实有"隐身缁流"之意图。"隐身缁流"，此类遗民虽逃禅，也无事佛之心。傅山《二十三僧纪略》云："大美和尚，生于世家，隐于法门。其专心而精攻者，却为一切儒书，至于释氏梵音，从未尝一问焉。与予交最久，知其存心，断不在禅。亦若遂无可容。不过借清净门中，聊以潜迹焉耳。"③ "借清净门中，聊以潜迹"，一语道出了此类遗民逃禅的内心真谛。此类遗民也许有过以儒者身份隐居避世之

---

① 王夫之：《诗广传·大雅四十八论》卷四，中华书局，1964，第135页。
② 王嗣奭：《管天笔记》卷下，台北，广文书局，1987，第52页。
③ 邓之诚：《骨董琐记全编》，第33页。

计划，然而在明末清初的非常时期，保持儒者身份很难实现无忧无患的自由隐居生活，而逃禅则可以消解儒者身份所带来的各种危险。如"西泠十子"之一陆圻（字丽京，钱塘人），受庄廷鑨"明史案"的株连而陷狱，获释后弃家为僧。李渔对陆圻的不幸遭遇深表同情，对他的逃禅有如此评论："陆子真堪友，逢人吐肺肠。力衰豪兴趣，身贱贵文章。酒德真堪颂，名心老未忘。为生三代后，借此慎行藏。"① 陆圻也是借逃禅来"慎行藏"罢了。并且，此类遗民相信，逃禅只是"游方外以逐时"，非诚心事佛。又如张岱、叶仲韶和常延龄等遗民也是通过逃禅以达到隐居方外的目的。

> 优游林下，苟能以义卫志，以智卫身。托方外之弃迹，上可以见故主，下不辱先人，未为不知。②（张岱语）

> 虽然，死亦难言，姑从其易者，续骆丞楼观沧海句耳。……于是决计游方外以逐，时八月二十四日。他日返我初服，亦未可知。③（叶仲韶）

> 弘光初，奸相马士英引起元逆阮大铖，乔若（常延龄字）露章纠劾，未几，挂冠去为僧，号苍谷，灌园自给。（陈田语）④

由"托方外之弃迹""游方外以逐时""灌园自给"可以看出，此类明遗民逃禅，确实只是"借清净门中"实现"聊以潜迹"之愿望。这一类遗民就其实质而言，其内心还是以儒者自视的，只是这种逃禅行为有些消极遁世而已。

其四，遗民逃禅还有一个更加重要原因，即通过逃禅以求精神解脱。易代之际，一些遗民士大夫失意以后，感受到了现实社会的沉重压抑，却

---

① 李渔：《梦中赠人，止成五句，醒足成之，其人陆姓》，《李渔全集》第二卷《笠翁一家言诗词集》，第 116 页。
② 张岱：《石匮书后集》卷二十三，第 153 页。
③ 叶绍袁等：《甲行日注》，《日记四种》，湖北辞书出版社，1997，第 304 页。
④ 陈田：《明诗纪事》卷二十六，《明代传记丛刊》，台北，明文书局，1992，第 973 页。

又无法抗拒这种压抑，因此便将目光由现实社会转向精神世界，注重精神上的超越与解脱。即使儒家立场坚定者，也偶尔会流露希望借逃禅以求其精神解脱之意。如黄宗羲就是如此，他在文字之中常流出禅意，甚至还有出家之念，其《谷敛泉》言："生不匡时死不坚，蓬松鹤影落岩前。自惭人物居中下，也饮庐山第一泉。"① 对于自己此番言论，黄宗羲自言非儒士所能发之，遂言"无乃为轮奄（禅师）之所笑乎"，② 即连出家人也会笑自己儒者之心不坚定。由此可以看出，逃禅确实能够解决遗民的精神困境问题，能够给予他们一种心理安慰和情感的解脱。③ 这也注定了遗民逃禅者之中，也确有人虔诚地信奉释教。与前面所述反清志士及为全其志节逃禅者不同，这些遗民士大夫完全放弃了儒家立场，诚心事佛，已把自己看作释门之人。如晦山和尚出家后就言："吾见之出家者，何止万万。其始也，或因患难，或因贫困，或以怨愤，种种不如意事，或出于父母之命。然岂无自己发心，童其悟道者？"④ 这样"发心""悟道"的遗民多有之，如梅惠连，出家号"槁木大师"，逃禅后严格恪守戒律，真心事佛。方文对此描述说："一朝遇世变，陵谷倏以迁。师乃抱大痛，祝发逃诸禅。他人逃禅者，尚不屏世缘。师于一切累，旷然无拘牵。有子才五龄，秀惠诞自天。师悉不介意，弃之如浮烟。有田八百顷，百顷遗乃传。其余散宗族，以半为佛田。"⑤ 又如熊鱼山在国变后为僧，"尝过孝陵不拜，有问先生故名臣，何以见高皇帝不拜，岂非无礼于君乎？鱼山曰：'佛之道，君父拜之，于君父不拜'"。⑥ 熊鱼山逃禅后，谦尊佛礼，认为无须再向明孝陵行礼。全祖望记钱光肃逃禅后，"所之有山阳之痛，不堪回首，遂以佞佛之癖，决波倒澜，俨然宗门人物矣"。⑦ 周囊云也是如此，《复囊云公唯》中有其与石云禅师的对话：

① 黄宗羲：《匡庐游录附诗》，《南雷诗文集》（下），《黄宗羲全集》第 11 册，第 354 页。
② 黄宗羲：《匡庐游录附诗》，《南雷诗文集》（下），《黄宗羲全集》第 11 册，第 354 页。
③ 暴鸿昌：《明季清初遗民逃禅现象论析》，《江汉论坛》1992 年第 3 期，第 59 页。
④ 周亮工辑《赖古堂尺牍新钞》第 3 册，上海书店，1988，第 440 页。
⑤ 方文：《麻城赠枯木师四十人韵》，《嵞山集》卷一，《续修四库全书》集部别集类第 1400 册，第 50 页。
⑥ 陈垣：《清初僧诤记》，上海书店，1989，第 67 页。
⑦ 全祖望撰、朱铸禹汇校集注《钱蛰庵徵君述》，《鲒埼亭集外编》卷十一，《全祖望集汇校集注》（中），第 948 页。

　　昨接来书，云："早已推倒火炉，冷啾啾去也。"上座不可作如是之见。直须扶起火炉，始得不见。古云："如今人多是得个身心寂灭，前后际断，一念万年去，休去歇去，古庙香炉去，冷啾啾地去，便为究竟，殊不知却被此胜妙境界障蔽自己，正知见不能现前，神通光明不得发露。"①

　　周曩云曾被称为遗民典范，国破家亡后他痛苦不已，对世界已无任何期望，于是弃儒归佛，希望从中找到些许慰藉。

　　从以上这些材料可以看出，有些遗民受时代和个人际遇的打击，内心痛苦不堪。无奈之际，他们只好逃禅，利用佛教化解内心的不安和痛苦。然而，随着对佛教的逐渐认可，他们最终彻底与儒家决裂，改以菩萨之心行世，"外佛内亦佛"，完全成为一名真正的佛家纳子。金堡就是此类逃禅遗民中的典型代表。在此，以金堡为个案，分析此类遗民逃禅后人生态度的变化。

二　金堡逃禅及其人生态度的转变

（一）金堡逃禅的原因

　　金堡（1614~1680），字道隐，号卫公、舵石翁，浙江仁和人，明亡后逃禅，名"澹归"。关于金堡逃禅的原因，其《梧州诗序》有所说明：

　　　　偶于故书篋见《梧州诗》，阅之怳然曰："此予出家公据也。"予少不信有佛法，岁丁亥在辰阳读《楞严》、《圆觉》诸大乘经，始知惭愧，遂发出世之念，而狂心未歇。复走两粤，庚寅得金吾一顿痛棒，乃歇下耳。②

　　由此观之，金堡似乎有慧根，能够在"一顿痛棒"的启发下，迅速有所得。不过，关于他自谓"少不信有佛法"的说法，还是值得怀疑的。

---

① 行正等编《雪宝石奇禅师语录》，台北，新文丰出版公司，1989，第517页。
② 金堡：《梧州诗序》，《遍行堂集》卷四，《四库禁毁书丛刊》集部127册，第135页。

如成鹫《舵石翁传》就记载了金堡"生数岁，颖悟绝伦。……尝与群儿戏，逐入僧舍，案有梵帙，取观之，乃《维摩诘经》。一览至不二门，恍如故物，洞悉其义，未卒读，逐群儿去，自是心目常所忆不能忘"。① 可以说，金堡应该在出家前就对佛教知识了解一些。这种状况，在明末清初的遗民士大夫逃禅之背景中比较常见。

然而，金堡最终逃禅却是"天崩地解"的易代剧变和其人生际遇促成的。金堡少时，性情"孤介旷远，不屑为时名，弱冠，博通群书，熟知天下利病"，喜"谈时政"②，可谓志存高远，有治国平天下之心。国亡后，金堡奋不顾身，以抗清复明为大业，先后仕隆武、永历二朝。《岭海焚余》是他为南明朝臣时所上的近五十篇奏疏的集本。从《岭海焚余》之中，可知金堡心怀天下，对君国忠心耿耿，直言敢谏，且往往慷慨激烈。如他在《论停刑疏》中奏道："陛下欲杀人，当与大臣议可否，其难其慎定而后行，一成不可变。今令出于独断，议屈于群挠，不可杀而欲杀之，是陛下轻人命也，当杀而不得杀，是陛下失主权也。"③ 他不畏王权，甘冒生命危险，诘责皇帝。金堡还多次上疏弹劾小人，痛斥奸臣。他指斥弊政，直呈己见，最终受冤入狱，并遭受严刑拷打，"龂血冲肋脊，几死者数"④，幸得王夫之等营救得还，但还是终成残疾。金堡于国破家亡之际，欲力挽狂澜，一心以复国为念，然终落得如此下场，因而心灰意冷，逃禅出家，并同时命二子也到丹霞出家。《留溪外传》载金堡出家原因："（金堡）以言事杖戍清浪，遂为僧。"⑤ 这是他看透世情，红尘绝望后的选择。台湾学者廖肇亨认为，金堡出家最直接的原因确是与其佛学造诣无关，纯系政治斗争失势的结果。⑥ 此观点可谓极精准。

逃禅是金堡的人生宿命。在先期佛教思想的影响下，在"永历走滇，

---

① 成鹫：《咸陟堂集》卷六，《四库禁毁书丛刊》本。
② 王夫之：《永历实录·金堡列传》，《船山全书》第 11 册，第 521 页。
③ 金堡：《论停刑疏》，《岭海焚余》卷上。
④ 王夫之：《永历实录·金堡列传》，《船山全书》第 11 册，第 527 页。
⑤ 陈鼎：《留溪外传》，台北，明文书局，1991，第 679 页。
⑥ 廖肇亨：《金堡之节义观与历史评价探析》，《中国文哲研究通讯》1999 年第 4 期，第 111 页。

堡从至苍梧，群小乘间泄愤，欲死之"① 等如此般的党争倾压下，在国势
"不可为"的时代情势下，金堡不得不以出家来安顿他内心的痛苦。在出
家前，金堡曾写了一首诗给王夫之，该诗云："挑灯说鬼亦无聊，饱食长
眠未易消。云压江心无浑噩，虱居豕背地宽饶。祸来只有胶投漆，病在生
憎蝶与倏。劣得狂朋争一笑，虚舟虚谷尽逍遥。"② 此诗极真切地反映了
金堡的逃禅心态：奸臣作恶，清廷虎视眈眈，世局变幻莫测，他唯与
"狂朋"病卧舟中，挑灯说鬼；虽言"逍遥"，但内心的苦闷却是难以表
达的，似乎唯有托迹佛门，才能得到片刻的消解。金堡晚年所作《满江
红·大风泊黄巢矶下》亦回忆了出家时的心态：

> 激浪输风、遍绝分，乘风破浪。滩声战，冰霜竟冷，雷霆失壮。
> 鹿角狼头休地险，龙蟠虎踞无天相。问何人唤汝作黄巢，真还谤？雨
> 欲退，云不放；海欲进，江不让。早堆块一笑，万机俱丧。老去已忘
> 行止计，病来莫算安危帐。是铁衣着尽着僧衣，堪相傍。③

黄巢矶，又名黄子矶，相传黄巢曾结寨于此。黄巢是历史上著名的枭
雄，传说他起义失败后，削发为僧。金堡在该词中以黄巢自喻，借咏黄巢
矶的风波险恶，以喻世道人心。"真还谤"三字与"铁衣着尽着僧衣"有
因果关系，道出了金堡从混乱险恶的政坛上悄然引退，遁入空门的无奈
感受。

（二）金堡逃禅后人生态度的转变

金堡虽然出家为僧，但一开始并未除尽六根，尽泯尘缘，舍弃世事。
他自云："弟子某甲自庚寅落发，倏已壬辰，身托缁流，心垂白月，宰官
之障未除，文士之气未尽，万行未习，六度未修。"④ 在《答巢端明孝
廉》中，他又说："既落发后，欲依文解义，自作修持，渺难著力，乃寻

---

① 冼玉清：《冼玉清文集》，中山大学出版社，1995，第 626 页。
② 王夫之：《南窗漫记》，《船山全书》第 15 册，第 885 页。
③ 金堡：《满江红·大风泊黄巢矶下》，《遍行堂集》卷四十三，《四库禁毁书丛刊》集部
第 128 册，第 191 页。
④ 金堡：《参方发愿文》，《遍行堂集》卷八，《四库禁毁书丛刊》集部 127 册，第 211 页。

善知识，入丛林苦行，下手参禅十六年，而始洒然有自肯处，真见今之儒非孔氏之儒，今之师，非配君与亲而并大之师也。"① 随着时间的推移，他逐渐努力向佛，诚心禅悟，有追求"圆通之城"之心。直到康熙五年（1666）遭遇一场大病，生命垂危，其师天然和尚来看望他，握其手说："汝从前所得，到此用不着，只这么去，许尔再来。"金堡闻此语，"病中返照，大生惭愤，起坐正观，万念俱息，忽冷汗交流，磈礧之物与病俱失。从此入室，师资契合，顿忘前所得者"。② 康熙七年（1668），天然和尚付之以大法，金堡成为天然禅师的第四位法嗣。至此，金堡才真正完成了从南明重臣至高僧大德的漫长转变过程。③ 金堡彻底完成这种身份转换后，其人生态度也随之发生了转变，主要表现以下几个方面。

其一，金堡以僧自视，认为"道法不在节义中"。对于逃禅后返儒和外禅内儒的遗民，金堡是反对的。他认为出家必须发自真心诚意，若仍以世间为念，则是发心不真。他指责柏岩上人"出家之心未真"，云："惟以抗节为孝耳，以禅为逃，以空门为锢，是以出家比于卖卜赁舂之流，皆不得已为之，终不能释然于世间期望，则必罢道还儒，纡青紫，立功名，而后可以仰副先志免于大不孝之罪。即兄出家之心未真，出世之位亦未定。得无使旁观者生假名比丘之疑，而正眼者亦有妄称尊号之诮欤。"④ 他极力抨击逃禅遗民不能遵守丛林戒律，说："所谓'逃者'，盖不得已而为之词也。鼎革以来，寄迹于员（圆）顶方袍，实繁有徒，然谓之高尚其事，以节义文章，坊表名教则可矣。世之阐提，以此名奉善知识，则善知识必耻之，即真正衲僧亦耻之。"⑤ 他认为遗民逃禅，"寄迹于员（圆）顶方袍"是可以的，如果身虽逃禅却实有功利之心，希望"节义"，能够"坊表名教"，则即使真正的衲僧也会以之为耻。金堡自谓"非忠节人"，因为在他看来，佛法重于节义。他言：

---

① 金堡：《答巢端明孝廉》，《遍行堂续集》卷十二，《四库禁毁书丛刊》集部第 128 册，第 540 页。

② 王夫之：《永历实录·金堡列传》，《船山全书》第 11 册，第 525 页。

③ 李舜臣：《法缘与俗缘的反复纠葛——金堡澹归逃禅考论》，《佛教研究》2006 年第 4 期，第 75 页。

④ 金堡：《与柏岩上人》，《遍行堂续集》卷十，《四库禁毁书丛刊》集部第 128 册，第 516 页。

⑤ 金堡：《与柏岩上人》，《遍行堂续集》卷十，《四库禁毁书丛刊》集部第 128 册，第 516 页。

老僧不敢居名节，世出世间因自别。诏狱余生大愿轮，曾仗摩诃般苦力。因地不从名节生，果地肯从名节结？人人拦我入此门，此门我已先拦出。有时阛阓解藏身，吹起黄尘遮白月。诸人议我我不知，我见诸人人不识。两般毁誉一徒然，旁观笑倒朱山立。说我且非忠节人，麻衣揣得骨头亲。三世以前三世后，谁无父子无君臣，此道却能作忠孝，忠孝不能作此道。①

金堡自谓"非忠节人"，意在说明他逃禅非出于节义之考量，实在于从事一种佛教人生。他大谈"道法不在节义中"，② 无疑是在"假佛教义理以消解节义的重要性"。③

金堡否定佛教自有开出节义忠孝一路的可能。他坚持"道法不在节义中"，并对其他遗民士大夫从节义观上指责自己不以为然。他《答钱开少司马》云：

今时人才见士大夫削发披缁，便硬安顿在抗节守义一流中。抗节守义在儒者，亦只是一件事，乃俗以尽出家之事耶？然士大夫削发披缁，又守住宰官窠臼，硬倚靠着世智辩聪，支吾凑泊，便道佛法亦只如此。不知世智辩聪正是生死根本。倚靠着生死根本，求出生死，譬如认贼作子，行东往西，无有是处。④

金堡认为遗民逃禅，并把此举视为"抗节守义"的表现是不对的。"抗节守义"仅仅是儒家士大夫的分内事，与佛法无关。基于此种观点，金堡对逃禅遗民钱开少"以忠孝作佛事"颇不以为然。他认为既然出家，

① 金堡：《朱山立有诗见赠》，《遍行堂续集》卷十三，《四库禁毁书丛刊》集部第 128 册，第 574 页。
② 金堡：《凌髡放居士墓表》，《遍行堂集》卷十三，《四库禁毁书丛刊》集部第 127 册，第 308 页。
③ 廖肇亨：《金堡之节义观与历史评价探析》，《中国文哲研究通讯》1999 年第 9 期，第 110 页。
④ 金堡：《答钱开少司马》，《遍行堂集》卷二十四，《四库禁毁书丛刊》集部第 127 册，第 531 页。

就应该以佛法为依归。

其二，金堡以救助乱世人心为己任。金堡逃禅后，不辞辛苦在粤北丹霞山创建别传寺。为建丹霞山寺，金堡还不惜向达官贵人化缘。他的《满江红·小除夕自寿六首》言"十载丹霞，没两载，偎松侍竹。全受用，穿州撞府，抗尘走俗"，以"游客生涯诗和字"赚取"丛林大计钱和谷"①。寺成后，金堡招徕不少僧徒，"瓶笠云集，堂室几不能容"②。

金堡努力弘扬佛法，以救助乱世人心。赵佃《舵石翁诗集序》云："师之意甚善。不见夫涉巨浸者耶？风正帆悬，各忘其适，以为固然，则舵师且傗人之不若；俄焉狂飙作，骇浪沸，舟中人目不及瞬，皇皇未知求生之何从，而彼舵师者晏笑偃仰，视若安流，则举舟之人，岂惟不敢傗人之，其不啻父母之。"③ 成鹫亦云："舵石翁（金堡自号"舵石翁"）秉舵于法海狂澜之日，譬诸香象截流，不存朕迹，虽遇黑风白浪，了无过涉之虞，同舟之人，方将倚以为重。"④ 概而言之，在狂澜既倒之日，江山易代之后，世人都已不知"求生之何从"，于是金堡秉舵于法海狂澜之日，挽乱世之人心，为世人导航。⑤ 由此可见金堡弘扬佛法、普度众生的目的和决心，亦可昭示金堡的人生价值。

金堡出家，师事当时岭南曹洞宗高僧天然函是禅师，成为曹洞宗第三十五代传人，对岭南地方佛教的发展，做出了重要贡献，得到了佛门甚高的评价。如其师弟乐说今辩在为《遍行堂续集》作序时说："澹归和尚乘悲愿以救时弊，不出法界一真三昧。外世间则重彝伦分谊，每多忠君忧国之行。出世间则重佛祖慧命，而一意孝顺三宝。……至发为词章，旨趣笔锋纵横变幻而法度紧峭，理致严正，于世出世法，贯澈圆融，悉归于大公无我之域，匪徒廉顽立懦，诚足位置人天。"⑥ 其《丹霞澹归禅师行状》赞扬金堡云："在世间，则忠君爱国，秉正斥邪，身命不惜。出世间则全

① 《全清词》第 2 册，中华书局，2002，第 961 页。
② 成鹫：《舵石翁传》，《咸陟堂文集》卷六，《四库禁毁书丛刊》集部第 149 册，第 553 页。
③ 金堡：《遍行堂集》卷首，《四库禁毁书丛刊》集部第 127 册，第 9 页。
④ 成鹫：《咸陟堂集》，《四库禁毁书丛刊》集部第 149 册，第 553 页。
⑤ 潘承玉、吴承学：《和光同尘中的骯髒气骨——澹归〈遍行堂集〉的民族思想平议》，《南京师大学报》2005 年第 3 期，第 121~122 页。
⑥ 金堡：《遍行堂续集》，《四库禁毁书丛刊》集部第 128 册，第 322 页。

身为法，忠于事佛，孝于事师，戮力丛林，无分纤细，一施一受，悉归正命，以真品行勉当世。匪名节之自矜，以第一义训后昆；念法器之难得，甘无绍续。"① 他赞誉金堡既在世间能够精忠报国，出世后也能够一心向佛，"全身为法"，并且能够于佛法"贯澈圆融"，终于成为绍续曹洞宗佛法的重要传人。

其三，金堡以菩萨之心关怀天下，拯救黎民。金堡把集中反映自己思想的文集命名为《遍行堂集》。"遍行"是禅语，在佛教典藏中屡屡出现。如《思益梵天所问经》卷一云："何谓名为菩萨遍行？佛言……憎爱心无异，是菩萨遍行于过去未来，及与现在世，一切无分别，是菩萨遍行。"② 由此可知，"遍行"在佛教教理上的意义是：一切无憎爱，一切无分别，一切为天下黎民。

金堡把自己的文集命名为《遍行堂集》，表明他就是本着天下黎民无分别的观念，对他们一视同仁，以菩萨之心关怀天下。在明清易代的混乱时期，百姓生活异常困苦。金堡对百姓之苦状描述说：

> 此称维新之时，而有不终日之象，盖兵愈骄，将愈懦，赋敛愈繁，民生愈困也。各县派米，已于一年之中纳三年之米，送过庚岭者，每石费二两有奇，至于卖妻鬻子。各县派夫，已派一年中，用六年之夫，送过庚岭，道殣甚多，至拘留军中不遣，喜乱之民铤而走险，其无能者，或死或徙，即如丹霞所有薄田佃丁，逃亡抛荒强半，则遍地情形，大概可见。……不知当路诸公救民水火者，何以解此益深益热之苦耶？③

官府对百姓横征暴敛，置黎民于水深火热之中而不顾。在此背景下，金堡以菩萨之心关怀天下，他批判遗民隐遁以保名节是自私行为，斥责他们毫无为生民立命和拯饥救溺之心。他说：

---

① 乐说今辩：《丹霞澹归禅师语录》，台北，新文出版社，1988，第311~312页。
② 《大正新修大藏经》，《经籍部经十五》卷三七。
③ 金堡：《与王仲锡臬司》，《遍行堂续集》卷十一，《四库禁毁书丛刊》集部第128册，第521页。

世间无不变通之理，为贫而仕，古人不以为非，况兄负经世之志，有人民社稷之寄。苟能济人利物，则一身出处可不计也。华夷二字乃人间自家分经立界，若同一天覆则上帝必无此说，亦但论其所行之善恶耳。吾法中非无因果，然白起、曹翰、李林甫、秦桧皆堕地狱，受恶报，未闻冯道、赵梦頫辈以不能高尚而堕地狱受恶报也。……若有圣贤心胸亦应具豪杰作用，决不拆独木桥，坐冷板凳，做自了汉而已。弟常云'天下有道则见，无道则隐'，只是笃信好学、守死善道之流。有脊梁汉子，天下无道才方出现。既有道了，要你出现作甚么。①

金堡出家前是一儒者，因而对儒家所倡导的经世济民、"安百姓"之使命是非常了解的。金堡在此对出仕新朝的冯道、赵孟頫等没有儒家的伦理道德进行批判，他还进一步否定了儒家士人"有道则见，无道则隐"的处世原则，以此来唤醒士大夫的社会责任感。他认为，国亡后许多遗民士大夫"绝尘逃世"以保自我名节，而放弃了儒者的社会责任，这是非常不可取的。他还认为，愈是在非常时期，愈是需要儒者勇于承担"安百姓"的责任；愈是在此情况下，愈是能够看出儒者是否"脊梁汉子"。金堡还否定屈原投江行为，认为这是他自私一身名节，毫无兼爱天下的胸怀："端午上堂，当日屈灵均抱石自投于汨罗江，江边之人并流往救，遂留下个竞渡底故事。今日若有人抱石投江，山僧不但不理他，更与一推，何以故者？钝汉抱著一团滞货，不送向深水里，更待何时……若有蛟龙夺食，山僧不但不理他，更占与三碗姜茶，何以故？他倒有彻底为人手段。争夺灵均以德为怨，人人有一块石头不肯放下，人人有一段口食，生怕夺却。"② 金堡通过否定屈原投江行为，表达了他对遗民袖手高谈义理而不能拯救黎民的强烈不满。

金堡与逃世之儒者不同，他以菩萨之心关怀天下。《赠李灌溪侍御碧幢集序》云："先生（金堡）每闻官邪政浊，间阎疾苦，诗书崩坏，仰屋

① 金堡：《与丘贞臣明府》，《遍行堂续集》卷十一，《四库禁毁书丛刊》集部第128册，第533页。

② 金堡：《澹归今释禅师语录》卷一，民国间"支那内学院"刻本。

而叹，对案忘餐，虽老弥笃。或谓：'此既易代，何与吾事？''夫新故即移，天地犹吾天地，民犹吾民，物犹吾物，宁有睹其颠沛，漠然无动，复为之喜形于色者耶？'予故推先生为一世真儒，于吾法中大乘菩萨种子久远成熟。"①　金堡认为，无论时代如何变换，天地还是"吾天地"，黎民还是"吾民"，因此，怎么能对颠沛流离的黎民漠然视之，无动于衷呢？正是出于救万民于水火中的"菩萨之心"，金堡一意为民请命，不以故国为念，不以"夷夏之辨"为虑，奔走于仕清官员之间。对于自己身份转换的种种行为，金堡解释说：

> 予以壬辰谒雷峰，涤器橱下，尽弃笔砚，俄充化主，未免以诗文为酬应。……阅之自笑，登歌清庙与街头市尾唱莲花落，并行千古，若一派化主桴铃声，喧天聒地，则昔贤集中所未有者，不妨澹归独擅也。……才士我慢，见阿堵物既软下来；化主不敢我慢，直须软下来才见阿堵物。……然在家人骂我，不合为因缘僧；出家人骂我，不合为文字僧。因缘文字，僧中之下流也，后之阅是集者当以予为戒。②

这表明，所谓"某中丞寿序""某臬司尺牍"等"诗文为酬应"，不再是士大夫的诗文唱和，不过是金堡作为僧徒，尽其佛释领袖的本职，振桴铃而充化主的行乞之资罢了。由此可以看出，这种行为是金堡秉持菩萨普度众生的理想所使然。其《与丘贞臣明府》云："如莽将军有仁义于南韶，南韶之人至今颂美不去口。不可说渠不是中国人，便抹杀了他也。其二诗所感慨，皆汉儿事，凡弟之所是非，从民生起见，不为一身出处起见，并不为一国土内外起见，此为天道，此为圣教。"③　正是以"安百姓"作为衡量人德行和价值的唯一标准，金堡才如此称赞"仁义于南韶"的"莽将军"，不再因为他出仕新朝而否定一切；正因为一切"从民生起

---

① 金堡：《赠李灌溪侍御碧幢集序》，《遍行堂续集》卷四，《四库禁毁书丛刊》集部第128册，第394页。

② 金堡：《遍行堂集缘起》，《遍行堂集》卷首，《四库禁毁书丛刊》集部第127册，第12~13页。

③ 金堡：《与丘贞臣明府》，《遍行堂续集》卷十一，《四库禁毁书丛刊》集部第128册，第533~534页。

见",故金堡不以自身的出处、是非为意,也不以"国土内外"、华夷之辨而为虑。在他看来,只要是为了"民生"的行为,都是符合佛教宗旨的。对于王夫之指责自己"饭髡徒""四出觅财",金堡云:"作当家化主不说钱粮,便是失心。既要钱量,又不以钱粮为清高,便是失心。"① 金堡强调为寺众化缘,以僧众立场,而非为一己之私心。故蔡鸿生肯定了金堡,认为他结交当道,反复呼吁,"为民请命,企望拯救遗黎于水深火热之中",是"人道主义用心"。②

金堡作为著名遗民和僧人,在清初的思想言行变化是有目共睹的。时人对金堡的斥责可以归结为两点。其一,金堡与仕清官员往来过密,有失遗民气节。如金堡为僧后,尝作《圣政诗》《平南王年谱》,对平南王尚可喜称颂功德。全祖望曾作诗讥讽说:"辛苦何来笑澹翁,《遍行堂集》玷宗风。丹霞精舍成《年谱》,又在平南珠履中。并自注云:'丹霞精舍在南雄,予尝谓澹归在"五虎"中,本非端士,不待为平南作年谱而始一败涂地也。'"③ 其二,佞佛太过,不似儒者所为。如黄宗羲极力斥责金堡,其《文渊阁大学士文靖朱公墓志铭》言:"文靖(朱天麟,字震青)公之学,所谓积谷做米,把缆放船,其于儒门,尚未臻于自得,顾鞠躬尽瘁,死而后已。堡则深契禅宗,铦口镝笔,一以机锋出之,坏人家国,视为随甄,而又别开生面,挝鼓上堂,世出世间,总属无情,于此可以知儒释之分矣。"④

那么如何看待他们对金堡的指责呢?谢正光曾说:"清初士人与大吏间、遗民与士人间、遗民与大吏间种种复杂的关系,特别是明朝遗民与清朝大吏的往还,如果依然墨守已定的'阐释框架'作一律等同的论观,是很难取得合理和更有意义的解释的。"⑤ 谢先生在此谈论的"阐释框

---

① 金堡:《遍行堂集缘起》,《遍行堂集》卷首,《四库禁毁书丛刊》集部第127册,第12~13页。
② 蔡鸿生:《清初岭南佛门事略》,广东高等教育出版社,1997,第61~69页。
③ 全祖望撰、朱铸禹汇校集注《肇庆访故宫》,《鲒埼亭诗集》卷十,《全祖望集汇校集注》(下),第2296~2297页。
④ 黄宗羲:《文渊阁大学士文靖朱公墓志铭》,《碑志类》,《黄宗羲全集》第10册,第510~511页。
⑤ 谢正光:《清初诗文与士人交游考》,南京大学出版社,2001,第221页。

架"十分精辟，以己度人或想当然地认为等，都是存在问题的。由此观之，并不是所有逃禅之遗民都是"以忠孝作佛事"，其中还是有人潜心修行，已彻底成为佛门龙象者，如金堡即如此。然而当时及时下学者恰恰忽略了这点。他们"每以道隐求澹归，而不知澹归非道隐也，三十年内澹归之为澹归，日进而月化"。① 也就说，人们往往以"遗民之金堡"来衡定"高僧之澹归"，故得出一些有失偏颇的评议。事实上，对当时一些评论，金堡本人就曾予以解释，其云："然世间法不可以律出世间法，出世间法亦不可以律世间法，兄以世间法见责弟，仅为世间受过，兄亦存此世间大议论为世间作，则弟自任出世法者，固无疚于心无负于理也。"② 在金堡看来，世间与出世间各有不同的道德准则与行为律令，不得互为混淆。而世人偏以世间法而非出世间法来评价他。对于此种指责，金堡却能超然处之，因为他认为自己出家后的行止是无愧于出世间法的。③ 金堡削发转变为澹归后，在思想和心灵上也实现了儒者到佛僧的蜕变。他此时已经从明末清初的政治剧变和政治遗民中解脱出来，以方外人士的自由身体和精神交游于新朋故友之间，无论他们是什么身份，都已不再重要。中山大学的冯焕珍认识到了这点，他精辟地指出："依据文献从历史学、政治学和伦理学等视角评价历史人物固然为历代品评人物之主流，然对于佛教高僧来说，有必要顾及其信仰以及这种信仰体现于生活方式上的特殊性。佛教是一种基于世间追求出世间而后再化度世间的宗教，故在佛教看来，世间一切众生，无论民族之夷夏、品行之善恶，皆属需要救度的平等众生。这体现了佛教超民族、超政治和超伦理的特性。具体到澹归，当他觉悟本心之后，回眼观来，则无论前明之遗老遗少，还是清朝之王公贵族，都是需要慈悲救济的苦难众生，故他与平南王等清朝大臣之交好，实皆为菩萨慈悲行之示观。"④ 由此观之，一些学者对金堡的批判是由对他误会

---

① 金堡：《遍行堂文集序》，《遍行堂集》卷首，《四库禁毁书丛刊》集部第127册，第8页。

② 金堡：《答巢端明孝廉》，《遍行堂续集》卷十二，《四库禁毁书丛刊》集部第128册，第539页。

③ 李舜臣：《法缘与俗缘的确良反复纠缠——金堡澹归逃禅考论》，《佛教研究》2006年第4期，第76~77页。

④ 转引自李舜臣《"纪念丹霞山别传寺开山340周年"学术研讨会综述》，《五台山研究》2002年第4期。

所致。在明清动荡不安的社会大背景下，金堡真正落实了大乘菩萨道精神，心中充斥一种"普度众生"的博大情怀，认为只要能"普度众生"，遍行世事，即使出家"涤碗橱下"，"如村僧沿门弄钹"，甚至为"世人皆欲杀"的平南王尚可喜作《圣政诗》《平南王年谱》，都是可以的，因为这符合"苦体乞食，不择贵贱"的菩萨教教义。只是金堡过分强调大乘菩萨道的普度众生的理想，经常往还于权贵之门，才为明诸遗老所不喜。① 因金堡以天下苍生为念，既不以故国为念，异族亦不在排斥之列，又不受士大夫节操所限，所以其精神、气节丝毫不逊于王夫之、顾炎武和黄宗羲等人。

以金堡为代表的此类遗民，受时代和个人际遇的打击后，选择逃禅，以佛教作为自己的人生出路。他们"以佛菩萨之心为心"，彻底放弃了儒家立场，成为佛门龙象。他们不但成功实现了自我救赎，还以菩萨之心关怀天下，对天下世人展开救赎。

第五节 "寻一安身处"：明遗民奉道教、天主教

宗教可以满足人的精神和实际需要以及适应不同形态、不同时期社会的各种要求。儒家可视为宗教（即儒教）②，把儒家视为"儒教"，时人已如此认之。如汤若望在诗中称"三教今为四，端然一巨灵"，③ 认为除

---

① 廖肇亨：《金堡之节义观与历史评价探析》，《中国文哲研究通讯》1999 第 4 期，第 115 页。

② 关于"儒家是否宗教"，学界的争论过程大致可以分为三个阶段。第一个阶段为明末清初时期，当时西方传教士来华，中国"礼仪之争"兴起；第二阶段为清末民初时期，在此时期，变法者提倡国体、政体改革，但面临对儒家如何定位的问题。戊戌变法之际，康有为要立孔教，而五四新青年则提出打倒孔家店。第三个时期是自 1978 年任继愈提出"儒教是教"说至今，此一阶段，该问题争论持续升温。争论的问题主要有以下几个方面：儒家有没有自己的宗教组织，儒家有没有神，信不信神，孔子是人还是神，儒家有没有自己的宗教典籍、仪式和组织，儒之教是宗教之教还是教化之教。由此可以看出，参与争论者大多是用西方的"宗教"来与儒家（儒教、儒学）进行硬性对比。详见王定安《儒家的"宗教性"：儒教问题争论的新路径》，《历史教学问题》2008 年第 4 期。笔者在此只是借用儒家的"宗教性"。儒家具有宗教性，已为当代许多学者所认可。牟宗三指出："自事方面看，儒教不是普通的所谓宗教，因它不具备普通宗教的仪式，它将宗教仪式转化而为日常生活轨道中之礼乐。但自理方面看，它有高度的宗教性，而且是极圆成的宗教精神。"详见牟宗三《中国哲学的特质》台湾学生书局，1963，第 99 页。

③ 朱之俊：《砚庐诗》卷一，清康熙三十七年（1698）刻本。

天主教外，还儒教、佛教、道教。王汎森在《明末清初儒学的宗教化——以许三礼的告天之学为例》一文中，详细论述了明末清初出现的儒家宗教化现象，并指出许三礼试图将儒家神道化，要改儒家为宗教。① 明末清初，一些明遗民除佛教外，还把道教和天主教视为安顿自我身心的港湾。虽然遗民信奉道教和天主教人数相对很少，且其复杂性和丰富性远不如遗民逃禅，但为尽可能全面讨论明遗民与宗教的"纠缠"，下面将对此进行概论。

一 "山中为道士"

一些遗民信奉道教，但人数不多，"逃于禅者多矣，黄冠中绝少"②。国亡后，遗民汤岩夫、江允凝、周向山、戴本孝、张白云、方望子、汪于鼎、汪文冶等遁入道教。遗民入道情况虽然不如逃禅那样复杂，但也是多样多态的。

其一，以道士身份守节。如遗民邓大临（字起西，常熟人）曾经与门人一起坚守竹塘；事败后，亡命淮南，"作道士装"，自谓："吾已窜身为黄冠矣。"③ 游历虞山，"道侣数人，曰张雪崖、顾石宾，皆遗民也。"④ 昆山顾景范曾经为其作传，评价甚高，以西汉杨匡谓之，"大临在玄门，苦身特力，心耿耿者，未尝一口下，可谓无愧师门矣"。⑤ 朱金芝，字汉生，浙江鄞人，甲申乱后，别署"忍辱道人"，但"山中为道士，究莫得而详也"⑥。

其二，还有遗民逃禅后又改信奉道教。石涛，名若极，家国之变，遁入佛门，更名"元济"，自称"苦瓜和尚"。晚年离开佛门，改奉道教。其朋友博尔在《题清湘道士〈枯木竹石图〉》中云："吾友鹤背人，夙昔清湘客。篛冠疏世情，微服敛行迹。"⑦ 他称石涛为"道士"，对其书画

---

① 王汎森：《明末清初儒学的宗教化——以许三礼的告天之学为例》，《晚明清初思想十论》，复旦大学出版社，2004。
② 孙静庵：《明遗民录》，第 33 页。
③ 李元度：《邓起西先生事略》，《国朝先正事略》卷四十八，岳麓书社，2008，第 1294 页。
④ 李元度：《邓起西先生事略》，《国朝先正事略》卷四十八，岳麓书社，2008，第 1294 页。
⑤ 孙静庵：《明遗民录》，第 33 页。
⑥ 孙静庵：《明遗民录》，第 39 页。
⑦ 博尔：《题清湘道士〈枯木竹石图〉》，《问亭诗集》卷二。

大加赞赏。屈大均，号翁山，早年曾削发为僧，后认为佛门钩心斗角不让于俗世，于是弃佛门改奉道教。其朋友黄生在《送屈翁山归粤》诗中就指出了屈大均的身份变化："十年不见罗浮客，却脱方袍戴鹖冠。捣药幸寻仙女臼，采芝还风北堂餐。"①

其三，对道家思想非常信仰。如查士标对道教，尤其是对长生不老之术感兴趣。黄宗羲《思旧录》载："（查）士标，字二瞻，号梅壑，……予友闵宾连言其垂殁，犹讲丹术。"汪沨自国变后不入城市，不设伴侣，"始在孤山，寻迁大慈庵……相遇好友，饮酒一斗不醉，气象潇洒，尘世了不关怀，然夜观乾象，昼习壬遁。余丁酉遇之孤山，颇讲龙溪调息之法"。② 调息之法脱胎于道教的内丹学，是道家重要法术，汪沨遁迹山林，修炼道教法术，非常入迷，"夜观乾象，昼习壬遁"。吕留良表兄黄子锡，字复仲，晚耕于杼山，自号丽农，"晚年郁郁，思以神仙自托，而惑于方士，行积气开关之法，颇得效"。③ 吕留良非常反对黄子锡的道家言行，力言其害。诸如此类的还有汪淇，字右子，号残梦道人，钱塘人，常常与道友讨论"根器、功行、机缘"等求仙之道。汪淇认为"酒色财气皆可入道"，遭到他的道友韦人凤批驳："先生少年，驰情声伎，唯艳冶是耽，今者淫业虽除，淫根果悉断耶？先生喜振难周急，未尝有意丰殖，然营计精巧，亦复心竞力争。设今置千金路侧，果能无动心否耶？昔治经生家言，自许青紫可掇，既托交当世名流，自大江以南，无不推重汪子者，顾今号称澹漪，得无名心犹尚在耶？"④ 韦人凤认为汪淇不能力戒声色犬马，所以不可能成仙。但汪淇对于仙道尤为热衷，他不但不接受朋友意见，而且还劝说众人一同求仙学道，认为学仙人、道心，确实非常有诱惑力。

二 "以儒生而归西教"

一些遗民信奉天主教。黄宗羲指出："桑海之交，士之不得志于时

① 黄生：《送屈翁山归粤》，《一木堂诗稿》卷七。
② 黄宗羲：《汪魏美先生墓志铭》，《南雷诗文集》（上），《黄宗羲全集》第10册，第393页。
③ 吕留良：《吕留良文集续集》卷三。
④ 韦人凤：《柬汪澹漪》卷十一。

者，往往逃之二氏。"① 其实何止佛道二氏，一些遗民还信奉天主教。甲申后，一些遗民士大夫在当时政治环境及其本身宗教热情的影响下，奉天主教，如瞿式耜、焦琏、金声等。② 明遗民奉天主教的状况和原因也比较复杂。

其一，明代天主教得到了一些士大夫的认可。明末士大夫认为天主教传教士"其道甚正，其守甚严，其学甚博，其识甚精，其心甚真，其见甚定。在彼国中，亦皆千人之英，万人之杰"。③ 对他们的渊博学识钦佩不已。又认为他们"以升天真福为作善之荣赏，以地狱永殃为作恶之苦报"。④ 教义甚正，劝人向善，因此天主教吸收了不少信奉者，特别是江南地区，信教者尤多，"今中土士人受其学者遍宇内，而金陵尤甚"。⑤ 据萧若瑟考订："明末教务最盛者，首推江南。徐光启提倡于先，其子徐骥圣名雅各布伯提倡于后，士民观感兴起，奉教者民在多有。计江南一省，领先信教者，天下十万有余，得中国奉教者三分之二。"⑥ 受此影响，一些明遗民在国亡前就已经接触天主教，如李世熊，字元仲，福建宁化人，明末诸生，国变后谋划抗清，失败后奉天主教。再如金声，字正希，徽州休宁人，早年对天主教产生了浓厚兴趣。《城南叶氏四续谱序》记载："余自总角时见翁，翁为余改窜文字；比壮，而翁之季子来问业。翁成其家谱以示余，谓余通家好，征序焉……而余适与泰西宿儒论学，颇相感触。其言万物最初一大的父母，今四海之内皆为兄弟，回念而爱其大父母，遂相推心以及此兄弟，而相爱焉，此大旨也……亲亲有杀，古谓之一秩，天秩定而万物各得其所，夫是之谓大同，比而同之，是乱天下也。泰西不为是说，学尊性命而明物察伦，断断焉！井井焉！其必不可意假借而私游移，吾喜其与吾中土圣人大道往往符合也。"金声对天主教"明物察伦"的思想，深有感发，认为其说与中土的"圣人大道"相契合。

---

① 黄宗羲：《邓起西墓志铭》，《南雷诗文集》（上），《黄宗羲全集》第 10 册，第 428 页。
② 黄一农：《两头蛇：明末清初的第一代天主教徒》，上海古籍出版社，2006，第 313 页。
③ 徐光启：《辨学疏稿》，吴相湘编《天主教东传文献续编》（一），台湾学生书局，1966，第 22 页。
④ 徐光启：《辨学疏稿》，吴相湘编《天主教东传文献续编》（一），第 23 页。
⑤ 沈德符：《万历野获编》卷三十，中华书局，1980，第 784 页。
⑥ 萧若瑟：《天主教传行中国考》，河北献县天主堂印行，1931，第 214 页。

一些天主教徒和耶稣会士支持甚至直接参与到抗清复明大业中，也进一步赢得了许多遗民的好感。有研究认为，教会支持明政权原因有三："第一，当时的教徒大都是汉族，尤其官僚缙绅士大夫居多，他们与东林和复社一起支持明朝，以保护自己的田产、官职、社会地位和生活方式；第二，四十多年在北京、南京、南昌等地的皇室传教，传教士与皇室建立了良好的关系，和关外的清廷政权则没什么联系；第三，许多传教士和基督徒时常卷进了明朝军事战争，有的带兵打仗，有的作军事顾问，有的供应军火。"① 例如，弘光元年（1644），夏允彝和陈子龙在松江、嘉定组织反清斗争，得到了一些势力强大的天主教大族如豫园主人潘氏家族中潘复的支持。特别是松江的天主教徒在意大利会士潘国光（Francois Brancati）的动员、组织下，积极参加抗清活动，响应陈子龙、徐孚远的起义：

> 给事中陈子龙，孝廉徐孚远阴与陈湖义士率诸亡命起兵。（夏允彝）公以尺书招志葵与参将鲁之玙，率舟师三千，自吴淞入淀泖，将窥苏州。公出入诸军，飞书檄联络士大夫，共举义旗。于是吏部尚书嘉兴徐石麒，左通政嘉定侯峒曾，进士嘉定黄淳耀，职方吴江吴易，职方监军嘉善钱楠，嘉定知县钱膜，昆山知县杨永言，总兵黄南阳，编修朱天麟，□□江阴黄绥祉，孝廉丹阳葛麟，行人宜兴卢象观，编修休宁金声，镇南伯黄蜚，总督华亭沈犹龙，舍人李待问，武选平湖倪长圩，御史长洲李模，西儒上海潘国光，总兵太仓张士仪，总兵嘉定蒋若来等，竞起兵为恢复计。②

据统计，至1640年潘国光已经在上海发展了3000多教徒，成为一支不可忽视的地方抗清力量。他联合江南名士如侯峒曾、黄淳耀、金声等，浴血奋战，直至1665年才因教难离开上海，因此在明遗民群体中声望很高。

---

① 李天纲：《早期天主教与明清多元社会文化》，《史林》1999年第4期。
② 夷门子：《夏考功传》，转引自《陈子龙年谱》，施蛰存、马祖熙"考证"引。

尽管明末一些士大夫已经对天主教多有认识，但是实现认同进而信奉天主教并不是一个轻松的决定，其中"宗庙丘墟"就发挥了关键作用。如瞿式耜从叔瞿太素，万历三十三年（1605）受洗入教，为江苏常熟第一位天主教徒。受家庭环境影响，瞿式耜与艾儒略神父朝夕论道，对天主教了解颇深。当"天崩地坼"之时，他属意隐退，在《和牧师除夕》中坦露了这种心态："生来弧矢寄桑蓬，荏苒流光半百中。何事投林反触网？敢思破浪会乘风？良辰胜侣争浮绿，小院闲庭数落红。从此渔樵生计稳，不劳歧路问西东。"[1] 他希望闭门一任耳边风，过上无忧的渔樵生活。这种隐居桃园是儒家传统的生活选择，是"穷则独善其身"的直接归处。但是，瞿式耜似乎对佛禅也非常感兴趣，他在《竹林禅诵》中说："丈室香花空里色，六时梵呗静中身。每当挈伴搴芳日，闲访枯团膜拜人。幻泡久谙无住相，还依老衲作比邻。"[2] 还说："何能同木鱼，顿顿随僧粥？"[3] 尽管没有逃禅出家之意愿，但花溪胜地和以老僧为伴的生活是其向往的。他终究难以放弃儒家经世理想，在《自警》中坦言："不朽称三立，惟名贯此中。完贞方是德，砥世即为功。生死休言命，春秋止教忠。失身千古恨，大担在征躬。"[4] "立德""立功""立言"是儒家士大夫极为注重的人生"三不朽"，瞿式耜也不能免俗，他自谓"三十四年甲科，吃尽艰苦"，只为报销朝廷，即使遭温体仁、周延儒等排挤陷害，也不改初衷。甲申兵变后，瞿式耜在福王政权中任应天府丞，旋擢为右佥都御史，巡抚广西。但是数年抵抗可谓徒劳无功，身心疲惫。他说："吾身为留守督师不能扩土恢疆，早奏中兴之绩，而终年终月，日惟调停主客，俛仰勋镇，究竟地方不得免于伤残，吾亦何颜复任此局？只为全州是桂林门户，留守粤西，而使门户不完，终放不得手，故只得忍气吞声，挨到恢复全州，便图削发披缁，作云游和尚，不复问人间世事矣！"[5] 1645 年夏，南京失守，瞿式耜到达梧州，时唐王称号福建，鲁王监国绍兴，靖江王监国桂

---

① 瞿式耜：《和牧师除夕》，《瞿式耜集》卷二，第 177 页。
② 瞿式耜：《竹林禅诵》，《瞿式耜集》卷二，第 170 页。
③ 瞿式耜：《瞿式耜集》卷二，第 181 页。
④ 瞿式耜：《瞿式耜集》卷二，第 238~239 页。
⑤ 瞿式耜：《瞿式耜集》卷三，第 270 页。

林，众王林立，争权夺利。瞿式耜自谓"终年终月，日惟调停主客"，哪还有精力复行中兴之业；借兵收复失地，但战争难免生灵"伤残"，这种进退两难的境地令瞿式耜"何颜复任此局"；留守全州，也只是"忍气吞声"而已。所以他此时颇为心灰意冷，自谓希望"削发披缁，作云游和尚"。这里并不表明瞿式耜真正想要逃禅，只是说明了他因深陷尴尬困境，有想要摆脱的心愿。此时，明朝难复的恐惧，人生之舟的迷茫，迫使瞿式耜开始运用天主教义对照自我进行思考。他在《自誓（其二）》中坦露心迹："平生美好境，此日复何求？天地一身外，江山不我留。悟因空后得，心向死边休。领受须欢喜，参同在小楼。"通过"领受"一词，我们明显能感受到天主教义对他的影响，他开始信奉上帝，认为死亡是上帝对自己的拯救，从此得享永福。在《自誓（其四）》中，瞿式耜说："朝闻才是道，圣训已居先。临节征完养，成仁诵昔贤。到头方梦醒，在我不由天。"瞿式耜比较了儒家和天主教，认为儒家虽然主张"朝闻道，夕死可矣"，但是以诵奉圣贤来成仁是行不通的，想要成仁还得要靠天主教的"圣训"教导，还得靠自己的信仰指引。瞿式耜兵败被捕后，被刑不屈，漫赋数章，以明厥志。其《浩气吟（其二）》载："正襟危坐待天光，两鬓依然劲似霜。愿作须臾阶下鬼，何妨慷慨殿中狂。凭将榜辱神无变，旋与衣冠语益壮。莫笑老夫轻一死，汗青留取姓名香。"① 瞿式耜自知大限将近，回忆过往，觉得是"羞将颜面寻吾主，剩取忠魂落异乡"。他能够做的是等待死亡，虽然他自言不怕死，可以留取丹心照汗青，但其内心却已属天主教，"待天光"三字是典型的天主教语言，意为等待耶稣天主之光。正是带着宗教信仰，正是有着死亡为拯救的信念，他才能够坦然面对死亡。

吴历与瞿式耜极为相似。吴历（1632~1718），字渔山，江苏常熟人，"洁清自好"②，早年研习儒学，"受业于陈孝廉确庵，学帖括，为邑诸生"③，尤为刻苦，也收获颇深，钱谦益称赞其"磨砻名行，镞砺经术，学者确然奉为大师"④。恩师陈瑚以孔子评价子路之语称赞吴历"意能从

---

① 瞿式耜：《瞿式耜集》卷二，第 236 页。
② 张云章：《墨井道人传》，吴历撰、章文钦笺注《吴渔山集笺注》，第 42 页。
③ 李杕：《吴渔山先生行状》，吴历撰、章文钦笺注《吴渔山集笺注》第 46 页。
④ 钱谦益：《钱牧斋全集·确庵集序》，上海古籍出版社，2003，第 847 页。

我者，其渔山也"，① 认为吴历是学儒而得真传者。

清初剧烈的社会动荡，导致吴历内心的焦灼不安，促使其成为天主教虔诚的信徒。吴历何以"避世求道，卒成教士"②，其教友赵仑《吴渔山先生口铎》有细致记载："人生斯世，如敝舟行海，风触即沉。伪禄暂福，概不足数，老大悲伤，虽悔莫及，何不寻一安身处耶？"③ 吴历皈依天主教，就是"寻一安身处"，就是寻求精神家园。

吴历年少遭逢易代，对故国之亡充满痛苦和怀念，也有强烈的遗民意识。对于吴历的身份，陈垣指出："渔山明之遗民也，生瞿式耜之乡。永历之亡，渔山年三十矣。《墨井诗钞》托始于《无端》，曰：'十年萍踪总无端，恸哭西台泪未干。到处荒凉新第宅，几人惆怅旧衣冠？'渔山盖有隐痛也。"④ "天崩地坼"在他心灵上造成了深深的阴影和创伤，难以磨灭。"林空唯落日，地僻少残春。欲问南阳路，前村未有人。"⑤ 战争造成了极大破坏，"前村未有人"的背后，隐藏着数不尽的家破人亡，以致即使繁花似锦的春天，也是一片荒凉的景象，令人辛酸泪绝。他在《避地水乡》中云："二年身世叹如萍，两鬓相看白渐生。旧里悲歌惟蟋蟀，异乡愁雨共鹧鸪。南中见说收番马，京口犹闻拔汉旌。安得此时战争息，还家黄叶满溪迎。"⑥ 时局动荡艰难，令吴历内心极其绝望和愤懑，更让他难以排解的是个人也如浮萍，流离失所，安身立命也难以维系，虽在壮年，鬓已先斑。他不参加清朝的科举考试，终身不仕，颇为贫困潦倒，"荒寒寂寞，卖画养母"⑦。寡母、寒家，再加上妻儿之累，吴历对艰难的生计和沉重的家庭负担有着切肤之痛，迫使他发出了像屈原一样的"天问"："天岂厌农桑，四月忘晴晓？地恐则岁征，夜半没江潦。"⑧ 他开始对儒家思想系统中的终极价值代表"天"到底是什么感到迷惑。如果是

① 陈瑚：《从游集序》，吴历撰、章文钦笺注《吴渔山集笺注》，第 14 页。
② 李杕：《墨井集序》，吴历撰、章文钦笺注《吴渔山集笺注》，第 27 页。
③ 赵仑：《吴渔山先生口铎》，转引马卫中《桂枝未遂知衔恨诗草空遗泪眼看——吴历诗漫论》，《常熟理工学院学报》2009 年第 7 期。
④ 陈垣：《陈垣学术论文集》第 2 集，中华书局，1982，第 258 页。
⑤ 吴历：《墨井集》卷二，清宣统元年（1909）徐家汇印书馆铅印本。
⑥ 吴历：《写忧集·避地水乡》，吴历撰、章文钦笺注《吴渔山集笺注》，第 56 页。
⑦ 邓之诚：《清诗纪事初编》卷一，中华书局，1965，第 85 页。
⑧ 吴历：《山中苦雨诗画卷》，上海博物馆收藏。

自然的"天",为什么会怜悯人间的苦痛?如果"天"的人间价值代表是君主,为什么还要压迫本来已在水深火热中的百姓?在此,与其说困苦生活彰显了吴历不屈服的节操,不如说他已经对儒家"化育参赞""民葆物与"的价值虚无性产生了怀疑,对他自己儒家思想信仰产生了怀疑。吴历并不是顾影自怜,而是把个人命运与国家命运联系在一起。他虽然没有直接投身武装抗清斗争,但忠于故国之情溢于言表。他在《读西台恸哭记》中说:"望尽厓山泪眼枯,水寒沈玉倩谁扶?歌时敲断竹如意,朱蜀于今化也无。梦里寻真恐未真,欲将余语诉苍旻。榜中悔听西来雨,不洗当年卸甲人。风烟聚散独悲歌,到处山河絮逐波。最是越中堪恸处,冬青花发影嵯峨。"① 他以南宋末年谢翱祭祀文天祥所作的《西台恸哭记》为题材写诗,实际上是在为精神寻找寄托,表达了忠于故国的气节情操。反抗无功,复国无望,这无可奈何的无助感不仅属于吴历,还是明遗民集体的心理写照。

生活困顿和人生困惑促使吴历需要寻找新的人生方向。"既而母殁,先生哭之哀,自是郁郁不得志,禄位非其所好,惟念人生于世,茬苒数十年,非偶然而生,偶然而卒,其生也,必有所由来,其卒也必有所攸归,思久之,不得透其昧,嗣闻天主教名,与教士交善,考问教理,恍然于惠迪吉,从逆凶之真旨,决意皈依,受洗入教。"② 可以说,明亡的惨痛、故国的难复、艰难的家世(早年丧父,后母死妻亡)和生活窘迫的综合作用,磨灭了吴历兼济天下的雄心,促使他转而步入安贫乐道、独善其身的人生历程。这"道"不是禅"道"③,"子畏差不逮矣,然能领解罢归,逃禅使酒,落拓开放,以轻世肆志终,渔山亦无是也"④。吴历所乐的"道",已经不是传统儒家思想所追求的"道",而是天主教的信仰之"道",救恩之"道",福音之"道"。吴历确立天主教信念后,开始了神职人员的崭新人生。康熙十九年(1680),吴历亲随外国传教士柏应理

---

① 吴历:《写忧集·读西台恸哭记》,吴历撰、章文钦笺注《吴渔山集笺注》,第57~59页。
② 《圣教杂志》1938年第26卷第8期,第450页。
③ 其实吴历也颇为悦禅,自号"桃溪居士",喜欢结交禅友,托迹僧寺,甚至自谓"客舍三年半在僧"。见吴历《写忧集》卷一,吴历撰、章文钦笺注《吴渔山集笺注》,第79页。
④ 钱陆灿:《送渔山归城南序》,吴历撰、章文钦笺注《吴渔山集笺注》,第6页。

（Philippe Couplet）神父赴澳门三巴静院奉教修道。他非常欣赏这种生活，自谓"予学道许定"，"（吴历）之所重，要惟真道，故既识之，决计遵之。不便遵于家则弃家，不获遵于里则去里……故一识正教，奋志皈依"。① 这直白地表达了学道、传道的坚定决心。陆希言在《澳门记》中记载了吴历在三巴静院的学习生活："读书谈道，习格物、穷理而学超性。"② 此时的"格物"是指自然科学，"穷理"指哲学，"超性"指天主教神学，这都是三巴静院的课程。1682年，吴历在澳门加入耶稣会，受洗名为西满·沙勿略，终于完成了从儒学到天学的巨大转折。

吴历努力用天学之道化导世人。他创作大量颂圣述教的诗作，如《感咏圣会真理》《赞宗徒圣西满》《感谢圣会洪恩》等，阐述教义，希望能够用布道改变中国士大夫对西方传教士的排斥心理，用其一生对苦难大众进行救赎，"愿以常生道，引入笃信谋"。③ 在上海传教时，很多教友远在浦东，但吴历往返黄浦江东西，不辞辛苦，"草衰地远似牧迟，我羊病处惟我知。前引唱歌无倦惰，守栈驱狼常不卧。但愿长年能健牧，朝往东南暮西北"④ 作为牧者，劝人信道并不是一件容易的事，但吴历不畏艰难，他在《可叹》中说："人生何草草，但忧贫贱不忧道！死别太匆匆，不待齿豁与顽童！死生茫然无自见，不入参悟定烹炼。纷纷歧路久迷漫，所误非独鬓霜斑。往往儒者堕其机，反嘲天学正理微。但见似羊亡去路，不见谁从悔复归。时光冉冉去如矢，此生长短难免死。秋毫未合于超性，盖棺既定罪无已。予今村铎为谁鸣？十年踟蹰无倦行。安得千村与万落，人人向道为死生。"⑤ 他指出，人生短暂，生离死别太过匆匆，世间繁纷令人迷茫，但人们往往不能正视自己，只担心贫贱却不担心悟道；一些儒家士大夫，也往往自以为是，嘲笑天学的真理是微末之学。吴历深悔前半生的荒废，非常痛惜地指出这是一条迷漫歧路，劝说士人不要等到鬓发白如雪才醒悟。康熙二十七年（1688）七月，吴历在南京晋升司铎。

① 李杕：《墨井集序》，吴历撰、章文钦笺注《吴渔山集笺注》，第6页。
② 转引自方豪《中国天主教人物传》卷二，宗教文化出版社，1997，第250~252页。
③ 吴历：《三余集·次韵杂诗七首》，吴历撰、章文钦笺注《吴渔山集笺注》，第275页。
④ 吴历：《三余集·牧羊词》，吴历撰、章文钦笺注《吴渔山集笺注》，第265页。
⑤ 吴历：《三余集》，吴历撰、章文钦笺注《吴渔山集笺注》，第294页。

费赖之（Aloysius Pfister，1833~1891）称赞："他年事已高，而出门赶路，仍乐于步行，劝化教外人总是满腔热忱。他的言谈，常不外乎有关天主的事理。"① 吴历负责耶稣教会江南教务，尽心竭力，长期在上海、常熟、嘉兴等地传教，长达 30 年。

综上所述，为了引导自我摆脱精神困境，明遗民通过论证本身具有"正人心"和"存人类于天下"的道德价值，具有"存道统"和"文化救亡"的文化价值，具有"救命以言"和在基层社会经世的社会价值，等等，重新定位了自我的生存价值，引导自己走出精神困境。也有一些遗民通过信奉佛教、道教、天主教等，不仅引导自己摆脱了思想困境，而且把经世济民的儒者使命转变为造福天下的宗教情怀。

---

① 〔法〕费赖之：《明清间在华耶稣会士列传》，梅乘骏译，天主教上海教区光启社，1977，第 455 页。

"尽合乎中行"

　　遗民是一个历史现象，每一次的朝代更替，都会出现一批不仕新朝的遗民。明遗民与以前的历朝遗民有所不同，虽然他们深受国破家亡灾难的打击，不能见用于当朝，但是他们并没有消极地归隐避世，在哀叹和无奈中消磨自己的一生，而是重新振作起来，以"明道""传道"为己任，把自己的全部精神献于发展思想和学术的事业中。对此，梁启超评价说，"从顺治元年到康熙二十年约三四十年间，完全是前明遗老支配学界。"①钱穆也指出："明末遗民，他们虽含荼茹蘗，赍恨没世，而他们坚贞之志节，笃实之学风，已足以深入于有清一代数百年来士大夫之内心，而隐然支配其风气。"②

　　明遗民虽然是学术的"巨人"，但又在生活中表现了普通人的特性，有普通人的喜怒哀乐，因此非常有必要对现实生活中的明遗民进行再认识。在检视黄宗羲、顾炎武等诗文集的过程中，发现这些明遗民士大夫，不时地"刻意进行遗民的自我塑造，自觉的姿态的设计"③，并且随着时间的推移，愈到晚年，愈不断进行自我遗民身份的确认。他们不断为自己这种遗民处世方式（主要用何种方式生存）或从儒家经典寻找依据，或干脆自己构建一个理论，为自己的遗民选择寻找合理性。"在诸种伦理难题上，原始儒学已预留了讨论的余地，活在明清之际的士人，并没有拒绝

---

① 梁启超：《中国近三百年学术史》，第 16 页。
② 钱穆：《国史大纲》，第 852 页。
③ 赵园：《明清之际士大夫研究》，第 459 页。

利用伦理系统的诸种缝隙"① 来为自己在新朝的人生定位进行辩护。尽管具体做法不同，但他们并没有一劳永逸地解决自己的精神困境，而是在不同的事件和环境中，往往容易陷入"进退失据"的旋涡而无法自拔。例如，他们既认为殉国是忠臣所必需的，又重视生命，对忠孝难两全感到苦恼；既有遗世独立的愿望，又认为入世进取才是"遗民之正"；既欲舍命复国，又抱怨不为南明所容、立功无门；既欲誓死抗清恨"满"以终老，又认可清朝统治秩序，接续了孔孟圣道，优待遗老；既欲坚持不仕新朝的底线，又不愿或无法阻止子孙、门人弟子入仕；既不欲与官方交接过密，又在经济上赖其救济，在案狱中待其援手……在国破家亡的深重灾难中，他们深深体味现实的无奈、生活的苦难和生存的危机。其结局正如赵园所言："明遗民的主张为新朝所吸纳，成为其制度建设的资源，他们的思想、著作构成了清初主流文化，他们本人在这一过程中是实现认同的过程——这无疑是明遗民命运中尤具戏剧性、讽刺性的方面。"② 总而言之，由于纲常伦理，已标定了其人"心灵自由"的限度，明遗民陷入了"全节"与"失节"的梦魇，这才是他们的真实生活。

　　明清易代，遗民被推到了人生的十字路口，此时的生存境遇让他们充满痛苦和彷徨。明清鼎革，不仅意味着"宗庙丘墟"，国家沦丧，而且也意味着给予他们存在意义的中国礼乐文明和文化价值遭到无情的蹂躏和破坏。在国恨家仇的激发下，明遗民以决绝的姿态疏离社会，以成全自己的民族气节和独立人格。然而，作为士大夫，他们终究难舍儒家的"职志"，即为百姓谋求安富，为社会思考长治久安之道，以及在清朝统治下传承延续道统文化等。康熙年间，康熙皇帝的统治策略逐渐成熟，不但把清廷入主中原之初实行的如剃头令、圈地令等政策的恶劣影响逐渐消除，还在政治、经济、文化等方面做出了顺应历史发展的重大调整，使人们生活日益改善，文化教育事业逐渐发展；国家的安定和社会的中兴，极大地促进了清政权的封建化进程。康熙皇帝的文治政策与明遗民传道济民的奋斗理想上取得了一致，促使一些明遗民不再囿于"一姓之忠"的教条，

① 赵园：《明清之际士大夫研究》，第413页。
② 赵园：《明清之际士大夫研究》，第459页。

抛弃了强烈的民族仇恨，放弃了以血缘、种族本位排斥满族入主，转而在一定程度上认同了清王朝存在的合理性与合法性。[①] 他们的"夷夏之防"思想观念逐渐淡化，在不同场合多次赞誉朝廷和君主，甚至许多遗民最终改变立场而出仕新朝，即使有些遗民不出仕，但对自己的子弟"取科第，多不以为非"。[②] 这大概是明遗民的尴尬之境。

生不易，活不易，生活更不易，此理对明遗民也是成立的。在明清之际的社会动荡与混乱中，不少明遗民生活窘迫，恰如赵园所论："士人的贫困化，是明清之际普遍性的事实。"[③] 对明遗民的贫困原因及其治生，前文已经进行了详尽讨论，在此就不再赘述。但让我常常迷惑的是，明遗民的生活内容却包含另外一幅景象。

第一节 "不蔽目前"：明遗民的生活趣味

存活通常包含两种层次，即生存与生活。那么，在国破君亡的剧变下，明遗民的生活状况是怎样的呢？透过很多史料可以发现，在保证生存的基础上，明遗民也或多或少，或好或坏地经营着自己的生活。大体而言，他们大都十分重视当下的生活，并产生了"适世""行乐""素位"等生活理念。由于不入仕新朝，明遗民拥有充沛的时间和精力来经营自己的闲隐生活。并且，他们大都是具有审美倾向的士人，因而又致力于经营雅致审美的生活。他们以苦为乐，试图以此在时间和空间上重新架构和丰富自己的生活形式与内容，使生活充满审美艺术气息。在此基础上，明遗民将个人生命寄托在书画、草木、饮食等"长物"上，并爱恋成癖，沉溺其中，使之成为生活的重心，以此来疏离富贵功名和国仇家恨的世俗世界，营造文雅的生活情趣。

一 明遗民的生活理念及对其的营造

明遗民是一个具有显著政治色彩的社会群体，要探究明遗民的人生定

---

① 详见吴增礼《〈明夷待访录〉的待访对象辨析》，硕士学位论文，湖南大学，2008，第28~36页。

② 戴名世：《朱铭德传》，《戴名世集》卷七，第209页。

③ 赵园：《明清之际士大夫研究》，第281页。

位和价值，乃至思想、学术凡此种种问题，就有必要将其落实到具体的生活层面上来。也就是说，要全面理解、深入探究明遗民的生存境遇，就需要对他们的生活现状、内容、形式等问题进行探讨。

分析明遗民的生活状况，无疑分析他们的生活理念是其中的关键。关于"理念"的定义，《中国大百科全书》阐述说："一种理想的、永恒的、精神性的普遍范型。"理念是一种离开具体事物而独立存在的精神实体。生活理念是生活内容和形式的核心，生活内容不过是生活理念的影子或摹本，生活理念实际上反映了明遗民对自己生活的态度和信念。

（一）明遗民的生活理念：重视当下生活

明遗民经历家国沦丧之痛，内心充盈着凄苦、寂寞、失落和感伤。这种物是人非、人生如梦的失落感与飘忽感，常常促使他们愈加思念故明和旧君。虽然许多遗民认为朱明王朝"无善政"，可是一旦它不再作为一个实体而存在，"过去就幻化为追忆者的主观投影，寄寓着五彩流溢的理想，特别是过去的零星片段一再地出现在眼前提醒自己去追忆的时候，它不断地强化这种对过去的恋眷和对现实的不满"。① 这种挟裹着怨气、悲愤的追忆，无疑是明遗民政治立场的反映。在此情形下，处在清初专制政治统治下的明遗民，要追寻陶渊明式的悠然、自适、率真的境界，显然存在很大的困难。

就明遗民而言，愈是对政治失望，愈是重视当下的生活。这或许是明遗民出于生不逢时的痛苦而发生的个人精力与精神的转移。纵观明遗民关于生活理念的论述，我们可以发现，他们普遍重视当下的生活，主张随遇而安，"不图将来，不追既往，不蔽目前"② 的生活态度。如魏禧虽以遗民自居，却重视当下的生活，不放弃营造快乐的人生。他说："古人云：'及时为善'；又云'及时行乐'。不为善则失天地生人本意，不行乐则劳苦寂寞，无有生之趣。两'及时'俱少不得。"认为世事无论如何变化，都不能以"劳苦寂寞"终身，废"生之趣"，而应该"行乐"，享受当下

---

① 葛兆光：《世间原未有斯人：沈曾植和学术史的遗忘》，《读书》1995 年第 9 期，第 67 页。
② 陆绍珩：《醉古堂剑扫》卷一，台北，金枫出版社，1986，第 43 页。

生活的乐趣。方以智也重视生活的经营，他主张"随寓"之生活理念。他在《随寓说》中指出：

> 知随寓焉，化矣。寓何寓？所以寓此者何？天地一寓也，七尺一寓也，万卷一寓也，一点一寓也。本不相争，与人何与？游于世而不僻，顺人而不失己，随寓之旨也。①

他认为只要拥有游于世、不避世、不与人争之心，则随处皆可处身接世。也许是这种"游而不僻"的"随寓"生活理念，促使他晚年过上诗文唱和、广泛交游的生活。钱澄之认为人与世界都是变化无休的，即"天地气化，人事物宜，无事不变，无刻不变"；又言"盖有不得不变，不得不通者，时为之也"。② 在这种情况下，人应该如何处事接物呢？钱澄之认为，人应调适自己，使自己适应外部环境变化，他把这种生活态度称为"因"。他说："大即庄子以自然为宗，以不得已为用，而其学本诸《大易》之因。"③ 他认为"因"在乱世是非常重要的，"只是一'因'造化便奈何他不得。生死得失之际如此，自于患难得失之来，一切如此。安时处顺，盖无所不因也。而圣人之学，亦不外是"。④ 这是钱澄之的"因"之生活理念的来源。钱澄之在顺治十八年（1661）作《田园杂诗》云：

> 人生会有尽，行止非自由。止亦不可趣，行亦不可留。如何柴桑叟，汲汲为此忧！终年痛饮酒，冀以忘其愁。吾身听物化，化及事则休。当其未化时，焉能弃所谋？有子须相教，有田亦望收。天心于人事，何息不周流！我不离世间，而愿与天游。焉能外亲戚，视之同聚沤？乃知黄老书，不如孔与周。⑤

---

① 方以智：《青原志略》卷五，《四库全书存目丛书》史部第 245 册，第 597 页。
② 钱澄之：《钱澄之全集》卷一，黄山书社，1998，第 129 页。
③ 钱澄之：《与浪亭大师论庄子书》，《田间文集》卷一，第 72~73 页。
④ 钱澄之：《庄屈合诂》，黄山书社，1998，第 108 页。
⑤ 钱澄之：《田间文集》卷八，第 160~161 页。

他认为遗民即使有国破家亡的痛苦，仍要踏实生活，有子教之，有书读之，有田耕之，享有陶渊明之乐，至于故国之思，存于心中即可，他自己正是这样做的。唐甄对钱澄之的隐居状况进行了描述："先生之居，在桐城之东百二十里，青山之尾，负山带流，筑屋坚朴。有林有沼，有田有垄，有圃有场，有坤有牢；可陟可航，可耕可渔，可树可畜，可蔬可瓜，有贰子，有六孙，有六曾孙，长者可夫，幼者可报。"① 钱澄之的隐居之所，山清水秀，且有良田、美池，在此可耕可渔，可以享受天伦之乐，实为世外桃源。由此可以想象钱澄之的生活十分惬意。以上可知，明遗民虽然时时充注国破家亡之痛，但依然重视当下的生活，尽可能营造别有意味的生活情趣。

重视当下的生活理念，被部分遗民毫不掩饰地阐释为"及时行乐"。其代表性人物是李渔。李渔以遗民身份自处，然而他没有像其他一些遗民那样，以高介绝俗处世，过着苦隐的生活，而是坚持"适世"的生活观，追求的是现实的享乐。在他看来，人生有限，光阴飞逝，因此要及时行乐。他说：

> 伤哉！造物生人一场，为时不满百岁。彼天折之辈无论矣，姑就永年者道之，即使三万六千日，尽是追欢取乐时，亦非无限光阴，终有报罢之日。况此百年以内，有无数忧愁困苦、疾病颠连、名缰利锁、惊风骇浪阻人燕游，使徒有百岁之虚名，并无一岁二岁享生人应有之福之实际乎！又况此百年以内，日日死亡相告，谓先我而生者死矣，后我而生者亦死矣，与我同庚比算、互称弟兄者又死矣。噫，死是何物，而可知凶不讳，日令不能无死惊见于目，而恒闻于耳乎！是千古不仁，未有甚于造物者矣。虽然，殆有说焉。不仁者，仁之至也。知我不能无死，而日以死亡相告，是恐我也。恐我者，欲使及时为乐，当视此辈为前车也。康对山构一园亭，其地在北邙山麓，所见无非丘陇。客讯之曰："日对此景，令人何以为乐？"对山曰："日对此景，乃令人不敢不乐。"达哉斯言！予尝以铭座右。……以行乐先

---

① 唐甄：《田间先生八十寿序》，《潜书》，中华书局，1963，第295页。

之，劝人行乐，而以死亡怵之，即祖是意。①

人生苦短，不满百岁；更重要的是，人生旅途波折难料。英年早逝、忧愁困苦、疾病缠身等不可预料的因素时时折磨着人的短暂一生。因此，李渔既不同于那些从道家思想中寻找慰藉、追求精神超越的失意士人，又不同于正统的儒士，他注重现实，重视当下的生活，主张一种及时行乐的人生观和生活观。重视现实、不荒废当下生活的思想观念，在明遗民群体中多有之，但如李渔这般"口无遮拦"高呼及时行乐的生活理念，确实有些"骇人听闻"。故李渔之婿沈因伯评价李渔说："妇翁一生，言人所不能言，言人所不敢言，当世既知之矣。……人皆不屑，而我屑之，讵非诧事？然人所不肯言、不屑言者，皆其极肯为而极屑为者也。"② 尽管人人都有追求美满幸福生活的权利，虽然"心外无物""心外无理"的阳明心学提倡个性自由的流风余韵依然存在，但在儒家伦理道德的约束下，并非人人都敢放声高呼这种及时行乐的生活理念。然而李渔却能够"言人所不能言，言人所不敢言"。对于自己不合时宜的言行可能导致他人非议的危险，李渔是知晓的，因此他干脆自贬身份，说："仰高山，形容自愧，俯流水，面目堪憎。"③ 虽然没有为不能洁身自好感到愧疚，但他依然不放弃追求现实生活的享乐。

为了更加深入理解明遗民的生活理念，下面以陈确的"素位"生活理念为个案继续分析。陈确（1604~1677）字乾初，浙江海宁人。国亡后，陈确虽生活艰苦，却耻仕新朝。《海宁县志理学传》称其"器韵拔俗"④。陈确的确是"拔俗"之士，然而，切不可认为他是高蹈炫奇的"怪人"⑤。陈确国亡后遁世隐居，中年后体弱多病，"晚而病废，不出门者十五年"，⑥ 然而面对接踵而至的种种困陀，陈确始终保持知足淡然、不改其乐的超然态度。如他描述自己的务农生活说："早出收粮夕掩荆，

① 李渔：《颐养部》，《李渔全集》第三卷，《闲情偶寄》，第308~309页。
② 李渔：《一家言·过子陵钓台》，《李渔全集》卷二，《笠翁一家言诗词集》，第495页。
③ 李渔：《一家言·过子陵钓台》，《李渔全集》卷二，《笠翁一家言诗词集》，第494页。
④ 许三礼：《海宁县志理学传》，《陈确集》第1页。
⑤ 王瑞昌：《陈确评传》，南京大学出版社，2002，第166页。
⑥ 黄宗羲：《陈乾初先生墓志铭》，《陈确集》第8页。

书生入俗亦幽清。寻常蔬菜官差饭，潦草诗篇野客赓。手有残篇宵代旦，心无杂虑梦如醒。人间何处堪离世？巷杵邻鸡自友声。"① 虽然以田桑为业，经常粗茶淡饭，但他心境宁静冲虚，可以把"巷杵邻鸡"当"友声"，又可以心无旁骛读书到深夜。他在《与许芝田书》中又言："弟以母老，欲辞馆归养，间以定省之暇东从诸子游乐，观新骥之气，兼策老驽之顽，生平志愿，粗毕于此。"② 虽然是老病之身，但他依然拥有"从诸子游乐"之心。对于自己的隐居生活，陈确还描述说："爱此风月佳，白石坐移时。我欲邀之归，开卷就檐墀；清风果我逐，明月果我随。"③ 这充分表现了陈确高雅脱俗、超脱生死和"乐天知命"的情怀，哪里还可以寻到贫病痛苦的踪影。陈确绝意仕途，山居乡处，贫病交侵，却能够淡然处之，自我营造"闲雅"④ 脱俗的生活。生活理念决定生活内容，那么，陈确的生活理念是什么呢？概言之，则是"素位"。

"素位"首见于《中庸》，其云："君子素其位而行，不愿乎其外。"一些学者对于《中庸》之"素位"意义进行了探讨。朱子对《中庸》"君子素其位而行"解释说："素，犹现在也。言君子但因现在所居之位而为其所当为，无慕乎其外之心也。"⑤ 许谦《读中庸丛说》云："君子道中庸，不过因其所居之位，行其所当然，无思出乎其位而外慕也。素位而行是正说，不愿乎外是反说。"⑥ 可以看出"素"有"现在""素来"之意，引申为"平常""原本"。人只要安位尽分，反求诸心，绝不踰越分际和行险贪得，自然可以知足常乐。"素其位而行"，就是要清醒认识和认真对待现在的状况与处境，只能做条件允许的当行当为之事，切不可勉强为之，若强求之，则会有得失，生怨忧。

陈确倡导"素位而行"的生活理念。他在不同场合都云："弟近日每乐与同人言素位之学。'素'字是中庸之髓。大抵离素一分，即非中庸。"⑦

① 陈确：《早出》，《诗集卷七·七言律诗一》，《陈确集》，第 752 页。
② 陈确：《与许芝田书》，《文集卷一·书一》，《陈确集》，第 69 页。
③ 陈确：《良夜》，《诗集卷二·五言古诗》，《陈确集》，第 647 页。
④ "闲雅"一词的解释，见下文。
⑤ 朱熹：《四书章句集注·中庸章句》，中华书局，1983，第 24 页。
⑥ 许谦：《十四章》，《读中庸丛说》，江苏古籍出版社，1988，第 31 页。
⑦ 陈确：《寄刘伯绳书》，《文集·书二》，《陈确集》，第 111 页。

陈确结合《中庸》"素位"之说，提出了"素位"的生活理念。他说："吾鳏居食淡，于世无求，宛然一老衲，要只素位而行，非有意为之也。"① 又言："贫不足忧，贫而无素位之学者，则大可忧。"② 他认为，无论鳏寡孤独、富贵贫贱，若要远离忧愁，享受淡然安逸，必须坚持"素位"的生活理念。这种"素位"的生活理念就是要认真对待现在、当下的生活，知足常乐，不可踰越分际，"贫贱患难，疾病死丧，皆安之若素矣"。③ 只要维持内心的自适自得，无论际遇之幸与不幸，皆能甘之如饴、无所怨尤。由此可知行"素位"则人安其位，无论夭寿贫富，尽可平常对待，忘却顺逆得失，这样所有的不如意就会"不期忘而自忘矣"。

在国破家亡的易代之际，对这种"素位"的生活理念，陈确深有体会，他说："素位中自有极平常、极切实、极安稳工夫。此学不讲，便不自得，便要怨天尤人。"④ "顺逆常变，处处现成，何位非素，何素非道，虽欲离之，不可得矣。"⑤ 世事变化莫测，人不能按照预设的轨迹生活，因此，若要改变这种"极平常，极切实"的生活，则是"不可得"的，那样只会令自己痛苦，使自己怨天尤人，反而无法实现"自得"的生活。

那么，如何才能实行这种"素位"生活理念呢？陈确提出要特别注意两点。其一，"素位"即"家庭日用"。陈确非常重视当下的日用生活，指出："今学者言道，并极精微，及考其日用，却全不照管，可谓之道乎？弟所以惓惓于素位之学者，固今日贫士救时之急务，即学者他日入道之金针也。"⑥ 他反对士大夫空言心性轻视"素位"之学，"吾只与同志言素位之学，则无论所遭之幸与不幸，皆自有切实功夫，此学者实受用处。苟吾素位之学尽，而吾性亦无不尽矣。今舍素位，言性命，正如佛子寻本来面目于父母未生之前，求西方极乐于此身既化之后，皆是白日说梦，转说转幻，水底捞月，愈捞愈远，则何益之有？"⑦ 士大夫可以高谈

---

① 陈确：《书尔旋讲师扇头》，《文集·杂著》，《陈确集》，第 407 页。
② 陈确：《与刘伯绳书》，《别集·大学辨四》，《陈确集》，第 620 页。
③ 陈确：《书蔡伯蜚便面》，《文集·杂著》，《陈确集》，第 408 页。
④ 陈确：《井田》，《别集·瞽言二》《陈确集》，第 438 页。
⑤ 陈确：《与刘伯绳书》，《别集·瞽言四》，《陈确集》，第 470 页。
⑥ 陈确：《与刘伯绳书》，《别集·大学辩四》，《陈确集》，第 621 页。
⑦ 陈确：《近言集》，《别集·瞽言一》，《陈确集》，第 429 页。

阔论心性之学，但不能把虚无缥缈的心性之学视为生活的全部。他认为"素位之外，无工夫矣"。① 对于如何行"素位"之学，陈确进一步指出："学者惟不肯切实体验于日用事为之间，薄素位而高谈性命，故鲁莽粗浮耳。"② 他指出"素位"生活理念的关键就在于如何享受现实琐碎的家庭日用生活。其二，"素位"即"治生"。士大夫信奉"重义轻利"之说，这也是孔孟儒家对士大夫的伦理道德要求之一。然而"重义轻利"并不意味着否定获取最基本的生存所需，否定当下的生活前提——生存。陈确明确指出"素位"之学即"治生之道"，言："民无恒产，谋生之事，亦全放下不得，此即是素位而行，所谓学也。"③ 陈确指出，"素位"是极平常、极切实的，并不是什么高谈阔论或虚无缥缈、难以捉摸的东西。维持生命的延续和个人的生存也是平常而又现实的问题。士大夫如果连个人的生存都无法独立解决，就不能过上悠然"自得"的生活，"便不自得"，"便要怨天尤人"。连自己的生活都经营得如此窘迫狼狈，又如何谈及治国平天下呢？因此陈确认为平常且现实的"治生"就是"素位"。若能重视当下生活，则无境不安、无处不乐，所以"生计之拙，即本于不安贫之心。安贫，即是计，又于安贫之外求生计，乌得不日拙乎！安贫故勤，安贫故俭。勤俭者，贫士之素也。不勤不俭，便是不安贫，便非素位而行，安能自得而无怨尤耶！故学者之为生计，亦安贫而已矣"。④ 贫士安贫，勤俭治生，即是贫士之"素"也。这是陈确的生活经验所得。

总而言之，明清之际，被生不逢时、报国无门之痛苦时时压抑、折磨的明遗民，为了减轻痛苦，他们逐渐把个人精力与精神转移到经营生活上来。他们重视当下的生活，提出了"因""随寓""素位"等生活理念，积极主张营造快乐、趣味的生活。

（二）明遗民对"闲雅"生活的营造

当无法实现"兼济天下"时，士大夫更加注重营造闲适的生活情调。

---

① 陈确：《与刘伯绳书》，《别集·瞽言四》，《陈确集》，第470页。
② 陈确：《与刘伯绳书》，《别集·瞽言四》，《陈确集》，第470页。
③ 陈确：《井田》，《别集·瞽言二》，《陈确集》，第438页。
④ 陈确：《生计》，《别集·瞽言二》，《陈确集》，第437页。

明代袁中道曾说："然予闻古之君子，非显即隐。今予年方二十余，心躁志锐，尚在隐显之间。若至中年不遇合，隐显便分。"① "隐"和"显"不仅是袁中道对自己人生出路问题的思考，在一定程度上，也可以视为儒家士大夫的两条人生出路。隋唐以降，读书人出于不同目的，大都以科举仕进为目标，走一条"显"的人生路径。若仕进成功，则可以"治第舍，买膏腴，荣耀闾里尔"。② 当然也有部分读书人或科举失败，或如汉代严光一样畏"显"如虎，走一条"隐"的人生路径。"隐"和"显"的人生方向，各有不同，不同的人有不同的价值体认。然而这两种不同的人生路径，实际上也代表着两种不同的生活方式。对清初的遗民士大夫而言，在"宗社丘墟"和"夷夏之防"的影响下，他们纷纷放弃出仕新朝，这就决定了他们与仕"显"的生活绝缘。"古之君子，非显即隐"，从此角度而言，明遗民大都走上了以隐自解的生活之道。无法出仕的明遗民士大夫虽然对实现人生价值充满了挫折感，但并未对生活丧失信心。当无法"兼济天下"时，他们就拥有了富裕充足的时间和精力来经营儒家士大夫的"闲雅"理想生活。

所谓"闲雅"的生活，主要是从时间和空间上重新架构而展开的生活。"闲雅"，首先必要的基本条件是"闲"，即要有时间上的余裕，至少在感受上，必须有一种不为时间所役的"闲情"。"人莫乐于闲，非无所事事之谓也。闲则能读书，闲则能游名胜，闲则能交益友，闲则能饮酒，闲则能著书。天下之乐，孰大于是？"③ 在此，时间不是用来积累相关的社会资源，如求富与求贵等世俗价值，时间恢复到其本身，它不是一种换取社会资源的资本，它只是被用来消耗、游赏和游乐。④ "雅"是一种挣脱离弃的世俗社会价值而无所营求的自足状态。经济条件并非决定"雅"

---

① 袁中道：《杜园记》，《珂雪斋集》卷十二，第 528 页。
② 周晖：《续金陵琐事·沈氏三殂》，《笔记小说大观》第 16 编第 4 册，台北新兴书局，1985 年景印本，第 102 页。
③ 张潮：《幽梦影》，台北，汉京出版社，1980，第 28 页。
④ 王鸿泰：《明清士人的生活经营与雅俗的辩证》，美国哥伦比亚大学东亚系、中研院历史语言研究所及蒋经国中心合办之 "Discourses and Practices of Eveday Life in Imperial China" "国际"学术研讨会会议论文，时间：2002.10.25~27。在此文中，王先生对士人雅俗生活经营的论证为笔者提供了重要的写作思路，并借用了"经营"一词，在此表示感谢。

的绝对因素，贫者若知足常乐，则亦可获得一定程度的"雅"；相反，富者如果岌岌以求世俗的财富、功名等社会价值，反而可能求"雅"不得。

（1）从时间上重新架构的"闲雅"生活。如前所述，处明清易代之际，人生陡然的转折，颇具戏剧性。如张岱自谓"少为纨绔子弟，极爱繁华"，国亡后"避迹山居，所存者，破床碎几，折鼎病琴，与残书数帙、缺砚一方而已。布衣蔬食，常至断炊"。① 国破家亡，直接将一部分遗民士大夫的生活截断，前后判若两人。

明遗民对新朝充满愤恨，对故国思念不息，对已逝的生活追忆不止，然而现实已无法改变，在此情境下，明遗民愈加重视自己生活的经营。如前所述，明遗民群体中确实存在着"活埋土室"的生活状况，然而选择这种生活方式的遗民在整个遗民群中数量较小，他们的这种生活也不是遗民社会的主流，因而其生活经营方面没有给我们留有太多的讨论余地。

许多明遗民以遗民身份自处，但并没有自废生活，而是依然保留审美的人生态度，仔细经营着精致艺术的生活。如黄宗羲记巢明盛"鼎革不离墓舍，种匏瓜用以制器。香炉瓶盒之类，款致精密，价等金玉"。② 由此可以看出巢明盛虽然选择"墓舍"（即"死"之象征）为伴，但仍不能压抑人生创造的热情。③ 江西林时益，国亡后，生活困难，言："不力耕不得食也。率妻子徙冠石，种茶。长子楫孙，通家子弟任安世、任端、吴正名皆负担亲锄畚，手爬粪土，以力作，夜则课之。读《通鉴》、学诗；间射猎、除田豕。有自外过冠石者，见圃间三四少年，头著一幅布、赤脚挥锄朗朗然歌，出金石声，皆窃叹，以为古图画不是过也。"④ 这简直就是一幅《遗民子弟力田图》。王夫之筑土室而居，一再表明要"老死于荒草寒烟之下"，然他虽处荒山中而生趣未失，认真经营"明窗斐几，香缕萦空"⑤ 一类生活情境。明遗民虽然贫困，生活物资可能仅足以度

① 张岱：《张子文秕》，《张岱诗文集》卷十一，第351页。
② 详见《黄宗羲全集》第1册，第373页。
③ 赵园：《明清之际士大夫研究》，第290页。
④ 魏禧：《魏叔子文集》卷十七，第868页。
⑤ 王夫之：《绝笔诗》，《船山全书》第15册，第921页。

日，但他们在心理上已经满足。如徐远，"未几变革，……贫益甚，萧然环堵，读书著述自娱"。① 陈南箕，"衣垢敝，不浣濯，糜粥不充，恬如也"。② 陆坦，"遭丧乱，弃儒冠，隐于卜肆，……甘贫乐道，以奉其亲，虽日不举火，怡然也"。③ 陈确国亡后贫病缠身，然而也未失生活情趣，"患拘挛之疾，不良于行，桃李花时，载酒乘篮舆，二子一僮肩之而趋，往来阡陌，与田夫野老占课晴雨，遇竹木蓊郁，花草鲜妍，辄饮数杯，颓然而醉"④。陈确虽然比较贫穷，以田桑为业，力求躬耕自给，但具有恬淡自适的豁达心情，保持知足淡然、不改其乐的超然态度。对于这种生活状况，有学者指出，士大夫的"隐"之生活，并非消极性地抗拒参与物质文化的发展，它不是简单地以"朴素"对抗"繁华"（或者以"原始"对抗"文明"）；事实上，它是在发展一种"闲雅"的生活模式，它开发出极为繁复、丰富的生活形式及相关论述。这是在建立一套新的生活美学——一种优"雅"的生活文化，且以此自我标榜，以此对抗世"俗"的世界，进而试图以新的生活美学来参与社会文化的竞争，借此以确认其社会地位，并证实其存在的优越性。⑤

明遗民不仅隐居自处，居困苦而自若，以审美的目光寻找生活的快乐，而且还积极与他人交游，享受生活之悠闲乐趣。如陈确就说："弟以母老，欲辞馆归养，间以定省之暇东从诸子游乐，观新骥之气，兼策老驽之顽，生平志愿，粗毕于此。"⑥ 陆元辅（字翼王，号菊隐）于康熙九年（1670），举办过一次诗会，侯涵、吴梅村、王泰际、宋琬、苏渊等十几位名流聚集于侯氏东园的明月堂，饮酒作诗。徐枋与遗民好友魏禧、巢端明、黄宗羲、归庄往来交游，自谓："顾我于空山荒野之间。……展夕谈笑，流连信宿，必极意而后返，而历岁无倦焉。"⑦

---

① 谢正光、范金民编《明遗民录汇辑》（上），第 555 页。
② 谢正光、范金民编《明遗民录汇辑》（下），第 758~759 页。
③ 谢正光、范金民编《明遗民录汇辑》（下），第 787 页。
④ 陈确：《张元岵次仲竹窗解颐杂录》，《陈确集》，第 44 页。
⑤ 王鸿泰：《明清士人的生活经营与雅俗的辩证》。
⑥ 陈确：《与许芝田书》，《文集卷一·书一》，《陈确集》，第 69 页。
⑦ 徐枋撰，黄曙辉、印晓峰点校《李侍御灌溪先生哀辞并序》，《居易堂集》卷十九，第 467 页。

　　明遗民享受着集体生活的悠闲乐趣，这在遗民结社中表现尤为突出。清代杜登春《社事始末》对文人结社论述颇详，他认为明末士大夫结社的目的在于像农人治田一样"通力合作"以畅导声教，共同从事学术和政治的讨论。杜氏的看法在很大程度上揭示了明末文人结社在社会功能中有关政治和学术的一面，但是，杜氏却忽略了文人结社的娱乐功能。如全祖望《湖上社老晓山董先生墓版文》云："有明革命之后，甬上蜚遁之士甲于天下；皆以蕉萃枯槁之音，追踪月泉诸老，而唱酬最著者有四社焉。"① "四社"即西湖七子社、南湖五子社等。他们畅游湖上，"适当烟云平远之区，空朦绵渺"，景色非常优美，士大夫游玩得非常高兴，以致有明遗民说："吾敢谓此间乐不思蜀耶？"② 松江惊隐诗社明遗民"乐志林泉，跌荡文酒，角巾野服，啸歌于五湖三泖之间"。③ 有些遗民社集，特别是吴中遗民社集的排场非常壮观，"以大舰十余，横亘中流，舟可容数十席，中列娟优，明烛如星，数部伶人，声歌竞发，直达旦而后已"④。故赵园指出："并非遗民生涯即意味着断裂与重造。由有关的传状文字看，其中就有家道末落者的依旧豪纵，也有文人的故态依然，固有自甘枯槁奄奄待尽者，亦自有沉湎声色豪兴不稍减者。"⑤ "文史星历，近乎卜祝之间，固主上所戏弄，倡优所蓄"，"这种命运在新朝旧朝并无不同"。⑥

　　除吟诗作赋等活动在清初结社中给遗民以娱乐外，歌舞演剧等娱乐活动在他们的社集中也占有重要的地位。明代歌舞演剧是文人活动的重要组成内容，这种状况在明遗民群体中依然存在。如清初复社聚会就邀请了"梨园弟子"前来演剧助兴。亲见其事的余怀在《板桥杂记》中描述说："嘉兴姚北若，用十二楼船于秦淮，……每船邀名妓四人侑酒，梨园一部，灯火笙歌，为一时之盛。"顺治十年（1653）的复社聚会，规模也非

① 全祖望撰、朱铸禹汇校集注《湖上社老晓山董先生墓版文》，《鲒埼亭集外编》卷六，《全祖望集汇校集注》（上），第850页。
② 全祖望撰、朱铸禹汇校集注《余先生借鉴楼记》，《鲒埼亭集外编》卷二十，《全祖望集汇校集注》（中），第1122~1123页。
③ 杨凤苞：《书南山草堂遗集后》，《秋室集》卷一，《续修四库全书》第1476册，第10页。
④ 文秉：《烈皇小识·研堂见闻杂录》，上海书店，1982，第285页。
⑤ 赵园：《明清之际士大夫研究》，第279页。
⑥ 赵园：《明清之际士大夫研究》，第279页。

常大,"江浙二省及自远赴者几二千人。先一日,布席山顶。次夕,联巨舰数十,飞觞赋诗,歌舞达曙。"① 程穆衡《吴梅村先生编年诗笺注》对这次集会有详细记载:"以大舟廿余,横亘中流,每舟置数十座,中列优倡,明烛如繁星。伶人数部,歌吹竞发,达旦而止。"② 从以上事实可以看出,清初顺治时期,讲求气节和操守的复社遗民是不排斥优伶和戏剧的。③ 虽然虎丘复社集会和演剧可能是为了抒发明遗民义士的故国之思和社会沧桑之感,但是穿插其中的赏优、品妓活动在一定程度上说明了明遗民结社集会也有娱乐的一面。

由此看来,"闲雅"生活的经营,确实可以从时间上重新架构而展开。上述明遗民,或寄情山水,或读书交友,或品茗赏剧,或出入诗文酒会,充分展示了一种不为时间所役的"闲情"。无论经济状况如何,他们知足常乐,不再追求世俗的社会价值(财富、功名),积极以"适世"的生活理念,享受着袁宏道所言的"人生真乐"。

(2)从空间上重新架构的"闲雅"生活。明遗民所享受的"闲雅",既包括时间上的悠然之"闲",又包括空间上重新架构的审美之"雅"。所谓"雅"的生活,是指在生活空间中放置或营造新的生活内容,进而以此来营造雅致的生活情境。这可以从钱谦益言论中管窥一斑。他说:"世之盛也,天下物力盛,文网疏,风俗美。士大夫闲居无事,相与轻衣缓带,留连文酒。而其子弟之佳者,往往荫藉高华,寄托旷达。居处则园林池馆,泉石花药。鉴赏则法书名画,钟鼎彝器。又以其闲征歌选伎,博簺蹴踘,无朝非花,靡夕不月。……少潜瞿氏,讳式耜,故礼部尚书文懿公之孙,而太仆寺少卿讳汝稷之子也。孝友顺祥,服习家教。多材艺,书法画品,不学而能。室铺一几,庭支一石,信手位置,皆楚楚可人意。性好客,疏窗棐几,焚香布席,客至依依不忍去。人以为有承平王孙公子之遗风,王晋卿、赵明诚之辈流也。"④ 书法、名画、钟鼎、彝器与园林、花木之好,甚至居室空间中一几一石之摆置,都可以构筑士大夫的雅致

---

① 徐珂编撰《清稗类钞》第 11 册,第 3597 页。
② 程穆衡:《吴梅村先生编年诗笺注》,民国十八年(1929)铅印太昆先哲遗书本。
③ 刘水云:《明末清初文人结社与演剧活动》,《南通师范学院学报》2001 年第 1 期。
④ 钱谦益:《牧斋初学集》卷七十八,商务印书馆,1936,第 1690~1691 页。

生活。

确实如此，生活的艺术化在于空间布置与内心美感的体验，并且这两者是密切相关的。"位置之法，繁简不同，寒暑各异，高堂广榭，曲房奥室，各有所宜，即如图书鼎彝之属，亦须安设得所，方如图画。云林清秘，高梧古石中，仅一几一榻，令人想见其风致，真令神骨俱冷。故韵士所居，入门便有一种高雅绝俗之趣。"① 士大夫所居之处无论是深山还是城市，只要将一定的空间布置得当，就能体现高雅绝俗。明遗民不仅与钱谦益同世，其中还有不少遗民与钱谦益往来关系密切，因此钱谦益上述所言的如何在生活中开辟一个非世俗的空间，实际上指出了明清之际遗民士大夫生活的重点。明遗民的所居之处不仅是一个客观的空间存在，而且是居住者的心思和意境；居住者通过对空间的布置，将心思与意境融为一体，化为人文精神的流动场所。在这个场所内，明遗民无论宴游应世、读书吟诗，还是孤傲地弹琴饮酒，感怀时空变迁，都表现他们寄情其间所得到的精神慰藉。他们把精心布置的空间视为隐遁修行的场所，这个空间是与世隔绝的象征，也是他们桃花源的理想投射，透过给予明遗民士大夫的心灵慰藉，促使他们从困顿的现实中走出来，进而悠游于高洁无累的精神的超然境界。

毫无疑问，遗民士大夫生活的空间规模大小不一，但其作为隔离世俗、容纳自我、营造雅致生活的意义是一样的。

生活空间规模之小者，则简单布置。如魏禧喜欢细心布置自己的居室。他把西洋的宫室画《泰西宫室图》挂居室中。对此，他解释说，自己"性好官室园亭之乐，而贫无由得，每欲使画工写放古人名第宅，或直写吾意所欲作，故于此画最为流连"。② 文震亨将"室庐"内部分为"小室""卧室""敞室""佛室""丈室""山斋""琴室""浴室""楼阁"等，于此不同空间中追求"雅"境。他还认为"小室"中的几榻不必放置太多，书几上所摆笔砚、香盒、熏炉，均为"小而雅"，以配合"小室"之空间；"卧室"之雅洁，则以取干燥为要，"敞室"要表现"清凉"之雅。③ 他还在居

① 文震亨著，海军、田君注释《长物志图说·位置》，山东画报出版社，2004，第411页。
② 陈继儒：《玻伯兄泰西画记》，《岩栖幽事》卷十二。
③ 覃瑞南：《从〈长物志〉管窥明代文人的居室美学》，《台南女子技术学院学报》1998年第17期。

室中挂置字画，并指出书画的摆放不可随意，"悬画宜高，斋中仅可置一轴于上，若悬两壁及左右对列最俗。长画可挂高壁，不可用挨竹画竹曲挂。……堂中宜挂大幅横披，斋中宜小景花鸟"。① 明遗民顾岑也对自己的居室进行细心布置。对此他在《松风寝记》云："勒烈皇帝御书'松风'二字于楣间，名其室曰'松风寝'。……室中木榻竹几，几上《周宣石鼓文》、《后汉书》、《唐元宗皇帝纪》、《太山铭》、颜真卿书《中兴项》及古尊彝杂物。"② 从其命名和室中摆设的几本史书、名家字画中，我们可以感受到顾岑的文人雅趣和精致品味。张岱室内陈设鼎彝、书画、字帖、古琴、漆器、铜器、玉器等古物，以为此举是"谓博洽好古，犹是文人韵事。风雅之列，不黜曹瞒；赏鉴之家，尚存秋壑。"③ 利用古物妆点书斋、居室，是存其文人之风韵。李渔别出心裁制作"一带梅窗"装饰房屋。他在《闲情偶寄·窗栏第二》云："予又尝取枯木数茎，置作天然之牖，名曰'梅窗'。生平制作之佳，当以此为第一。……是时栖云谷中幽而不明，正思辟牖，乃然曰：道在是矣！遂语工师，取老干之近直者，顺其本来，不加斧凿，为窗之上下两旁，是窗之外廓具矣。"④ 李渔特别重视器玩物品对营建雅致情趣的重要作用，他在《闲情偶寄·位置第二》中言："器玩未得，则讲购求；及其既得，则讲位置。……安器置物者，务在纵横得当。"⑤ 他指出安器置物的一个重要原则是"贵活变"。他认为：

> 幽斋陈设，妙在日异月新。若使古董生根，终年匏系一处，则因物多腐象，遂使人少生机，非善用古玩者也。居家所需之物，惟房舍不可动移，此外皆当活变。何也？眼界关乎心境，人欲活泼其心，先宜活泼其眼。……或卑者使高，或远者使近，或一物别之既久，而使一旦相亲，或数物混处多时，而使忽然隔绝，是无情之物变为有情，若有悲观离合于其间者。⑥

① 文震亨：《长物志·百部丛书集成》，台北，艺文出版社，1966，第 3646 页。
② 顾岑：《松风寝记》，《塔影园集》卷二。
③ 张岱：《朱氏收藏》，《陶庵梦忆》卷六，中华书局，2007，第 77 页。
④ 李渔：《窗栏第二》，《李渔全集》第三卷《闲情偶寄》，第 172 页。
⑤ 李渔：《位置第二》，《李渔全集》第三卷《闲情偶寄》，第 230 页。
⑥ 李渔：《位置第二》，《李渔全集》第三卷《闲情偶寄》，第 232 页。

器物等装饰品若常年安置在同一位置，则会多生"腐象"，死气沉沉，百看百厌。若变换位置，则会使整个房间"日异月新"，使"无情之物变为有情"，就能呈现雅致的生活情趣。

又或，生活空间规模较大者，则对房屋周围环境有另一番构筑。以江西宁都明遗民为例，邱维屏"所居室如斗大，床灶鸡彘杂陈"①，但他对自己的屋室周围布置得比较雅致。魏伯子有诗曰："邱子河东宅，长桥到里门，数株松下屋，百亩水中村。"② 其房屋周围古树环绕，溪水潺潺，景色颇美，日日歌咏松下。彭士望将自己在翠微峰中的屋室称作"勺庭"。居室很小，但屋前有池，池中满植莲花，环屋则种桃树，他"独居"在这优美环境中。魏礼也在翠微峰中修筑了他的"吾庐"。"吾庐"所处地势最高，他在经营上很用心思，除"高下其径"外，还遍植花木，甚至"架曲直之木为槛，里以唇灰，光耀林木"③。可见，易堂诸子聚居在翠微峰，他们依山而筑屋，仔细营建周围的环境，视此地为"桃源"：

> 桐城方密之先生，世乱后尝僧服访予翠微山。山四面峭立，中开一坼，坼有洞如瓮口，伸头而登，凡百十余丈，及其顶，则树竹十万株，蔬圃亭舍，鸡犬池阁如村落，山中人多著野服草鞋相迎问，先生笑谓予曰："即此何减桃花源也。"④

> 左有东岩，遍植桃李，春月摘茶时，如入桃源。（林时益）风韵潇疏，尝布冠竹杖游行岩壑间，歌声出金石，荷锄相和答，见者以为桃源中人。⑤

所居之处遍种桂树、梧桐、腊梅、椿树、楸树、竹、茶蔗、月刺等花草树木，四时花开不绝。他们在翠微峰上怡然自乐，"每佳辰月夕，初雪

---

① 魏禧：《魏叔子文集》卷八，第 870 页。
② 魏祥：《杂兴》，《魏伯子文集》卷七。
③ 赵园：《易堂寻踪——关于明清之际一个士人群体的叙述》，江西教育出版社，2001，第 38 页。
④ 魏禧：《魏叔子文集》卷十二，第 640 页。
⑤ 《宁都县志·人物》卷六。

雨晴，辄载酒吟诗，间歌古今人诗，辞旨清壮慷慨，泣浪浪下。或列坐泉
栈，眺远山，新汲吹禽煮茗，谷风回薄，井水微漪。遇飞英坠叶缤纷浮水
际，时一叫绝，几不知石外今是何世"。① 可见，易堂诸子聚居翠微峰的
日子是相当闲适的。② 当清晨"天宇初开，万物东作"，便可感到山色郁
然而"虚静无一物，每恨不得如子者追而画之"③；山居多暇，可以从容
地观赏山色的晦明变幻，细细地玩赏四季之花。居住于此，易堂诸子自谓
"不知有身"④，"甚乐"⑤，实现了将环境直观感受和审美想象的具体化。

　　总之，明遗民放弃入仕新朝，隐居自处，但他们大都没有自废生活，
而是将其闲情转化为美感世界，致力于塑造一种"闲雅"的生活情境。
他们在离弃世俗社会的同时，重新建构了安身立命之处所，并据此开展有
意义的生活。

二　明遗民的生活癖好

　　清初遗民士大夫重视当下生活，极力营造"闲雅"的审美情趣。他
们把诸如书画、茶香、琴石、花木、饮食等各种"长物"纳入生活。⑥
"长物"原意为身外之物。明代文震亨撰写了《长物志》，书以"长物"
命名，并非仅仅表示书中述及的物品是"寒不可衣，饥不可食"的生活
必需品，还是寄托了士大夫"眠日梦月"的雅人之致和名士情怀。

（一）癖好中的审美情趣

　　很多人都有癖好，对此袁中郎有深论："嵇康之锻也，武子之马也，
陆羽之茶也，米颠之石也，倪云林之洁也，皆以僻而寄其磊傀俶逸之气者
也。余观世上语言无味面目可憎之人，皆无癖之人耳。若真有所癖，将沉
湎酣溺，性命死生以之，何暇及钱奴宦贾之事？"⑦ 自古天下之癖，无奇

① 彭士望：《翠微峰易堂记》，《宁都直隶州志》，道光四年刊本。
② 赵园：《易堂寻踪——关于明清之际一个士人群体的叙述》，第 41~43 页。
③ 魏禧：《魏叔子文集》卷九，第 489 页。
④ 魏禧：《魏叔子文集》卷十二，第 646 页。
⑤ 魏礼：《答曾止山》，《魏季子文集》卷九，第 352 页。
⑥ 王鸿泰：《明清士人的生活经营与雅俗的辩证》。
⑦ 袁宏道著，钱伯城笺校《瓶史·十好事》，《袁宏道集笺校》卷二十四，上海古籍出版社，1981，第 826 页。

不有，陶渊明嗜酒、陆羽嗜茶等，皆成一癖。怡情于草木山石、器物珍玩以及饮食等，正是人们热爱自然、热爱生活的一种体现，是用情专一的表现：

> 人情必有所寄，然后能乐。故有以弈为寄，有以色为寄，有以技为寄，有以文为寄。古之达人，高人一层，只是他情有所寄，不肯浮泛虚度光景。每见无寄之人，终日忙忙，如有所失，无事而忧，对景不乐，即自家亦不知是何缘故，这便是一座活地狱，更说什么铁床铜柱刀山剑树也，可怜，可怜！①

将个人的生命贯注于某些特定事物上，这是完全不同于追求世俗价值的做法，爱物成癖，显示了士大夫以"癖"来寄托、承载生命价值和意义，通过"癖"让生命超脱于世俗世界，进入一个新的人生境界。并且，士大夫愈是郁郁不得志时，愈是愿意把精力倾注于特定事物上。这诚如欧阳修所言："凡士之蕴其所有而不得施于世者，多喜自放于山巅水涯外，见虫鱼草木风云鸟兽之状类，往往探其奇怪。"②

明遗民承续了明季士大夫爱物成癖的遗风，多有癖好，并对于有其他癖好者，持欣赏态度。如张岱即言："人无癖不可与交，以其无深情也；人无疵不可与之交，以其无真气也。"③ 在张岱的友人圈中，相当一部分士大夫有着各种奇癖异癖，张岱在自己的诗文中给予他们真诚的理解与尊重，其中"有书画癖，有蹴鞠癖，有鼓跋癖，有鬼戏癖，有梨园癖"④ 的祁止祥，有"性命于戏，生死以之"的刘晖吉，有"或癖于钱"或"癖于酒"或"癖于气"或"癖于上木"或"癖于书史"的"五异人"，有"洁癖"的倪瓒，有"性喜酒妓"的吴伟等。⑤

追求癖好，进而借癖好以建构新的生命情境，设想出一种具有审美的

---

① 袁宏道著，钱伯城笺校《尺牍·李子髯》，《袁宏道集笺校》卷五，第241页。
② 《欧阳修全集》，中华书局，1986，第295页。
③ 张岱：《祁止祥癖》，《陶庵梦忆》卷四，中华书局，2007，第55页。
④ 张岱：《祁止祥癖》，《陶庵梦忆》卷四，第55页。
⑤ 胡益民：《张岱评传》，南京大学出版社，2002，第130页。

人生"意境"，甚至可以由此反映"俗"与"雅"两种文化的对比和斗争。如黄宗羲在描绘挚友陆文虎和万履安的生活情境时说："两人皆好奇，胸怀洞达，埃壒沤泊之虑，一切不入，焚香扫地，辨识书画古奇器物，所至鸾翔冰峙，世间嵬琐解果之士，文虎直叱之若狗，履安稍和易，然自一揖以外，绝不交谈，其人多惶恐退去。"① 陆、万两人的生命活动刻意突破现实世界的局限——所谓"两人皆好奇"，即显示他们的人生归属有飘离现实，试图投入一个"传奇世界"的倾向，而所谓"埃壒沤泊之虑，一切不入"，反映他们的生活经营重心，并不在于现实层面，因而不屑于现实的蝇营狗苟。至于所谓"所至鸾翔冰峙"，则是他们对他人的态度，即刻意表现为以一种傲岸的姿态与"庸俗"的世人保持距离，刻意疏离和抗拒"世俗世界"的生命情调。② 在此也可以看到具有此种生命情调之士大夫、士人，在生活层面的经营上，背离现实利益的求取，另有其致力之方向——"焚香扫地，辨识书画古奇器物"。这是他们有别于世俗的生活风貌的经营，也是抗拒世俗以寄托心力的行为。明遗民把这些"长物"作为自己的审美趣味，在主观态度上沉溺其中，对之爱恋成癖，使之成为生活重心，进而以此来营造美好的生活情境，作为个人生命的寄托。

（二）明遗民的不同癖好

很多明遗民都有癖好，他们的癖好一般可以分为两方面。

一是嗜好花草、器具等事物。如李渔爱花成癖。他说："予有四命，各司一时：春以水仙、兰花为命，夏以莲为命，秋以海棠为命，冬以腊梅为命。"③ 魏禧癖好花木，说自己"生平癖于花，于桃尤甚"。④ 太多嗜欲，于士大夫而言，无疑是不应该的，但魏禧仍然忍不住夸耀自己"居翠微山中，桃李梧桐之花高于屋，高竹成长林，庭中有周轩曲槛，槛前方池二丈，池上有露台游眺之乐"⑤。归庄"素爱花"，他"自念惟当乱世，

---

① 黄宗羲：《万悔庵先生墓志铭》，《南雷诗文集》（上），《黄宗羲全集》第 10 册，第 297 页。
② 王鸿泰：《明清士人的生活经营与雅俗的辩证》。
③ 李渔：《闲情偶寄·水仙》，《李渔全集》第三卷，第 286 页。
④ 魏禧：《魏叔子文集》卷九，第 477 页。
⑤ 魏禧：《魏叔子文集》卷五，第 241 页。

故得偷闲山中"①，可以经常外出观花，并做了诸多篇观花记，如《洞庭山看梅花记》《看牡丹记》《寻菊记》《看寒花记》《观梅花记》《看桂花记》等。他为了观花还经常游天下有名园林，并颇为得意地说："吾则惟办一杖一屐，举天下名园而皆可到，到则其中之嘉花美木，皆我有也。"②有些明遗民嗜物几乎成"痴"。如王弘撰，字无异，"明诸生。博雅能古文，嗜金石，藏古书画金石最富"。③刘瑞当在"值岁存饥，妻子冻饿无人色"之困苦情况下，仍然"方寓壮志于法书、名画、古奇器"。④万泰疾病缠身，行将入木，仍然言"得水坑石数片，娘子香数瓣，未及把玩，遽尔缘绝，此为恨事耳"。对此，黄宗羲不禁叹道："夫家室万里，诸子寒饿，先生之言不出于彼，先生之好奇，乃至是耶?"⑤

二是钟情饮食一类事物。其中癖好饮茶的明遗民大有人在。如文震亨最喜欢喝"虎丘茶"。杜濬，字于皇，号茶村，黄冈人，《清史稿·遗逸传》说他："嗜茗饮，尝言吾有绝粮，无绝茶。"⑥他一生酷爱品茶，以茶为友，把茶当作解忧的至情至性之物。又如江西遗民林时益被方以智指认为"茶人"，他也以"茶人"自居，说"茶人最爱春山晴，二月三月雨淋铃"⑦。林时益"以意制茶"，被时人视为茶中"逸品"。并且他还亲自制茶，彻夜不眠，"茅屋鸡声叫东日，橙光犹向锅头炒"⑧，炉灶"武火赤釜，手亲釜簸弄，十指皮墩起，如被炮烙"。据此可以想象林氏制茶的辛劳，从中也可以折射出他对茶的嗜好。

除嗜好饮茶外，有些明遗民嗜好美食。如张岱继承家族喜好饮食之传统，癖好吃"蟹"。他说："食品不加盐醋而五味全者，为蚶、为河蟹。河蟹至十月与稻粱俱肥，壳如盘大，坟起，而紫螯巨如拳，小脚肉出，油油如螾衍。掀其壳，膏腻堆积如玉脂珀屑，团结不散，甘腴虽八珍不及。

① 归庄：《洞庭山看梅花记》，《归庄集》卷六，第377页。
② 归庄：《寻菊记》，《归庄集》卷六，第388页。
③ 赵尔巽等：《清史稿》卷五〇一，第13858页。
④ 黄宗会：《缩斋文集·记所藏平津侯印》，上海古籍出版社，1983，第151页。
⑤ 黄宗羲：《万悔庵先生墓志铭》，《南雷诗文集》（上），《黄宗羲全集》第10册，第289~290页。
⑥ 赵尔巽等：《清史稿》卷五〇一，第13859页。
⑦ 林时益：《癸卯三月送魏叔子之高邮》，《朱中尉诗集》卷二。
⑧ 林时益：《寄楷痖瓢冠茶为谢约斋先生五十寿》，《朱中尉诗集》卷二。

一到十月，余与友人兄弟辈立蟹会，期于午后至，煮蟹食之，人六只，恐冷腥，迭番煮之。"① 求之鲜味，无须佐以任何调味，便能享尽螃蟹之味美，这是直接将饮食化为美感的体验。魏耕好酒。山阴祁理孙，称魏耕"有奇癖，非酒不甘，非妓不饮，礼法之士莫许也，公子兄弟独以忠义故，曲奉之。时其至，则盛陈越酒，呼若耶溪娃以荐之"。② 又如祁班孙、祁理孙等"喜结客，讲求食经"。③ 遗民中以癖好饮食而闻名的当属陆茶坞。陆茶坞即陆锡畴，字我田，号茶坞，江苏人。《清稗类钞·饮食类》记载陆茶坞"性嗜客，豪于饮，尤讲求食经"。④ 陆茶坞宴客讲求食经，讲求饮食的极度精致。全谢山之太祖与之交往颇深，自谓说："予于酒户亦颇为朋辈所推，然深畏茶坞之勾留，不五日即病，往往解维而遁。茶坞诮予曰：是所谓以六千里而畏人者也。"⑤ 由此可见陆氏对饮食的痴迷程度。

综上所述可见，明遗民之癖好，是营造"闲雅"审美情趣的重要元素。他们在主观态度上沉溺其中，使之成为生活重心，作为个人生命的寄托。这也是他们重视当下的生活，认真营造悠闲雅致的审美生活的重要内容和体现。由此我们也可以对明遗民士大夫的生活形成一个再认识，即他们并非都是国亡后"活埋土室"、自废生活、埋汰人生的乐趣；相反，许多遗民士大夫都积极创造了个人生活的意义。

必须指出的是，遗民士大夫所经营的"闲雅"生活在清初近半个世纪的时间里，表现为由多姿多彩、活泼、开放逐渐消退为平静、沉寂、淡然的变化趋势。同治年间伍绍棠跋《长物志》对这种变化有所察觉，他说：

> 有明中叶，天下承平，士大夫以儒雅相尚，若评书品画，瀹茗焚香，弹琴选石等事，无一不精，而当时骚人墨客，亦皆工鉴别，善品

① 张岱：《蟹会》，《陶庵梦忆》卷八，中华书局，2007，第99页。
② 全祖望撰、朱铸禹汇校集注《祁六公子墓碣铭》，《鲒埼亭集》卷十三，《全祖望集汇校集注》（上），第257页。
③ 谢国桢：《明清之际党社运动考》，第235页。
④ 全祖望撰、朱铸禹汇校集注《陆茶坞（锡畴）墓志铭》，《鲒埼亭集》卷十三，《全祖望集汇校集注》（上），第374页。
⑤ 全祖望撰、朱铸禹汇校集注《陆茶坞（锡畴）墓志铭》，《鲒埼亭集》卷十三，《全祖望集汇校集注》（上），第375页。

题，玉敦珠盘，辉映坛坫，若启美此书，亦庶几卓卓可传者。盖贵介交流，雅人深致，均于此见之。曾几何时，而国变沧桑，向所谓"玉躞金题""奇花异卉"者，仅足供楚人一炬。①

晚明士大夫的生活丰富多彩，或辨书画，识金石奇器，焚香扫地，与名僧连床对语；又或讲究园治，如西湖游冶、诗酒吟唱、征歌舞伎，等等，可谓喧嚣浮动，"去朴从艳""好新慕异"。国亡后，明遗民士大夫虽有"活埋土室"、自废生活者，但更多的明遗民士大夫遥承晚明士大夫雅致生活的流风余韵。"宗社丘墟""天崩地解"，对明遗民的生活影响也是巨大的，特别是亡国使很多明遗民失去了现实的物质经济凭借，逼迫他们对晚明的生活做出深刻反省。在明亡清兴的近半个世纪里，明遗民士大夫的生活也逐渐远弃晚明士大夫的生活习气，变为由奢入俗、去华从朴、注重生活细节，且既愈加实际也更符合礼教。② 这种变化趋势是非常隐晦、微妙的，也是缓慢的，从《檀几丛书》《昭代丛书》中所收清初文人著作，都可以看出这点。

第二节　"得遗民之正"：明遗民的"合道而行"

明遗民对许多士大夫而言，这个人生定位太过漫长。"天命既定，遗臣逸士犹不惜九死一生以图再造，及事不成，虽浮海入山，而回天之志终不少衰。迄于国亡已数十年，呼号奔走，逐坠日以终其身，至老死不变，何其壮欤！"③ "数十年"，准确地说，是近半个世纪，在历史长河中也就是弹指一挥间，但置于某个具体的人生中，可能是半辈子或是多半辈子。这么长的时间，他们都面临着共同的问题"怎么活"？

一　变化多态的"道"

明遗民心系故明，然明朝已成往事；心斥新朝，又不得不生活在新

① 伍绍棠：《长物志跋》，（明）文震亨《长物志》，浙江人民出版社，2016，第110页。
② 王汎森：《晚明清初思想十论》，复旦大学出版社，2004，第195页。
③ 赵尔巽等：《清史稿》卷五〇〇，第13816页。

朝。在这种尴尬的处境中，他们普遍存在着严重的身份归属的焦虑。于是，他们纷纷追寻自己的身份归属，主动自觉地定位自己的人生，思考并实践"怎么活"，什么样的思想言行才符合"道"的要求。

"道"在先秦典籍屡被使用。《庄子·缮性》云："道，理也。……道无不理。"《诗经·大东》云："周道如砥，其直如矢。"从词源上看，"道"从最初意义道路、方法等，扩充为"引导""指引"之义，逐渐成为中国古代哲学的基本范畴，甚至成为本体论范畴，成为宇宙万物产生和发展的总本源、本体，即所谓"形而上者谓之道"。《春秋穀梁传》指出："天之于人也，以言授命。人之于天也，以道受命。不若于言者，人绝之。不若于道者，天绝之。""道"就是天命，人应该接受"道"的指引和召唤，自觉遵守和实践"道"。当成为本体论范畴后，"道"具有话语强权和意识形态意义。《孟子》载："天下有道，以道殉身。天下无道，以身殉道。未闻以道殉乎人者也。"为了彰显"道"，即使殉身也在所不惜。《中庸》云："道须臾不可离也，可离非道也。""道"无时无刻不存在，它不会因为不为人所感知就消失。本体论的"道"还可以化为万物，是产生并决定世界万物的最高本体，即所谓"道生一，一生二，二生三，三生万物"。

明清易代后，士大夫最为直接也是最为简单的合于"道"的人生选择就是"殉"。《国语·晋语四》云："杀身赎国，忠也。"① 对国家和君主之忠，是社会伦理道德的基本要求。"君子杀身以成仁"，"杀身成仁"在某种意义上也是"道"最高的要求。"国存与存，国亡与亡，古之制也。"② 这是刘理顺在阐述自杀缘由的话。与其说这是"古之制"，不如说这是"制"的精髓——"道"——的使然，所以清初有诸多士大夫殉国。

"道"亦有"道"。"道"只是一个总体精神或本体，它在实践中可以具化为多种样态，也不得不具化为多种样态，因为人和生活从来就不是单一样态。在此，就明遗民群体而言，可以综观"道"的多态性和变

① 徐元诰：《国语集解·晋语》，中华书局，2002，第423页。
② 孙奇逢：《刘文烈遗集序》，《夏峰先生集》卷四，第28页。

化性。

其一，"道"要求明遗民把自己确认为"旧朝人"。所以许多明遗民或以"遗民"自称，或利用历史上的遗民资源表现自我期许，或以节妇自拟，或拼命惜发、护发，以抵制清朝所希望的身份转换，从身体和精神上坚持自己忠于故国旧君的身份认同。

其二，谋生要合乎"道"。明遗民在新朝放弃科举功名，相当于主动放弃了优越的社会地位和稳定的生活来源，体现了"甘贫乐道"的伦理要求。"甘贫"并不意味着行走"伯夷叔齐式"的饿毙之路，只是不能沉湎于富贵奢侈之求中。但明遗民普遍绝缘于富贵奢侈，纷纷坠入贫困旋涡，横亘在他们面前是活命生计。"能治生则能无求于人，无求于人则廉耻可立，礼义可行"。① 只有在保证生存的前提下，才可以廉耻可立，礼义可行，所以明遗民通过务农、经商、处幕、行医、处馆等方式谋生。愈是贫困，谋生愈是急迫，所以明遗民不得不孜孜于谋生。然而，此时的"道"，即重义轻利与安贫乐道的思想传统或伦理要求，时刻提醒明遗民不能精于治生，否则就是违背"道"。于是，极迫切的生存威胁和庄重严肃的"道"就变成了明遗民心中"天平"的两端，实在难以平衡。例如，处馆教授谋生，"将以举业为可乎，则身既不为矣，如以为不可，犹教人为之，是欺己欺人也，欺人不忠，欺己无耻"。② 明遗民已"弃诸生"，不考清初科举，但处馆教授他人，这是一种"欺己欺人"的行为，故既行之又耻之，就更不用说处馆仕清官员家了；至于行医、经商等，他们认为这是十分危险的职业，将会使"诗书日远，贾衔日近"，使"人品心术遂坏"。③

其三，交往也要合乎"道"。很多明遗民与社会各阶层，如遗民群体、僧道宗教人士、仕清官员等展开不同范围的交往。与寻求志同道合、互相砥砺名节的目的不同，明遗民往往出于生活救济和案狱救助等需要，不得不与仕清官员交往，一不小心就会节操有亏，就会授人以柄。如钱澄之晚年曾谋食于徐乾学兄弟等仕清官员中，就被好友曾灿婉言规劝："闻

---

① 张履祥：《杨园先生全集·备忘一》，第1043页。
② 张履祥：《言行见闻录（三）》，《杨园先生全集》卷三十三，第942页。
③ 张履祥：《言行见闻录（二）》，《杨园先生全集》卷三十二，第910页。

君往云间，浪游成间沮。从人觅颜色，安得有天助！乾坤本趋狗，山川同沮洳。吾辈皆耆耄，勿为境所据。志当今石坚，虽老冀一过。"① 必须在坚守遗民志节与"乞食"于仕清官员之间做选择，是毫无疑问的。"饿死事小，失节事大"，这对明遗民来说就是"道"。

其四，情感也要合乎"道"。情感是人对客观事物所持的态度体验，特别是社会需求欲望上的态度体验。古人的情感在其思想中占有重要地位。如庄生善"怒"，屈原善"怨"，孟子尤善"怨怒"等，"凡此以正直之气，发天地人物不平之气，以会归于天地中和者，皆怨怒功也"。②文、武、周公、孔、孟，皆以正直之气而发天地人物不平之气，以会归于中和，则此圣贤一脉相传的道统，可完全归诸怨怒的作用。历朝各位圣贤的兴起必须依凭怨怒之气的激励。例如，明遗民觉浪道盛，俗姓张，福建浦城人，就非常善"怨"。他解释说："此怨乃能以天地人物不平之气，保合天人性情之太和。"③"怨者，天地之义气。立己处人，有一毫不合于德义，则自怨自艾，自不容己。艾，药也。人无耻而不自怨，则是大圣拱手不可救药之人也。不知怨，则不知兴，并不知德矣。"④ 此时的怨，不是哀怨，不是怨天尤人，而是"天地人物不平之气"，是"天地之义气"。如"怨"这样的情感，是看到自己或世间有一丝一毫不合德义之事，便把责任归诸自己的身上，形成一种引以为耻、自不容己的"不平之气"，促使自我反省、自我敦迫的精神和意志。由此可见，合乎"道"的范围是不定式的。

合乎"道"，还成为明遗民自我论说和反思的核心主题。例如，屈大均指出，已仕与未仕决定着是否殉国："磋夫，人尽臣也，然已仕未仕则有分，已仕则急其死君，未仕则急其生父，于道乃得其宜。"⑤ 表面上是

---

① 曾灿：《六松堂集》卷二，《四库未收书辑刊》第七辑，第 25 册，北京出版社，1997，第 351 页。
② 觉浪道盛著，大成、大然等校《天界觉浪盛禅师全录》，《中华大藏经》第二辑第 136 册，台北，修定中华大藏经会，1968，第 57968 页。
③ 觉浪道盛著，大成、大然等校《天界觉浪盛禅师全录》，《中华大藏经》第二辑第 136 册，第 57967 页。
④ 觉浪道盛著，大成、大然等校《天界觉浪盛禅师全录》，《中华大藏经》第二辑第 136 册，第 57966 页。
⑤ 屈大均：《周秋驾六十寿序》，《翁山文外·卷二·序》，《屈大均全集》第 3 册，第 92 页。

屈大均在辨析殉国之依据，实际上是为自己未能杀身殉国进行辩解，因为他当时未仕。并且他还认为这是合乎"道"。在他看来，重身即是重道，身之不存，道将焉附，所以他全身可在乱世当中保持"道"的延续，这就符合"道"的要求。然而，对于自己被诟病的"忽儒，忽释，忽游侠，忽从军"的复杂身份，他在《归儒说》中解释道："予昔之于二氏也，盖有故而逃焉，予之不得已也。夫不得已而逃，则吾之志必将不终于二氏者，吾则未尝获罪于吾儒也。……今使二氏以吾为叛，群而攻之，吾之幸也；使吾儒以吾为叛，群而招之，斯吾之不幸也。又使天下二氏之人皆如吾之叛之，而二氏之门无人焉，吾之幸也；使天下儒者之人皆如吾之始逃之而终归之，而吾儒之门有人焉，则又吾之幸也。然昔者吾之逃也，行儒之行，而言二氏之言；今之归也，行儒之行，而言儒者之言。"① 屈大均强调"归儒"，坦言自己逃禅并非出于信仰转变，而是不得已而为之，实际上他也认为佛道是旁门左道，只有儒学才能救正人心，维持世道。这种解释的目的也是让自己的人生轨迹合乎"道"。乱世之际，明哲保身，陈瑚解释自己之所以没有殉国，是因为"不幸处乱世而不惟以身隐道亦隐矣"的忧虑。他指出："高不在迹，贵取乎心，处士无颜曾之学，伊傅之才，徒然粉饰虚名，倾动君相……（真正的高士）盖有所不得已焉耳。君子持身也如执玉，然洞洞属属犹惧；或失之玄，而求售于市，则人以为伪；君子之守节如处子，然出门而蔽其面，犹惧其亵也，目挑心招，则人以为贱……孔子曰：不得中行而与之必也，狂狷乎高士之行，或多出于狂狷而未必尽合乎中行。"② 这既批判逃世避人的生活方式，也道出了自己的志向"倡明大道，兴起绝学"。然而，他发出这些言论的动机，是"儒者之立身持己，进退言动之际，岂可不慎乎哉？"③ 慎什么，就是慎"道"，担心思想言行不合乎"道"。明遗民也常常回首故明太平时节的秦淮河房、苏州烟火，甚至斗鸡社、嚎社之类。如张岱经常用近乎轻松的笔调追忆已经逝去的美好、富贵和快乐的生活，但这并不表明他对往昔生活的怀念、向往。张岱在《陶庵梦忆·自序》中云：

---

① 屈大均：《归儒说》，《翁山文外·卷五·说》，《屈大均全集》第 3 册，第 123~124 页。
② 陈瑚：《续高士传序》，叶裕仁辑《陆陈二先生诗文钞》卷三，同治九年（1870）刻本。
③ 陈溥编《安道公年谱》，太仓缪氏刻《东仓书库丛刻》本，清光绪年间，第 35~36 页。

饥饿之余，好弄笔墨，因思昔人生长王、谢，颇事豪华，今日罹此果报。以笠报颅，以篑报踵，仇簦履也；以衲报裘，以苎报绤，仇轻暖也；以藿报肉，以粝报粻，仇甘旨也；以荐报床，以石报枕，仇温柔也；以绳报枢，以瓮报牖，仇爽垲也；以烟报目，以粪报鼻，仇香艳也；以途报足，以囊报肩，仇舆从也。种种罪案，从种种果报中见之。鸡鸣枕上，夜气方回，因想余生平，繁华靡丽，过眼皆空，五十年来，总成一梦。今当黍熟黄粱，车旅蚁穴，当作如何消受？遥思往事，忆即书之，持向佛前，一一忏悔。①

张岱把现实中的贫穷和苦难等，归结于是过去繁华的"报应"。明亡前张岱生活极尽奢华，佳肴、名茶、婢女、歌妓配备其左右。然而，张岱认为，正是昔日的"颇事豪华"，才有"今日罹此果报"，以致当下"披发入山，駴駴为野人。故旧见之，如毒药猛兽，愕窒不敢与接"。② 张岱回思平生，"种种罪案，从种种果报中见之"，故将过去五十年的种种，"持向佛前，一一忏悔"。"回想太平时序，儿女柔情，不觉销魂久之"，③ 对这种昔日生活无限向往和怀念，但现在"为人奴、为乞丐，亦所甘心，迄今回思，不禁两泪交流"④。他们把昔日美好生活视为日后故国覆亡的"罪案"，把现实中的贫穷和苦难等，归结为对过去繁华的"报应"，认为正是昔日的"颇事豪华"，才有"今日罹此果报"，"种种罪案，从种种果报中见之"。这就是用"道"衡量过往人生引起的内心忐忑不安。

特别越是靠近生命终点，明遗民对这种合乎"道"的反思越是强烈。如瞿式耜说："家中人口平安，此第一好事，只入闱、入泮一切兴头事太多，吾亦终无面目还乡矣！吾今年已过甲，须发苍然，形容瘦削，只有入山修道一着，利禄荣名久看破，患难险阻无备尝，只汝母多病之身，

① 张岱：《陶庵梦忆·自序》，张岱撰、栾保群点校《琅嬛文集》卷一，第 12 页。
② 张岱：《陶庵梦忆·自序》，张岱撰、栾保群点校《琅嬛文集》卷一，第 11 页。
③ 孙静庵：《明遗民录》，第 80 页。
④ 谢国祯：《晚明史籍考》，上海古籍出版社，1981，第 949 页。

终年思念婚女不置，但得道路少通，一返故园，骨肉团聚，即一旦溘殒，亦得瞑目，此外非所计也。"① 屈大均也是如此，他反思自己"半生游侠误"。

盖棺论定，他自谓"明之逸民"，这应该是合乎"道"的。黄宗羲在临终前给孙女婿万承勋的信中写道："年纪到此可死；自反平生虽无善状，亦无恶状，可死；于先人未了，亦稍稍无歉，可死；一生著述未必尽传，自料亦不下古之名家，可死。如此四可死，死真无苦矣！"② 四条"可死"之理由，实际上是对黄宗羲的自我评价。他反思平生，自谓可以"死真无苦"，这无疑是一种一生经历无违"道"的要求。张岱还在《自谓墓志铭》中表达自己的"七不可解"：

　　常自评之，有七不可解：向以韦布而上拟公侯，今以世家而下同乞丐，如此则贵贱紊矣，不可解一；产不及中人，而欲齐驱金谷，世颇多捷径，而独株守于陵，如此则贫富舛矣，不可解二；以书生而践戎马之场，以将军而翻文章之府，如此则文武错矣，不可解三；上陪玉帝而不诏，下陪悲田院乞儿而不骄，如此则尊卑溷矣，不可解四；弱则唾面而肯自干，强则单骑而能赴敌，如此则宽猛背矣，不可解五；争利夺名，甘居人后，观场游戏，肯让人先，如此则缓急谬矣，不可解六；博弈摴蒱，则不知胜负，啜茶尝水，则能辨渑淄，如此则智愚杂矣，不可解七。有此七不可解，自且不解，安望人解？故称之以富贵人可，称之以贫贱人亦可；称之以智慧人可，称之以愚蠢人亦可；称之以强项人可，称之以柔弱人亦可；称之以卞急人可，称之以懒散人亦可。学书不成，学剑不成，学节义不成，学文章不成，学仙学佛，学农学圃俱不成，任世人呼之为败家子，为废物，为顽民，为钝秀才，为瞌睡汉，为死老魅，也已矣。③

这是历经人世沧桑后的自我总结，也是纨绔子弟堕入生活最底层的思想历程。"七不可解"——贵贱紊、贫富舛、文武错、尊卑溷、宽猛背、缓急谬、智愚杂，这些不是"怪状"的"怪状"，张岱其实都"可解"，但是他偏偏说自己"不可解"。他用这种自嘲、反讽的口吻反衬这个社会的黑白颠倒。从合"道"与否角度而言，张岱不仅是个人在忏悔，也是替一群明遗民士大夫在忏悔，替一个朝代在忏悔。

能否合乎"道"，就连出仕清朝的士大夫临终前也不得不反思。如吴伟业就为出仕清朝困扰终生，他临终时总结自己一生说："吾一生遭际，万事忧危，无一刻不历艰难，无一境不尝辛苦，实为天下大苦人。吾死后，殓以僧装，葬吾于邓尉、灵岩相近，墓前立一圆石，题曰'诗人吴梅村之墓'，勿作祠堂，勿乞铭于人。"[1] 虽然为了个人生存和家族延续不得不出仕朝廷，但来自舆论和自我心灵的压力，让他深深陷入自责和愧疚之中。他希望身后以"诗人"自居，这就是要模糊易代所带来的政治归属的差异性，为身后寻求一个安身立命之所。

二 "合道而行"的遗民观

明清易代后，明朝士大夫身份发生了转换，成为明遗民。尽管他们心系故明，坚持自己忠于故国旧君的身份认同，但随着社会局势的日趋稳定，他们的反清情绪由激愤逐渐转为沉静，因而能够理性思考自己在清廷如何自处，如何实行儒者之志，以及如何行事才符合士大夫的伦理道德要求等问题，由此他们形成了新的遗民观。在此，以黄宗羲为个案进行分析。

其一，精神："遗民者，天地之元气也"。遗民古已有之，实际指出了某一群体的分类归属性质，通常指改朝换代后不仕新朝的士大夫。这个特定的指代对象，逐渐赋予了"遗民"特定的精神特质，即气节和操守。

黄宗羲对"遗民"精神进行了高度概括。他说："遗民者，天地之元气也。"[2] 那么什么是"元气"呢？黄宗羲解释说："三纲五常，天下元气"，[3] "无元气则天下国家堕矣。学者要知以纲常为重，扶纲常所以

---

① 顾湄：《吴先生伟业行状》，钱仪吉纂《碑传集》卷四十三《翰詹上之上》，中华书局，1993，第1203页。
② 黄宗羲：《谢时符先生墓志铭》，《南雷诗文集》（上），《黄宗羲全集》第10册，第422页。
③ 黄宗羲：《太常徐鲁源先生用检》，《明儒学案》（上），《黄宗羲全集》第7册，第352页。

扶元气也。即使举世皆乱，士大夫能自任以纲常为重，即一人赤手，可持元气"。① 很明显，天地之"元气"就是儒家提倡的"三纲五常"等伦理秩序。黄宗羲出生于崇尚气节的传统家庭，深受儒家纲常伦理的浸染，这使他"颇喜气节斩斩一流"，② 形成了"气节之荣"的向往。黄宗羲以遗民气节为标准来交友，认为"胸怀洞达，热心世患，视天下事以为数着可了，断头穴胸，是吾人分内事"③。国亡后，黄宗羲撰写了许多碑传铭记，对"国难诸公，表彰尤力"④。他还著《思旧录》，极力表彰忠于国家、民族的人物，赞其精神"不可磨灭者"，认为"天地之所以不毁、名教之所以谨存者，多在亡国之人物"。⑤ 总而言之，黄宗羲认为守节的士大夫"至公血诚，任天下之重，屹然砥柱于疾风狂涛之中，世界以之为轻重有无，此能行孔子之道者也"。⑥

黄宗羲对遗民精神的表彰，无疑也折射出他对遗民节操的自我期待和使命担当。黄宗羲极力保持自己的遗民身份，他"不事王侯，持子陵之风节"⑦，坚持不出仕清王朝，"死犹不肯输心去"。⑧ 他辞"博学鸿儒"，辞入史馆，辞修郡志，乃至辞"乡饮酒大宾"，表示若强行征召，"则所谓断送老头皮也"。⑨ 黄宗羲不惜以死守住不可逾越的"入公门"的界限，绝不肯有一毫疏失，以贻讥青史。正是由于黄宗羲为保持遗民身份做了诸多努力，及其去世后，在讨论黄宗羲的私谥事宜过程中，黄宗羲的许多门人主张谥"文节"，如仇兆鳌就持此意。他说："先生（黄宗羲）抗蹈海之踪，而高不事之守，直使商山可五，首阳可三，此宇内正气之宗，有明三百年纲常所系也，谥以文节，乃不失先生之大全矣。"⑩ 认为黄宗

① 黄宗羲：《太常徐鲁源先生用检》，《明儒学案》（上），《黄宗羲全集》第7册，第352页。
② 全祖望：《梨洲先生神道碑文》，《黄宗羲全集》第12册，第8页。
③ 黄宗羲：《陆文虎先生墓志铭》，《南雷诗文集》（上），《黄宗羲全集》第10册，第349页。
④ 全祖望：《梨洲先生神道碑文》，《黄宗羲全集》第12册，第285页。
⑤ 黄宗羲：《万履安先生诗序》，《南雷诗文集》（上），《黄宗羲全集》第10册，第49页。
⑥ 黄宗羲：《破邪论》，《黄宗羲全集》第1册，第193页。
⑦ 黄宗羲：《梨洲末命》，《黄宗羲全集》第1册，第191页。
⑧ 黄宗羲：《山居杂咏·以下己亥》，《南雷诗历》卷一，《黄宗羲全集》第11册，第234页。
⑨ 黄宗羲：《与陈介眉庶常书》，《书类》，《黄宗羲全集》第10册，第168页。
⑩ 万言：《管村文抄》卷三，民国十九年（1930）刻本。

羲在明亡坚决不仕清室，其高节足以与"商山四皓"和伯夷、叔齐相媲美。

其二，谋生："无官未害餐周粟"。《史记》言："天下宗周，而伯夷、叔齐耻之，义不食周粟，隐于首阳山，采薇而食之，及饿且死。"① 在儒家士大夫看来，宁死不食周粟的伯夷、叔齐"不降其志，不辱其身"，象征着民族大义。对于伯夷、叔齐这种遗民的节操，清初士大夫多有肯定，如遗民陈确赞誉"不食周粟"的伯夷、叔齐，若没有"夷、齐之饿，则天下后世宁复知君臣之哉！"② 这种遗民节操，实为"百世之师"，为历代遗民士大夫所景仰和效仿。

明清之际，许多明遗民士大夫效仿伯夷、叔齐之风节，不食"清粟"。兴废之际的前朝遗民大都"视其一时之去就，而不系乎终身之显晦"。③ 而就整个遗民群体而言，不慕权贵，不仕新朝，是这个群体存在的前提，遗民必须恪守这个群体的"道德律令"④，慎重选择出路，特别是谋生问题。如明遗民吴佩韦一家"尝数日不举火"，以此教育子弟"知自今后，饥寒之贤于温饱"。⑤ 明遗民以这种不食"清粟"的悲壮方式来表达誓不投降、屈服的决心，以及保全自己的节操与独立人格的坚定信念。

黄宗羲虽然对伯夷、叔齐遗民精神比较推崇，但在不同场合多次对"伯夷遗民式"的出处提出了质疑。他在《王义士传》中对"伯夷不食周粟"做过阐述。明清易代之际，"海内版荡，宗庙播迁"，王台辅涕然曰："吾谁氏之民也，而可使食有他粟？"⑥ 遂自罄于象山之树。有僧过此，深受激愤，言"丈夫死宜也"，亦效仿王台辅不食"周粟"而死。黄宗羲对王台辅不食"他粟"而死评价说："太史公谓伯夷义不食周粟者，盖伯夷先时归周禄以养老，隐于首阳，始不受禄，故谓之不食周粟也。若以率土之粟即为周粟，则薇与粟何择焉？台辅之法伯夷，无乃误乎？"⑦

① 司马迁：《史记·伯夷列传》卷六十一，中华书局，1982，第2123页。
② 陈确：《死节论》，《文集·论》，《陈确集》，第153页。
③ 归庄：《历代遗民录序》，《归庄集》卷三，第170页。
④ 赵园：《明清之际士大夫研究》，第320页。
⑤ 方中履：《汗青阁文集》卷下。
⑥ 黄宗羲：《王义士传》，《南雷诗文集》（上），《黄宗羲全集》第10册，第580页。
⑦ 黄宗羲：《王义士传》，《南雷诗文集》（上），《黄宗羲全集》第10册，第581页。

在此，黄宗羲力辩遗民不食"周粟"是对经典的误读，无疑是对沿袭不食"周粟"故事的有针对性的评判。郑铉，字玄子，浙江钱塘人，明亡后，"有疑其不食周粟而死"。对此，黄宗羲评论说："夫夷、齐之所以为夷、齐，只在穷饿，节如是止矣，岂以沾沾一死为快也。"① 后学全祖望对黄宗羲此意非常理解，他批评其时士人持论之苛，曰："布衣报国，自有分限，但当就其出处之大者论之。必谓当穷饿而死，不交一人，则持论太过，天下无完节矣。"② "无官未害餐周粟"③，士大夫报国"自有分限"，只要不入仕清室就可以了，不必不食"清粟"以死。

基于此观念，黄宗羲认为，在不出仕的前提下，明遗民在清朝谋生是合理的。明清之际，士人普遍贫困化。黄宗羲也看到经济窘困，不仅使明遗民生活朝不保夕，而且导致士气失丧，"丧乱以来，民生日蹙，其细已甚。士大夫有忧色，无宽言，朝会广众之中，所道者不过委巷牙郎穷妇之语，腼然不以为异，而名士之风流、王孙之故态，两者不可复见"。④ 易代后，生存实属不易，因此黄宗羲认为遗民可以通过经商、力田、处馆、入幕等方式，"多方以求活"。他说："生此天地之间，不能不与之相干涉，有干涉则有往来。陶靖节不肯屈身异代，而江州之酒，始安之钱，不能拒也。"⑤ 同为明遗民，对生活的艰难深有感触，因而黄宗羲对此持宽容态度，他同情明遗民的种种行为是为生活所迫。"生此天地之间"，个人的现实生活也同样重要。黄宗羲虽然自己绝不入仕清王朝，但他积极推荐儿子黄百家和弟子万斯同等入明史馆，并戏曰："惜闻首阳二老托孤于尚父，遂得三年食薇，颜色不坏。今我遣子从公，可以置我矣。"⑥ 为维持生活，黄宗羲曾执教于奉天府丞姜希辙家。

---

① 黄宗羲：《郑玄子先生述》，《南雷诗文集》（上），《黄宗羲全集》第 10 册，第 583 页。
② 全祖望撰、朱铸禹汇校注《春酒堂文集序》，《鲒埼亭集外编》卷二十五，《全祖望集汇校集注》（中），第 1220~1221 页。
③ "无官未害餐周粟，有史深愁失楚弓，颇道著遗山心事矣。"见赵翼《题元遗山诗集》，《瓯北诗钞》，《续修四库全书》集部第 1704 册，第 64 页。"元遗山"指金代遗民元好问，在金朝为尚书省左司员外郎，入元不仕。元好问虽无如伯夷、叔齐之饿死，吃元朝的粮食，但无损大节，只要不仕元即可，故曰"未害"。
④ 黄宗羲：《黄复仲墓表》，《南雷诗文集》（上），《黄宗羲全集》第 10 册，第 270 页。
⑤ 黄宗羲；《余若水周唯一两先生墓志铭》，《碑志类》，《黄宗羲全集》第 10 册，第 284 页。
⑥ 黄炳垕：《黄梨洲先生年谱》，《黄宗羲全集》第 12 册，第 48 页。

值得注意的是，"无官未害餐周粟"，黄宗羲认为这只是从"生死相戚"意义上而言的。他指出，明遗民不能如同"小人"一样"惟财乎是系"。他多次强调"士大夫胸中，断不可仍作当时缙绅受用之想，服御仆从，灭省钦敕"。① "亡国之大夫，更欲求名于出世，则盗贼之归而已矣"。② 黄宗羲认为，遗民群体的"道德律令"虽然可以在不仕新朝的前提下使遗民的生存略打折扣，但绝对不允许遗民通过附依豪强或官家，以实现"缙绅受用之想"，这种贪图享乐之举已经超越了遗民节操之底线，实为"盗贼"行为。

其三，入世："得遗民之正也"。黄宗羲认为遗民所要坚持的节操，也可以用儒家广义上说的"仁""义"道德观所涵盖。古代儒家一直较为重视"仁义"，黄宗羲也是如此。他言："天地以生物为心，仁也。其流行次序万变而不紊者，义也。仁是乾元，义是坤元，乾坤毁则无以为天地矣。故国之所以治，天下之所以平，舍仁义更无他道。"③ 在此，黄宗羲把"仁义"的重要地位提高到无以复加的程度。而明遗民或逸或隐，坚持儒家传统"仁义"等道德操守，无疑对国治、天下平都起到了表率作用。

然而，黄宗羲不仅认识到"仁义"之重要性，他还认为"功用"同样重要。他言："仁义功用，天地赖以常运而不息，人纪赖以接续而不坠。"④ 天地不息，纲纪不坠，不仅依赖"仁义"，还离不开"功用"，即离不开经纬天地、济世治国。黄宗羲说："后世儒者，事功与仁义分途，于是当变乱之时，力量不足以支持，听其陆沉鱼烂，全身远害，是乃遗亲后君者也。"⑤ "后来儒者，视孔子门墙窄狭，行焉比迹，诵必共响，名节重于国事，莫肯硬著脊梁，肩此大担，徒以亢阳胜气，龃龉于事变之来，只讨便宜做去。此是许由、务光相传逐世之学。"⑥ 黄宗羲在肯定明遗民坚守"仁义"等节操的同时，又指出他们把名节重于国事，是"全身远害""只

① 黄宗羲：《陆文虎先生墓志铭》，《南雷诗文集》（上），《黄宗羲全集》第 10 册，第 349~350 页。
② 黄宗羲：《七怪》，《南雷诗文集》（上），《黄宗羲全集》第 10 册，第 650 页。
③ 黄宗羲：《孟子师说》卷一，《黄宗羲全集》第 1 册，第 49 页。
④ 黄宗羲：《孟子师说》卷一，《黄宗羲全集》第 1 册，第 49 页。
⑤ 黄宗羲：《孟子师说》卷一，《黄宗羲全集》第 1 册，第 49 页。
⑥ 黄宗羲：《破邪论》，《黄宗羲全集》第 1 册，第 194 页。

讨便宜"的人生选择，实质上是在面临外界压迫下主动妥协气馁，不敢"硬著脊梁"担当经世、济民的"大担"，也就丧失了人生的价值与意义。

《周易》言："君子之道，或出或处。"① 舍"功用"而争"仁义"，固然可以保持自己的节操，但无益于维护"天地之不息""人纪之不坠"。"用行舍藏，因时制宜，终不落事局中。取辨功名，若常人之出处为世所操，我不能操世，便是落于事局。饥溺由己，隐见皆是此心，莫说'闭户'是容易事"。② 主观地认为通过"闭户"绝世来存气节、性命是错误的，不能"操世"以利天下便不足取。为此，黄宗羲对明遗民标准做出了新的规定，他说："吾不能忘世，世自不能忘吾，两不相忘，则如金木磨荡，燎原之势成矣。……为得遗民之正也。"③ 在此，黄宗羲提出，坚持遗民身份并不意味着与世彻底决裂，放弃儒家士大夫治国、平天下的经世理想，"吾不能忘世"才是"得遗民之正"。

黄宗羲还以对待世务的态度为标准，把遗民分为三种类型：一是混世者，所谓"卑者茅靡于时风"，"或龌龊治生"，"丐贷诸侯"，"怀铅椠入贵人之幕"；二是避世者和逃世者，所谓"高者决裂于方外"，"拈香嗣法"，或"种瓜卖卜，呼天抢地，纵酒祈死，穴垣通饮馔者"④，"日抱亡国之戚以终其身"；三是入世者，所谓"未尝废当世之务"，"吾不能忘世，世亦不能忘吾"。黄宗羲认为，混世者，"要皆胸中扰扰，不胜富贵利达之想，分床同梦，此曹岂复有性情"；与避世者和逃世者"皆过而失中也"。这是黄宗羲是对清初明遗民言行的考量。⑤ 清初，许多明遗民用偏激特立之言行以表自己独立人格，如屈大均"披发佯狂，垢形秽语，日歌哭行市中，夜逐犬豕与处"⑥。全祖望评价他们说："或孺子泣，或放歌相和，或瞠目视，岸上人多怪之。"⑦ 连百姓都对其过度的"特立之言

---

① 转引自《周易正义》，阮元《十三经注疏》（上），中华书局，1980，第67页。
② 黄宗羲：《孟子师说》卷七，《黄宗羲全集》第1册，第119~120页。
③ 黄宗羲：《杨士衡先生墓志铭》，《南雷诗文集》（上），《黄宗羲全集》第10册，第481页。
④ 黄宗羲：《谢时符先生墓志铭》，《南雷诗文集》（上），《黄宗羲全集》第10册，第423页。
⑤ 郭英德：《明清文学史讲演录》，广西师范大学出版社，2005，第279~280页。
⑥ 张潮：《武风子传》，《虞初新志》卷二。
⑦ 全祖望撰、朱铸禹汇校集注《宗徵君墓幢铭》，《鲒埼亭集外编》卷六，《全祖望集汇校集注》（上）第856页。

行"表示奇怪，不理解。处此状态下，如何能担负儒者经世济民的使命，又如何实现人生的价值与意义？因此，黄宗羲认为，不管世事如何变化，作为儒家士大夫，只有入世"为得遗民之正也"。

其四，子孙——"遗民不世袭"。宗法社会，孝是儒家所提倡的最基本最重要的德项之一，因而如何尽孝是儒家非常关注的问题。一方面，"身体发肤，受之父母，不敢毁伤，孝之始也"，即保存身体就是孝敬父母；另一方面，"夫孝者，善继人之志，善述人之事者也"。① 即接续先祖遗志成为儒家提倡的孝道德规范，"孝子善述父之志"。② 由此，"继志述事"具有了普遍意义，成为人们旌表孝行的重要标准，如韩愈赞唐故国子司业窦氏之子"能谨谨致孝，述父之志"，③ 由此可见，"继志述事"无论从人生责任还是个人功绩上言，都是相当重要的。

易代之际，很多遗民要求子孙门人"世袭"自己的遗民志节。作为遗民，毫无疑问要保持遗民的精神节操，与清朝坚决划清界限，为维护儒家纲常做出表率。此时，"志"之可"继"，是士大夫的信念，用在这里，则不啻将政治品性认作了遗传属性。并且，明亡之际，"世袭"这种政治取向成为普遍的遗民期待。④ 如顾炎武说："生子不能读书，宁为商贾百工技艺食力之流，而不可求仕。"⑤ 明遗民邱义曰："读书所以立身，试则鬻身。吾虽贫，不鬻其子也。"⑥ 他谆谆劝谕儿子，虽然惨淡偷活，但也要慎操守，不欲出而营求。如果说上述事例不够坚决的话，那么下面的子孙世袭明之言辞就非常苛严了。明遗民朱之瑜告诫子孙："既为虏官，虽眉宇英发气度闲雅，我亦不以为孙。"⑦ 由此可以看出，他们对明遗民意志"世袭"态度的坚定。

黄宗羲由"继志述事"思想而来的明遗民"世袭"情结则是复杂且

① 《四书五经》，新疆人民出版社，1996，第15页。
② 班固：《汉书》卷二《惠帝纪》，第85页。
③ 韩愈：《唐故国子司业窦公墓志铭》，《韩愈全集校注》，四川大学出版社，1996，第2530页。
④ 赵园：《明清之际士大夫研究》，第321~324页。
⑤ 顾炎武：《常熟陈君墓志铭》，《亭林余集》，《顾亭林诗文集》，第168页。
⑥ 孙静庵：《明遗民录》，第1页。
⑦ 朱之瑜：《朱舜水集》卷四，中华书局，1981，第46页。

变化的。青年时期的黄宗羲对于儒家传统的"继志述事"思想也是认可
的。他认为:"养志者,父之有子,原欲使其继我之志,我之所以未尽而
子尽之,我之所未为而子为之,以是乐有子也。盖身有限而志无穷,……
凡人能使其父之志流长不尽者,皆子之事也。不能继志,便是死亲矣。"①
"身有限而志无穷",所以黄宗羲认为,父母生养子女的根本动机便是令
其"继我之志",完成自己未竟之志业,这也是为人父母的根本乐趣。因
此明亡后黄宗羲不仅自身坚持遗民气节,而且要求弟子门人"不放河汾
声价倒,太平有策莫轻题。"② 全祖望对此评价说:"观其《送万季野北
行》诗,戒以勿上河汾太平之策,则先生之不可夺者,又确如矣!"③ 然
而道德律令终究敌不过时间及现实力量。④ 随着黄宗羲逐渐认可清王朝的
统治,⑤ 他对遗民子孙坚持"继志述事",要在对待清朝的政治取向上与
先辈保持一致的看法,产生"叛逆"心理,认为"遗民不世袭"。

"遗民不世袭"语出徐猯石。全祖望在《题徐猯石传后》中言:"猯
石(徐介)严事潜斋(应㧑谦),其后潜斋亦畏猯石。尝一日过潜斋,问
曰:'何匆匆也?'潜斋答曰:'主臣以儿子将就试耳。'猯石笑曰:'吾辈
不能永锢其子弟以世袭遗民也,亦已明矣;然听之则可矣,又从而为之
谋,则失矣。'于是潜斋谢过,甚窘。"⑥ 应㧑谦国亡后"弃诸生",后又
严辞"博学鸿儒科",然而为儿子出仕事宜奔忙,招致了徐介的讥笑。

黄宗羲虽然没有明确提出"遗民不世袭"一语,但其意已有之。他
言:"'百世不能改',真是'孝子慈孙'痛心处。余尝见有祖父为小人,
其子孙因仇君子以为慈孝者,适以播扬祖父之恶,为不孝不慈甚矣"。⑦
黄宗羲在此对儒家传统"继志述事"的孝道观提出了质疑。一是黄宗羲
认为子弟"继志述事"是人生之义务。它使得子孙能够超越"身有限"

---

① 黄宗羲:《孟子师说》卷七,《黄宗羲全集》第 1 册,第 98 页。
② 黄宗羲:《南雷诗历》卷二,《黄宗羲全集》第 11 册,第 282 页。
③ 全祖望撰、朱铸禹汇校集注《答诸生问南雷学术帖子》,《鲒埼亭集外编》卷四十四。
④ 赵园:《明清之际士大夫研究》,第 322 页。
⑤ 笔者硕士学位论文《〈明夷待访录〉之待访对象辨析》有详细论述。
⑥ 全祖望撰、朱铸禹汇校集注《题徐猯石传后》,《鲒埼亭集外编》卷三十,《全祖望集汇
校集注》(中),第 1365 页。
⑦ 黄宗羲:《孟子师说》卷四,《黄宗羲全集》第 1 册,第 89 页。

的限界，完成先祖未竟志业。二是"继志述事"的目的便是慈孝先祖，播扬祖、父之善，彰显祖、父的美名。三是"继志述事"并不是绝对的，而是有条件的。当"祖父为小人"，而弟子为了充当孝子慈孙而继志"仇君子"，这不但不是播扬祖父之善，而是宣扬"祖父之恶"，在本质上是"不孝不慈"的表现。由此黄宗羲认为，在某些时候"继志述事""百世不能改"，确实成为孝子慈孙的"痛心处"，因为从表面上而言，子孙不坚持"继志"的主观言行似乎已不再符合儒家传统"继志"伦理要求，因此这成为孝子慈孙之难言苦衷。故赵园教授也指出，"继志述事"要求子孙能够接续发扬自己的志业，使继志超越了时空的限囿，而指定了人选的继，鼓励"世袭"，又势必将大历史大时空缩小，从而预伏了悲剧之源。① 因为这种"世袭"继志的结构性前提的性质具有不确定性。

基于以上认识，黄宗羲主张"遗民不世袭"。康熙初年，在清朝统治逐渐巩固的事实下，黄宗羲开始着力思考如何为百姓和社会谋求安富与长治久安，以及怎样在清朝统治下传承延续汉文化等问题，即"斯民方憔悴，何以返夏殷？圣学将坠地，何以辨朱缃？"② 他"以天下为事"，希望为生民立命，为天下开太平。因此黄宗羲"择道而行"，不"为习俗所锢"③，不为"窠臼"所束缚，他不再苟同当时"继志述事"绝对化的道德价值观，同一些明遗民一样，允许子弟出仕清朝。对此，钱穆指出，"既已国亡政夺，光复无机"，明遗民"弃身荒野，不登宦列，惟先朝遗老之及身而止"。④ 当然，就黄宗羲而言，他不但突破了徐狷石所言的"听之则可"的界限，而且积极为子孙门人谋职。在"史局新开上苑中，一时明士走空同"⑤ 的形势下，黄宗羲推荐儿子黄百家和弟子万斯同入史馆修明史。万斯同虽然拒绝授官，但其毕竟直接服务于清王朝，与清王朝发生了直接的"官方关系"。康熙六年（1667），黄宗羲利用执教于姜希辙家之机，请求姜氏推荐其子到户部做事，此举备受吕留良讥讽。后来，黄宗羲又极力向内

① 赵园：《明清之际士大夫研究》，第 321 页。
② 黄宗羲：《次叶初庵太史韵》，《南雷诗历》卷二，《黄宗羲全集》第 11 册，第 276 页。
③ 黄宗羲：《君子所以异章》，《孟子师说》卷四，《黄宗羲全集》第 1 册，第 119 页。
④ 钱穆：《中国近三百年学术史》，商务印书馆，1997，第 71~72 页。
⑤ 黄宗羲：《南雷诗历》卷二，《黄宗羲全集》第 11 册，第 282 页。

阁大学士徐乾学推荐孙子黄蜀,他在《与徐乾学书》中云:"小孙黄蜀,余姚县童生,稍有文笔。王颛庵公祖岁总科考,求阁下预留一札致之,希名案末。颛老相待甚厚。舐犊之情,实为可愧。"① 他希望在科举考试中徐乾学对其孙子予以关照,虽然此举"可愧",但奈何是"舐犊之情"使然。

以黄宗羲为代表的明清之际的士大夫的遗民观是比较复杂的,也可以说是比较灵活的。在改朝换代之际,他们把人生定位和价值追寻紧紧结合起来,一方面坚持遗民群体的"道德律令",认为遗民要坚守其精神节操为世人做出表率,为维护社会纲常做出努力;另一方面,他们又不拘郁于成见,不刻板呆滞地坚持明遗民身份。总之,"合道而行"是明遗民终其一生诠释和实践的目标,换言之,就是怎么活。毫无疑问,明遗民持大义,虽百折九死从未挫其毫末,这是士大夫节操的体现;在此基础上如能够发挥治国平天下的精神,实现经世价值,绝不"老死于荒草寒烟之下",这就更为理想了。这种思想易于促使明遗民拷问自我人生。对于过往和未来人生的拷问困扰着遗民,"初志应难遂,年华觉易过。青山违去久,白发渐来多。身世归双眼,功名付一衰。漫思行万里,吾意爱烟萝。"② "初志""难遂"是遗民的心底难以摆脱的伤痛,"年华易过"是明遗民对时命的难以言说,这些烦恼甚至痛苦都源于解脱不开的"道"。明遗民每每思考这个问题时,大多会产生某种失落感:"久知学道能忘世,只恐犹添万恨来。"③ 赵园指出:遗民"直是将生命截断,因而其韬晦、敛迹,以致自虐自戕,以死为生——确系创巨痛深"。④ 家人离散的悲苦,老病穷愁的感喟,生活的颠沛流离,与"君子疾没世而名不称","儒者之学,经纬天地",如果把这几组词语置于一起,可以对明遗民进行勾勒。"今之君子侧身迟回于进退之际,恒皇皇焉不能自主者,何也?非其人为之,其时为之也。"⑤ 是啊,"儒者之立身持己,进退言动之际,岂可不慎乎哉?"⑥ 明遗民时刻要"慎",这到底是"人为之",还是"时为之"!

---

① 黄宗羲:《与徐乾学书》,《南雷诗文集》(下),《黄宗羲全集》第 11 册,第 68 页。
② 孙奇逢:《夏峰先生集》卷十一,第 448 页。
③ 卓尔堪:《明遗民诗》,第 439 页。
④ 赵园:《明清之际士大夫研究》,第 279 页。
⑤ 汪琬:《尧峰文集》卷二八《灌园诗序后》。
⑥ 陈溥编《安道公年谱》,太仓缪氏刻《东仓书库丛刻》本,第 35~36 页。

参考文献

1. 古籍类

曹溶：《皇清奏议》，《续修四库全书》第 473 册。

查继佐：《国寿录》，中华书局，1959。

陈登原：《国史旧闻》，中华书局，1958。

陈鼎：《留溪外传》，《清代传记丛刊》，台北，明文书局，1991。

陈洪绶：《陈洪绶集》，浙江古籍出版社，1994。

陈继儒：《岩栖幽事》，台北，艺文印书馆，1965。

陈子龙：《陈忠裕全集》，清嘉庆八年刻本。

陈子龙：《明经世文编》，中华书局，1962。

成鹫：《咸陟堂集》，《四库禁毁书丛刊》本。

戴名世：《戴名世集》，中华书局，1986。

《丹霞澹归禅师语录》，嘉兴藏本，第 38 册，台北，新文出版社，1988。

《丹午笔记·吴城日记·五石脂》，江苏古籍出版社，1985。

邓汉仪：《诗观》，《四库禁毁存刊》集部第 1 册。

杜登春：《社事始末》，《昭代丛书戊集》第 16 卷，第 49 册。

杜浚：《变雅堂文集》，《四库禁毁书丛刊》集部 72 册。

杜浚：《变雅堂遗集》，光绪二十余年刊本。

方文：《嵞山集》，上海古籍出版社，1979。

方以智：《东西均注释》，中华书局，2001。

方以智：《浮山文集前编》，《续修四库全书》集部第 1389 册。

方以智：《青原志略》，《四库全书存目丛书》第 245 册。

方中履：《汗青阁文集》，《方氏遗书本》。

傅山：《霜红龛集》，山西人民出版社，1985。

顾景星：《白茅堂集》，《四库全书存目丛书》集部第 205 册。

顾廷龙：《巢民文集》，《续四库全书》第 1399 册。

顾亭林著，王冀民注《顾亭林诗笺》，中华书局，1998。

顾炎武著，王蘧常辑注，吴丕绩标校《顾亭林诗集汇注》，上海古籍出版社，1983。

顾炎武：《顾亭林诗文集》，中华书局，1959。

顾炎武：《顾亭林文集》，中华书局，1959。

顾炎武著，王蘧常辑注，吴丕绩标校《日知录集释》，上海古籍出版社，1984。

归庄：《归庄集》，上海古籍出版社，1984。

韩愈：《韩昌黎文集》，上海古籍出版社，1994。

胡山源：《嘉定义民别传》，台北，世界书局，1938。

《皇明四朝成仁录》，商务印书馆，1948。

《皇清奏议》，台北，文海出版社，1963。

《黄宗羲全集》，浙江古籍出版社，2005。

黄宗会：《缩斋文集》，上海古籍出版社，1983。

计六奇：《明季南略》，中华书局，1984。

江藩：《国朝汉学师承记》，中华书局，1983。

蒋良骐：《东华录》，齐鲁书社，2005。

金堡：《遍行堂集》，《四库禁毁书丛刊》集部 128 册。

《康熙起居注》，中华书局，1984。

李良年：《秋锦山房集》，《四库全书存目丛书》集部第 251 册。

李麟：《虬峰文集》，《四库禁毁书丛刊》集部第 131 册。

李清：《鹤征录》，清嘉庆间刊本。

李清：《南渡录》，《四库全书存目丛书》史部第 44 册。

李调元：《淡墨录》，辽宁教育出版社，2001。

李邺嗣:《杲堂诗文集》,浙江古籍出版社,1988。

李邺嗣:《杲堂文续钞》,《丛书集成续编》第 154 册。

李渔:《李渔全集》,浙江古籍出版社,1991。

李颙:《二曲集》,光绪三年信述堂刊本。

李元度:《国朝先正事略》,岳麓书社,2008。

梁份:《怀葛堂集》,民国胡思敬校刊本。

刘敞:《公是集》,中华书局,1985。

刘命清:《虎溪渔叟集》,《四库全书存目丛书》集部第 209 册。

刘献廷:《广阳杂记》,中华书局,1957。

柳亚子编著《苏曼殊全集》,中国书店,1985。

卢象升:《卢忠肃公集》,乾坤正气集选抄本。

陆陇其:《三鱼堂文集》,康熙四十八年刊本。

陆绍珩:《醉古堂剑扫》,台北,金枫出版社,1986。

陆世仪:《桴亭先生文集》,《续四库全书》。

陆世仪:《思辨录辑要》,《四库全书》第 724 册。

陆游著,钱仲联校注《剑南诗稿校注》,上海古籍出版社,1985。

罗正钧:《船山师友记》,岳麓书社,1982。

吕留良著,徐正等点校:《吕晚村文集》,浙江古籍出版社,2011。

《满文老档》,中华书局,1990。

《明清史料》甲编,中华书局,1987。

钮琇:《觚剩续编》,清宣统三年刊本。

彭士望:《树庐文钞》,清道光四年刻本。

彭孙贻:《平寇志》,《四库全书存目丛书》史部第 55 册。

钱澄之:《钱澄之全集》,黄山书社,2004。

钱谦益:《牧斋有学集》,上海古籍出版社,2002。

秦瀛:《己未词科录》,台北,明文书局,1985。

《清朝文献通考》,商务印书馆,1936。

《清朝野史大观》,上海书店印行,1981。

《清高宗御诗四集》,中国人民大学出版社,1993。

《清实录》,中华书局,1987。

屈大均：《屈大均全集》，人民文学出版社，1996。

屈大均：《辛丑纪闻》，《丛书集成续编》史部第 25 册。

瞿式耜：《瞿式耜集》，上海古籍出版社，1981。

全祖望著，朱铸禹校注《全祖望集汇校集注》，上海古籍出版社，2000。

阮元：《十三经注疏》，中华书局，1980。

邵廷采：《东南纪事》，上海古籍出版社，2002。

沈寿民：《姑山遗集》，《四库禁毁书丛刊》集部第 119 册。

施闰章：《施愚山全集》，乾隆刻本。

《史可法集》中华书局，1984。

释道世等校注《法苑珠林校注》，中华书局，2003。

司马光：《资治通鉴》，中华书局，1956。

司马迁：《史记》，中华书局，1982。

宋濂：《宋濂全集》，浙江古籍出版社，1999。

孙静庵：《明遗民录》，浙江古籍出版社，1985。

孙奇逢：《夏峰先生集》，中华书局，2004。

《台湾文献丛刊》第 126~127 种。

谈迁：《北游录》，中华书局，1960。

谈迁：《国榷》，中华书局，1958。

唐甄：《潜书》，中华书局，1963。

王夫之：《船山全书》，岳麓书社，1988。

王夫之：《读通鉴论》，中华书局，1975。

王弘：《山志》，《续修四库全书》第 1136 册。

王冕：《王冕集》，浙江古籍出版社，1999。

王培孙：《辑注南来堂诗集》，台北，鼎文书局，1977。

王士性：《广志绎》，中华书局，1997。

王应奎：《柳南续笔》，中华书局，1983。

王源：《居业堂文集》，中华书局，1985。

《魏伯子文集》《魏季子文集》，均收入《宁都三魏全集》，清道光二十五年宁都刊本。

魏禧：《魏叔子文集》，中华书局，2003。

温睿临：《南疆逸史》，中华书局，1959。

文秉：《甲乙事案》，《四库禁毁书丛刊》史部第 72 册。

吴德旋：《初月楼闻见录》，台北，商务人人文库，1976。

吴嘉纪：《吴嘉纪诗笺校》，上海古籍出版社，1980。

吴蹈人：《哭庙纪略》，福建人民出版社，1981。

吴伟业：《吴梅村全集》，上海古籍出版社，1990。

夏完淳：《大哀赋注释》，上海古籍出版社，1997。

《冼玉清文集》，中山大学出版社，1995。

熊开元：《鱼山剩稿》，上海古籍出版社，1986。

徐昌治辑《圣朝破邪集》，日本安政乙卯（1855 年）刻本。

徐鼎：《小腆纪传》，中华书局，1958。

徐枋撰，黄曙辉、印晓峰点校《居易堂集》，华东师范大学出版社，
2009。

徐光启：《辨学疏稿》，吴相湘主编《天主教东传文献续编》，台湾学
生书局，1966。

徐珂：《清稗类钞》，中华书局，1984。

《雪峰和尚瘦松集》，台北，新文丰出版社，1975。

阎尔梅：《白耷山人诗集》，《四库禁毁书丛刊》集部第 119 册。

杨凤苞：《秋室集》，《丛书集成续编》第 157 册。

叶梦珠：《阅世编》，上海古籍出版社，1981。

叶仲韶：《甲行日注》，沈云龙编《明清史料汇辑》第三集第六册，
台北，文海出版社，1967~1984。

袁宏道著，钱伯城笺校《袁宏道集笺校》，上海古籍出版社，1981。

袁中道：《珂雪斋集》，上海古籍出版社，1989。

《云溪俍亭禅师语录》，台北，新文丰出版社，1988。

张潮：《幽梦影》，台北，汉京出版社，1980。

张岱：《琅嬛文集》，岳麓书社，1985。

张岱：《石匮书后集》，中华书局，1959。

张岱：《陶庵梦忆》，上海古籍出版社，1982。

张岱：《张岱诗文集》，上海古籍出版社，1991。

张煌言：《张苍水集》，上海古籍出版社，1985。

张廷玉：《明史》，中华书局，1974。

赵尔巽：《清史稿》，中华书局，1977。

郑思肖：《郑思肖集》，上海古籍出版社，1991。

周亮工：《赖古堂尺牍新钞》，台湾中华书局，1972。

朱彝尊：《曝书亭集》，《四部丛刊本》，上海书店出版社，1989。

朱彝尊：《竹垞文集》，《四库存目丛书》集部第 248 册。

朱之瑜：《朱舜水集》，中华书局，1981。

邹漪：《启祯野乘》，北京出版社，2000。

2. 研究著作类

卞僧慧：《吕留良年谱长编》，中华书局，2003。

蔡鸿生：《清初岭南佛门事略》，广东高等教育出版社，1997。

陈寅恪：《柳如是别传》，三联书店，2001。

陈寅恪：《柳如是别传》，台北，里仁书局，1981。

陈垣：《明季滇黔佛教考》，河北教育出版社，2000。

陈垣：《清初僧诤记》，上海书店，1990。

戴存仁、邱国坤：《易堂九子散文选注》，花城出版社，2003。

戴逸：《简明清史》，人民出版社，1980。

〔日〕道端良秀：《中国佛教与社会福利事业》，高雄，佛光彩夺目出版社，1986。

邓立光：《陈乾初研究》，台北，文津出版社，1992。

邓之诚：《骨董琐记全编》，中华书局，2008。

邓之诚：《清诗纪事初编》，上海古籍出版社，1984。

丁恒杰：《文化与人》，时事出版社，1994。

方勇：《南宋遗民诗人群体研究》，人民出版社，2000。

方勇：《南宋遗民诗人群体研究》，人民出版社，2011。

冯贤亮：《明清江南地区的环境变动与社会控制》，上海人民出版社，2002。

葛兆光：《中国思想史》，复旦大学出版社，2001。

〔日〕沟口雄三：《中国的思想》，中国社会科学出版社，1995。

顾宝林：《刘辰翁须溪词遗民心态研究》，江西人民出版社，2015。

顾城：《南明史》，中国青年出版社，1997。

顾嗣立：《元诗选》，中华书局，1987。

郭英德：《明清文学史讲演录》，广西师范大学出版社，2005。

何冠彪：《生与死：明季士大夫的抉择》，台北，联经出版事业公司，1997。

何宗美：《明末清初的文人结社研究》，南开大学，2004。

侯外庐：《中国思想通史》，人民出版社，1956。

〔日〕荒木见悟：《金正希与熊鱼山》，《明清思想论考》，东京：研文出版社，1992。

黄果泉：《雅俗之间——李渔的文化人格与文化思想研究》，中国社会科学出版社，2004。

黄一农：《两头蛇：明末清初的第一代天主教徒》，上海古籍出版社，2006。

黄永林：《中西通俗小说比较研究》，台北，文津出版社，1995。

简恩定：《清初杜诗学研究》，台北，文史哲出版社，1986。

翦伯赞：《中外历史年表》，中华书局，1961。

江绍原：《发须爪——关于它们的迷信》，中华书局，2007。

金景芳：《周易讲座》，广西师范大学出版社，2005。

金泽：《中国民间信仰》，浙江教育出版社，1995。

孔定芳：《清初遗民社会》，湖北人民出版社，2009。

李忠明：《17 世纪中国通俗小说编年史》，安徽大学出版社，2003。

李煌明：《宋明理学中的"孔颜之乐"问题》，云南人民出版社，2006。

梁启超：《中国近三百年学术史》，商务印书馆，1997。

林存阳：《清初三礼学》，社会科学文献出版社，2002。

林庆彰：《清初的群经辨伪学》，台北，文津出版社，1990。

刘石吉：《明清时代江南市镇研究》，中国社会科学出版社，1987。

罗炽：《方以智评传》，南京大学出版社，1998。

罗国杰:《伦理学名词解释》,人民出版社,1984。

孟森:《明清史讲义》,中华书局,1981。

孟森:《明清史论著集刊》,中华书局,1984。

孟森:《清史讲义》,广西师范大学出版社,2005。

缪全吉:《清代幕府人事制度》,台北,"中国人事行政月刊社",1971。

牟宗三:《中国哲学的特质》,台湾学生书局,1963。

潘承玉:《清初诗坛:卓尔堪与〈遗民诗〉研究》,中华书局,2004。

启功:《启功丛稿》,中华书局,1999。

钱杭、承载:《十七世纪江南社会生活》,浙江人民出版社,1996。

钱穆:《国史大纲》,商务印书馆,1996。

任道继:《方以智年谱》,安徽教育出版社,1983。

〔美〕萨依德:《知识分子论》,单德兴译,台北,麦田出版社,1997。

尚小明:《学人游幕与清代学术》,社会科学文献出版社,1999。

释明复:《石涛原济禅师行实考》,台北,新文丰出版社,1978。

睡虎地秦墓简整理小组:《睡虎地秦墓竹简》,文物出版社,1978。

孙康宜:《古典与现代的女性阐释》,台北,联合文学出版社有限公司,1998。

覃召文:《岭南禅文化》,广东人民出版社,1996。

汪学群:《明代遗民思想研究》,中国社会科学出版社,2012。

王成:《中国古代忠文化研究》,香港天马出版有限公司,2004。

王汎森:《晚明清初思想十论》,复旦大学出版社,2004。

王国维:《人间词话及评论汇编》,书目文献出版社,1983。

王瑞昌:《陈确评传》,南京大学出版社,2002。

〔美〕魏斐德:《洪业——清朝开国史》,江苏人民出版社,2003。

吴立民、徐荪铭:《船山佛道思想研究》,湖南出版社,1992。

武新立:《明清稀见史籍叙录》,江苏古籍出版社,2000。

萧若瑟:《天主教传行中国考》,河北献县天主堂印行,1931。

萧一山:《清代通史》,中华书局,1986。

谢国桢:《明清之际党社运动考》,上海书店出版社,2004。

谢正光、范金民:《明遗民录汇辑》,南京大学出版社,1995。

谢正光、佘汝丰：《清初人选清初诗汇考》，南京大学出版社，1998。

谢正光：《明遗民传记索引》，上海古籍出版社，1992。

谢正光：《清初诗文与士人交游考》，南京大学出版社，2001。

徐定宝：《黄宗羲评传》，南京大学出版社，2002。

徐海松：《清初士人与西学》，东方出版社，2000。

徐茂明：《江南士绅与江南社会》，商务印书馆，2004。

杨天宇：《礼记译注》，上海古籍出版社，1997。

杨幼炯：《中国政治思想史》，商务印书馆，1980。

叶高树：《清朝前期的文化政策》，台北，稻乡出版社，2002。

于翠玲：《朱彝尊词综研究》，中华书局，2005。

余英时：《方以智晚节考》，广西师范大学出版社，2006。

余英时：《士与中国文化》，上海人民出版社，1987。

俞为民：《李渔评传》，南京大学出版社，1998。

张师伟：《民本的极限——黄宗羲政治思想新论》，中国人民大学出版社，2004。

赵红娟：《明遗民董说研究》，上海古籍出版社，2006。

赵俪生：《赵俪生文集》，兰州大学出版社，2002。

赵园：《明清之际士大夫研究》，北京大学出版社，1999。

赵园：《明清之际士大夫研究——作为一种现象的遗民》，北京师范大学出版社，2014。

赵园：《易堂寻踪——关于明清之际一个士人群体的叙述》，江西教育出版社，2001。

郑天挺：《清史简述》，中华书局，1980。

郑天挺：《探微集》，中华书局，1980。

周谷城：《中国通史》，上海人民出版社，2004。

周焕卿：《明末清初女词人研究》，首都师范大学出版社，2008。

朱良志：《石涛研究》，北京大学出版社，2005。

朱绍侯：《中国古代史》，福建人民出版社，2000。

Max Weber, *Religion of China*, The Macmillan Company, 1964.

3. 论文类

白一瑾：《论清初贰臣和遗民交往背后的士人心态》，《南开学报》2011 年第 3 期。

暴鸿昌：《明季清初遗民逃禅现象论析》，《江汉论坛》1992 年第 3 期。

陈爱阳：《朱舜水的遗民身份与不仕》，《安顺学院学报》2011 年第 6 期。

陈珊珊：《明遗民群体的心态嬗变和启蒙思想的生成》，硕士学位论文，浙江大学，2007。

陈生玺：《清初剃发令的实施与汉族地主阶级的派系斗争》，《历史研究》1985 年第 4 期。

邓长风：《明末遗民顾芩和他的〈塔影园集〉——美国国会图书馆读书札记之十八》，《铁道师院学报》1995 年第 3 期。

段润秀：《康熙朝"博学鸿儒科"述论》，硕士学位论文，云南师范大学，2004。

房芳：《明末义士人心史——论苍水诗》，《中山大学研究生学刊》2002 年第 4 期。

费劫：《论康熙的文化政策》，《江汉论坛》1982 年第 2 期。

付阳华：《从"勿斋公子"到"涧上遗民"——乙酉之后徐枋的住所、交游及绘画》，《洛阳师范学院学报》2012 年第 6 期。

复金华：《明末封建士大夫逃禅原因初探》，《学术月刊》1998 年第 2 期。

谷忠玉：《男尊女卑观在中国古代社会的强化路径》，《妇女研究论丛》2003 年第 4 期。

顾启：《冒襄王士禛交游考》，《南通师范学院学报》2006 年第 6 期。

郭文仪：《明清之际遗民梦想花园的构建及意义》，《文学遗产》2012 年第 4 期。

侯杰、胡伟：《剃发·蓄发·剪发——清代辫发的身体政治史研究》，《学术研究》2005 年第 10 期。

黄语：《论归庄之逃与诗》，《厦门教育学报》2008 年第 2 期。

黄正藩：《顾炎武北上抗清辨析》，《苏州大学学报》1986 年第 2 期，第 104 页。

蒋寅：《易代之际士人的生存或文化抉择——以明清之际为中心》，《社会科学论坛》2011 年第 9 期。

孔定芳：《博学鸿儒科与晚年顾炎武》，《学海》2006 年第 3 期。

孔定芳：《论康熙"博学鸿儒科"之旨在笼络明遗民》，《唐都学刊》2006 年第 3 期。

孔定芳：《论清圣祖的遗民策略——以"博学鸿儒科"为考察中心》，《江苏社会科学》2006 年第 1 期。

孔定芳：《明遗民与清初满汉文化的整合》，博士学位论文，中国社会科学院研究生院，2005。

孔定芳：《清初明遗民的身份认同与意义寻求》，《历史档案》2006 年第 2 期。

李兵：《虽作头陀不解禅——清初遗民诗人归庄与佛教》，《西北师大学报》2003 年第 4 期。

李华：《康熙对汉族士大夫的政策》，《黑龙江社会科学》1998 年第 6 期。

李舜臣：《法缘与俗缘的反复纠葛——金堡澹归逃禅考论》，《佛教研究》2006 年第 4 期。

李瑄：《明遗民群体心态与文学思想研究》，博士学位论文，南开大学，2004。

李彦蓉：《清初遗民心态的嬗变》，《重庆科技学院学报》2012 年第 5 期。

廖肇亨：《金堡之节义观与历史评价探析》，（台北）《中国文哲研究通讯》1999 年第 9 卷第 4 期。

廖肇亨：《明末清初遗民逃禅之风研究》，硕士学位论文，台湾大学，1994。

刘水云：《明末清初文人结社与演剧活动》，《南通师范学院学报》2001 年第 1 期。

刘天行：《明末遗民钱澄之的诗歌》，《昆明师院学报》1980年第6期。

刘洋：《秦汉律中"髡刑"溯源》，《西部法学评论》2008年第4期。

刘中平：《南明弘光政权与清朝几种政策的比较研究》，《辽宁大学学报》（哲学社会科学版）2006年第1期。

李润强、牛黎芳：《清初士人的明史意识与康熙朝文字案狱——以康熙朝"〈明史〉案"和"〈南山集〉案"为中心》，《甘肃广播电视大学学报》2008年第2期。

潘承玉、吴承学：《和光同尘中的骯髒气骨——澹归〈遍行堂集〉的民族思想平议》，《南京师大学报》2005年第3期。

秦蓁：《归玄恭先生交游述论——考液探清初士人友道观念》，《史林》2006年第6期，第164页。

王定安：《儒家的"宗教性"：儒教问题争论的新路径》，《历史教学问题》2008年第4期。

王鸿泰：《明清士人的生活经营与雅俗的辩证》，美国哥伦比亚大学东亚学系、中研院历史语言研究所及蒋经国中心合办之"Discourses and Practices of Eveday Life in Imperial China""国际"学术研讨会会议论文，2002年10月。

王美伟：《清初遗民词人的佛教因缘及其词创作》，《时代文学（下半月）》2011年第10期。

王秋雁：《金堡其人及〈岭海焚余〉，《泰安师专学报》2001年第4期。

王兴亚：《康熙人才政策述论》，《郑州大学学报》1991年第6期。

王琇瑜：《陈乾初处世思想探析——以素位、葬论思想为中心的讨论》，硕士学位论文，台湾师范大学，2003。

王学玲：《明清之际辞赋书写中的身份认同》，博士学位论文，台湾辅仁大学，2001。

魏鉴勋：《清初三大思想家受国主义辩识》，《光明日报》1984年11月28日。

温世亮：《论明隐逸遗民生存状态及其文化内涵》，《理论月刊》2012

年第 5 期。

吴光：《整理〈黄宗羲遗著两种〉》，《浙江学刊》1997 年第 6 期。

吴书荫：《对明遗民黄周星及其佚曲的补正》，《文学遗产》2003 年第 5 期。

席思鲁：《姜斋文集遗文〈惜余鬓赋〉考释》，《王船山学术讨论集》，中华书局，1965。

肖烽：《易堂九子中的另类隐士——略论魏祥的游幕与隐逸心态》，《语文学刊》2006 年第 3 期。

徐正、蔡明：《吕留良与黄宗羲交游始末》，《宁波师院学报》（增刊），1986 年第 S1 期。

杨海英：《康熙博学鸿儒考》，《历史档案》1996 年第 1 期。

杨淑艳：《论康熙如何消除汉族士大夫的反抗心理》，《学术交流》1999 年第 2 期。

杨绪敏：《明朝遗民私修明史与明亡历史的总结——清初吴越士人私修明史的成就与特点》，《学习与探索》2012 年第 5 期。

尹彤云：《康熙十七年博学鸿词科略论》，《宁夏社会科学》1995 年第 3 期。

于翠玲：《朱彝尊家书与康熙乙未词科史料》，《北京师范大学》2004 年第 4 期。

佘德余：《绍兴的文人结社》，《绍兴文理学院学报》1990 年第 2 期。

张晖：《文体与遗民心境的展现——以钱澄之的晚年著述为例》，《中山大学学报》2011 年第 4 期。

张莉：《宋代儒医研究——兼论宋代的"抑巫扬医"》，硕士学位论文，湖南大学，2008。

张升：《论陈名夏与方以智的交往》，《安徽史学》2000 年第 2 期。

张志敏：《明遗民生存状况探析》，硕士学位论文，兰州大学，2007。

赵刚：《康熙博学鸿词科与清初政治变迁》，《故宫博物院院刊》1993 年第 1 期。

赵俪生：《顾炎武在关中》，《兰州大学学报》1999 年第 3 期。

赵园：《明清之际士人游幕及有关的经验表述——以易堂诸子为例

（上）》，《黄河科技大学学报》2004 年第 2 期。

赵园：《明清之际士人游幕及有关的经验表述——以易堂诸子为例（下）》，《黄河科技大学学报》2004 年第 3 期。

郑传斌：《从思想史角度论明清之际夷夏观念的嬗变》，《河南大学学报》2003 年第 6 期。

朱亮洁：《李渔新论——遗民观点的考察》，硕士学位论文，"中央"大学，2006。

庄严：《论黄梨洲的华夷之辨及其他》，《宁波师院学院学报》（增刊）1986 年第 S1 期。

索 引

（共 112 个）

后　记

刘德华的《今天》是我非常喜爱的歌曲之一，该支歌里唱道："我不断失望不断希望，苦自己尝，笑与你分享。"还是与自己分享吧。

读小学时，我只记得一年到头还吃不到白面馒头，那时何曾遥想多年以后还会读大学！读中学时，只为以后能够找个工作，自食其力，当捧回一本大学毕业证书，那时何曾遥想多年以后还会攻读博士学位！读大学时，我曾以为她是自己一生的求学之路的终点站，直到毕业时获得保送攻读硕士研究生资格后，我才忽然发现，其实自己还是愿意多读一点书！博士研究生毕业后，以博士论文为基础，申请国家社科基金后期资助项目，有幸成功，于是继续研究，终成此书稿。我终于发现学术研究也可以成为自己的兴趣。我也明了，学术研究是一条"不断失望不断希望"的道路，这是已为我所一再证明的，以后还会被反复证明。

刘德华《今天》还唱道："等了好久终于等到今天，梦了好久终于把梦实现，前途漫漫任我闯，幸亏还有你在身旁。"至此今日，我也在回思自己在此课题上的梦想。

对于明遗民进行研究，始于我的硕士论文《〈明夷待访录〉待访对象辨析》。一般认为，明遗民推动了明末清初的思想学术的大发展，所以梁启超在《中国近三百年学术史》中说："从顺治元年到康熙二十年约三四十年间，完全是前明遗老支配学界。"因为做硕士学位论文需要，研读了黄宗羲、顾炎武等文集，发现很多明遗民反复且刻意进行自我塑造和设计，积极建构遗民抉择的合理性。但在时间、时局和生存、生活的实践无奈与伦理缝隙中，这种抉择和建构并不容易。于是，我对明遗民群体产生了兴趣，产生了研究明遗民的现实生活和精神世界的梦想。

虽几经波折此课题终于完成，然而这条漫漫研究之路，实属不易，幸亏"有你在身旁"。这些"你"，简而述之，就是：非常幸运遇到我的导师肖永明教授，是他从确认研究选题、设定研究思路、组织课题框架、搜集资料、写作修改等方面对我进行了细致指导；是张天杰告诉我可以从谋生、生活和精神领域对明遗民群体进行把握；是殷慧叮嘱我要注意明遗民的学术思想对其人生抉择的影响；是彭爱华引导我把宗教和明遗民进行统观；是谢孝明建议我注意明遗民与满汉文化的整合；是王胜军提醒我应该把明遗民置于清朝政治统治下进行审视；是戴书宏建议我不要忽略流亡海外的明遗民；是杨果帮我收集整理了《明遗民录》；是五位匿名课题评审专家提出了宝贵修改意见……还有另外一些"你"，给予我诸多关怀，也为本课题的研究提供了真知灼见，令我受益匪浅。这些我都铭记于心。我本愚陋，本书中的任何谬误均由我自己负责。

本书的出版得到了社会科学文献出版社吴超老师的大力支持，对此，我一并表示感谢。

"前途漫漫任我闯，幸亏还有你在身旁！"感恩你们！祝福你们！

吴增礼

2017 年 12 月 20 日

图书在版编目（CIP）数据

"合道而行"：明遗民的人生定位与价值追寻／吴
增礼著. -- 北京：社会科学文献出版社，2019.6
国家社科基金后期资助项目
ISBN 978-7-5201-4873-3

Ⅰ.①合… Ⅱ.①吴… Ⅲ.①中国历史 -研究 -明代
Ⅳ.①K248.07

中国版本图书馆 CIP 数据核字（2019）第 095303 号

·国家社科基金后期资助项目·

"合道而行"
—— 明遗民的人生定位与价值追寻

著　　者／吴增礼

出 版 人／谢寿光
组稿编辑／宋月华　吴　超
责任编辑／吴　超

出　　版／社会科学文献出版社·人文分社 （010）59367215
　　　　　　地址：北京市北三环中路甲 29 号院华龙大厦　邮编：100029
　　　　　　网址：www.ssap.com.cn
发　　行／市场营销中心 （010）59367081　59367083
印　　装／三河市龙林印务有限公司

规　　格／开　本：787mm×1092mm　1/16
　　　　　　印　张：20.25　字　数：321 千字
版　　次／2019 年 6 月第 1 版　2019 年 6 月第 1 次印刷
书　　号／ISBN 978-7-5201-4873-3
定　　价／129.00 元

本书如有印装质量问题，请与读者服务中心（010-59367028）联系